Pfistermeister

Wachs — Volkskunst und Brauch · Band 1

Wachs

Volkskunst und Brauch

Ein Buch für Sammler und Liebhaber alter Dinge

von Ursula Pfistermeister

Band 1

Verlag Hans Carl Nürnberg

Einbandvorderseite: Ausschnitt aus der
bemalten Rückseite einer flachen
ovalen Tasche, Wachsstock, 1780-1830
(Privatbesitz München)

CIP-Kurztitelaufnahme der Deutschen Bibliothek

Pfistermeister, Ursula:
Wachs, Volkskunst und Brauch: e. Buch für Sammler u. Liebhaber
alter Dinge / von Ursula Pfistermeister. — Nürnberg: Carl

Bd. 1 (1982).
ISBN 3-418-00468-7

Foto und Layout: U. Pfistermeister
Umschlaggestaltung: Heinz Glaser
Reproduktion: repro-kern, Nürnberg
Druck: Heinz Neubert GmbH, Bayreuth
ISBN 3-418-00468-7

Vorwort

Die ohnehin nicht besonders reichhaltige Literatur über Wachs befaßt sich mit dem Thema Wachs in der Volkskunst — so fragwürdig dieser Begriff ist — nur in bescheidenem Umfang. Die Hinweise auf die Verwendung von Wachs in der verschiedensten Form im Brauchtum sind auf zahlreiche Einzelaufsätze und auf Veröffentlichungen verteilt, die primär anderen Themen gewidmet sind. Dabei bot gerade auch das überall zur Verfügung stehende Bienenwachs, eingebunden in Kult und Brauch, Zauber und Aberglauben, der Volkskunst Anregungen zu immer neuer bildnerischer Tätigkeit. Vor allem in den letzten zwei-, dreihundert Jahren entstanden Kerzen und Wachsstöcke, Votive und Wallfahrtsandenken, Klosterarbeiten und Krippenfiguren von rührender Naivität und Innigkeit, von subtiler Zartheit und großartiger Lebendigkeit, voller Schönheit und Sinnenfreude, voll Anmut und leuchtender Farbigkeit.

So schien es verlockend, gerade diesen Themen, denen auch die Sammler in jüngster Zeit in verstärktem Maß ihre Aufmerksamkeit schenken, eine gesonderte Arbeit zu widmen. Sie brachte eine immer interessante, aber höchst zeitaufwendige Fahrt vor allem durch Süddeutschland, durch Österreich und die Schweiz mit sich, eine Fahrt von Wachszieher zu Wachszieher, von Museum zu Museum, von Sammler zu Sammler. Eine Fahrt, auf der uns überall jene liebenswürdige und selbstlose Hilfe zuteil wurde, ohne die eine Arbeit dieser Art nicht zu schaffen ist.

Es ist mir daher ein besonderes Bedürfnis, mich sehr herzlich bei allen zu bedanken, die in Kirchen, Klöstern und Museen fotografieren ließen, die Vitrinen öffneten und ihre privaten Schätze vor uns ausbreiteten; bei all jenen, von denen ich zahlreiche nützliche Hinweise oder Einblick in ihr handwerkliches Schaffen erhielt.

Fürnried, im Sommer 1982
U. Pfistermeister

Inhalt

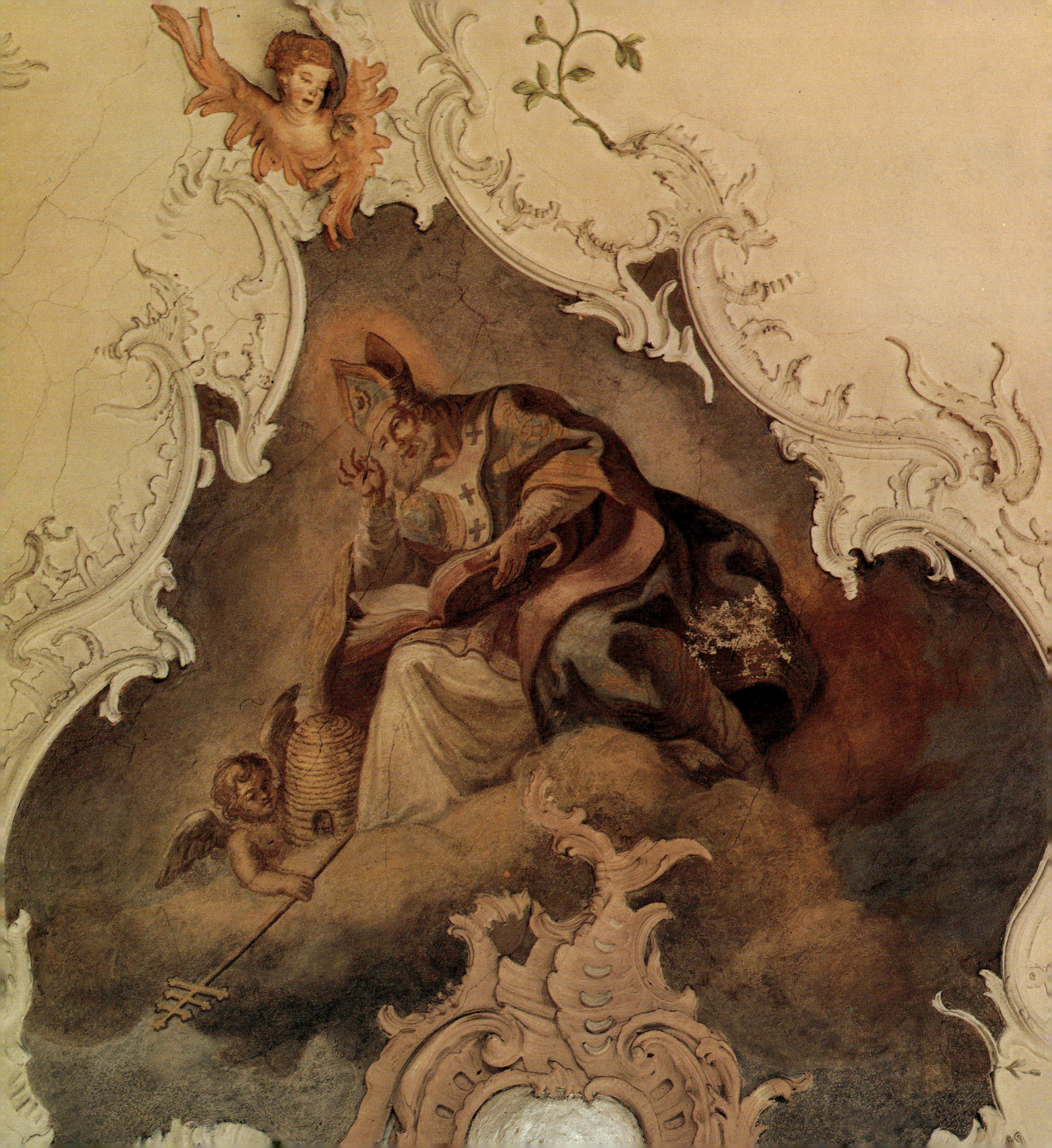

Von Bienen und Imkern

Das Wachß aber ist nichts anders / als die Wohnungen und unzahlbare Hölelin der embsigen Immen oder Bienlin / welche sie auff das aller fleißigst und artigst auß dem feißten dickern Safft / so sie den Sōer uber auß den holdseligen Blümlin saugen und eintragen / wunderbarlicher weiß formieren und auffbawen . . .

meint M. G. Ryff 1602 in seiner *Newe Außgerüste Deutsche Apoteck.*[1] Inzwischen hat sich auch die Chemie der Frage angenommen was Wachs eigentlich ist. Heute wird als Folge der systematischen naturwissenschaftlichen Arbeit, die sich seit mehr als 150 Jahren auch mit all jenen Stoffen befaßt, die bienenwachsartigen Charakter haben, eine Vielzahl natürlicher und künstlicher Stoffe unter der Sammelbezeichnung »Wachs« zusammengefaßt, darunter Erdölwachse wie Paraffin, Ozokerit oder Ceresin; Mineralwachse; Pflanzenwachse, von denen z.Z. Carnaubawachs wirtschaftlich von größter Bedeutung ist; und Tierwachse wie Spermacetiwachs und Bienenwachs. Man erkannte, daß Bienenwachs keineswegs ein einheitlicher Stoff ist, sondern chemisch in wechselnder Zusammensetzung aus bis zu neun verschiedenen Estern, sechs verschiedenen Säuren, fünf Kohlenwasserstoffen, aus Farb- und Mineralstoffen, Alkoholen, Laktonen und Wasser besteht.[2] Doch schien es bisher unmöglich den Begriff Wachs wissenschaftlich klar und eindeutig zu definieren. Wachspraktiker und Chemiker haben sich aber immerhin auf eine Formel geeinigt, die dehnbar genug ist, um niemandem weh zu tun: *Wachse sind nach der technologischen Auffassung Stoffe mit bestimmten Beschaffenheits- und Verwendungseigenschaften und nach der Lehre der organischen Chemie im engeren Sinn die bienenwachsähnlich aufgebaute Gruppe dieser Stoffe.*[3]

Durch die Jahrtausende und bis zum Anfang des 19. Jahrhunderts waren derartige Definitionsprobleme unbekannt. Wachs war Bienenwachs. Man sah im Wachs *nichts anders als ausgepreßte Honig-Häußlein*[4], wie es Ende des 17. Jahrhunderts einmal so liebenswürdig heißt. Und vermutete mit Aristoteles und Plinius, daß die Bienen das Wachs, das sie zum Wabenbau brauchen, wie den Honig aus Blüten

< Hl. Ambrosius, Kirchenvater und Schutzpatron der Imker, Fresko von G. B. Götz, 1758, Schulkirche Amberg/Opf.

sammeln und vom Harz der Bäume holen. Der Franzose Réaumur scheint um 1740 der erste gewesen zu sein, der erkannte, daß beides »Verdauungsprodukte« der Biene sind.
Zwischen ihrem 12. und 18. Lebenstag sind die jungen Arbeitsbienen der Gattung Apis mellifica (Honigbiene) fähig aus Wasser, Blütenstaub (Pollen) und Nektar oder aus Honig bzw. Zucker und Wasser Wachs zu bilden. Es wird rund 20 Stunden nach der Nahrungsaufnahme aus den acht, an der Bauchseite der vier Hinterleibsringe angeordneten Wachsdrüsen in Form feinster Wachsschüppchen abgeschieden. Diese sind winzig klein, etwa 0,5 mm dick und wiegen durchschnittlich 0,0008 g. Um 1 g Wachs zu erhalten sind also ca. 1250, für 1 kg Wachs rund 1 250 000 derartige Schüppchen nötig. Die Biene streift das Wachsschüppchen mit den Hinterbeinen ab, bringt es zum Oberkiefer, wo sie es durchknetet und mit dessen Hilfe sie es in der Dunkelheit des Bienenstocks mittels vier Grundbautechniken (Abschaben, Anpressen, Feinverteilen, Glätten) zum Bau des in seiner Regelmäßigkeit so schönen, aus sechseckigen Zellen gebildeten Wabenwerks verwendet. Ein normal kräftiges Volk, das im Juni/Juli aus 50-70 000 geschlechtslosen Arbeitsbienen (während der Ruhepause im Dezember sind es etwa 15 000), einigen hundert Drohnen und einer einzigen, eierlegenden Königin besteht, benötigt etwa 250 000 dieser aus Wachs geformten, zu Waben verbundenen Zellen. Sie sind die Grundlage einer jeden Bienenwohnung, sei es eine natürliche Behausung in Felsspalten, Erdlöchern oder hohlen Bäumen, oder einer jener Körbe und Kästen, die der Mensch als Imker und »Bienenvater« seinen Völkern zur Verfügung stellt.
In den mit einem Futterbrei aus eiweißreichem Blütenstaub und Wasser gefüllten Brutwaben entwickeln sich innerhalb von 3 Wochen aus den von der Königin abgelegten Eiern junge Bienen. In den übrigen Zellen der Wachswaben wird der für die Ernährung des Volkes nötige Vorrat an Honig aufbewahrt, der wohl der erste Grund dafür war, daß sich der Mensch für die Bienen interessierte.
Zunächst bemächtigte er sich sicher auf die einfachste und brutalste Art des Honigs: das wilde Bienenvolk wurde ausgeräuchert und getötet, um an die Waben zu gelangen. Das älteste z.Z. bekannte Zeugnis für eine derartige Plünderung ist die aus dem Mesolithikum (etwa 10 000 v. Chr.) stammende Felsmalerei in den Cuevas de la Araña bei Bicorp/Valencia in Spanien: mit Hilfe einer Art Strickleiter hat ein Mensch die Felswand erstiegen und holt, von Bienen umschwärmt, Honigwaben aus dem dort in einem natürlichen Loch befindlichen Wildbienenstock.

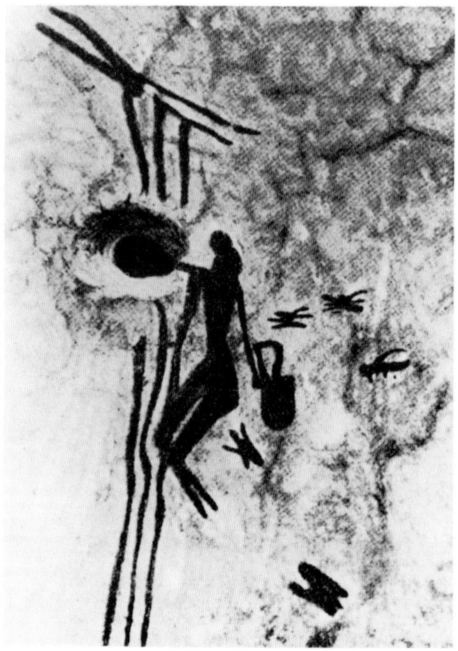

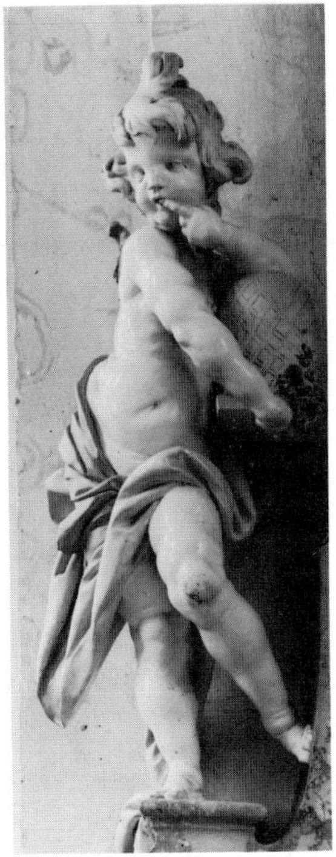

Allmählich wird man versucht haben bei der Honigentnahme das Leben der Bienen zu schonen, um mehrfach Honig holen zu können und schließlich begann man Bienenvölker zu domestizieren. Bei den Ägyptern, die den Ursprung von Wachs und Honig in den Tränen des Gottes Re sahen[5], wurden Bienen mindestens seit der 5. Dynastie (2750-1625 v.Chr.) als Haustiere in Tonröhren gehalten. Es gab ausgebildete Bienenzüchter, die mehr als 1 000 Völker betreuten.[6] Auch Babylonier und Assyrer kannten in künstlichen Behältnissen gehaltene Bienen und der mesopotamische Fürst Schamach-resch-usur sagte von sich: *Ich habe die Bienen, die Honig sammeln, . . . vom Gebirge . . . herabgebracht. . . Die Herstellung des Honigs und Wachses verstehe ich und die Gärtner verstehen sie auch.*[7] Weit verbreitet war die Bienenhaltung im alten Griechenland: Hesiod berichtet um 700 v.Chr. von *überwölbten Stöcken* und eine Zählung unter Perikles ergab in Attika 20 000 Bienenvölker. Attischer Honig vom Hymettos war berühmt. Aristoteles (384-322 v.Chr.) schließlich veröffentlichte in seiner *Historia animalum* die älteste und für lange Zeit auch beste Abhandlung über Bienen und Bienenzucht.[8]

Auch die Römer widmeten sich der Bienenzucht mit Hingabe. Um Christi Geburt hatte sie einen außerordentlich hohen Stand erreicht und war ein wesentlicher Bestandteil der Landwirtschaft. Nicht nur in den Obstgärten, auch in den Mauernischen der Villen und in den Säulenhallen der Parkanlagen gab es Bienenstände mit mehreren Völkern. Zahlreiche Schriftsteller, darunter Varro, Vergil, Columella und Plinius d.Ä. befaßten sich ausführlich mit der Bienenzucht und dem Leben der Biene, die als göttliches Wesen galt, als rein und keusch. Strenge Vorschriften waren den Hütern der Bienen auferlegt, wenn sie an den Stöcken arbeiten wollten. Da die Bienen nach antikem Glauben alles Unreine verabscheuen, sollte der Imker auf den Genuß scharfer Speisen mit Knoblauch und Zwiebeln verzichten, nicht trunken zu den Bienenstöcken kommen und sich schon einen Tag zuvor des geschlechtlichen Verkehrs enthalten. Falls Bienen sich auf den Lippen von Kindern niederließen und sie mit Honig benetzten, galten sie als Bringer so göttlicher Gaben wie der Weisheit, der Beredsamkeit und der Dichtkunst. Es ist das Wissen und die Auffassung dieser Zeit, die prägend blieben für die Stellung der Biene in Glaube und täglichem Leben bis in unsere Tage.

Die Einführung des Christentums brachte der Bienenzucht neue Impulse. Das Lob der Biene und des Wachses gehen ein in die christlichen Exultet-Texte, die Hymnen der Osternacht, vor allem aber wird das

Λ sog. Honigschlecker, Putto von J. A. Feichtmayr, Mitte 18. Jh., Wallfahrtskirche Neubirnau/Bodensee

< Honigräuber, Felsbild in den Cuevas de la Araña bei Bicorp/Spanien, etwa 10 000 v. Chr.

Leben der keuschen Biene zum Symbol für Maria, die heilige Jungfrau. So heißt es im Missale des hl. Ambrosius, einem der vier Kirchenväter und Patron der Imker und Wachszieher: *Die Biene überragt alle andern Tiere, die dem Menschen unterworfen sind. Obwohl sie klein von Körper ist, trägt sie gewaltigen Geist in ihrer engen Brust. Schwach ist sie an Kraft, aber stark durch ihre Erfindungskunst. Sie erforscht den Wechsel der Zeiten: wenn der reifbesprenkelte Winter sein graues Haar abgelegt und die milde Frühlingsluft das starre Eis zum Schmelzen gebracht hat, dann machen sie sich sofort zu ihrer Arbeit auf. Sie verteilen sich über die Fluren, schwingen zart die Flügel, hängen sich mit ihren Beinchen an und setzen sich nieder. Ein Teil liest mit dem Munde die Blüten ab, und beladen mit der Nahrung kehren sie zu ihrem Lager zurück. Dort bauen andere mit unbeschreiblicher Kunst Zellen mit zähem Leim; andere häufen den flüssigen Honig auf; andere wandeln den Blütenstoff in Wachs; andere bilden mit dem Munde die Brut; andere schliessen den von Blättern gesammelten Nektar ein. O wahrhaft wunderbar ist die Biene! Ihr Geschlecht wird nicht vom Manne verletzt, nicht von der Brut gestört, ihre Keuschheit nicht von den Kindern weggenommen. So hat auch die heilige Maria als Jungfrau empfangen, als Jungfrau geboren und ist Jungfrau geblieben.*[9]
Das Wachs, das schon im Altertum zusammen mit dem Honig als Opfergabe den Göttern zustand, wird nun als Erzeugnis der *heiligen jungfräulichen Biene* zu einem unentbehrlich scheinenden Lichtspender *ebensosehr des Kultes und Schmuckes wegen, wie auch wegen des mystischen Sinnes* wie es sehr viel später im Caeremoniale Episcoporum heißen sollte. Kirche und Grundherrschaften erheben Wachszins, der Verbrauch von Wachs nimmt ungeahnte Ausmaße an.

In den großen mitteleuropäischen Waldgebieten und bis weit hinein nach Rußland betrieb man vor allem die sog. Waldbienenzucht. Sie stellte eine hochentwickelte Form der Waldnutzung dar, die gleichwertig neben der Jagd und der Schweinemast ausgeübt wurde und wesentlich höhere Erträge abwarf als die Nutzung des Holzes.[10] Rußland z. B. bezahlte jahrhundertelang seinen Bedarf an Gütern aus westlichen Ländern mit dem hochwertigen Wachs und Honig aus seiner blühenden Waldbienenzucht. In Mitteleuropa, in Bayern und im angrenzenden Gebiet des heutigen Österreich reichen die ältesten Nachrichten über dieses sog. Zeidelwesen bis ins 8. Jahrhundert zurück. Zu den Königshöfen der Karolinger gehörten eigene Bienenzüchter und Aufzeichnungen über die Besitzungen großer Klöster erwähnen häufig ei-

> Waldbienenzucht, Zeidler (Fig. 151) und Arbeit auf den Bäumen, aus J. G. Krünitz, 1774

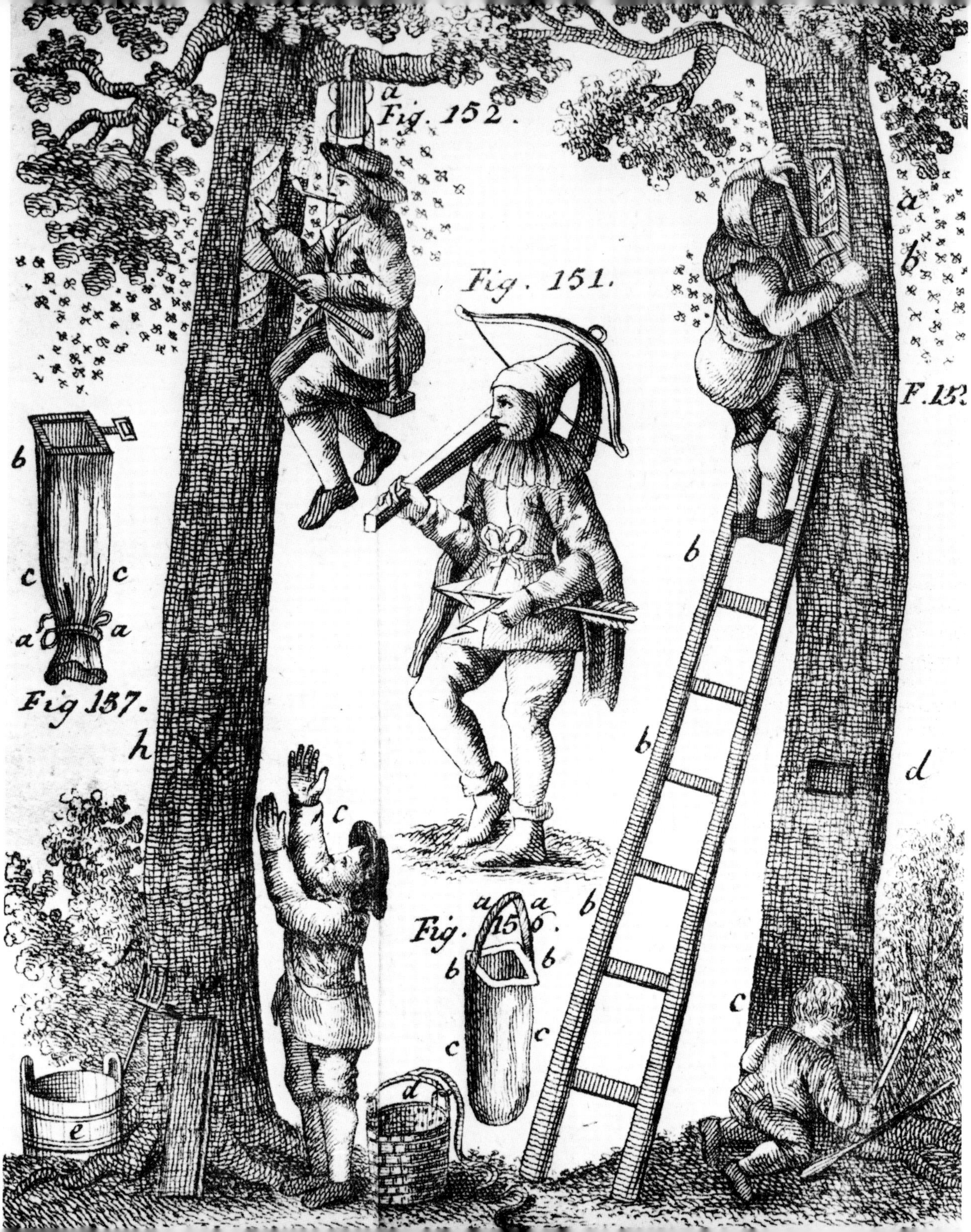

Fig. 152.
Fig. 151.
F.153
Fig 157.
Fig. 156.

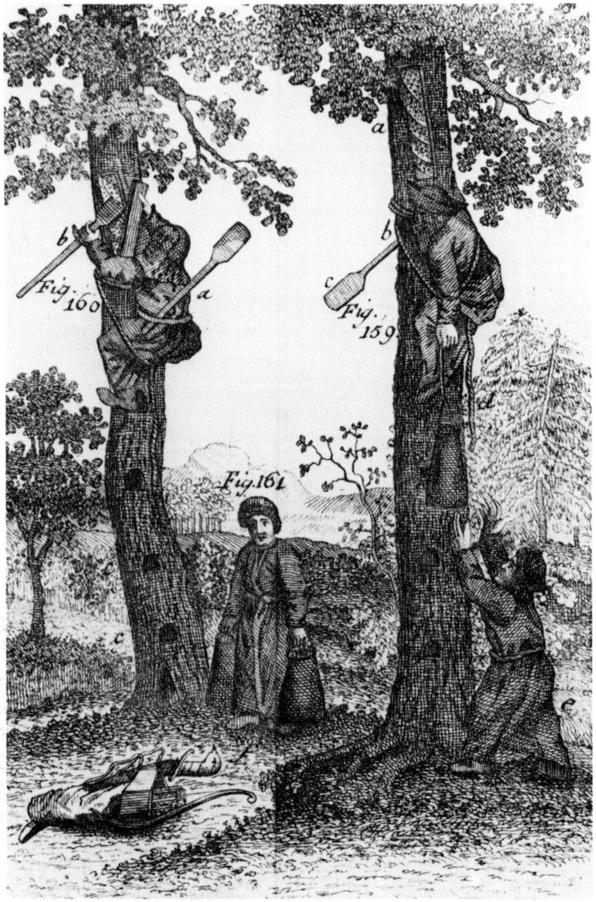

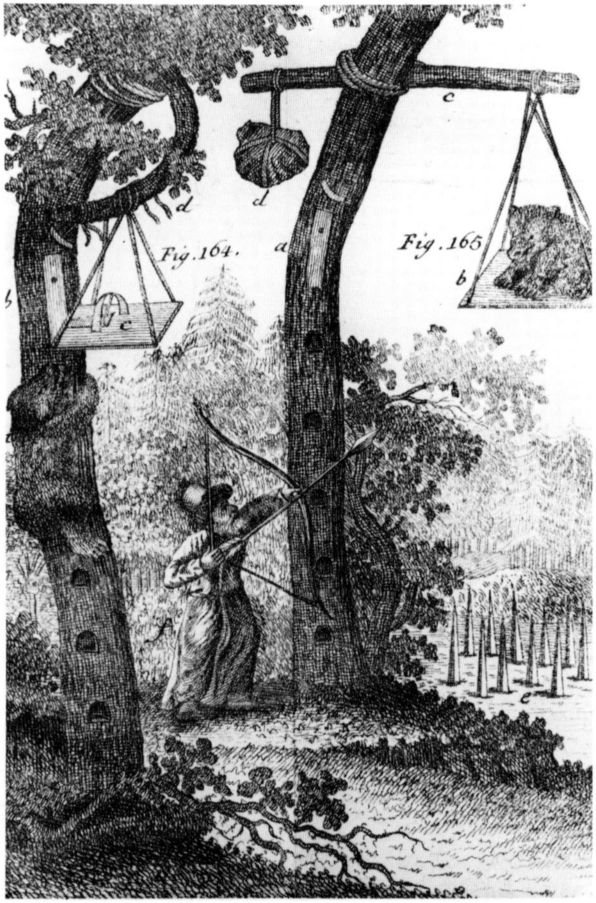

ne *zîdalweida,* die Zeidelweide, unter der man die Bienenhaltung im Wald verstand.[11] Die Zeidler — ein sehr angesehener Berufsstand, der berechtigt war Waffen zu tragen — versahen nicht nur die bereits von Wildbienen bewohnten Bäume mit verschließbaren Öffnungen, damit sie an den Bienenstöcken leichter arbeiten konnten. Sie höhlten geeignet erscheinende Bäume auch künstlich aus, um so das Ansiedeln neuer Schwärme zu ermöglichen. Wichtige Stützpunkte des mitteleuropäischen Zeidelwesens lagen in Pommern und Schlesien, in der Lüneburger Heide, vor allem aber in Franken. Im Sebalder Reichswald bei Nürnberg, dessen Zeidler im Jahre 1350 durch Kaiser Karl IV. mit be-

< Waldbienenzucht, Arbeit auf den Bienenbäumen und gefangener Bär, aus J. G. Krünitz, 1774

Bienengarten aus dem 4. Buch der Georgica, 1502

sonderen Privilegien ausgezeichnet wurden, nahm die Waldbienenzucht um diese Zeit einen außerordentlichen Aufschwung. Bald gab es hier 50 Zeidelgüter und ein eigenes Zeidelgericht. Nürnberg wurde des *Heiligen Römischen Reiches Bienengarten* und zur Stadt der noch heute geschätzten Honig- und Lebkuchen. Während jedoch die Zeidlerei im Nürnberger Reichswald infolge der Reformation und des 30jährigen Krieges zurückging, blühte die ostdeutsche Zeidlerei bis ins 18. Jahrhundert. Noch 1769 umfaßte zum Beispiel die Zeidelgesellschaft der Stammesherrschaft Muskau in der Oberlausitz nicht weniger als 170 Personen, die rund 7 000 Bienenbäume betreuten.[12]
Vor allem im süddeutschen Raum fing man jedoch vereinzelt bereits im 10./11. Jahrhundert an, neben der Zeidlerei in den Wäldern auch Hausbienen zu halten, wie dies im Mittelmeergebiet üblich war. In einem Bericht über die Wirtschaft des Klosters Kremsmünster ist um das Jahr 1000 sogar schon von einem *apium hortis,* einem Bienengarten,

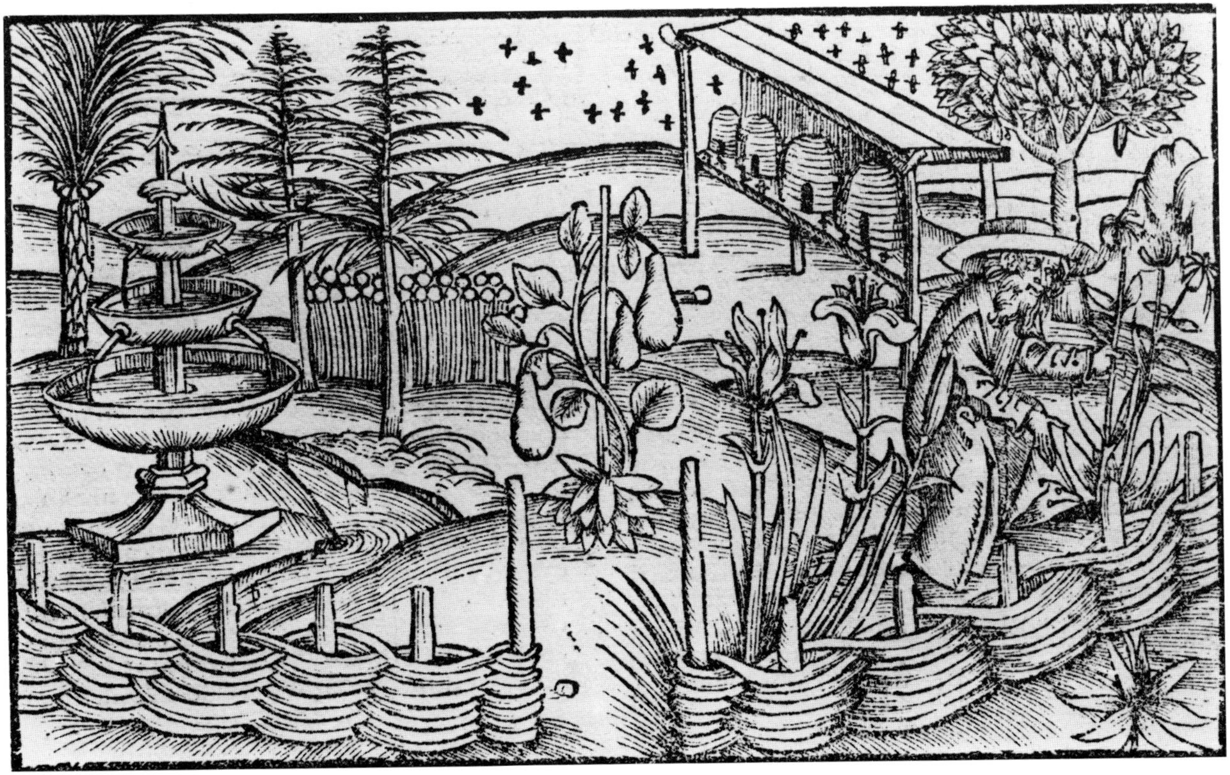

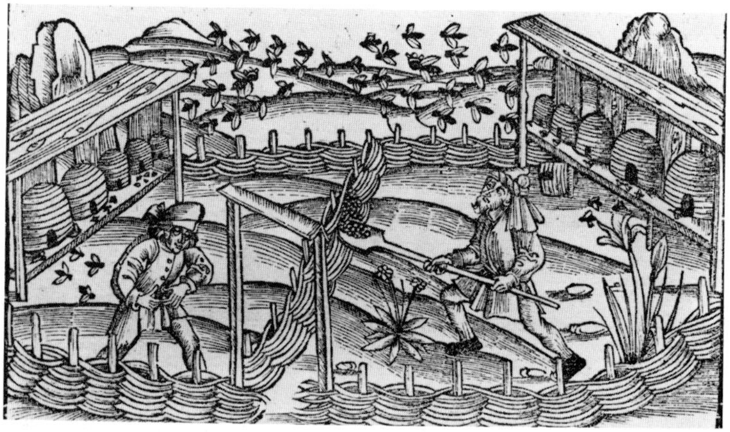

< > verschiedene Bienengärten, 4. Buch der Georgica, 1502

V Bienenhaus, 4. Buch der Georgica, 1502

die Rede.[13] Es war einfach bequemer die Bienenvölker in nächster Nähe menschlicher Siedlungen zu haben, als draußen im Wald auf hohe Bäume zu klettern. Hinzu kam, daß die Haltung von Hausbienen abgabenfrei war und nicht wie die Waldbienenzucht die Mitgliedschaft in einer Imkerzunft voraussetzte. So ging man mehr und mehr zu systematischer Hausbienenhaltung über und im späten Mittelalter gehörten die Bienenstöcke nicht nur zu den Wirtschaftsbetrieben der Klöster und Gutshöfe, sondern auch zur normalen Ausstattung eines bäuerlichen Anwesens.

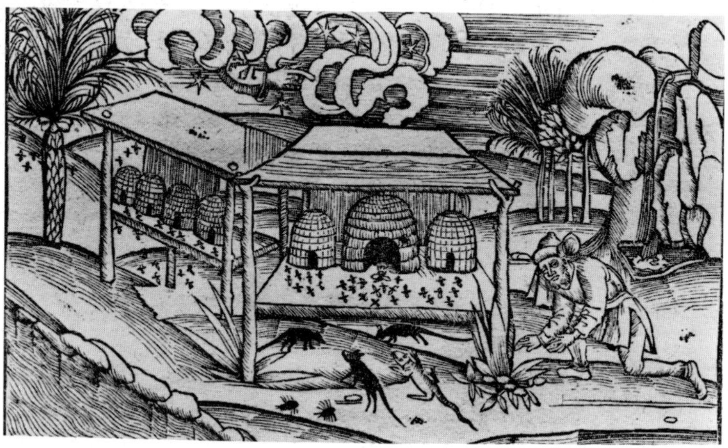

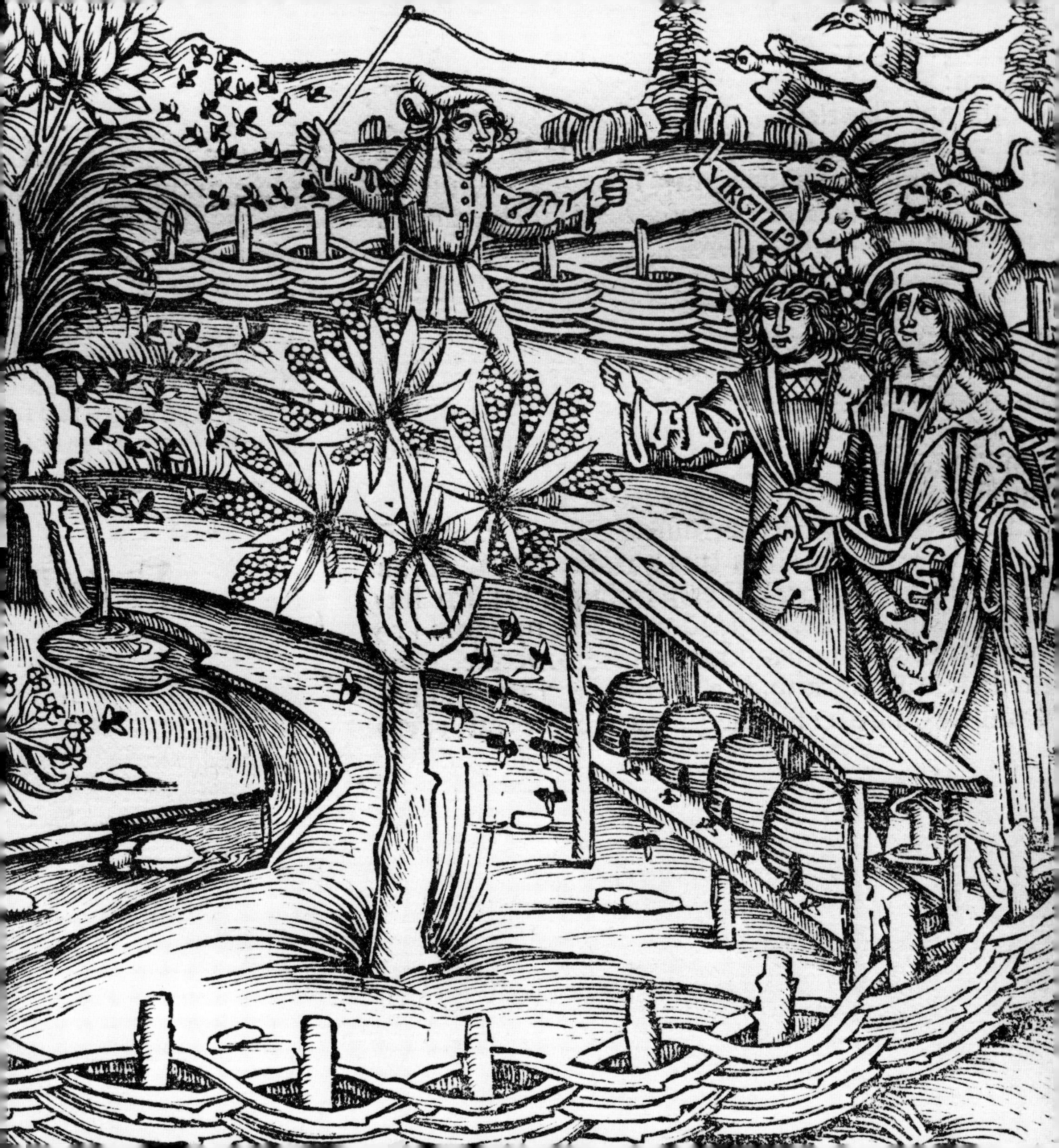
VIRGILIꝰ

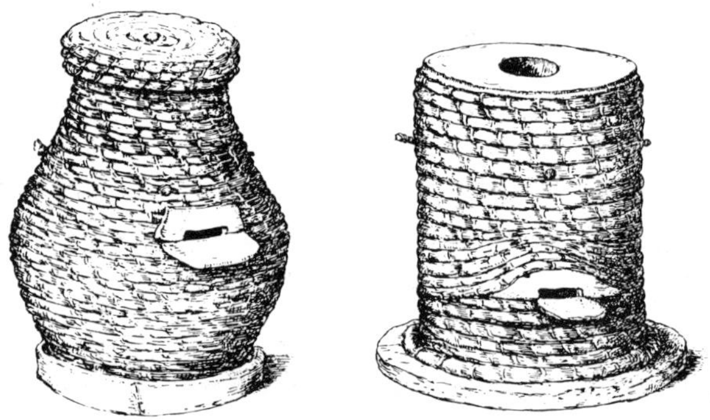

Steirische Bienenstöcke

< Strohstock und Strohfaßl aus Hinterberg, Bez. Liezen

V Ladlstock aus der Ramsau und zwei Rauchfangstöcke aus der Ramsau und aus Pichl/Schladming

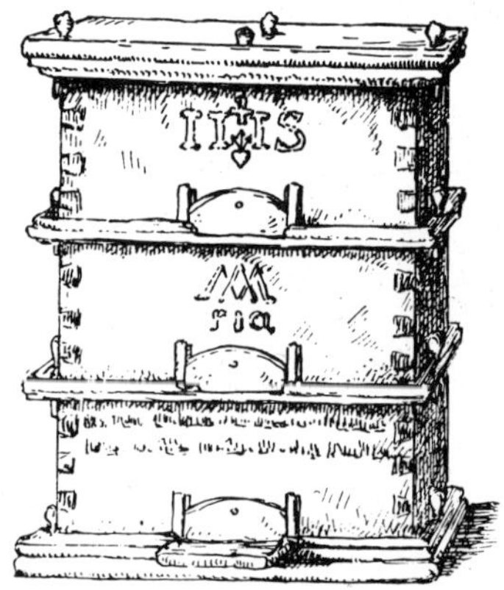

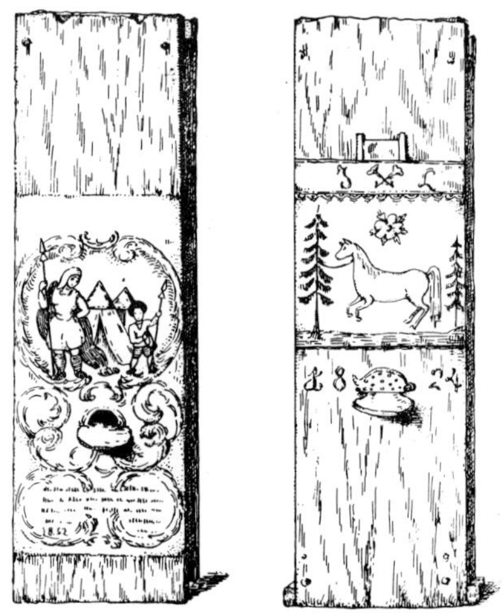

Verwendung als Bienenwohnung fanden zunächst die sog. Klotzbeuten, ausgehöhlte Baumstammstücke, die den natürlichen Behausungen der Waldbienen am ähnlichsten waren und vereinzelt bis in die jüngste Zeit benutzt wurden. Erst seit etwa 1850 werden die modernen kubischen Holzbeuten verwendet, die mit ihren in beweglichen Rahmen gebauten Waben die Arbeit des Imkers bei der Honig- und Wachsgewinnung sehr erleichtern.[14]

In den Jahrhunderten davor entwickelte sich eine auch volkskundlich äußerst interessante, überraschende Vielfalt an Körben, Stülpern und Rauchfangstöcken, die man aus Klötzen, Ruten, Spänen, Rinden, Brettern oder Stroh herstellte. Die zum Teil liebevolle Ausgestaltung mit Schnitzwerk und Malerei, wie sie vor allem für Schlesien und die Tschechoslowakei mit ihren figürlichen Klotzbeuten und für die Rauchfangstöcke und Bauernkästen der Ostalpen bis hinein nach Slowenien mit den reich bemalten Stirnbrettchen überliefert ist, läßt etwas ahnen von der großen Wertschätzung, die die Biene im Volk seit alters genießt und von dem außergewöhnlichen Verhältnis der Bauern und Imker zu ihren Bienenvölkern. Zwar hieß es *Bienen und Geld vertragen sich nicht* und man erachtete den Besitz von Bienen nicht als Reichtum da man glaubte, es bedeute den Tod eines Bienenvolkes, wenn man es verkaufe.[15] Andererseits war es ein Unglück Bienen zu verlieren und nach den alten germanischen Volksrechten galt der Bienendiebstahl als schweres Vergehen, das mit Auspeitschen, mehrfachem Ersetzen des Wertes oder sogar mit Hängen *wie man einen gewöhnlichen Dieb hängt* geahndet wurde.[16] Noch im Rechtsbuch Ruprechts von Freising heißt es im Jahre 1328, daß derjenige, der Bienen stiehlt und ihren Bau ausbricht, gehängt werden soll, *denn er hat die Immen zerstört und verwüstet.*[17]

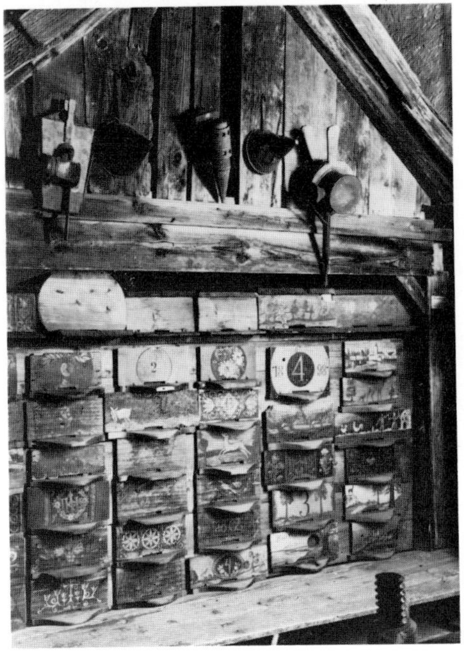

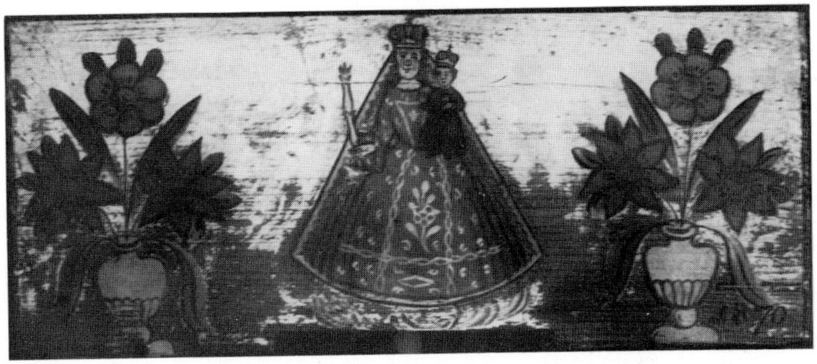

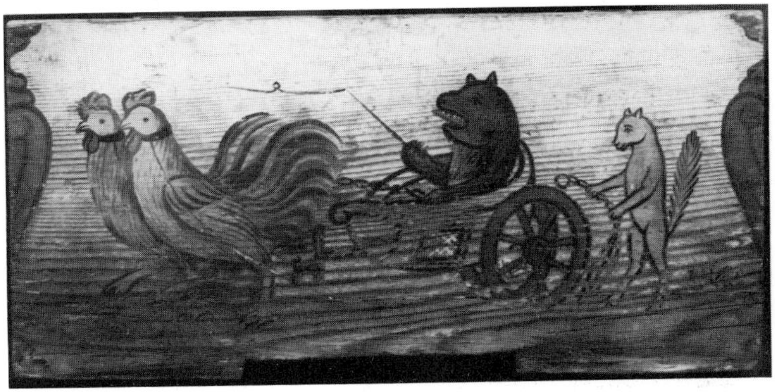

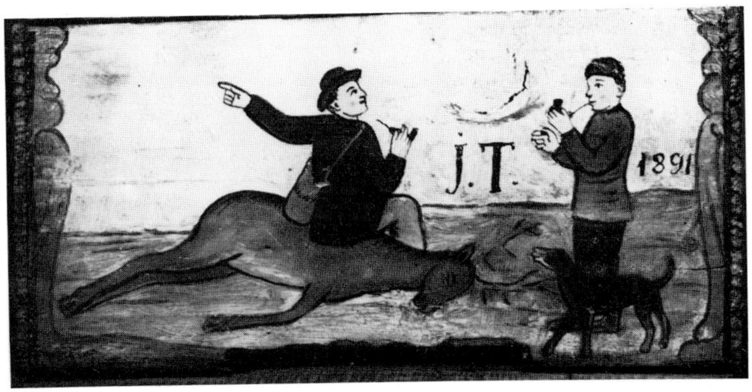

Λ Bienenhütte von F. Wilscher, vulgo Sauinig, aus Feichtendorf/Kärnten mit gemalten Stirnbrettchen auf den Bienenkästen (Bezirksheimatmuseum Spittal/Kärnten)

> bemalte Bienenstock-Stirnbrettchen aus Slowenien, 2. H. 19. Jh. (Bienenzuchtmuseum Radovljica/Slowenien)

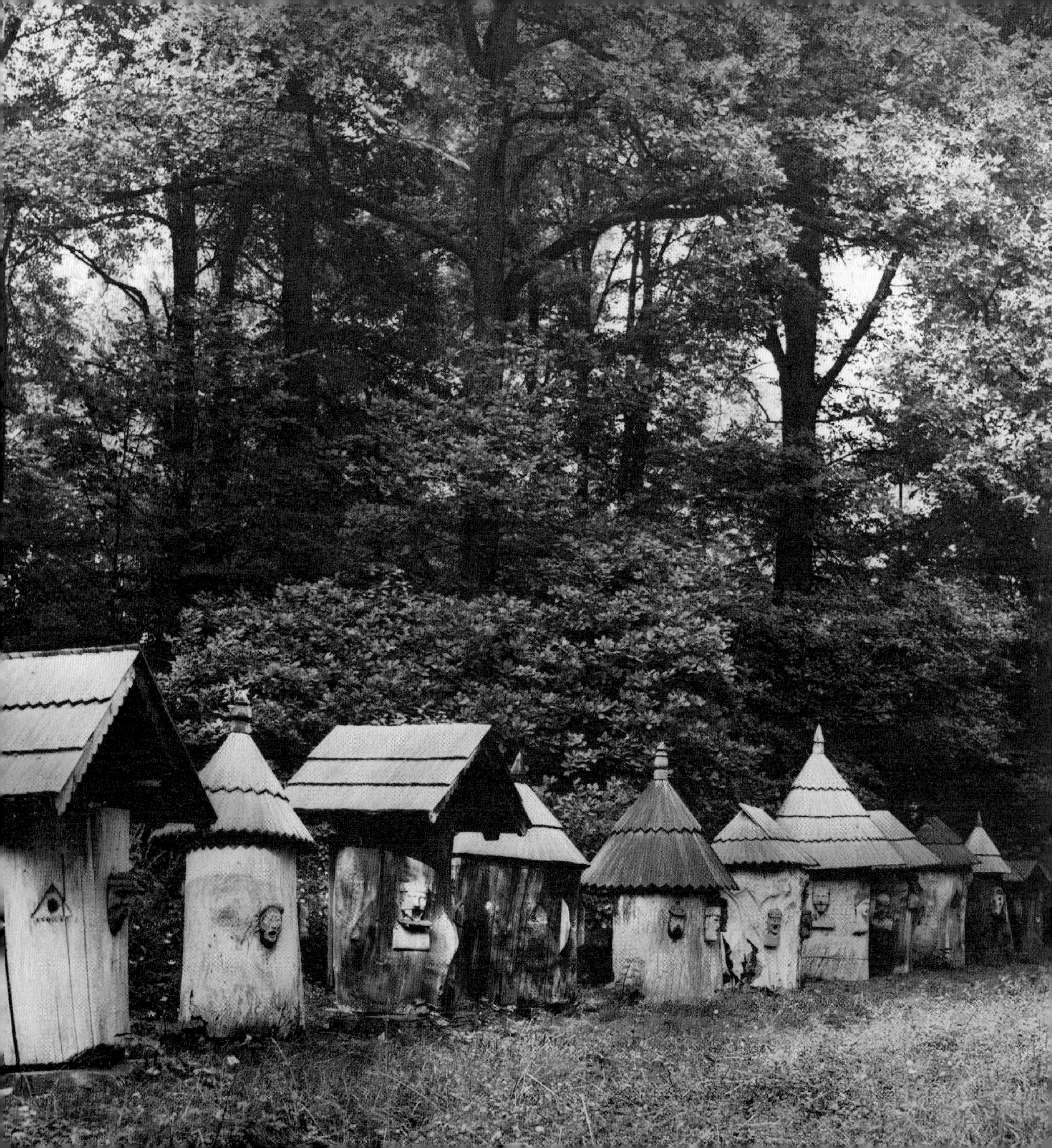

< Holzstock-Bienenstöcke mit figürlichen Fluglöchern, 19. Jh., Rožnov p. R./Mähren, Walachisches Freilichtmuseum

> Slowenisches Bienenstock-Stirnbrettchen mit der besonders beliebten Darstellung vom Begräbnis des Jägers, 1900 (beides Bienenzuchtmuseum Radovljica/Slowenien)

V kastenförmiger Bienenstock für zwei Bienenvölker mit dem Relief Adam und Eva, 147 x 65 cm, dat. 1867, Museum Ẑeleznice/Nordböhmen

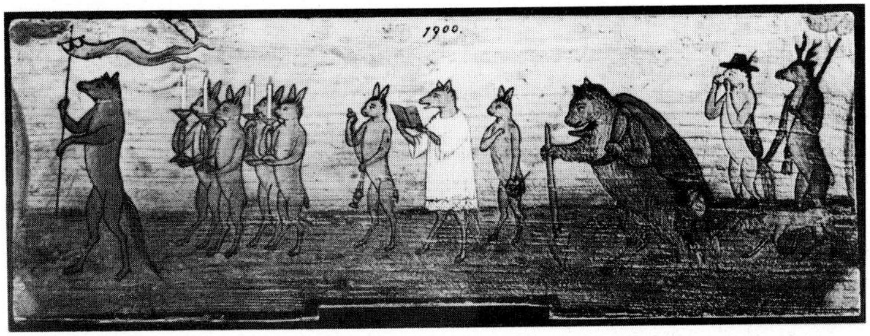

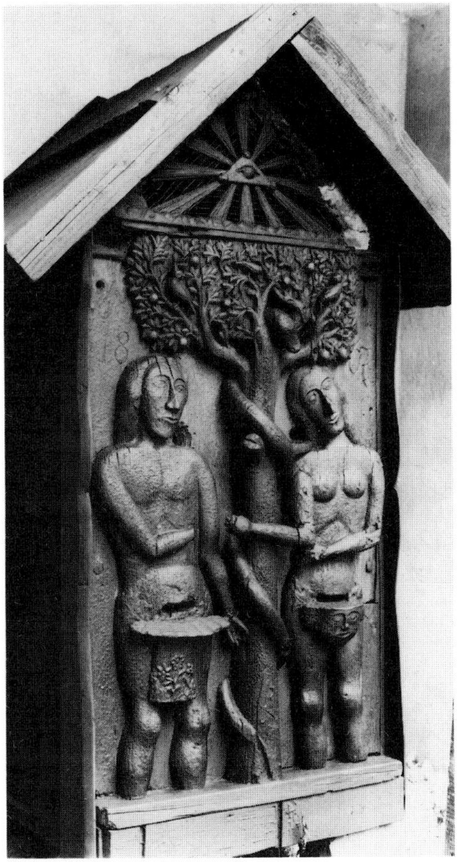

Lange konnte man die ungeheuere Leistung eines Bienenvolkes bei der Gewinnung von Honig und Wachs nicht in dem Maß überblicken wie heute, wo wir wissen, daß für die Entstehung von 1 kg Honig bis zu 7 ½ Millionen Blüten besucht werden müssen und eine Flugstrecke zurückgelegt wird, die rund dreieinhalbmal um den Erdball führt; daß andererseits die Baubienen ca. 11 kg Honig verbrauchen, um 1 kg Wachs abscheiden zu können.[18] Doch nahmen die unermüdlich und geheimnisvoll arbeitenden *Muettergottestierli,* wie sie in Einsiedeln/Schweiz genannt werden, weithin in Glaube und Brauchtum eine Sonderstellung ein. Karl Freiherr v. Leoprechting berichtete 1855 aus dem Lechrain, daß man glaubt, die Biene sei das einzige Tier *so uns unverwandelt aus dem Paradies überkommen.*[19] Wer es tötet, ist dem Teufel verfallen (Böhmen).[20] Man war überzeugt, daß Bienen Bosheit und Niedertracht hassen, genauso wie Streit und Zank[21]; daß sie die Fähigkeit haben, gute und böse Menschen zu unterscheiden und die Kraft der Weissagung besitzen.[22] Nicht nur in Westfalen und im Badischen glaubte man, daß die Bienen ihre eigene Sprache sprechen (was inzwischen wissenschaftlich bestätigt ist!) und zugleich die Sprache der Menschen verstehen.

So war in ihrem Umgang außerordentliches Verhalten geboten. Aus der Schweiz wird berichtet, daß Bauern wie in der Kirche ihr Haupt entblößten, wenn sie zu ihren Bienen gingen[23] und überall befleißigte man sich einer besonderen Ausdrucksweise. Bienen fressen nicht, sondern werden gefüttert, essen oder speisen. Sie verrecken oder krepieren nicht wie andere Tiere, sondern sie sterben wie der Mensch. Als Freunde und Beschützer des Hauses nahmen sie auch Teil am Leben, an Freud und Leid ihres Besitzers. Eine Biene, die sich auf dem Brautkranz niederläßt, zeigt die Unberührtheit der Braut und *machts*

Ehglück ganz sagte man in St. Gallen[24] und in der ganzen Schweiz ging man in der Weihnachtsnacht zu den Bienenstöcken, um dem ,,Weihnachtssingen" der Bienen zu lauschen und aus dem leisen Summen zu ersehen was das neue Jahr wohl bringen werde.[25] Im Berchtesgadener Land ging man an diesem Tag mit Weihrauch und Weihwasser hinaus zum »Impwecken« und sprach dazu:

Auf, auf in Gott's Nam'
helft's wiederum z'samm;
bringt's der Kirch a Wachs
und uns an Hönig,
an guaten, und net z'wenig.[26]

< >
Bienenhaus und Arbeit an den Bienenstöcken, Kupferstiche aus Franz Ph. Florinus: Allgemeiner Klug- und Rechtsverständiger Hausvater, Nürnberg 1705

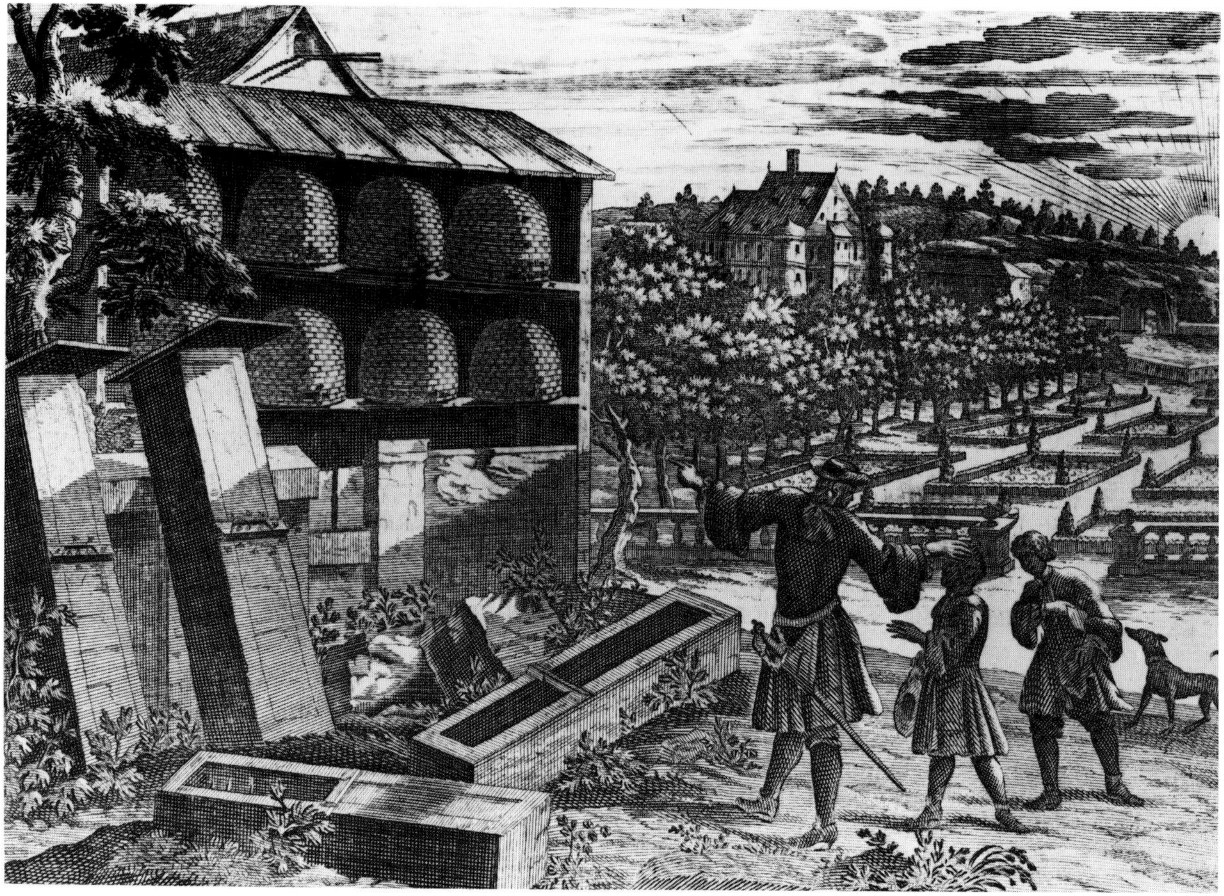

Über ganz Mitteleuropa aber scheint der Brauch verbreitet gewesen zu sein, den Bienen den Tod des Bienen- und Hausvaters in feierlicher Form anzuzeigen. Jedem Bienenstock wurde es einzeln angesagt: *wißt ihr Bien, euer Herr ist tot* hieß es in der Oberpfalz[27]; *Imme, dein Herr ist tot, verlaß mich nicht in meiner Not* in Westfalen[28]; *Imbhuse, wie du g'huset hast, der Meister isch us dem Huse* in Baden[29]; *Imbli, dr Vatr ischt gstorbe, schaffet wie vorane* im schweizerischen Fricktal.[30] Die Bienen kamen dann vor das Fenster geflogen und nahmen in jammernden Tönen Abschied von ihrem einstigen Betreuer (Wallis)[31], während sie, falls man das Ansagen unterließ, wegflogen um eine neue Heimat zu suchen.[32]

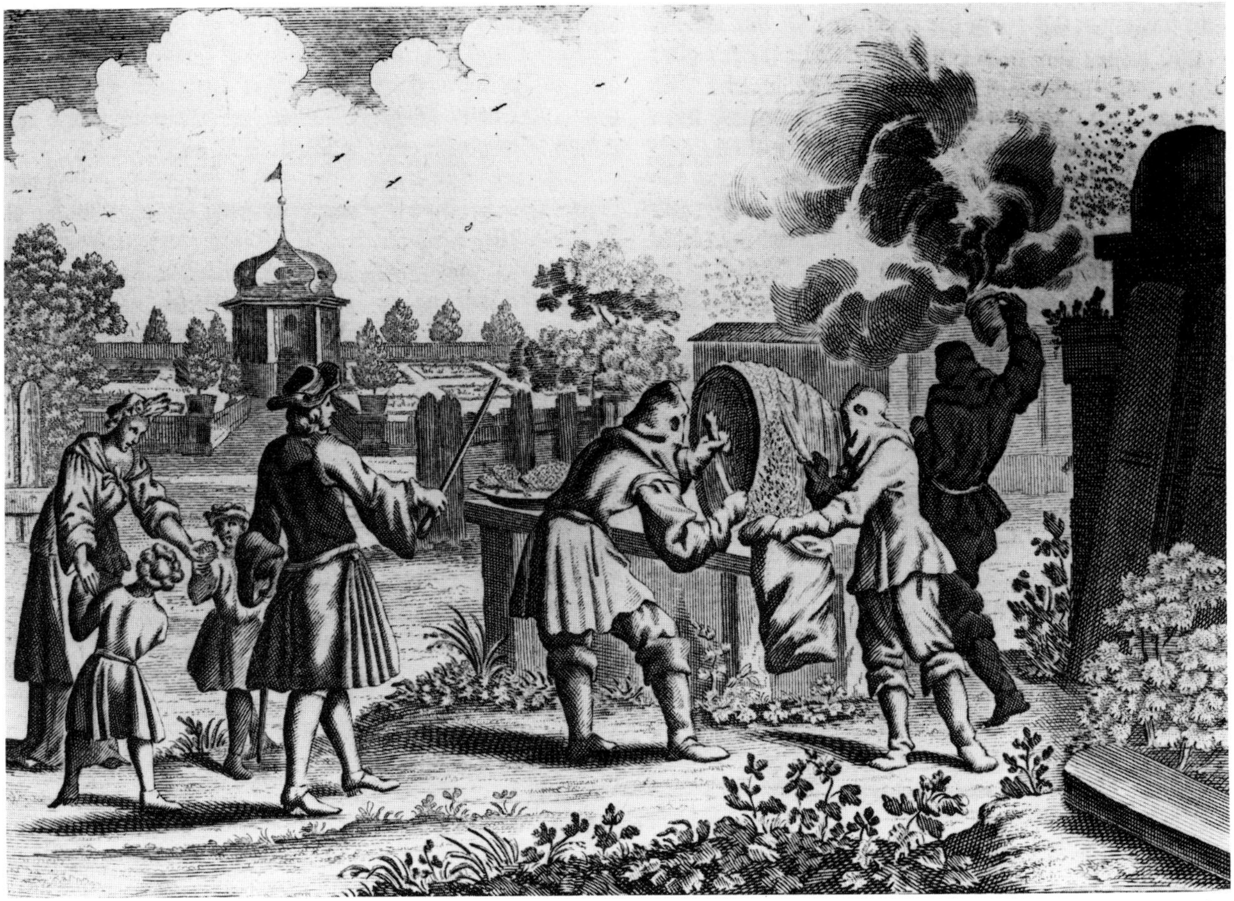

Der Wachs=zieher.

Die schönste Kertzen, ist Lieb im Hertzen.

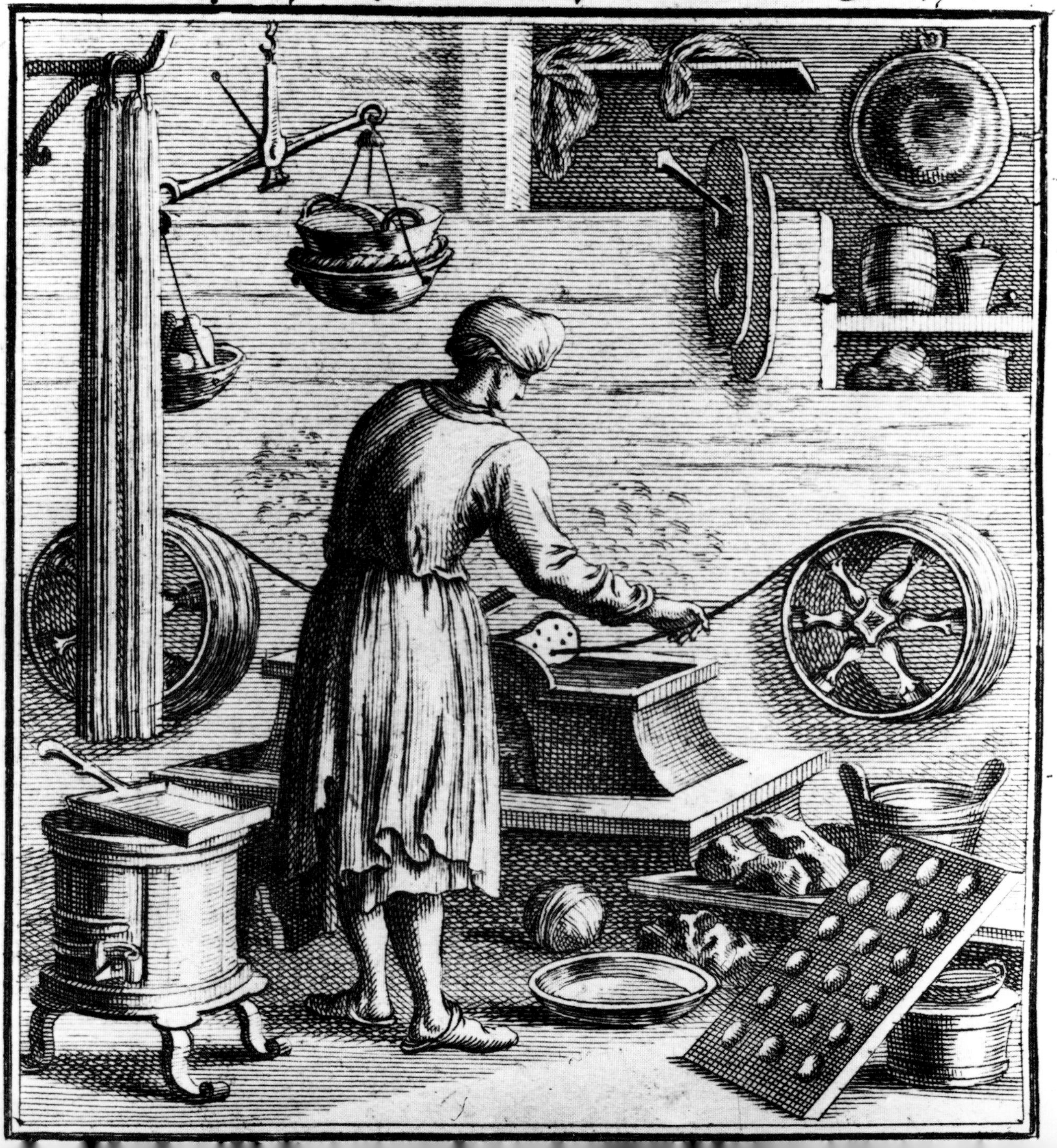

Vom Wachs, von Wachsziehern und Lebzeltern

Die zwey seynd an den meisten Orthen eines Gewerbs / weil sie beede nur ein Werckstatt haben / benanntlich den Imben oder Bienen-Korb / worinn Wax und Honig zugleich gemacht wird; das erste wird fast mehrentheils zu Gottes Ehr angewendt: das andere brauchen die Lettzeltner für Schlecker-Bissel des Menschlichen Appetits . . .

Abraham a Sancta Clara, 1699[33]

Lange Zeit war Bienenwachs ein Universalmittel, das, wie Plinius schrieb, *zu tausendfältigem Gebrauch im täglichen Leben* diente. Wachs war Medikament und Kosmetikum, Klebstoff, Dichtungs- und Verschlußmaterial. Man benutzte es in den Schreibstuben und in den Werkstätten der Maler und Bronzegießer. Seine Verwendung ist weder aus den religiösen Kulten noch aus der künstlerischen Produktion des Abendlandes wegzudenken.

Bis ins 18./19. Jahrhundert war das Wachs der Bienen ein wesentlicher Bestandteil des Arzneischatzes der Ärzte und Apotheker, nicht nur aller äußerlich anzuwendenden Mittel, aller Salben und Pflaster. Wachs sollte Splitter und Dornen aus der Haut ziehen, Schmerzen stillen und *harte Geschwär* erweichen.[34] Man benutzte es als Räuchermittel bei *eitriger Lungensucht* und glaubte *Zehen wachskörnlin in der grösse als hirßen eingenommen / lassen die milch bei den seügmüttern nit gerinnen . . .*[35] Besondere Wirksamkeit schrieb man dem sog. Jungfernwachs zu, das als *in allem artiger / subtiler und kräfftiger* angesehen wurde und *darumb . . . zu den Brust und Glidersälblin inn sonderheit solle genommen werden . . .*[36] wie Magister Ryff Anfang des 17. Jahrhunderts vorschrieb. Noch 1890 vermerkt die *Real-Encyclopädie der gesamten Pharmacie,* Wachs sei *ein volkstümliches Räucherungsmittel bei Rheumatismus und Gicht.*[37]

In Ägypten wurden beschädigte Mumien mit Wachs ausgebessert und die Perser überzogen bei hochstehenden Persönlichkeiten den ganzen Leichnam mit einer konservierenden Wachsschicht. Phönizische, griechische und römische Seefahrer dichteten die Wandungen ihrer Schif-

< aus Christoff Weigel: Abbildungen der Gemein-Nützlichen Hauptstände, Regensburg 1698

fe genauso mit Wachs, wie die Bauern der damaligen Zeit ihre Weinfässer und die Öffnungen der Amphoren. Auch die Helden der griechischen Mythologie machten sich so manche Eigenschaften des Bienenwachses zu Nutze. Odysseus schützte sich und seine Gefährten vor dem betörenden, todbringenden Gesang der Sirenen indem er seinen Begleitern Wachs in die Ohren stopfte. Der Hirtengott Pan fügte einzelne Schilfrohre mit Wachs zu der von ihm erfundenen Syrinx (Panflöte) zusammen, und Daidalos, »der Einfallsreiche«, kannte kein besseres Mittel als Wachs, um die Federn an den beiden Flugapparaten zu befestigen, mit deren Hilfe er zusammen mit seinem Sohn Ikarus der Gefangenschaft des Königs Minos zu entkommen gedachte.[38]

Vor allem die römische Antike und das hohe Mittelalter schätzten die Schreibtafeln aus Holz oder Elfenbein, auf die eine dünne, mit dem Griffel aus Bein oder Bronze leicht zu beschreibende Wachsschicht aufgetragen war. In Bergwerken und auf Märkten fanden sie noch lange Verwendung, die letzten — soweit wir wissen — 1849 auf dem Fischmarkt in Rouen.[39] Für Notiztafeln dieser Art verwendete man weiches Wachs. Sollten jedoch Kaufverträge, Testamente und ähnliches festgehalten werden, so wurden Schreibtafeln benutzt, deren Wachsschicht aus härterem, durch verschiedene Zusätze verändertem Wachs bestanden. Nach ähnlichen Rezepturen mischte man auch die Wachskompositionen für die Siegel. Sie waren schon bei den Assyrern, Babyloniern und Ägyptern üblich, dienten aber im Mittelalter nicht nur zur Bestätigung der Unterschrift, sondern machten kaiserliche, königliche und kirchliche Erlasse und Urkunden erst rechtskräftig.

Eine jahrtausendelange Tradition haben auch die Wachsmalerei und das sog. Wachsausschmelzverfahren. Bei der Malerei (Enkaustik) werden Pigmentfarben mit Wachs verschmolzen, heiß auf den Untergrund aufgetragen und mit Pinsel und erhitztem Bronzespachtel vermalt. Das Wachsausschmelzverfahren ist eine Technik des Metall- und vor allem des Bronzegusses, die noch heute nahezu unverändert geübt wird. Ihr verdanken wir von der etruskischen Chimäre aus Arezzo (5. Jh. v. Chr.), über die Bronzetüren in Hildesheim und die Arbeiten Ghibertis und Donatellos für die Portale des Baptisteriums in Florenz, bis zu den Schöpfungen der Vischerschen Gießhütte in Nürnberg, den Reiterdenkmälern des 17./18. Jahrunderts und den Werken Rodins, Maillols und Henry Moores einige der großartigsten Werke der abendländischen Plastik.

> Detail aus »Die Geschichte des verlorenen Sohnes«, Stich von Peter Isselburg, 1613

Als Beleuchtungsmittel — das Wort Kerze fällt uns ja heute im Zusammenhang mit dem Wort Wachs als erstes ein — ist die Verwendung des Bienenwachses möglicherweise eine etruskische Erfindung. Selbst in der römischen Kaiserzeit mit ihrem hohen Wachsverbrauch waren jedoch Kienfackeln, Leuchtpfannen, Öllampen und Talglichter die wichtigsten Lichtquellen und blieben dies in Mitteleuropa, zumal in den ärmeren Bevölkerungsschichten, bis weit hinein ins 19., ja bis ins 20. Jahrhundert. Das Brennen von Wachskerzen galt wegen der hohen Wachskosten bis ins 14. Jahrhundert selbst in Fürstenhäusern als Luxus, wohl wert darüber zu berichten.

Sie giengen ûf ein palas
hundert krône dâ gehangen was,
vil kerzen drûf gestôzen,
obe den hûsgenôzen,
kleine kérzen umbe an der want.[40]

heißt es im Parzival Wolfram von Eschenbachs (um 1170 bis um 1220), und Konrad von Würzburg schreibt über den Festsaal im Palast des Königs Priamus:

Ein krône was gehenket drin
dâ kerzen ûfe brunnen,
diu gleiz gelîch der sunnen
von ganzen magarîten.[41]

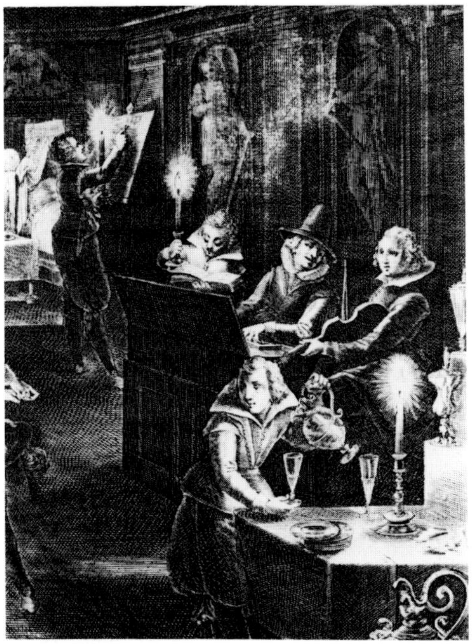

Erst im 17./18. Jahrhundert gehörte Kerzenlicht auch zum repräsentativen Alltag der Fürstenhöfe, zu den Schlössern mit ihren prachtvollen Treppenhäusern und Raumfluchten, zu den Parks voll steinerner Nymphen und Götter, zu den nächtlichen Festen mit Musik und Tanz. Nicht überall herrschte zwar die Gewohnheit, eine Kerze nie zum zweiten mal anzuzünden, wie es am Hofe Ludwigs XIV. in Versailles üblich war. Der Nebenverdienst der diensttuenden Damen, denen es zustand die Kerzenreste zu verkaufen, soll dort oft größer gewesen sein, als das Salär, das ihnen als Mitglieder des königlichen Haushalts zukam.[42] Das Brennen von Wachskerzen in großem Umfang blieb aber auch damals auf Festlichkeiten beschränkt, wie die Eröffnung der Königlichen Oper in Berlin im Jahre 1742, bei der überall dort dicke Wachslichter brannten, wo das Publikum Zutritt hatte[43], oder das Hoffest in Dresden im Jahre 1779, bei dem in einer Nacht 14 000 Wachslichter gebrannt haben sollen und 6 Zentner Wachs verbraucht wurden.[44] Besonders reizvoll und interessant ist die Beschreibung des großartigen Maskenfestes, das Maria Theresia am 17. April 1770 anläßlich der Vermählung ihrer geliebten Tochter Maria Antonia, der noch nicht sechzehnjährigen Erzherzogin, mit dem Dauphin in Schloß Belvedere in Wien ausrichtete. Mehr als 6 000 Gäste waren geladen. »Die Kaiserin gab in geradezu hausfraulicher Sorge genaue Anweisungen und prüfte selbst die Vorschläge und Pläne, die ihr Obersthofmeister Fürst Khevenhüller und Hofarchitekt Pacassi vorlegten. . . . Im Inneren (des Schlosses) war der Saal durch illusionistische Malereien und Leinwand, Blumengirlanden und achtzig große Spiegel ge-

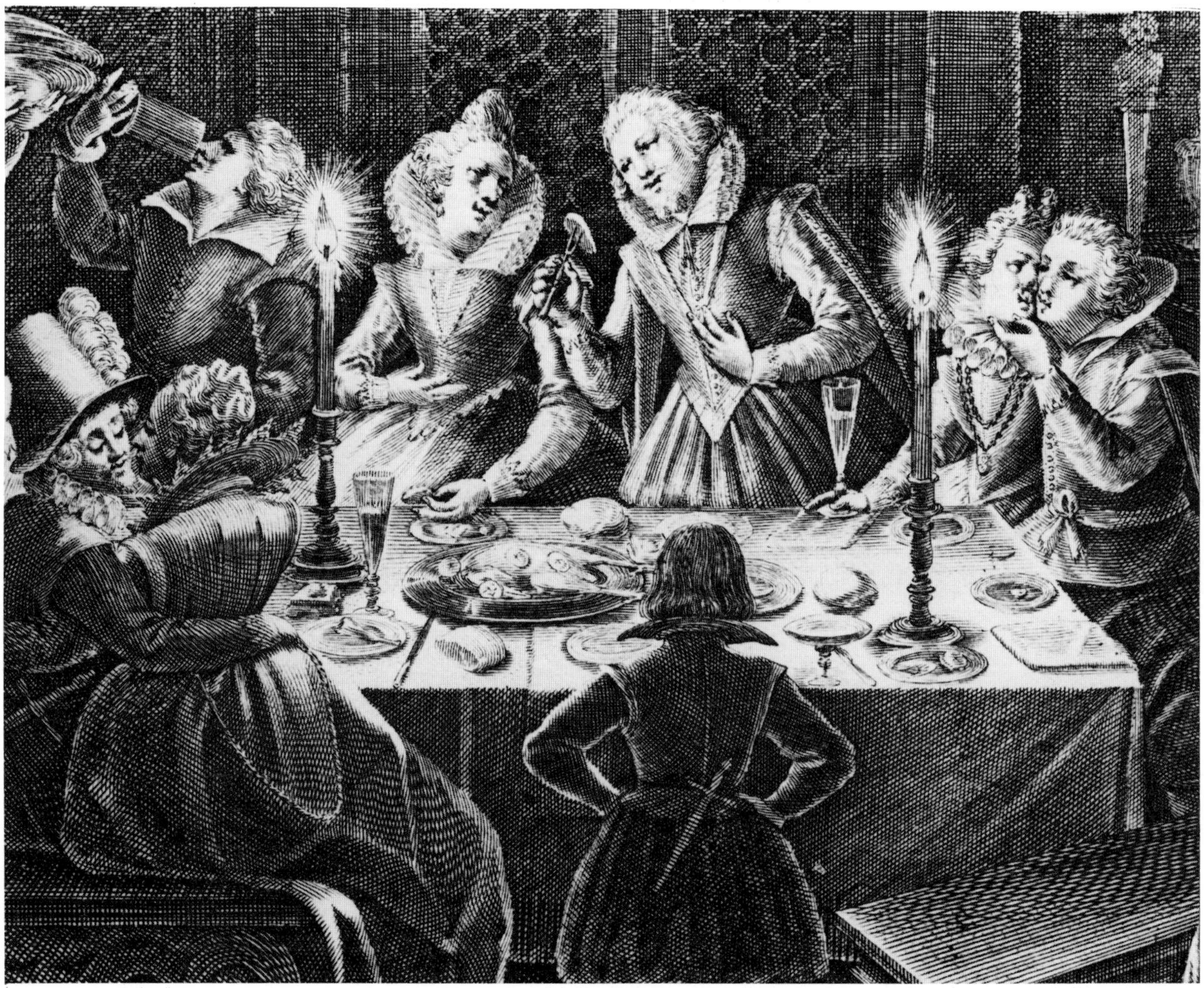

schmückt, durch hundertfünfzig Luster und fünfhundert Wandarme mit zusammen etwa siebentausend Kerzen beleuchtet. Zwei achtzig-Mann-Orchester spielten zum Tanz. Durch die offenen Arkaden konnte man direkt in die Erdgeschoßräume des Schlosses treten, wo an den Buffets die ganze Nacht hindurch warme und kalte Speisen und Getränke serviert wurden. Die Räume im Hauptgeschoß waren ebenfalls mit Blumen geschmückt und durch etwa hundert Kristalluster und dreihundert Wandarme taghell erleuchtet. Auch hier spielten drei Musikkapellen Menuette, deutsche und englische Tänze. ... Insgesamt wurden zur Dekoration fünfzehntausend Ellen Leinwand, hunderttausend Blumen und enorme Mengen von Rauschgold, silber- und goldfarbener Gaze verbraucht. Dreizehntausend Wachskerzen erhellten das Schloß von innen. An der Scheinfassade aus Holz strahlten Zehntausende mit Öl gefüllte Glaskugeln. ... Die Festbeleuchtung setzte sich im Garten fort, wo hundertdreißigtausend irdene »Feuervasen« und Öllampen die Form der Terrassen, Treppen, Parterres und Bassins nachzeichneten. Das Anzünden der Illumination dauerte zwei Stunden.«[45] Bei diesem Fest, bei dem Wasserpumpen, Löschgeräte und 800 Feuerwehrleute bereitstanden, war man sich der Feuersgefahr bewußt. In London aber gingen von den 305 Bränden, die 1848 aufgeklärt werden konnten, allein 237 auf den leichtfertigen Umgang mit Kerzen zurück.[46] Man klagte damals auch über die Nachteile der üppigen Kerzenbeleuchtung, über die sich entwickelnde Hitze und die Verpestung der Luft; auch darüber, daß die Damen ohnmächtig wurden und das herabtropfende Wachs, wie bei der Krönung Georgs IV. in der Londoner Westminster Hall im Jahre 1821, die kostbaren Gewänder der Gäste »überflutete und ruinierte« noch ehe alle 1 500 Kerzen angezündet waren.[47]

Der weitaus größte Kerzen- und Wachsverbraucher war allerdings Jahrhunderte hindurch die Kirche. Sie benötigte — und dies regelmäßig — heute nahezu unvorstellbare Mengen. Allein in der Schloßkirche Wittenberg sollen zum Beispiel zur Zeit Luthers in einem Jahr 35 750 Pfund Wachskerzen verbrannt worden sein.[48] Dies im 16. Jahrhundert, zu einer Zeit, in der z. B. in Ingolstadt ein Schreiner 24 Pfennig am Tag verdiente und 1 Pfund Fleisch 4 Pfennig kostete, 1 Pfund Wachs aber 40 Pfennig.[49]

Soweit Kirchen und Klöster keine eigenen Zeidelweiden oder Bienengärten besaßen — König Pippin schenkte z. B. 766 dem Kloster Fulda nur aus diesem Grund ein Hofgut[50] — waren sie zur Deckung ihres Wachsbedarfs auf den Kauf von Wachs und auf Spenden und Abga-

< Detail aus »Die Geschichte des verlorenen Sohnes«, Stich von Peter Isselburg, 1613

ben der Gläubigen angewiesen. Eine Sonderstellung nahmen die sog. cerocensulares ein, die Wachs-Zinsler. Es konnten dies aus einem Dienstverhältnis Freigelassene sein, die als Entgelt Wachsabgaben zu entrichten hatten, aber auch Gemeinfreie, die sich freiwillig oder zur Sühne zu regelmäßigen Wachslieferungen verpflichteten: *Joergen Schneiders hausfraw von kammer hatte vier jarr den hinfallenden siechtagen gehabt und wurde deshalb durch iren hauswiert allher gen alten Öding verlübt mit ainem halben pfunt wags und dasselb yr baider lebenlang zu raichen* heißt es auf einer der Tafeln im Umgang der Altöttinger Wallfahrtskapelle. Manchmal mag auch eine Vereinbarung am Anfang gestanden haben, wie jene, die das Stiftskapitel von Beromünster mit *Ludwig dem meiger von Magton und anderen unseren knechten und unseren Lüten von Magton* am 14. Februar 1318 traf. Die Leute von Magden erhielten eine Weide am Gottesbühel zur 6jährigen Nutzung und versprachen dafür einen jährlichen Zins von 3 Pfund Wachs zu entrichten.[51]
Hinzu kamen die weitverbreiteten Wachsbußen. Es war ja nicht nur üblich, daß Sündern das öffentliche Tragen von Schandsteinen, von Ruten und Kerzen, auch von zerbrochenen Kerzen, in den verschiedensten Abwandlungen auferlegt wurde, wie es vielfach und aus ganz Europa überliefert ist: in Thann/Elsaß z.B. mußte 1583 eine Hexe mit einer schwarzen Kerze vor der Kirche stehen, bevor sie zur Richtstätte gebracht wurde[52]; in Konstanz ein Ehebrecher in schwarzem Hemd und mit brennender schwarzer Kerze in der Hand die Strafpredigt über sich ergehen lassen und danach vor der Kirchentür auf einem Bänkchen stehen[53]; in einem Appenzeller Sühnevertrag von 1587 wird dem Täter auferlegt, mit der Mordwaffe in der einen und einer brennenden Kerze in der anderen Hand zum Grab des Erschossenen zu gehen und dort knieend die Sippe des Getöteten um Verzeihung zu bitten[54]; und auch aus Frankreich wird berichtet, daß der Büßer barfuß, nur in Hemd und Hose zur Kirche zu kommen hatte, mit einer Kerze in der Hand und mit Ruten, mit denen er gezüchtigt werden sollte. Noch 1777 verurteilte das Pariser Chateletgericht den mehrfachen Mörder Desrues dazu, vor der Hinrichtung am Haupttor von Notre-Dame Sühne zu leisten, nur mit einem Hemd bekleidet, den Strick um den Hals und in den Händen eine 2 Pfund schwere Kerze.[55]

Viel häufiger war die Verhängung von Wachsabgaben, selbst für kleinere Vergehen. Wer z.B. in Baumgarten, Greifenstein und Altenberg in Niederösterreich am Samstag über das Mittagläuten hinaus im Weinberg arbeitete, hatte der Kirche 1 Pfund Wachs zu geben. In

Hürn und Mank mußte ein Gotteslästerer nicht nur einen halben Tag im »Prechtl«, dem gekreuzten Schandpfahl an der Kirche stehen, sondern zusätzlich auch 1 Pfund Wachs abliefern.[56] Wachs scheint zeitweilig geradezu als eine Art Geldersatz angesehen worden zu sein. So wurden 1696 in Mauthausen die Zünfte der Fleischer, Bäcker, Schneider und Weber mit der Abgabe von je 1 Pfund Wachs an das Marktgericht bestraft, weil sie mit ihren Fahnen nicht an der Fronleichnamsprozession teilgenommen hatten. 1721 bedrohte das Gericht das Mitnehmen von Hunden in die Kirche mit der Buße von 1 Pfund Wachs und schon 1601 hatte die Fleischhauerordnung bestimmt, daß jedes Mitglied, das einem anderen Vieh wegkaufe, mit 4 Pfund Wachs bestraft werden müsse.[57] Im Salzburgischen mußten 1694 fünf Männer je *1 Pfund Wax in natura* abliefern, weil sie während der Fronleichnamsprozession im Glockenturm der Kirche *Toback getrunken* hatten.[58]
Auch in der Schweiz waren derartige Bußen durchaus üblich. 1502 wird z. B. einem Mann in Basel eine Abgabe von 10 Pfund Wachs auferlegt *weil er Hans Bär, dem jungen, mit der Faust in das Antlitz schlug.*[59] Auch der Rat von Bern, der 1479 zur Abwehr von Pestilenz und Teuerung anordnet, daß täglich nach der Messe *alle menschen niderknüwen, die man mit ausgespannten armen und die wiber mit ufgehepten händen fünf paternoster und ave Maria söllen andächtig beten,* bestraft Ungehorsam gegen sein Gebot mit der Abgabe von 1 Pfund Wachs.[60]

Geradezu eine Art »Gebührenordnung« für Wachsstrafen scheint es innerhalb der bayerischen Zünfte gegeben zu haben. Die Bamberger Deck- und Leineweber wollten ihre Zunftgenossen 1511 mit ½ Pfund Wachs strafen, falls sie *barschenkel* zu den Zusammenkünften gehen sollten. Die Moosburger Fischer legten 1536 fest, daß jeder ihrer Meister mit 1 Pfund Wachs Strafe belegt werden sollte, wenn er *im Antlas eine Kerze unbebrundt ohne große Not heim schickt, und nit umträgt,* wenn er also ohne Notwendigkeit nicht an der Fronleichnamsprozession teilnimmt. Die Freisinger Schäffler aber bestimmten: *Wann Ainer den Anndern an seinen Ehren verletzt, schendt oder schmecht, oder sich selbst also verpfendt, & nit hielte, soll ain Wochenlohn und ain Pfundt Wax zur Straff geben.*[61] In Halle war es bis zur Einführung der Reform üblich, daß jeder, der ein Haus erwarb 5 Groschen »Nachbar-Geld« erlegen mußte und alljährlich in der Woche Invocavit 1 Groschen »Kerzen-Geld« wofür die Kirche Kerzen für die feierliche Prozession kaufte, später aber die Feuerlöschgeräte des Stadtviertels unterhalten wurden.[62]

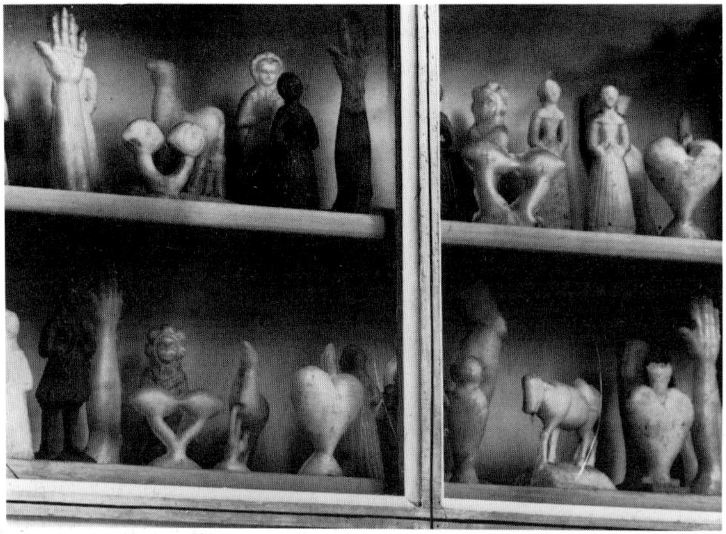

< Ausschnitt aus einem Schrank mit Wachsvotiven in der Wallfahrtskirche zum gegeißelten Heiland, Wies bei Freising/Obb., (Foto 1982)

V Votantenpaar, 18. Jh.

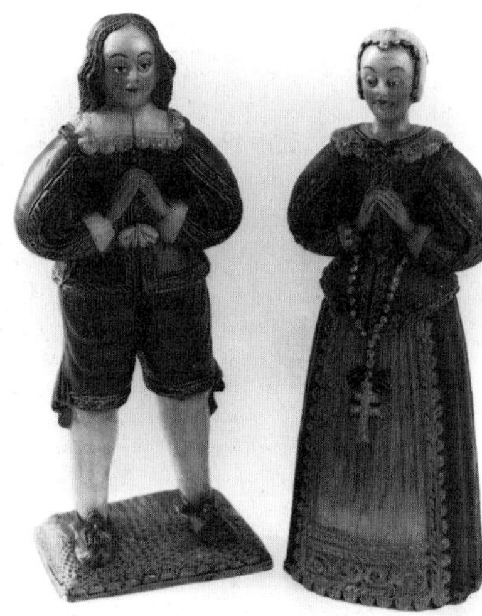

Einen wesentlichen Anteil an dem der Kirche zur Verfügung stehenden Wachs hatten die freiwilligen Opfergaben, sei es in Form von Rohwachs, von Kerzen oder von figürlichen, geformten Gaben der verschiedensten Art: den roh gekneteten oder sorgfältig bossierten, in allen Größen geopferten Betern und Kindln, den Körperteilen und Tieren, die man genauso wie Kerzen von Fingergröße bis zu gewaltigen Ausmaßen opferte in Erfüllung eines Gelöbnisses und zum Dank für erlangte Hilfe in den Nöten des Leibes und der Seele. In den Mirakelbüchern finden sich Stellen, aus denen hervorgeht, daß sich die Heiligen höchst persönlich für genug Wachs in ihrer Kirche einsetzten. Im Jahre 1550 hatte sich Bernhard von Kerschham bei Braunau auf dem Eis ein Bein gebrochen. Als er gepeinigt von Schmerzen darniederlag, erinnerte ihn der hl. Wolfgang: *Du hast in deiner Truhen einen wächsernen Kerzenstock. Nimb denselbigen mit Dir und opfere den meinem Gottshauß im Gebürg auff, alsdann sollest du ohne einzige Menschlich Hülff durch mein bey Gott Fürbitt frisch und gesund werden.*[63] Auch der Barbara Brünnerin von Pfaffendorf erschien 1591, als ihr Haus während einer Überschwemmung in Gefahr stand weggerissen zu werden, der hl. Leonhard *sprechend, sy solle sich mit 1 halben pfund wachs allheer (nach Inchenhofen) verloben, welches, nachdem sy es gethan, ist das Wasser abgeloffen.*[64]

> Votivkerzen, überwiegend 18. Jh., Pfarr- und Wallfahrtskirche St. Salvator, Bettbrunn/Obb., (Foto 1982)

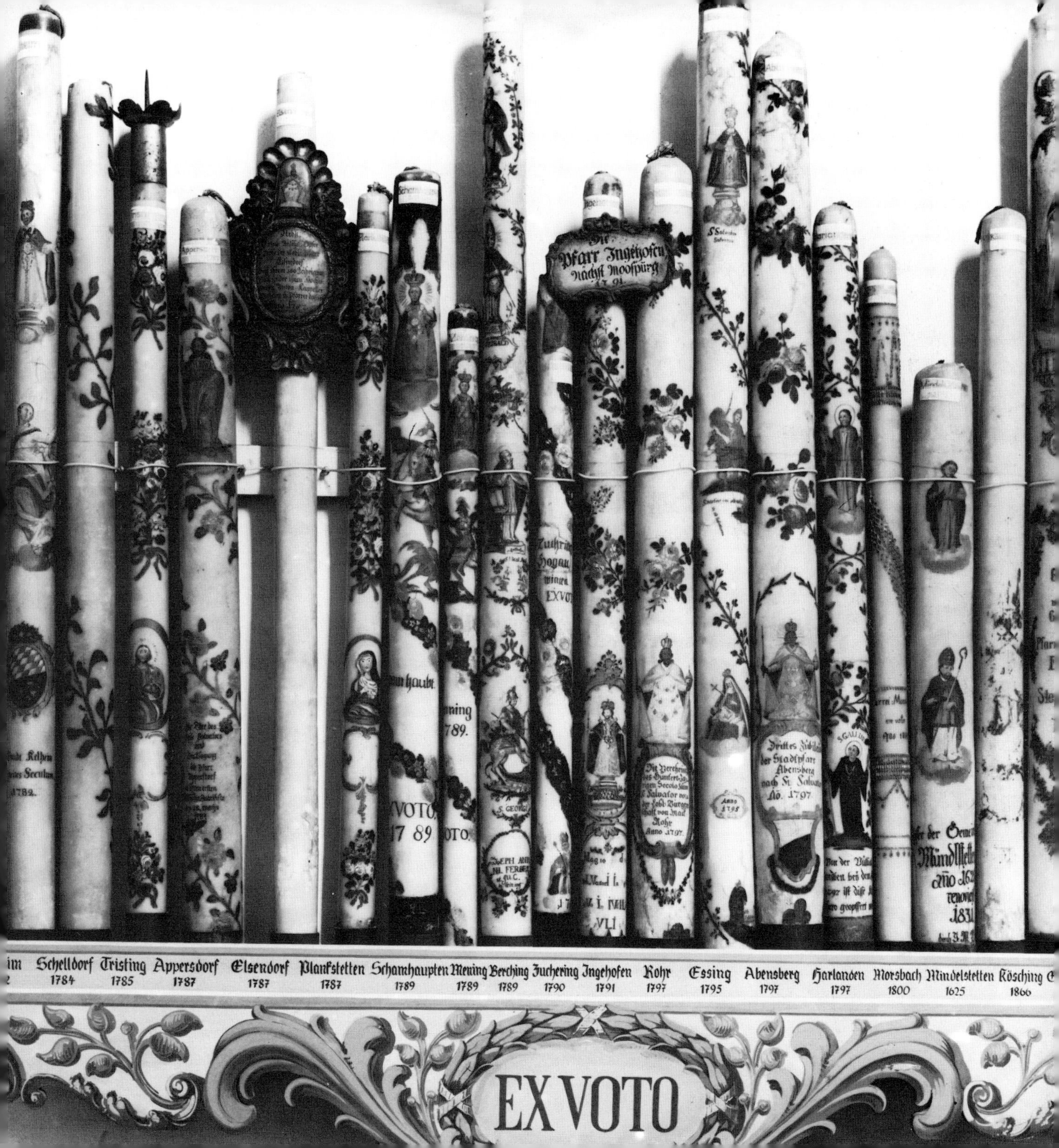

Schelldorf 1784
Tristing 1785
Appersdorf 1787
Elsendorf 1787
Plankstetten 1787
Schamhaupten 1789
Mening 1789
Berching 1789
Zuchering 1790
Ingehofen 1791
Rohr 1797
Essing 1795
Abensberg 1797
Harlanden 1797
Morsbach 1800
Mindelstetten 1625
Kösching 1866
Die Pfarr Ingehofen nächst Moosbürg 1791
EXVOTO

Über die Kerzenhersteller wissen wir bis ins frühe Mittelalter recht wenig. Talg- und Unschlittkerzen, die uns hier nur am Rande interessieren, wurden wohl recht häufig und bis zur Umstellung auf die maschinelle Kerzenproduktion im 19. Jahrhundert in den Haushaltungen selbst gefertigt. Trotzdem waren in vielen Städten in den Kerzenmacherzünften — soweit diese überhaupt existierten — die Unschlittkerzenmacher zusammengeschlossen. Für die im allgemein streng eingehaltene Trennung von Wachs- und Talgkerzenmachern sorgten die Kirchen. Sie mußten größten Wert auf die Verwendung reinen Bienenwachses legen und befürchteten wohl zu Recht, daß bei dem beträchtlichen Preisgefälle zwischen beiden Materialien die Herstellung von Wachs- und Unschlittkerzen in einem Betrieb die Gefahr von Verfälschungen vergrößert hätte. So war die nicht besonders schwierige Erzeugung von Unschlittkerzen oft auch ein Nebenerwerb verschiedenster Handwerker, häufig der ohnehin mit Talg arbeitenden Metzger und Seifensieder, aber auch der »Melber« oder »Grempler« (Schweiz) genannten Kleinkrämer, die mit Butter, Käse und Schmalz, mit Mehl, Erbsen, Federn, Zinnkraut und allerlei aus Holz gefertigten Haushaltartikeln handelten.

Ausgesprochene Wachszieher tauchten im deutschen Sprachraum bis ins 14./15. Jahrhundert nur vereinzelt auf: 1164 ist in Essen von einem Kerzenmacher, einem *cerariorum magister* die Rede, der sogar Gehilfen hat[65]; 1268 und 1270 wird in Köln ein Gozwin Candelatoris erwähnt[66] und in Frankfurt a.M. werden ab 1354 in den Bedebüchern regelmäßig *kirzenmecher* und *lichtmecher* genannt.[67] Zu zunftartigen Zusammenschlüssen kam es damals nirgends, vielleicht auch weil das Gewerbe zu schwach besetzt war.
Es darf ja nicht übersehen werden, daß der größte Wachs- und Wachskerzenverbraucher des Mittelalters, die Kirche, ihre Kerzen vielfach in eigener Regie herstellte. In den weitgehend autarken Klöstern gab es dafür zum Teil ausgebildete Brüder. Im Kloster Einsiedeln wurde 1664 sogar eine eigene Wachszieherei eingerichtet, die nicht nur Kerzen für den eigenen Bedarf herstellte, sondern auch Wachsstöcke, kleine Wetterkerzen, *kindli, händli und füßli* zum Verkauf an die zahlreichen Wallfahrer. Erst nach 1798 konnten im Dorf unabhängige Wachszieher zu arbeiten anfangen, es entstand Krambude neben Krambude, die alle Kerzen und wächserne Opfergaben verkauften, später auch die typischen Einsiedler Andenken.

In den Städten gehörte es offensichtlich verbreitet zu den Aufgaben der Küster, Sigristen und Mesner aus dem eingehenden Wachszins und

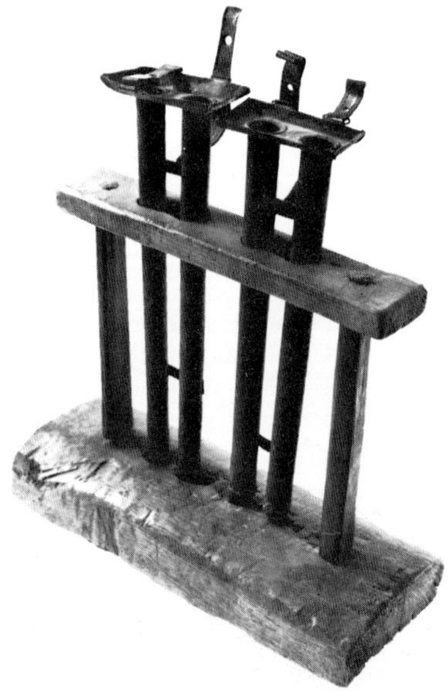

Λ Gerät zum Gießen von Talgkerzen

> Kerzengießer, Stich aus Diderot et d'Alembert, Paris 1763

den Wachsopfern der Gläubigen Kerzen für den täglichen Gottesdienst zu gießen. Der Kölner Dom hatte einen eigenen Lichterküster und auch in Salzburg gab es beim Dom eine *Waxstubn, darinnen die Thuembmösner die Körzen gemacht.*[68] Im Stiftungsbuch des Frauenklosters Windhaag bei Perg in Oberösterreich wird 1679 darauf verwiesen, daß die Klosterküsterin sich nicht nur auf das Backen von Oblaten verstehen müsse, sondern auch auf das Anfertigen gelber Wachskerzen und *Zeugwachslichtln,* also gezogener Wachsstöcke.[69] Noch im 19. Jahrhundert fertigte der Küster von St. Quintin in Mainz die Kerzen für den laufenden Bedarf seiner Kirche, ehe er sich 1837 selbständig machte und die noch heute bestehende, unter Ad. Lorenz Werner Ww. firmierende Wachswarenfabrik ins Leben rief.[70]

Im ganzen gesehen scheint die Entwicklung besonderer, mit der Wachszieherei befaßter Gewerbe regional recht unterschiedlich verlaufen zu sein, was vielleicht auch mit dem Stand der Bienenzucht in den einzelnen Gegenden zusammenhing und damit, ob das Wachs im Handel bezogen werden mußte oder direkt von den Imkern gekauft werden konnte. Bis ins 15./16. Jahrhundert deutet manches darauf hin, daß Wachskerzen zum Teil auch in Lohnarbeit hergestellt wurden, nicht selten von Frauen. In Pettau/Slowenien, dem heutigen Ptuj, ist 1376 von *Wachserinnen* die Rede[71]; und in einem Verzeichnis der Einkünfte des Mainzer Dompropstes von 1364-67 werden Beginen, also fromme, ohne Gelübde in klosterähnlicher Gemeinschaft lebende Frauen erwähnt, *que faciunt candelas,* welche Kerzen machen.[72] Auch die Rechnungsbücher der Stadtpfarrkirche Ingolstadt führen 1520/21 mehrfach Beträge auf, die für das Anfertigen von Kerzen an die Seelnonnen gehen, während Stephan Schuler, der Pfleger der Frauenkirche Nürnberg, in seinem Saalbuch 1442 extra vermerkt: *Item so muß ein pfleger bestellen ein frumme kertzenmacherin die dem gotzhaus alles wachs macht kertzen und was das gotzhaus bedarf.* . .[73] Andererseits sind aus Breslau, Lübeck, Köln und wiederum Ingolstadt aus dem 15. Jahrhundert auch Stadtrechnungen erhalten, in denen mehrfach Ausgaben für den Einkauf von Wachs und Kerzen zu finden sind, wie *pro cera et candelis, pro candelis diversis et torzis cereis* etc.[74] und im Zunftstatut der Krämer von Minden in Westfalen aus dem Jahr 1525 heißt es, die Küster sollten *kerßen maken to eren kerken und anders nich*[75], was sicher dafür spricht, daß sie den übrigen Bedarf selbst decken konnten und wollten.

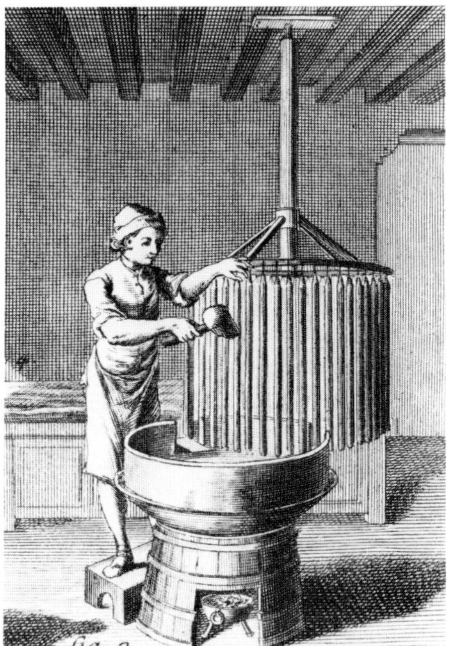

fig. 2.

In Wien lassen sich Wachsgießer bis in die Zeit der ersten Habsburger zurückverfolgen. Ihr Gewerbe scheint dort recht angesehen und ein-

träglich gewesen zu sein. In den Wiener Bürger-Testamentbüchern des frühen 15. Jahrhunderts kommt nicht nur eine offensichtlich vermögende *Kathrey die Wachsgiezzerin* mehrfach vor, die 1402 ihrer Schwester einen blauen und einen braunen Mantel mit Schellen vermacht.[76] 1430 schenkt der *Wachsgiezzer Hans der Maurer* der Gemeinde Wien auch ein Pferd, seinen Harnisch und einen ungarischen Bogen.[77] Zwanzig Jahre später werden in der Stadt sechs Wachsgießermeister genannt, darunter ein gewisser Symon, der einen schwungvollen Handel nach Ungarn betrieb und von dem es hieß, er habe ein großes, gastfreies Haus geführt.[78]
Auch in Nürnberg gab es eine eigene Wachszieherzunft, die 1546 nicht nur drei Kerzen in ihrem Wappen führte, sondern auch einen Fuß und eine Hand aus Wachs, ein Zeichen für die Bedeutung, die die Herstellung von Votiven für die Wachszieher hatte.

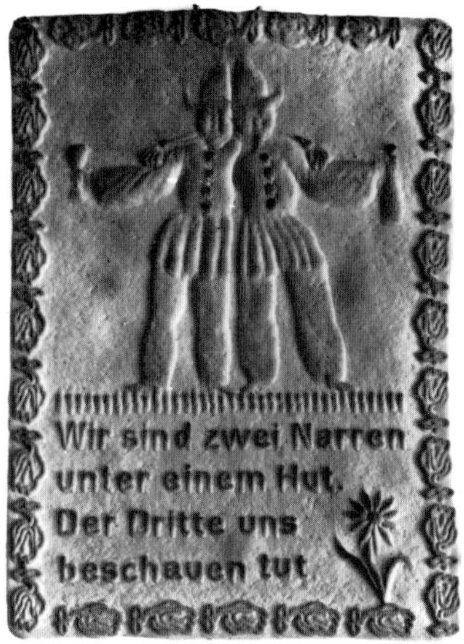

Im großen und ganzen aber war im süddeutschen Raum das Wachsgießen und Kerzenziehen mit dem Gewerbe der »Lebküchner« und »Lebzelter« verknüpft. Die Verbindung ergab sich sicher aus der Verwendung der Rohmaterialien Honig und Wachs und aus der Tatsache, daß es hier neben dem großen Zeidelgebiet des Nürnberger Reichswaldes eine blühende Bienenzucht gab, die von zahlreichen kleinen und bäuerlichen Imkern ausgeübt wurde. Für sie war es einfacher, die vollen Waben als Ganzes zu einem Handwerker zu bringen, als selbst Honig zu schleudern, Wachs zu erschmelzen und zu reinigen und beides dann an verschiedenen Stellen zu verkaufen. In der Regel scheinen die Lebzelter und Wachszieher, die überall im Land arbeiteten, ihren Bedarf bei den Imkern der Umgebung gedeckt zu haben, in der Regel in Form von in Fässern verpackten Bienenwaben.[79]

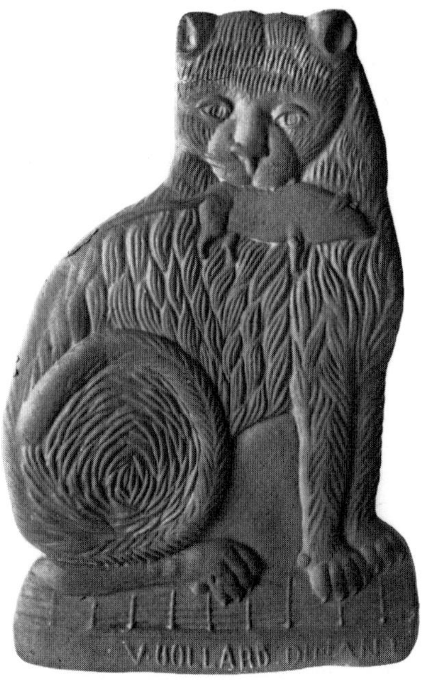

Hauptaufgabe der Lebzelter und Lebkuchenbäcker war die Herstellung jenes süßen Gebäcks aus Mehl, Honig und Gewürzen, das schon die Griechen der Antike zu gewissen Festen ihren Göttern opferten und das vielfach abgewandelt bis heute in fast allen Ländern Europas auf eigene, charakteristische Art hergestellt, geformt und verziert wird: denken wir nur an die zahlreichen, mit dem Namen einer Stadt verbundenen Spezialitäten von den Aachener Printen, den Couques de Dinant und den Thorner Katharinchen bis zu den Zürcher Tirggeln. Aus München ist ein Lebzelten-Rezept des Jahres 1474 überliefert, bei dem umgerechnet auf 650 g reines Roggenmehl 1/8 l Honig, 1/4 l Wasser, 150 g Sauerteig, 1 Teelöffel Salz, 1,5 g Gewürznelken, 6 g Zimt, 1,5 g Pfeffer, 4,5 g Ingwer und 3 g Anis verwendet werden.[80] Das dar-

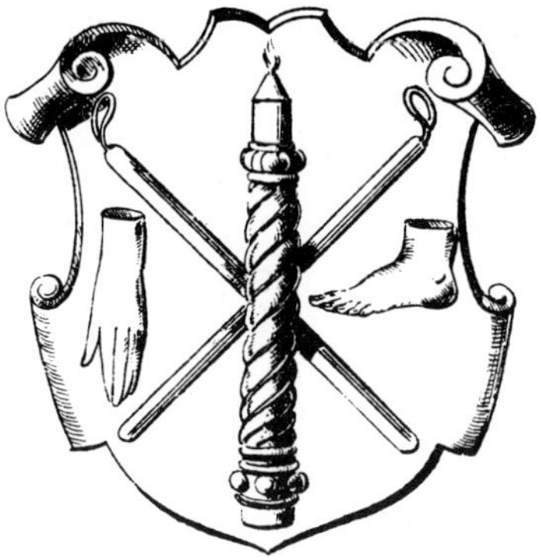

aus entstehende Gebäck, eigentlich eine Art stark gewürztes, leicht süßes Brot, macht die englische Bezeichnung für Lebkuchen »gingerbread« = Ingwerbrot, das französische »pain d'épice« = Gewürzbrot und das deutsche Synonym »Pfefferkuchen« durchaus verständlich. Es hat keinerlei Ähnlichkeit mit dem, was wir uns heute vielfach unter Lebkuchen vorstellen, dem weltberühmten Lebkuchen Nürnbergs, der

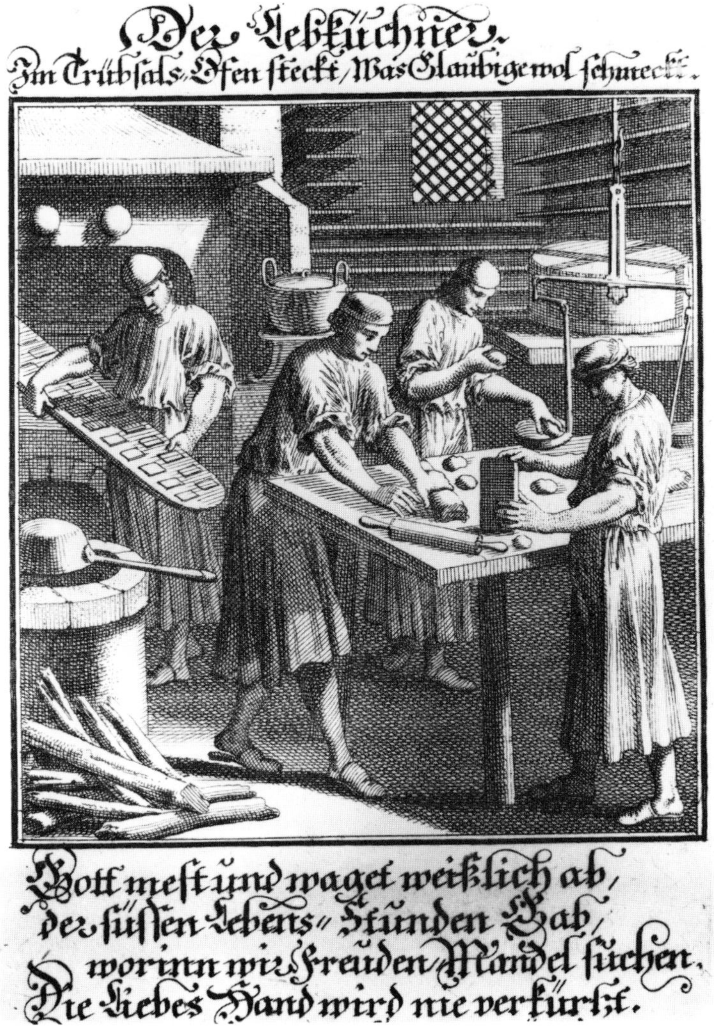

∧ Wappen der Nürnberger Wachszieherzunft, 1546

> aus Christoff Weigel: Abbildungen der Gemein-Nützlichen Hauptstände, Regensburg 1698

< oben: Zürcher Tirggel
unten: Couque de Dinant, beides nach Modeln des 19. Jh.

in seiner besten Ausführung auf Mehl nahezu völlig verzichtet und außer den Gewürzen fast nur aus Haselnüssen und Mandeln, aus Zitronat und Orangeat besteht.
So nimmt es nicht Wunder, daß es die einfachen Lebkuchen, die flachen »Zelten«, die einst gebündelt oder in grellbuntes Papier gewickelt auf Messen und Jahrmärkten die gängigste Ware der Lebzelter darstellten und die man in den Metstuben auch zum Met aß, kaum mehr gibt. Nur als bunte, mit Zuckerguß und den Sprüchen von Liebe und Treue verzierte Herzen gehören sie noch immer zu den Budenreihen volkstümlicher Feste.

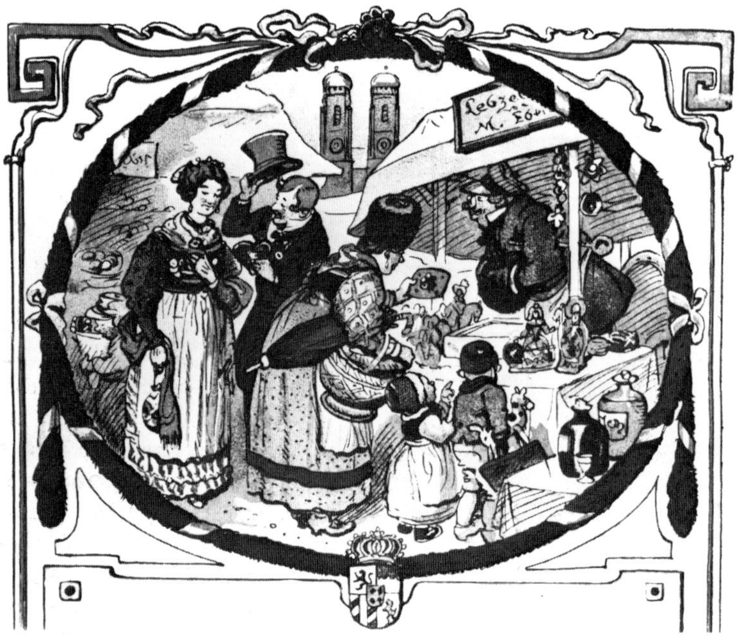

Die ersten Lebkuchen Mitteleuropas wurden in den Klöstern gebacken und dort als Nachtisch oder — schärfer gewürzt — zum Wein gereicht. Aus dem Kloster Tegernsee wird zum Beispiel berichtet, daß man schon im 11. Jahrhundert *Pheforcelten,* Pfefferzelten buck[81] und den Mönchen standen nach einer aus dem Mittelalter überlieferten Klosterordnung pro Tag neben zwei Kannen guten Biers und einem *Kändlein Wein* auch *Pfefferkuchen oder gesaltzen Brod* zu, auf *daß man wohl trinken könnte.*[82] Heinrich von Nördlingen schreibt 1339 an

< Detail einer Einladungskarte der Fa. Ebenböck, München, 1903

> Wappen
oben: der Trierer Wachs-Krämer-Zunft, 1709
Mitte: der Nürnberger Wachszieher, wahrsch. 17. Jh.
unten: der Breslauer Pfefferküchler, 1750

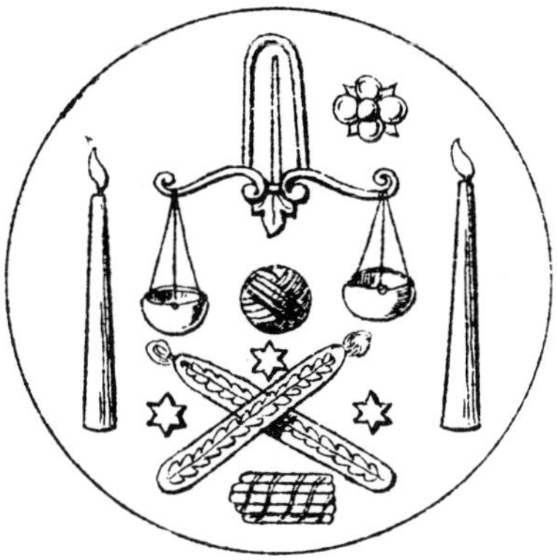

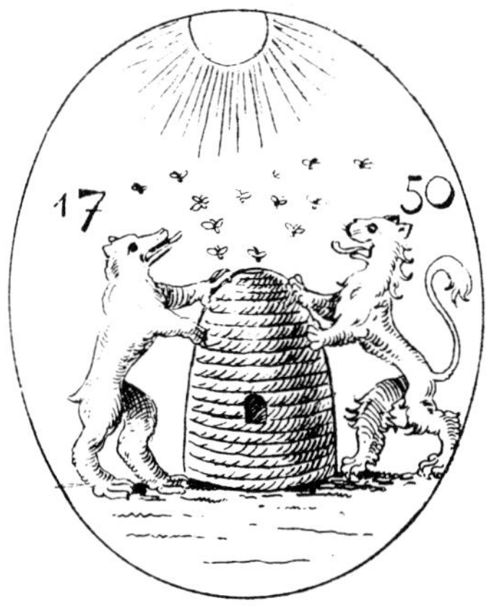

Margarete Ebner aus dem Dominikanerinnenkloster Medingen an der Donau: *Gott danke dir für deinen Beutel, die Kertzlin und deinen Lebkuchen. Du solltest mir aber keinen so großen senden!*[83]

Einzelne Lebzelter sind auch in den Städten früh bezeugt: 1293 in Basel, 1326 in Frankfurt a.M., 1348 in Wien.[84] In München findet sich 1370 ein Ull Pabstell als erster Lebküchner unter den 908 Gewerbetreibenden der Stadt[85] und Ende des 14. Jahrhunderts tauchen *lekuchner* auch in den Losungslisten Nürnbergs auf.[86]
1393 gehörten in Basel, dessen »Brunsli« noch heute geschätzt werden, 34 Lebküchler der »Herrenzunft zum Saffran« an, in der über 50 verschiedene Gewerbe zusammengeschlossen waren.[87] Doch versuchten die Lebzelter sich bald auch in eigenen Zünften zu organisieren. 1445 entstanden in Wien, 1473 in München die beiden ersten selbständigen Zünfte des Gewerbes.[88] Von da an durften nur mehr Zunftmitglieder das Handwerk ausüben. Meister mußten Mitglied der Stadtgemeinde sein, die sie erst nach fünfjährigem Aufenthalt verlassen durften. Sie hatten ein steuerbares Mindestvermögen von 50 Pfund Pfennigen zu besitzen und zu den Gemeinlasten ihrer Stadt beizutragen. Den Zünften wurde dafür vielfach eine unmittelbare Beteiligung am Stadtregiment zuerkannt.
Anders als in Bayern, wo die Wachs und Honig verarbeitenden Gewerbe nur in den Städten ausgeübt werden durften und die Lebzelter daher ausschließlich städtischen Zünften angehörten, waren die österreichischen Lebzelter außerhalb Wiens in einem überregionalen Verband zusammengeschlossen, der alle Länder der Donaumonarchie umfaßte.[89]
Erst im 17. Jahrhundert begannen sich einzelne »Laden« selbständig zu machen: 1619 trennten sich die *dulciarii* Preßburgs[90], 1659 die Lebzelter von Steiermark-Kärnten, 1665 die Oberösterreicher.[91] Privilegien des Kaisers machten die Preßburger Zunft 1684 zur mächtigen *Hauptlade von Ungarn* und für lange Zeit zum Mittelpunkt des blühenden ungarischen Lebzeltergewerbes.[92] Eigenartigerweise gehörten im 17. Jahrhundert für einige Zeit zur oberösterreichischen Lade mit ihren an 25 Orten ansässigen Meistern auch die Lebzelter von Würzburg.[93] Aufgabe der Zünfte war es, Lehrverhältnisse und Meisterprüfungen für alle verbindlich zu machen; Rechte und Pflichten festzulegen und durch Tätigkeitsabgrenzungen gegenüber anderen Handwerkern, auch durch die Beschränkung der Zulassung zum Handwerk, eine gewisse Existenzsicherung und Qualitätskontrolle zu erreichen. Erst in späteren Jahrhunderten suchte man mit immer ausführlicheren Satzungen festzulegen *was sich ziemt.*

Die Wiener Lebzelterordnung von 1445, die älteste auf deutschem Sprachgebiet, bestimmte z.B. Größe und Anzahl der Verkaufstische, die von den einzelnen Lebzeltern an den besonderen Verkaufstagen, an Kirchweih oder ähnlichem, aufgestellt werden durften.[94] In München befaßten sich die ersten Ordnungen vor allem mit dem Metsieden. Erst unter Kurfürst Max Emanuel wurde 1694 endgültig festgehalten, welche Arbeiten von den Lebzeltern eigentlich ausgeführt werden dürfen. *Zum Zwanzigsten* heißt es da *soll auch hinfürters in allen Irer Churf. Drlt. Unsers gdisten Herrns Stätten und Märkhten . . . niemandts andern, dann der das Handtwerch ordentlich und redlich dem herkhommen gemeß vier Jahr erlehrnet und seine Maisterstuckh gemacht . . . Lebzelten und Lekherl zu pachen, Mett zu sieden, Wax auszumachen und zu blaichen, Körzen zu ziehen und Bilder zugießen, in Summa alles, was dem Handtwerch anhengig ist, . . . zugelassen werden.*[95] Damit wird ausdrücklich festgehalten, daß die Lebzelter nicht nur Honig zu Lebkuchen und Met verarbeiten, jenem süßen, berauschenden, weinähnlichen Getränk, das in der germanischen Mythologie der Trank der Götter und Helden in Walhall ist. Sie üben auch alle zum Kerzengießen und -ziehen nötigen Arbeiten aus und sie

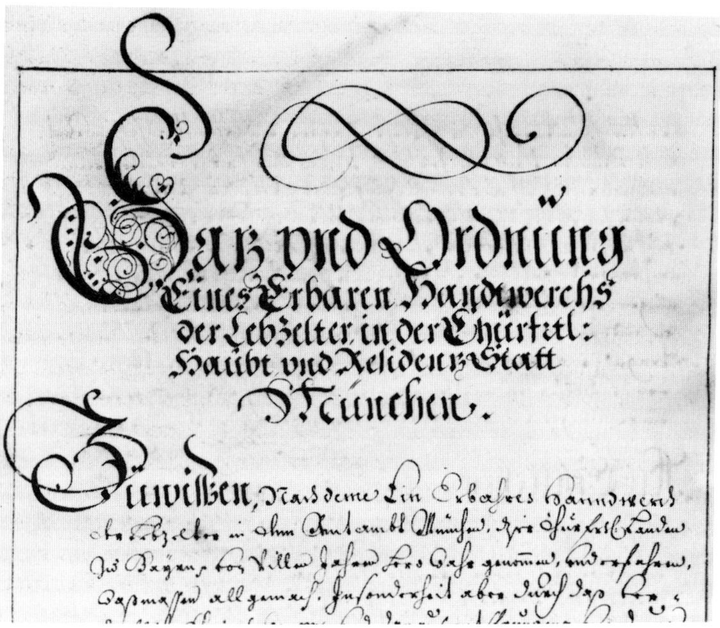

< Titelblatt der Münchner Lebzelter-Ordnung von 1693

> Seite 52 der Münchner Lebzelter-Ordnung von 1474 (Abschrift des 17. Jh.)

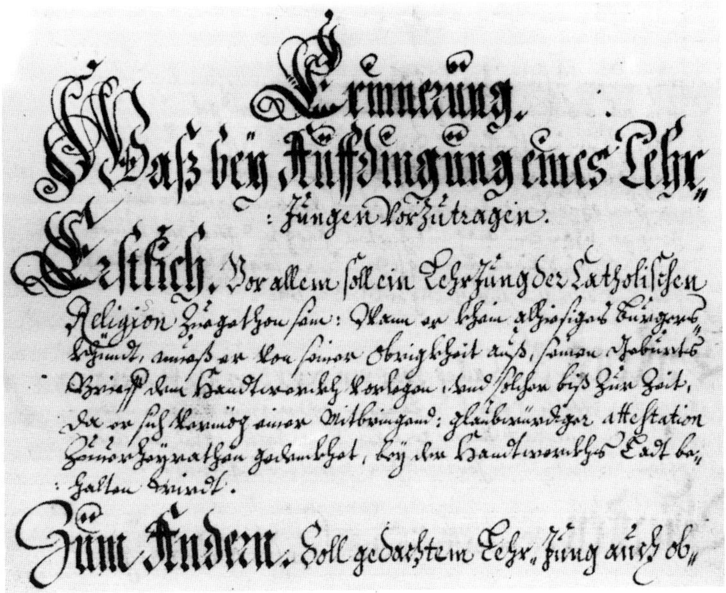
Erinnerung.
Waß bey Auffdingung eines Lehr: Jungen vorzutragen.
Erstlich. Vor allem soll ein Lehrjung der Catholischen Religion zugethon sein: Wann er khain alhiesiges Burgers Kindt, muess er von seiner Obrigkheit auß, seinen Geburts Brieff dem Handtwerckh vorlegen, und solchen biß zur Zeit, da er sich vermög einer Mitbringend: glaubwürdiger attestation seiner Heyrathen gedenkhet, bey dem Handtwerckhs Ladt be: halten würdt.
Zum Andern. Soll gedachtem Lehr: Jung auch ob:

gießen Bilder, worunter zur damaligen Zeit sicherlich in erster Linie die Anfertigung von Wachsvotiven zu verstehen war, also von Wachsopfergegenständen in Form von Betenden, Fatschenkindern, Körperteilen, Tieren etc.

In der Landshuter Ordnung von 1554 werden vor allem Lehrzeit und Meisterprüfung ausführlich abgehandelt. *Erstlich: heißt es da Ainer, so solich handtwerch lernen will, der soll genuegsame kundtschaft seiner eelichen geburt halben fürbringen und nachmals ainem handtwerch von stundan ain halb pfundt pfennig in die püchsn und zwai pfundt wachs ze geben schuldig sein.*[96] Der Lehrling mußte also den Nachweis ehelicher Geburt erbringen und bei Antritt seiner Lehre eine Summe von ½ Pfund Pfennigen und 2 Pfund Wachs aufbringen. Er hatte vier — in anderen Orten drei — Jahre zu lernen, wobei der Meister bei Strafe gehalten war, in den ersten beiden Jahren keinen zweiten Lehrjungen neben ihm auszubilden. Hatte der Geselle ausgelernt, so sollte er *zum maisterstuck* unter Aufsicht von zwei Meistern aus einem Eimer unbearbeitetem Honig, das sind nach heutigen Maßen ca. 64 l, verschiedenartigste, namentlich genau aufgeführte *lezelten* im Wert von 10 Gulden herstellen, *letztlich* auch *visch und allerlei gattung von dockenwerch* (Docke = Puppe).

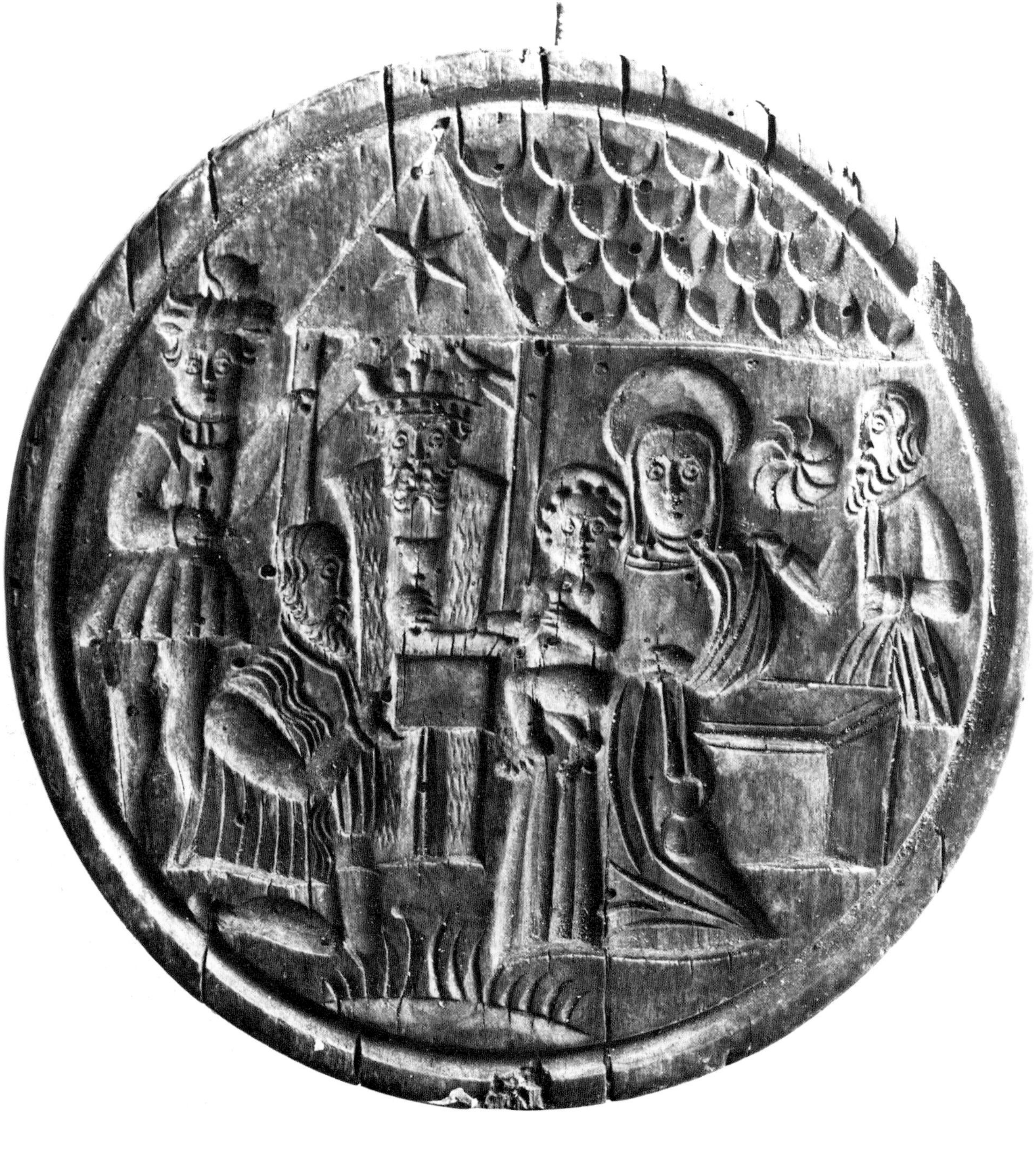

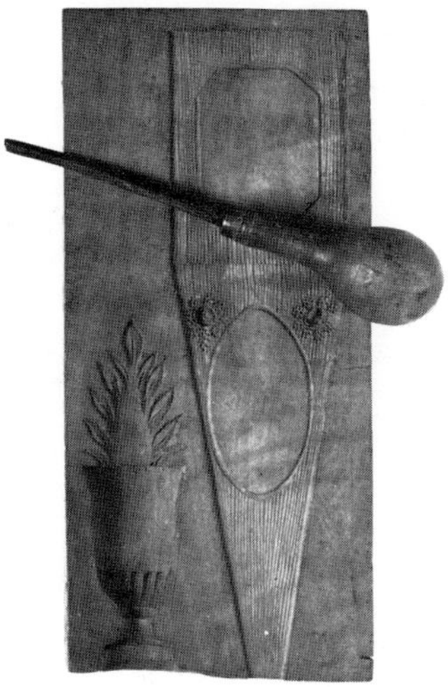

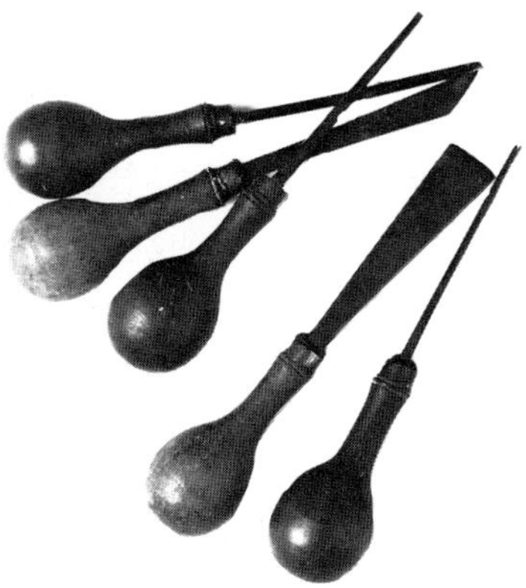

∧ Werkzeug und Platte mit Schnitzversuchen des Münchner Lebzelters und Wachsziehers Math. Ebenböck, um 1840

< hölzerner Lebzelten-Model, 18. Jh.

Vielfach ist auch überliefert, daß es zur Gesellen- und Meisterprüfung der Lebzelter gehörte, eines jener Model zu schnitzen, die mindestens seit dem 16./17. Jahrhundert in ganz Mitteleuropa und bis weit hinein nach Rußland zum Verzieren der Lebkuchen verwendet wurden und künstlerisch zum Teil sehr hochstehend sind. Auf diesem Gebiet besonders begabte Lebzelter arbeiteten manchmal ausschließlich als Modelstecher. Sie gingen auf »Stör«, schnitzten die Holzformen aus Apfel-, Birn-, Zwetschgen- oder auch Buchsbaumholz in den Werkstätten der bestellenden Meister und genossen besonderes Ansehen. In der strengen Hierarchie des Gewerbes standen sie an erster Stelle. Alteingesessene Lebzelter- und Wachszieherfamilien, wie die Surauer in Wasserburg, die Haller in Steyr/OÖ., um nur einige zu nennen, konnten bei der Herstellung ihrer Lebkuchen und Wachsvotive auf einen Formenschatz von mehr als 200 holzgeschnitzten Modeln zurückgreifen, in denen der ganze bildnerische Reichtum des 16.-19. Jahrhunderts deutlich wird.

Noch ausführlicher als die Landshuter Ordnung widmet sich die Münchner Zunftordnung von 1595 der Lehrzeit und den Pflichten des Lehrlings.[97] Es ist davon die Rede, daß ein Lehrjunge *der erste im Haus auf und der Letzte nieder zu sein, nit weniger auch schuldig, alle Arbeiten sowohl in als außer Haus zu verrichten habe.* Er hatte *fromm und getreu* zu sein, sollte sich keinesfalls, wenn er zur Arbeit in den Keller geschickt wurde, dort *vollsaufen,* sondern sich *befleißen seiner Herrschaft mit gutem Fug und Gewissen aus einem Pfennig zwei zu machen.* Wird er in die Kirche geschickt, *soll er sein Gebet fleißig verrichten und zu rechter Zeit nach Begehrung der Herrschaft nach Haus kommen, und nicht anstatt der Kirchen sich dem Spazierengehen, Fressen, Saufen und anderen verdächtlichen Häusern, wie es leider schon oft geschehen, ergeben, sondern vielmehr sich befleißen, seine Lehrungszeit mit guten Sitten zuzubringen.* Will er nicht von der Zunft bestraft werden, so soll er sich nicht wehren, wenn er vom Meister oder der Meisterin *mit Streichen gezüchtigt* wird. Läßt der Lehrling mutwilligerweise Wachs, Teig oder Farbe verderben, Honig oder Met aus dem Kessel überlaufen oder richtet er anderen Schaden an, so haftet er zusammen mit seinen beiden Bürgen. Aus all dem wird deutlich, zumal wenn man noch bedenkt, daß Lehrlinge und Gesellen im Haus des Meisters lebten, dort schliefen und verköstigt wurden, wie sehr es auch auf den Charakter eines Meisters ankam, ob die Lehrzeit zu einem Leidensweg wurde oder zu einer Zeit, an die sich der Lehrling später mit Dankbarkeit erinnerte. Denn auch der Meister war ja gehalten, auf patriarchalische Art für Lehrjungen und Gesellen zu sorgen, sie alles zu lehren, was ihm selbst bekannt war. Erst im späten 17./18. Jahrhundert kommt es zu Zunftordnungen, die sich mehr und mehr in Äußerlichkeiten erschöpfen. Die 1708 erlassene *Gründliche Underrichtung eines löbl. wolehrsamen Handwercks der Lebzelter Hauptlad in der bayerischen Haupt u. Regierungs-Statt Landshut* kümmert sich zum Beispiel darum *Wie sich disem Handwerck / ein auffgedingter Lehrjung u. frey ledig / gesprochener Gesell in der Handwercksgebräuchen / verhalten soll.* Beim Grüßen solle er *jedesmal mit gebührender Reverentz den Hut oder das Häubel abziehen / es mag beobachtet werden / oder nit / wirds nicht geschehen / und tuts ein Herr oder Gesell wahrnehmen / so wurd ihme auff die unbeschaidene Grobheit der Hut oder Häubel / offentlich zum Spott / vom Kopff geschlagen.*[98]

Noch Mathias Ebenböck, der 1837 als letzter Lebzelterlehrling Bayerns nach altem Handwerksbrauch freigesprochen wurde und der das seit 1558 im Rosental zu München bestehende Lebzelter-Anwesen mit Geschick und hohem persönlichem und künstlerischem Einsatz zu ungeahnter Blüte führte, berichtet von den strengen Vorschriften, die von den Lehrlingen und wandernden Gesellen beobachtet werden mußten:
Trat ein Geselle bei einem Meister ein, so erhielt er erst nach 14 Tagen den Lohn. Das Eintreten erfolgte meist Samstag Abends und sass der Geselle am Sonntag als sogenannter Fremder bei Tisch auf dem ersten Platz neben dem Meister. Die Kündezeit war 14 Tage und hatte der Geselle, wenn er künden wollte, beim Wochenlohnholen die Kündung anzubringen und hierbei im Rock zu erscheinen. Am Sonntag nach den 14 Tagen beim Mittagessen hatte er ebenfalls im Rock zu kommen und sass als Fremder, wenn er auch bisher die zweite und dritte Stelle einnahm, am ersten Platz. Sonntag Nachmittag wurde der »Pinkel« (Wanderbündel) geschnürt, wobei ein Mitgeselle ihm half, da dies eine sehr schwere Aufgabe war. Felleisen durften Lebzeltergesellen nicht tragen und bestand der Pinkel meist aus zwei Kleiderrollen, welche, um während der Reise nicht nachzurutschen oder Nässe durchzulassen, sehr fest geschnürt sein mußten. Mittels in den umgelegten Rand der blauen Schürze eingelegter Schnüre wurden die Bündel überzogen und mit drei Riemen, von welchen der obere und der untere durch die Tragriemen geschoben wurden, zusammengehalten. Stiefel und Bürsten stacken unter den Riemen. Wie die meisten Handwerksburschen, gingen in früheren Zeiten auch die Lebzelter bewaffnet auf der Wan-

derschaft. Die Lebzelter trugen Hirschfänger noch bis 1830-32; die Gerber den Palasch etc. Die Lebzelter hatten keine Herbergen, sondern auf der Reise das Nachtlager bei den Meistern. Die Gewerbe waren auch verschwägert und es grüßten sich Gerber, Färber und Lebzelter mit Du als Schwäger. Blieb ein Lebzeltergeselle an einem Orte länger als er das Nachtlager bei einem Meister ansprechen konnte, so fand er in einer verschwägerten Herberge gleich günstige Aufnahme, wie die anderen Gesellen.
Wollte der Geselle auf der Reise bei einem Meister Nachtlager nehmen (einwandern), so hatte er einzutreffen, ehe das Licht auf dem Tische stand, im Sommer nicht nach 4 Uhr. Vor dem Orte waren Stiefel und Rock etc. zu putzen. Im Orte durfte der Pinkel nur an einem Tragriemen auf der linken Schulter getragen werden. Kappe und Staubhemd waren da nicht zulässig. Bei dem Eintritt in das Meisterhaus wurde der Pinkel von der Schulter unter den linken Arm, Stock und Hut in die linke Hand genommen, damit die rechte zum Grusse freibleibe. In die Stube eingetreten, wurde nach dem Herrn gefragt und derselbe bei seinem Erscheinen mit den Worten angeredet: »Verzeihen Sie, sind Sie der Herr?« Bei Bejahung: »Sie verzeihen, ich wollte nach Handwerksgebrauch und Gewohnheit den Gruss bringen.« Der Herr drückt dem Fremden die Hand mit den Worten: »Ich habe kein Bedenken, Fremder leg ab!« Der Fremde wirft den Pinkel unter den Tisch, steckt den Hirschfänger und den Stock in die Riemen, hierauf fragt er: »Verzeihen Sie, sind hier auch Gesellen?« Bei Bejahung werden die Gesellen gerufen. Der Fremde fragt: »Verzeih Bruder, bist Du der erste?«, worauf Gruss und Antwort erfolgt: »Habe kein Bedenken, grüss Dich Gott von wegen des Handwerks«, wie bei dem Meister. Das Gleiche bei dem zweiten, dritten etc. Gesellen. Es wird auch nach der Frau gefragt und diese einfach gegrüsst: »Grüsse Sie Gott von wegen des Handwerks!« Der Fremde legt nun auch den Hut auf den Pinkel und erhält als Jause Brod mit Wein oder Bier. Nach eingenommener Jause sprach der Fremde den Herrn und die Frau mit der Bitte an: »Sie verzeihen, ich wollte Sie freundlichst um's Nachtlager ansprechen«. Antwort: »Habe kein Bedenken«. War der folgende Tag ein Feiertag, hatte der Fremde auch da seinen Tisch und Nachtlager. Dasselbe galt vom Jahrtage, der Montag und Dienstag währte. Am Einwanderungs-Abend, Sonntag Nachmittag und Abend hatten die Gesellen den Fremden freizuhalten, ein Umstand, der durch Mißbrauch zur Schattenseite der schönen Einrichtung wurde. Am Morgen, an dem der Fremde abreiste, hatte er nach dem Herrn zu fragen und diesen mit den Worten anzusprechen: »Wollen Herr Meister mir freundlichst die

Raitung machen, was ich werde schuldig sein.« Der Herr erwidert: »Lieber Fremder, die Raitung ist schon gemacht, es ist Dir schlechte Ehre erwiesen worden, musst halt den Willen für's Werk nehmen.« Der Fremde erwidert: »So danke ich herzlich für's Nachtlager, und wollt' nach Handwerksbrauch und Gewohnheit den Gruss aufnehmen.« Der Meister entgegnete: »Habe kein Bedenken, wünsch' Dir glückliche Reise und gute Werkstatt«. Nachdem auch der Frau gedankt war, erfolgten Dank und Grussaufnehmen bei jedem Gesellen einzeln, wie beim Meister.[99]

Ob auch Ignaz Weinkamer *seines Gewerbes ein Conditor-, Wachszieher- und Lebküchner Geselle von Kitzingen* und 1843 freigesprochen, auf diese Art unterwegs war? Manches hatte sich seit der *allerhöchsten Verordnung vom 14. Januar 1841,* die sich gegen *Gesellen- und s. g. Handwerksmißbräuche aller Art* wandte, geändert. Weit herumgekommen aber ist Ignaz Weinkamer auf jeden Fall. Wie aus den zahlreichen Eintragungen und Stempeln seines Wanderbuches deutlich wird, hat er zwischen dem 11. Januar 1843 und dem 10. Mai 1858 jede größere Stadt Bayerns zum Teil mehrfach besucht. Er war in Linz, Wien, Graz und Salzburg, in Budweis, Wedinun in Böhmen, in Prag,

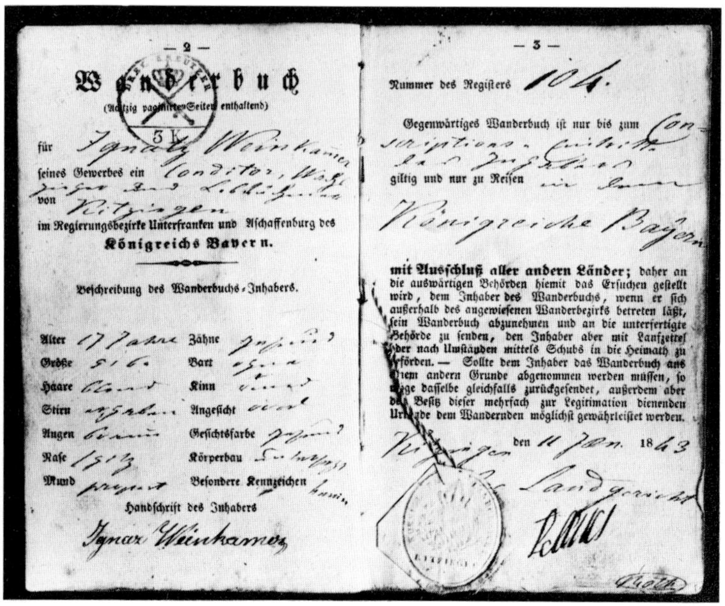

— 2 —

Wanderbuch

(Achtzig paginirte Seiten enthaltend)

für Ignaz Weinkamer

seines Gewerbes ein Conditor, Wachszieher und Lebküchner

von Kitzingen

im Regierungsbezirke Unterfranken und Aschaffenburg des Königreichs Bayern.

Beschreibung des Wanderbuchs-Inhabers.

Alter	17 Jahre	Zähne	
Größe	5' 6"	Bart	
Haare		Kinn	
Stirn		Angesicht	
Augen		Gesichtsfarbe	
Nase		Körperbau	
Mund		Besondere Kennzeichen	

Handschrift des Inhabers

Ignaz Weinkamer

— 3 —

Nummer des Registers 104.

Gegenwärtiges Wanderbuch ist nur bis zum Conscriptions-Eintritt giltig und nur zu Reisen in den Königreiche Bayern

mit Ausschluß aller andern Länder; daher an die auswärtigen Behörden hiemit das Ersuchen gestellt wird, dem Inhaber des Wanderbuchs, wenn er sich außerhalb des angewiesenen Wanderbezirks betreten läßt, sein Wanderbuch abzunehmen und an die unterfertigte Behörde zu senden, den Inhaber aber mit Laufzettel oder nach Umständen mittels Schubs in die Heimath zu befördern. — Sollte dem Inhaber das Wanderbuch aus einem andern Grunde abgenommen werden müssen, so möge dasselbe gleichfalls zurückgesendet, außerdem aber der Besitz dieser mehrfach zur Legitimation dienenden Urkunde dem Wandernden möglichst gewährleistet werden.

Kitzingen den 11 Jan. 1843

Landgericht

< Seite 2-3 und 46-47 des Wanderbuches
> von Ignaz Weinkamer

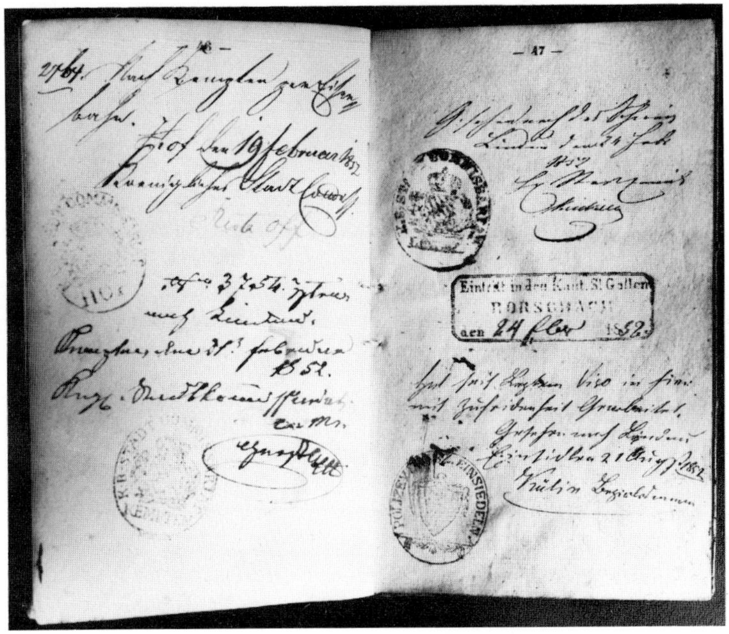

Dresden und Leipzig. Wochen- und monatelang hat er dazwischen immer wieder in Bamberg, Kitzingen, Graz und München gearbeitet, vor allem aber in Wallfahrtsorten wie Einsiedeln/Schweiz und Mariazell, wo er dreimal bei zwei verschiedenen Meistern tätig war. Weinkamer ist ein Beispiel für die Möglichkeiten, die einem einfallsreichen Handwerker zu dieser Zeit offen standen. Aus der 1691 gegründeten Wachszieherei und Wachsbleiche, die er nach seinen Wanderjahren in Salzburg übernahm, machte er den führenden Betrieb für *Wachsgalanteriewaaren* des 19. Jahrunderts. Zahllose liebenswürdige Kleinigkeiten aus Wachs kamen aus seinen Werkstätten, aber auch Jesukindl in allen Größen und vor allem die sorgfältig gearbeiteten Wachsfiguren unter Glassturz.

Es ist überhaupt auffallend, daß sich gerade zu dieser Zeit, in der die handwerklichen Wachszieher schon bedrängt werden von der im Vormarsch begriffenen maschinellen Kerzenfertigung, eine ausgesprochene Blüte des Gewerbes feststellen läßt, daß sich eine ungeahnte Freude an der künstlerischen Ausgestaltung aller Erzeugnisse des Wachszieherhandwerks einstellt. Nicht nur die Firmen Ebenböck in München und Weinkamer in Salzburg sind hier zu nennen. Überall arbeitet man zu dieser Zeit voll Hingabe mit Leghölzern und Modeln, mit Bein- und Messingstempeln, Zwickzangen und Pinseln. Man verwendet *Feinstes Patent-Zinober Vermillon; Grünspan in Kugeln, gemalen; Milchweiß, feinst pulverisirt; Chromgelb hell, 27a, pulverisirt; Lasursteinblau, M, pulverisirt; echt ventianisches Terpentin; Brillant-Zinnsterne; echt Blattsilber und feinstes goldreiches Zwischgold per Büchl à 21 Blatt* wie sie z.B. Ignaz Weinkamer in einer Preisliste von 1891 den *P. T. Herrn Lebzelter und Wachszieher zur Selbst-Decorirung* anbietet. Vor allem in Bayern und Österreich entstehen zu dieser Zeit wahre Köstlichkeiten aus Wachs: Kerzen und Wachsstöcke *in einfa-*

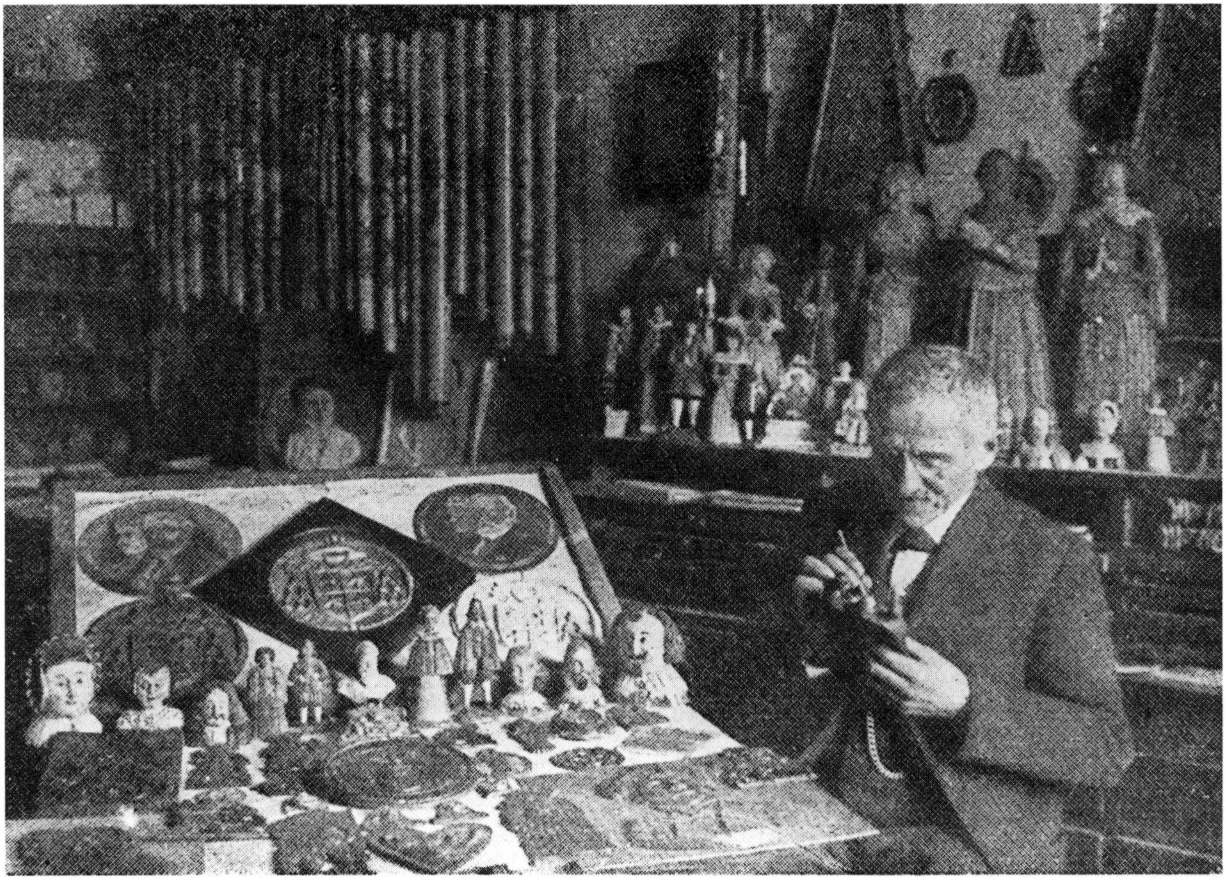

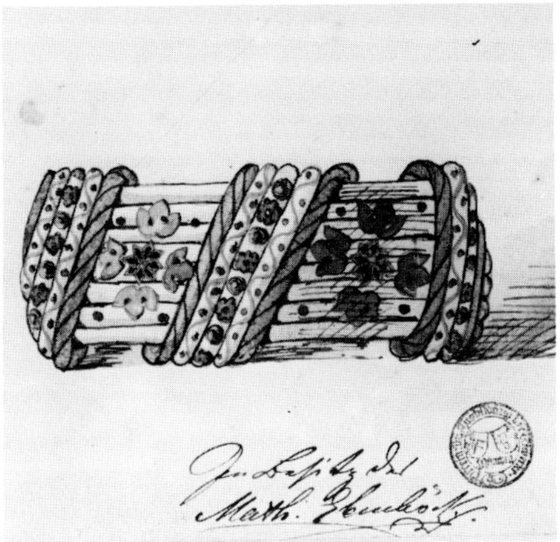

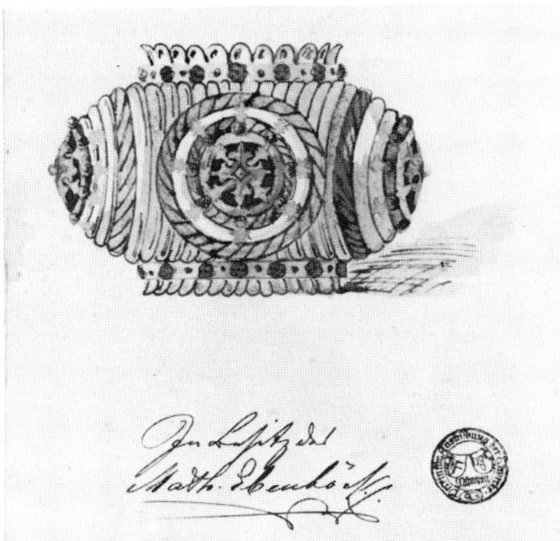

∧ Entwürfe für Wachsstöcke von Math. Ebenböck, München, um 1850

< der Wachszieher Christoph Lechner, Vilsbiburg, bei der Arbeit, 1918

cher und hochkünstlerischer Ausführung, und auch bei Gautsch in München, Hofer in Weyer/OÖ., Lechner in Vilsbiburg, Luckner in Landshut, Mayer in Altötting, Ruedorffer in Rosenheim, Sallinger und Steinhardt in Krumbach/Bayer. Schw., Sterr in Prien/Chiemsee, Stohl in Steyr/OÖ., Wiedemann in Deggendorf, Wrann in Linz, Zechner in Völkermarkt und bei vielen, vielen anderen.

Die Zünfte hatten zu dieser Zeit schon viel, wenn nicht alles von ihrer alten Bedeutung eingebüßt. Auch die Bindung zwischen den Berufen der Lebzelter und Wachszieher war gelockert. In Österreich hatte schon Kaiser Josef II. in seinem Hofdekret vom 17. 5. 1751 bestimmt, daß in Orten in denen eine Lebzelterei ausstirbt, die Berechtigung mit Wachs zu arbeiten an einen »Kerzler« überzugehen hat.[100] Die rund 100 Jahre später erlassene Gewerbeordnung, die eine Vereinheitlichung der territorial noch immer recht unterschiedlichen Verhältnisse anstrebte und offiziell bis 1940 gültig war, führt Wachszieher und Lebzelter als getrennte Handwerke auf, obwohl de facto die Verbindung zumindest in den alteingesessenen Betrieben, die zum Teil auf eine zwei-, dreihundertjährige Tradition zurückblicken konnten, weiter bestand. Auch das deutsche Handwerksrecht trennte die beiden Berufsgruppen, wobei zwischen 1934 und 1945 die Fachgruppe Wachszieher der Konditorinnung angeschlossen war und damit der Tatsache Rechnung getragen wurde, daß zahlreiche Lebzelter und Wachszieher, die dem Druck der großen Fabriken und der Auflösung des religiösen Brauchtums nicht standzuhalten vermochten, schon nach dem 1. Weltkrieg, vor allem aber nach 1945 und noch bis in die jüngste Zeit sich den total veränderten Verhältnissen anzupassen versuchten, indem sie ein Konditorei-Café eröffneten und Wachswaren höchstens noch verkauften, aber nicht mehr selbst herstellten. In welchem Maß das große Handwerkersterben auch vor den Wachsziehern nicht haltmachte, läßt sich am deutlichsten aus der Mitgliederzahl der seit dem 25. 11. 1946 bestehenden Bayerischen Wachszieherinnung ablesen, der einzigen im ganzen deutschsprachigen Raum. Selbst zusammen mit den österreichischen und Schweizer Wachsziehern, die der bayerischen Innung als Gastmitglieder angehören, hat sie weit unter hundert Mitglieder und dabei sind sogar Betriebe der industriellen Kerzenfertigung miteinbezogen.[101]

Jahrhunderte hindurch hatte das Wachsziehen allerdings einen wahrhaft goldenen Boden. Wachs und Wachskerzen konnten nicht billig sein, doch auch die Lebkuchen hatten ihren Preis. Gegen Ausgang des

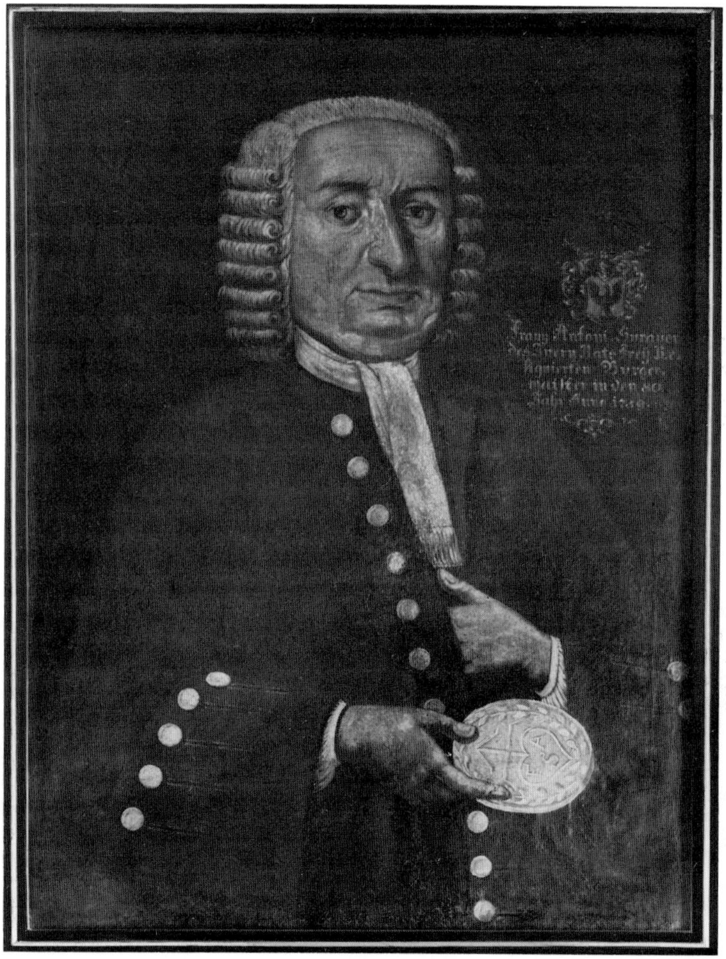

Mittelalters kostete 1 Pfund *panis piperatus* (= Pfefferkuchen) in Oberösterreich 18 kr, fast das Doppelte des damals üblichen Tagelohns für einen Zimmermann.[102] Lange Zeit war der Berufsstand nicht sehr dicht besetzt. Die wenigen Meister waren angesehen und wohlhabend, hatten Vorrang vor vielen anderen Zunfthandwerkern. Die 1358 in London gegründete *Ehrenwerte Gesellschaft der Wachskerzenhersteller* steht in der damaligen Rangordnung der bürgerlichen Gesellschaft an zehnter Stelle.[103] Im deutschen Sprachgebiet stellten Wachs-

< Franz Anton Surauer, Wachszieher und Bürgermeister in Wasserburg/Obb., 1759
> und seine Frau Regina Surauer, 1760

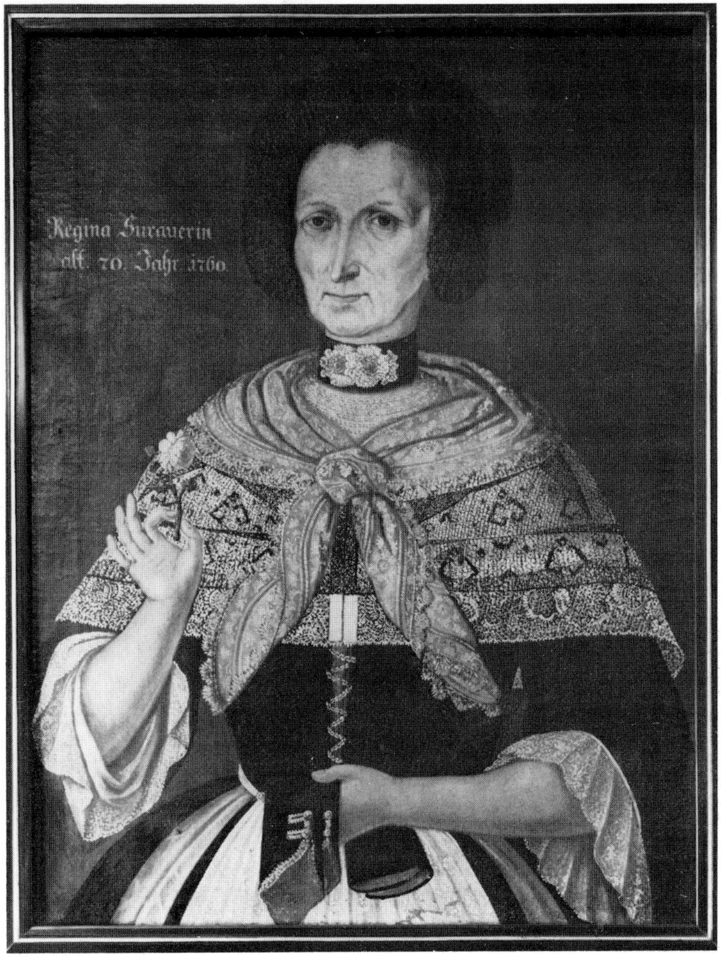

zieher und Lebzelter durch die Jahrhunderte Kirchenpröpste, Ratsherrn und Bürgermeister. Als Beispiel mögen hier die Surauer in Wasserburg a. Inn stehen, die im 17. Jahrhundert fast wie Bildungsreisende durch Deutschland, Österreich, Ungarn und Italien wanderten und darüber ausführliche Reisetagebücher führten.[104] Die Reihe ihrer einen Zeitraum von 200 Jahren umfassenden Bildnisse im Wasserburger Heimatmuseum zeigen sehr selbstbewußte Damen und Herren in vornehmer, gut bürgerlicher Kleidung. Man mag sich erinnern, daß sich

z. B. auch in den Hinterlassenschaftsinventarien der Stadt Traunstein die Nachlässe der Lebzelter und Wachszieher unter all den Bäckern, Schmieden, Schneidern, Metzgern und Webern durch mancherlei Aufwendiges auszeichnen.[105] Was z. B. Adam Hierpöckh 1726 allein an Kleidung hinterließ, geht weit über das damals Übliche hinaus: *drei Paruckhen, ein grienseidene Halfter, zwei schwarz gefärbte Otterschliefer, Strümpfe in Grau, Schwarz und Plau aus Seide, ein schwarztüchenes Camisol mit einem füxenen Unterfutter, ein par Pölzstrimpf.* Auch der Wachszieher Cajetan Obermayr hinterließ 1772 Luxuriöses, darunter ein *in Papier eingemacht befündlich Gotten Gewand, wozu gute Goldspitzln und silberne Schuhschnallen* gehörten. Maria Anna Schreymayr, *alhiesigen bürgerlichen Lebzelters geweste Ehekonsortin* aber besaß 1786 eine ganze Anzahl von Röcken, *Korsedl und Schnierrimb,* Mieder aus *Damast, touch, Crepon, Cordon, Flanell und holländisch touch,* dazu *hemeth* noch und noch. Sie hatte *drei Par samete Weiberhandtschouch, einmal mit silbernen Spitzln, einmal mit goldenen Knöpfen und ein Par mit silber außgenähte braune.* Sie hinterließ nicht nur eine mit *gold gestickht feiglblaue Karterhauben* und *samtene Schlägelhauben,* sondern auch *ein silberne Halsbindelschließen, ein Silbern Ring mit einem Hirschcrändl, eine Haarnadel mit einem vilicranen Rösl mit acht Gueten perlen* und eine *mit einer vergoldeten Rosen.*

Noch heute gibt es gerade in Bayern und Österreich Orte — denken wir nur an Straubing, Eferding und Steyr — an denen sich die Häuser der alteingesessenen Lebzelter und Wachszieher neben den Gasthöfen durch besondere behäbige Stattlichkeit und stolzes Aussehen auszeichnen. Dazu mag auch viel beigetragen haben, daß nach altem Zunftrecht die Handwerksausübung bei Lebzeltern und Wachsziehern häufig ein veräußerbares Grundrecht war, gebunden an das Grundstück. Normalerweise vererbten sich Handwerksrecht und Anwesen vom Vater auf den Sohn. Möglich war auch Kauf. Konnte man aber nicht so viel Geld aufbringen, wie z. B. der Lebzelter Franz Xaver Lidl, der 1754 von der Wachszieher- und Lebzelterwitwe Eva Hutterer für 8 500 Gulden und 50 Gulden »Leykauf« die Wachszieherei in Pfaffenhofen/Ilm zusammen mit *Stadel, Pferde- und Viehstallung, 4 Tagwerk Wiesen, 27 ½ Einsetz Acker und 2 Geholze im Schindelhauser . . . ferner drei Pferde, vier Nutzkühe samt vorhandener Fütterung . . .*[106] erwarb, so blieb einem aufstrebenden Gesellen nur die Heirat. Gab es eine passende Meisterstochter, umso besser. Mehr als einmal aber werden, wie es die Münchner Ordnung von 1474 vorschrieb, zwei Meister zur Witwe eines Lebzelters und Wachsziehers geschickt wor-

> Ehepaar Ludwig Wiedemann, Wachszieher in Deggendorf/Ndby., in dunkelgrünem Wachsrahmen, 2. H. 19. Jh.

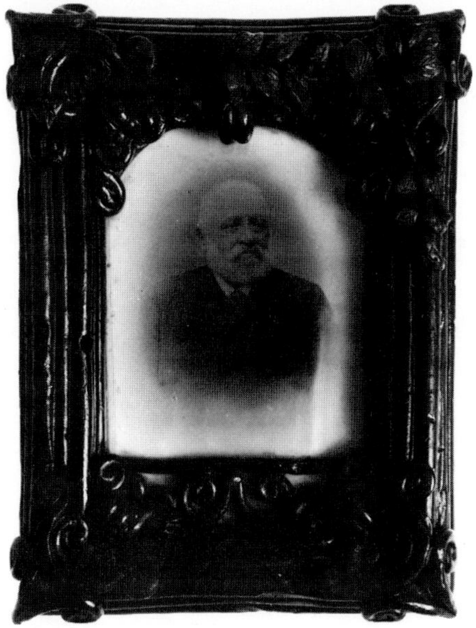

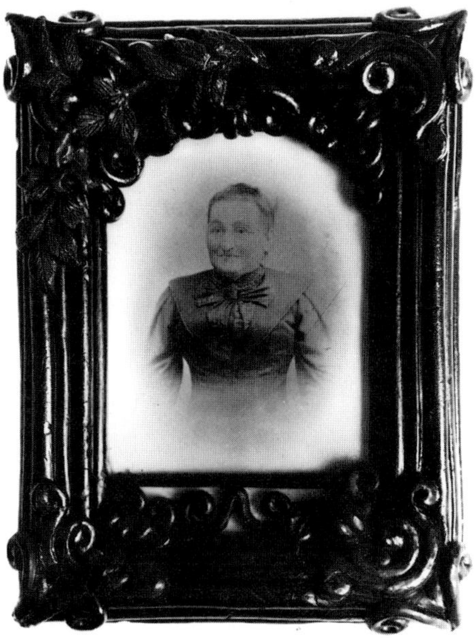

den sein, um zu erfragen, ob auch bei ihr *Wille und Meinung* sei, diesen wesentlich jüngeren Gesellen zu ehelichen, der nur auf diese Weise eine Möglichkeit sah, Meister und Besitzer eines angesehenen Handwerksbetriebes zu werden. Wie so mancher überlieferte Nachlaß verrät, mag so etwas finanziell recht lohnend gewesen sein. Johann Rainer, Lebzelter und Ratsbürger der Stadt Passau hinterließ zum Beispiel bei seinem Tod im Jahre 1730

2 Häuser im Wert von	2 500 Gulden
Mobiliar	423 Gulden
Laden	175 Gulden
Vorräte an Wachs und Honig	3 711 Gulden
Bargeld	1 170 Gulden
Kapitalien (Papiere)	20 841 Gulden
	28 820 Gulden[107]

Auch Mathias Ebenböck konnte 1849, als er als Haupterbe den väterlichen Betrieb mit Metgarten und Wachsbleiche übernahm, folgende Bilanz aufstellen:

Material und Waren	17 143 Gulden
Handwerkszeug, Hauseinrichtung, Ökonomie	3 578 Gulden
Kasse	3 700 Gulden
Ausstände	10 901 Gulden
Lebzelterrecht	1 000 Gulden
Haus Sendlingerstr. 2	16 000 Gulden
Lerchenstr. 15 u. 16	24 000 Gulden
Garten dahinter	1 123 Gulden
Lerchenstr. 17	24 000 Gulden
Grund	3 162 Gulden
Wiese am Findelweg 10 mit 178 Dezimalen	7 700 Gulden
	122 307 Gulden[108]

Das Einkommen der Lebzelter und Wachszieher kam aus unterschiedlichen Quellen. In den Städten hatten die meisten einen festen Kundenstamm. Man belieferte aber auch die Pfarreien und Wallfahrtsorte im Umkreis von 20-30 Kilometern und die ländliche Bevölkerung der Umgebung, vom 19. Jahrhundert an zum Teil auch ein weit größeres Gebiet. 1851 z.B. versorgte die Wachszieherei Ehemann im fränkischen Walldürn 37 Händler, 25 davon auch mit *Figurenwachs* oder *Gegosses,* das Pfund zu 1 Gulden 8 Kreuzer und lieferte bis nach Würzburg, Dettelbach und Vierzehnheiligen.[109]

Einen wesentlichen Teil des Umsatzes brachten die Festtage, vor allem der 2. Februar, Maria Lichtmeß. Dieser große Feiertag war lange Zeit Zahltag, der Tag an dem neue Lehrlinge und Gesellen aufgedungen wurden und andere das Haus verließen. An Lichtmeß wurden auch die Kerzen für Kirche und Haus geweiht und vor allem von den Bauern der Bedarf für das ganze Jahr eingekauft.

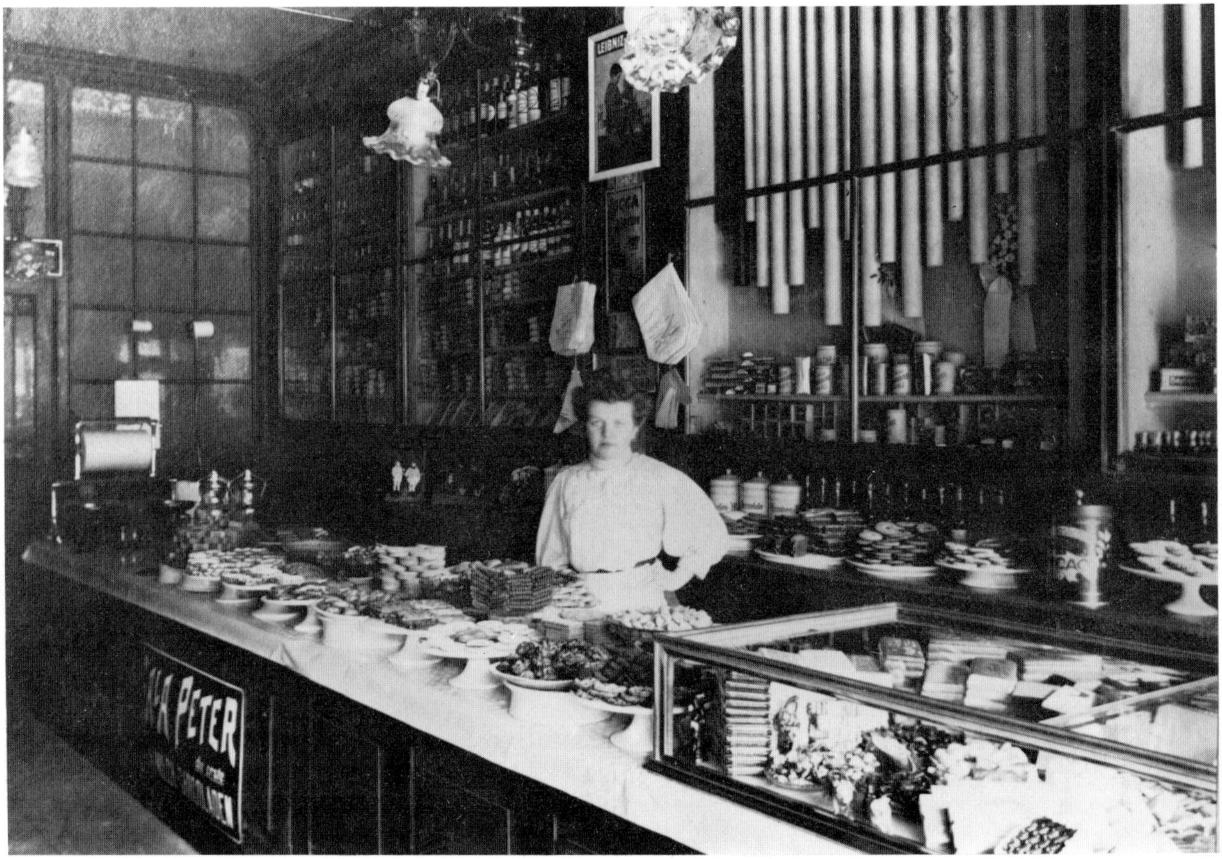

Daneben hat das vielfältige Warenangebot, das aus den Werkstätten der Lebzelter und Wachszieher kam, angefangen vom Met über die verschiedensten Sorten von Lebkuchen bis zu den Kerzen in allen Größen und Ausführungen, den Wachsstöcken und den aus Wachs geformten figürlichen Votiven, dieses Gewerbe geradezu prädestiniert

Laden der Fa. Wiedemann, Deggendorf, um 1910

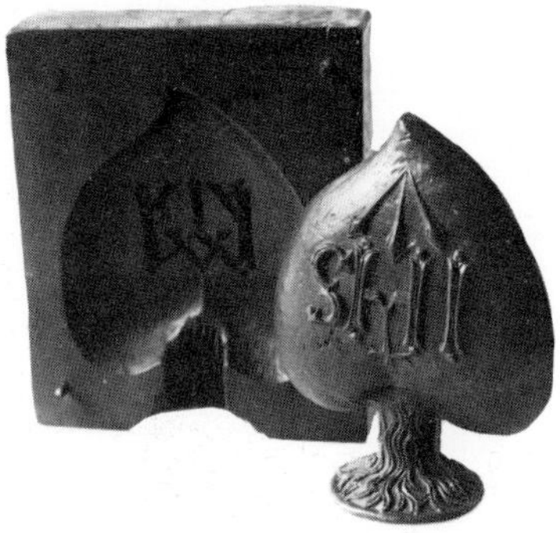

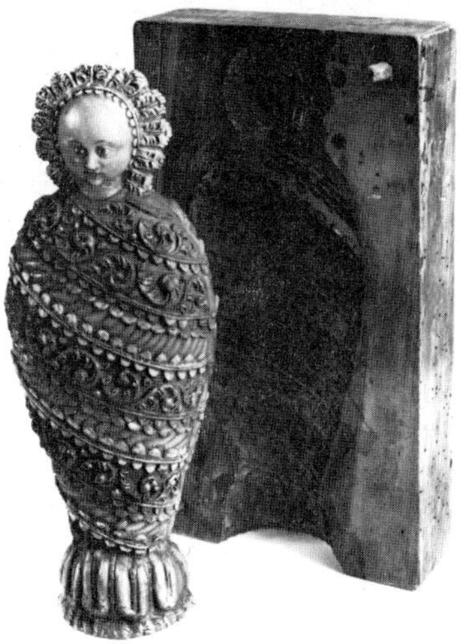

Herz, Wachsvotiv mit Holzmodel der Wasserburger Wachszieherei Surauer, 18. Jh. (oben)

Fatschenkind, Wachsvotiv mit Holzmodel der Rosenheimer Wachszieherei Ruedorffer, 17. Jh. (unten)

für den Verkauf auf Jahr- und Wallfahrtsmärkten. Noch heute schenkt man vor manchen Kirchen Kärntens zu bestimmten Festen Met aus, in Hochfeistriz z.B. am Kirchtag im Mai, an der St. Ruprechtskirche bei Völkermarkt am »Schönsonntag«, dem Sonntag nach Fronleichnam.

Interessant sind in diesem Zusammenhang die überkommenen Listen der Händler, die 1691/92 und 1724-31 zu den Sebastiani- und Osterdulten nach Ebersberg kamen, diesem kleinen Ort nordwestlich von Wasserburg in Oberbayern, der vor allem wegen der im Spätmittelalter blühenden Verehrung der Reliquien des hl. Sebastian viel besucht wurde.[110] Unter den rund 62 verschiedenen Gewerben und Kramern, die aufgeführt werden, sind die Lebzelter und Wachszieher nach den *Bändlcramern* zahlenmäßig weitaus am stärksten vertreten. Dies gilt vor allem für die Sebastianidulten 1691/92, auf denen von 28 bzw. 22 Händlern jeweils 10 *waxwahr* anbieten oder Lebzelter sind, darunter auch Wolf Jacob und Franz Ruedorffer aus Rosenheim und Rupprecht Franz Surauer aus Wasserburg, deren holzgeschnitzte Votivmodeln von den Museen in Rosenheim und Wasserburg bis heute gehütet werden.

Auch im mainfränkischen Dettelbach, wo der Handel mit Wachs vor der Wallfahrtskirche seit 1643 aktenkundig ist, stehen 1777 unter den 93 Gewerbetreibenden, die an der Kirche verkaufen, die 13 Wachszieher nach den 27 Schustern und den 21 Bäckern an dritter Stelle.[111] 1880 werden anläßlich der Errichtung von festen Verkaufsständen im Hof vor der Wallfahrtskirche sogar nur Bäcker, Wachs- und Rosenkranzhändler erwähnt.[112]

In Ober- und Niederbayern — in Wasserburg, Mühldorf, Eggenfelden, Gangkofen — gab es vor Maria Lichtmeß ausgesprochene Wachsmärkte[113], auf denen die Bauern bei den Wachsziehern ihre *Pfloadl'n,* die Laibe und Fladen aus Rohwachs, gegen Kerzen und Wachsstöcke eintauschten. Im niederbayerischen Tann wird ein derartiger Lichtmeßmarkt, der bis weit ins 18. Jahrhundert als reiner Wachs- und Viehmarkt stattfand, noch immer unter dem Namen »Wachsmarkt« abgehalten. 1982 vermerkte die örtliche Zeitung voll Stolz, daß ein neuer Rekordbesuch die Beliebtheit dieses traditionellen Marktes bestätigte, der nun mit einer Ziergeflügelschau, einem Taubenmarkt und einer Ausstellung landwirtschaftlicher Geräte verbunden ist. Die mehr als *120 Fieranten* boten vor allem Textilien an, Geschirr, Spielwaren, Süßigkeiten, Schmuck, Schallplatten und Kassetten. *Viel Interesse gab es im allgemeinen auch für die angebotenen Wachswaren, die diesem Markt vor Maria Lichtmeß einst ihren Namen gegeben hatten. Vor allem die reich verzierten Wachsstöcke fanden Absatz* heißt es am 3. Februar 1982.

Zahlreiche Verordnungen regelten den Besuch dieser Märkte und bis ins 19. Jahrhundert wurde den Lebzeltern immer wieder bestätigt, daß allein ihnen *der öffentliche Verkauf ihrer Feilschaften nicht nur an den ehemaligen Kirchweihfesten, sondern auch an allen Sonn- und Feiertagen außer der gewöhnlichen Gottesdienstzeit aller Orten erlaubt* sei (Dekret der Wiener Hofkanzlei vom 9.7.1787).[114] Vor allem für die kleineren Betriebe blieb dieser Verkauf bis ins 20. Jahrhundert wichtig. Sie wehrten sich erbittert gegen die Lockerung der Gewerbeordnung, die dazu führte, daß die Zahl der *Marktfieranten* von Jahr zu Jahr wuchs, daß auch Hausierer und *pensionierte Eisenbahner, die mit ihrer Freikarte ihre Einkäufe in der Großstadt besorgten,* nun *bei den Kirchweihfesten oder an einem anderen Sonntag, wo bisher der Lebzelter allein seine Waren verkaufte, an der Seite desselben stehen und ähnliche Waren verkaufen, ohne Steuern zu zahlen*[115], wie der Obmann der niederösterreichischen Lebzelter und Wachszieher K. Ludikowsky 1924 in jenem flammenden Aufruf schrieb, den er mit dem Satz einleitete: *Die Kirchtagsfrage ist eine Angelegenheit, die über das Sein oder Nichtsein des Lebzeltergewerbes entscheidet.*[116]

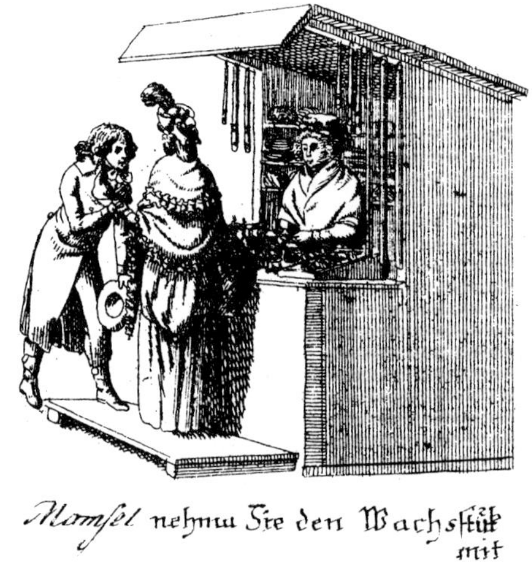

Λ Stand mit Kerzen und Wachsstöcken auf dem Nürnberger Kindlesmarkt, 2. H. 18. Jh.

< Kopf einer Rechnung der Wachszieherei und Lebzelterei Ebenböck, München, vom 30.9.1856

> Einladungen zum Weihnachtseinkauf, Fa. Math. Ebenböck, München, oben 1885, unten 1902

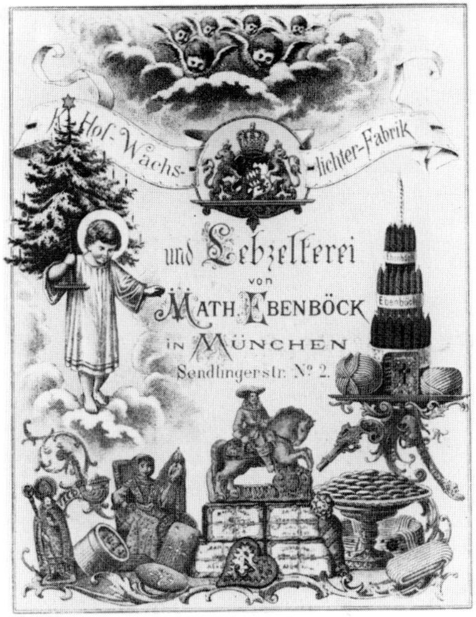

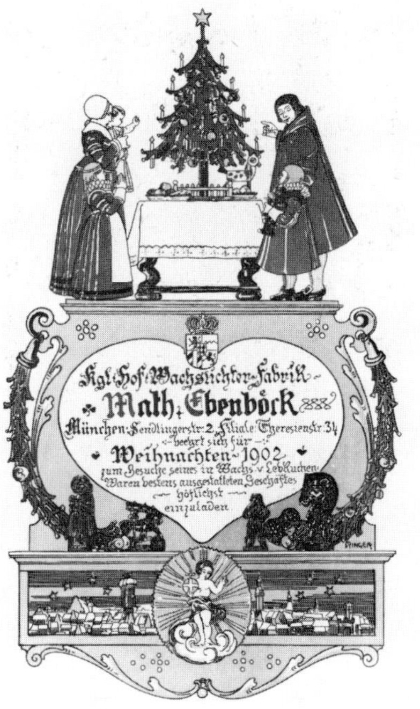

Für Betriebe wie Weinkamer in Salzburg, Gautsch und Ebenböck in München spielte der Kleinverkauf dieser Art schon im 19. Jahrhundert kaum eine Rolle. Der Firma Ebenböck erbrachten z.B. in den Jahren 1850-53 der einträgliche Metgarten und der Ladenverkauf etwa 40-50% des Gesamtumsatzes.[117] Mathias Ebenböck, königl. bayer. Hofwachslichterfabrikant und Lebzelter, wie er sich seit 1858 nennen durfte, lieferte aber auch Met für König Ludwig II. nach Schloß Linderhof und verschickte an Pfarrherrn und Klöster in ganz Bayern Werbeblätter, in denen er auf die bewährte Qualität und Reinheit seiner Kerzen verwies. Er belieferte den königlichen Hof mit Wagenlichtern, das Institut der Engl. Fräulein in Altötting mit Tabernakelkerzen, die städtischen Krankenanstalten in München mit weißen, gelöcherten Lichtern, die Zünfte mit Kerzen für ihre Prozessionsstangen und die Krämer zwischen Mittenwald und Scheyern mit *Nikolausware* und *Leckerl,* pfundweise mit weißem und rotem Wachs, weißen, gelben und roten Kerzen, Tafel- und Nachtlichtern, Huf-, Näh- und Wichswachs, Opferwachs und Wachsstöcken in Rechteck-, Herz-, Taschen-, Buch- und Kronenform, einfach und *extra schön.* Von den 80er Jahren des 19. Jahrhunderts an verschickte er alljährlich zu Weihnachten künstlerisch gestaltete Einladungen zum Kauf in seinem Laden.

Die unter *Gebrüder Weinkamer kais. kön. privileg. Wachswaarenfabrik* firmierenden Nachfolger Ignaz Weinkamers in Salbzurg versandten schon vor 1900 alljährlich illustrierte Kataloge und exportierten *nach allen Ländern mit Katholiken.* Ihre *Specialitäten: Glasstürze mit Wachsfiguren von 8 kr. bis fl. 5, jeden Heiligen, Marien, Jesuskinder etc. vorstellend, zu Geschenken am Lande besonders beliebt* fehlten an keinem Wallfahrtsort und wurden von Hausierern, die mit Kraxen unterwegs waren, bis ins letzte Dorf der Donaumonarchie vertrieben.[118] Aus den Jahren um 1908 hat sich ein Musterkoffer erhalten mit abgeschabtem graugrünem Kaliko-Bezug, mit Messingecken, lederverstärkten Kanten und kräftigem, breitem Ledergriff, der einen hinreißenden Querschnitt der Produktion dieser Zeit bewahrt: Verborgen im Deckel liegen die Musterkarten mit den Opfer-Lichtl und Sterbkerzl, mit den Christbaumkerzl in hellblau, gelb, weiß, rot, beige und rosa. In Seidenpapier gewickelt finden sich hier bunte Wallfahrtskerzen, ein Wachsstock mit einem Christkind unter gewölbtem Uhrglas und einer mit der Inschrift *Wenig aber vom Herzen,* gedacht als Wallfahrtsandenken von Maria Lanzersdorf. Dazu zwei Schachteln, überzogen mit himbeerfarbenem, schwarz gemustertem Glanzpapier: in der ovalen, altrosa ausgeschlagenen ein Christkindl und ein Gloria-

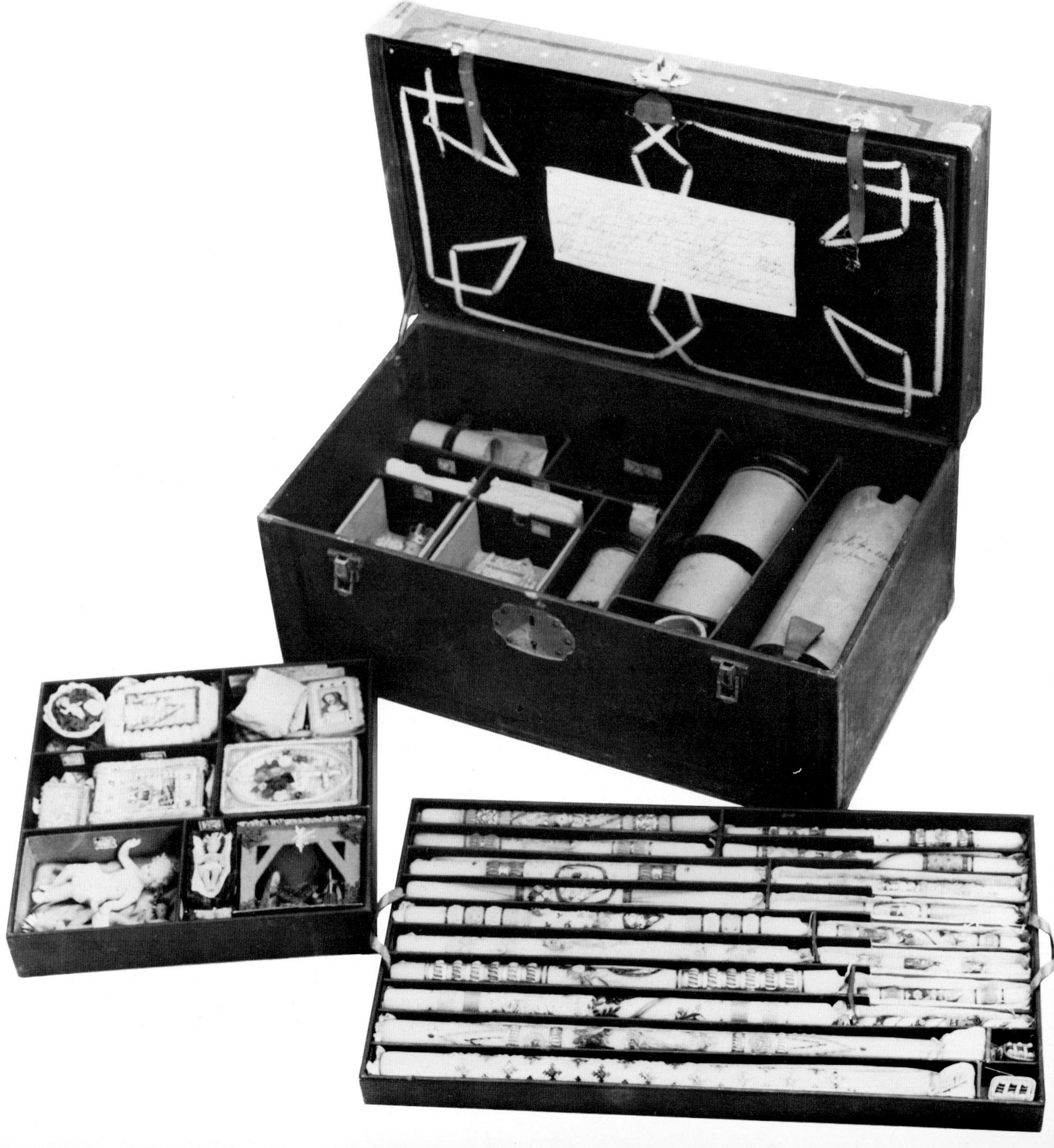

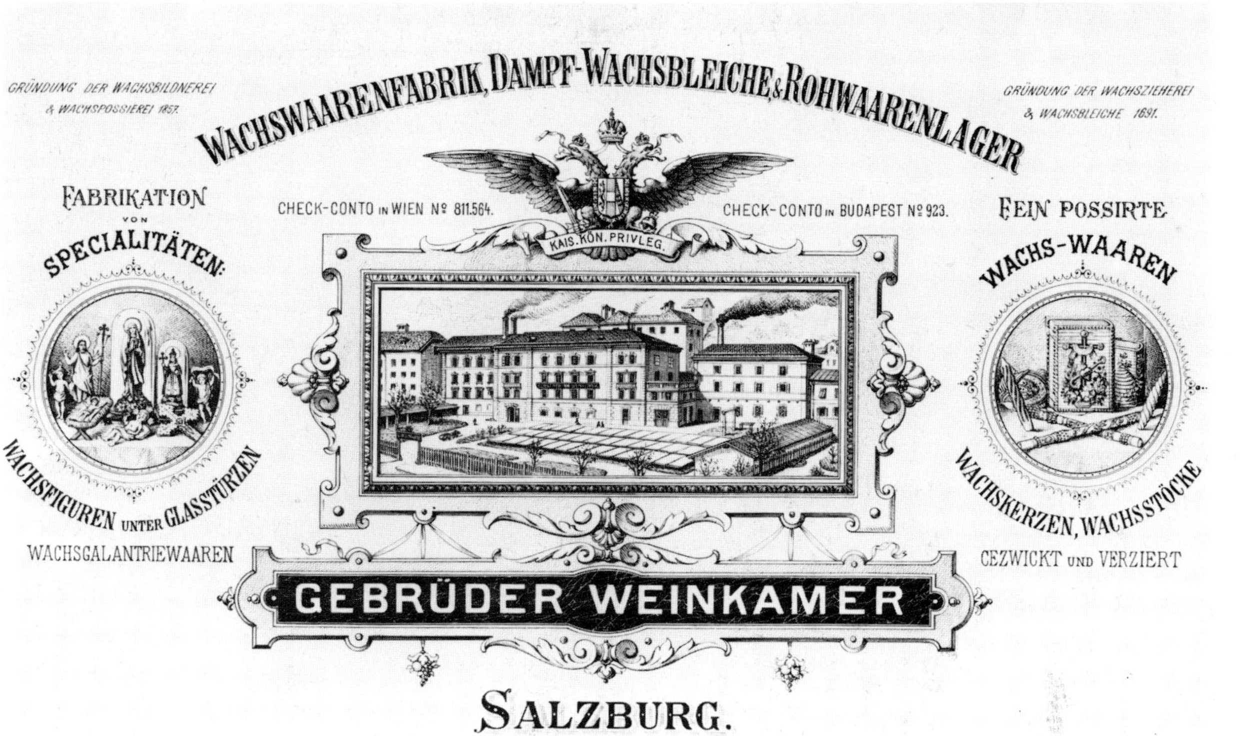

engel; in der rechteckigen Körbchen aus Wachsdraht und eine Krippe. Im großen Einsatz reihen sich die Kerzen in kurzer und langer Form, einfach, mittelfein und feinst verziert, gezwickt, mit farbigen Wachsauflagen und Brillantspitz, mit Blüten, Goldornamenten und Abziehbildern. Darunter der kleine Einsatz mit Krippenhäuserl, mit Stroh- und Mooskripperl; mit einem in hellblauer Seide ausgeschlagenem Fach, in dem drei Jesukinder liegen; mit einem Wachsstock No. 6 à 50 Pfennig, feinst verziert; mit zwei einfachen verzierten Taschen, lang und oval, einem kleinen Aufmachbuch, zwei Kinderwachsstöckchen, einem rosafarbenen Hufeisenwachsstock und mit einem prächtigen, reich verzierten und gezwickten Brautstock zu 2.70 mit buntem Blumenstrauß auf der Vorderseite und dem Bild *Muttergottes zu Taferl* auf der Rückseite. Hier liegen auch geflochtene Körbchen aus weißem und rosafarbenem Wachsdraht, eine Vexierzündholzschachtel mit

∧ Werbeblatt der Fa. Gebrüder Weinkamer, Salzburg, um 1900

< Musterkoffer der Fa. Gebrüder Weinkamer, um 1908

zwei Wachskindl im Inneren und eine kleine bemalte Spanschachtel auf der steht:

I woaß net, is wohr
Oder bild i mirs ein
So treu als wia i
Kan koa andra Bua sein.

Und wenn man aufmacht, so fallen aufgefädelt an einer Schnur eine ganze Reihe immer kleiner werdender Kinder heraus. Im Kofferboden die hellblauen Papphüllen mit den Glasstürzen, liegend die großen von No. 2-4, stehend die kleinen. Dazu ein großes, stehendes Jesulein mit Krone und Stoffkleid, das Altärchen *Kindliches Vertrauen* in rosa und wieder zwei Wachsstöcke: ein Buch verziert mit den Emblemen von Glaube, Hoffnung und Liebe und ein Aufmachbuch Nr. O à 55 Pfennig, in dessen Inneren ein Jesulein unter grüner Papierpalme steht, umgeben von roten und weißen Blumen. Dies alles bestens erhalten, in unveränderten, leuchtenden Farben.

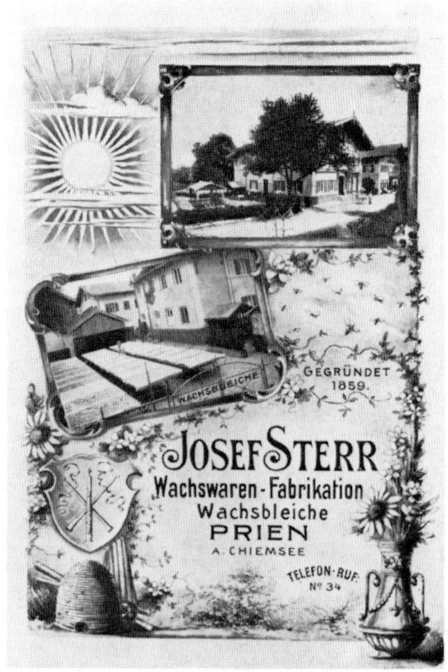

Obwohl noch fast ausschließlich handwerklich arbeitend, wandten sich die Gebrüder Weinkamer mit ihren gedruckten Angeboten, auf denen sie nicht nur Telegrammadresse, sondern auch Banken in Wien und Budapest für den *Check- und Clearing-Verkehr* angaben, in weit höherem Maß an Wiederverkäufer und Wachszieherkollegen als an Verbraucher. Schon in ihrem Rundschreiben vom Januar 1892, in dem sie ihre Geschäftsübergabe bekannt geben, sichern sie nicht nur *im Voraus eine streng solide und gewissenhafte Bedienung, sowie eine prompte, dabei preiswürdige Ausführung jedes wie immer gearteten Auftrages im Wachsfache* zu. Sie verbürgen sich auch für die *denkbar billigste und zugleich beste Rohmaterialienbeschaffung* und versichern, daß sie *die eigene Wachsbleiche und sonstige neueste Einrichtung mit Dampfapparat* in Stand setzen, *die Wachsindustrie in allen ihren Zweigen von den einfachsten bis zu den künstlerisch feinen Possierarbeiten im eigenen Betriebe zur besten Ausführung zu bringen.* Sie lieferten nicht nur Erzeugnisse der eigenen Werkstätten, sondern auch Rohmaterialien aller Art *alles per 100kg netto:* Wachs der verschiedensten Sorten, Dochte, Farben für Wachswaren *in trockenem Zustande und in Oel angerieben zum Gebrauche fertig.* Dazu *Zwickzeuge, Opferwachsmödel, Kerzenformen, Zugwannen, Gusshüte, Kesseln, Heilige-Bilder, Abziehbilder* etc. und vermitteln sogar stellensuchende Gehilfen an die *Herrn Meister.*

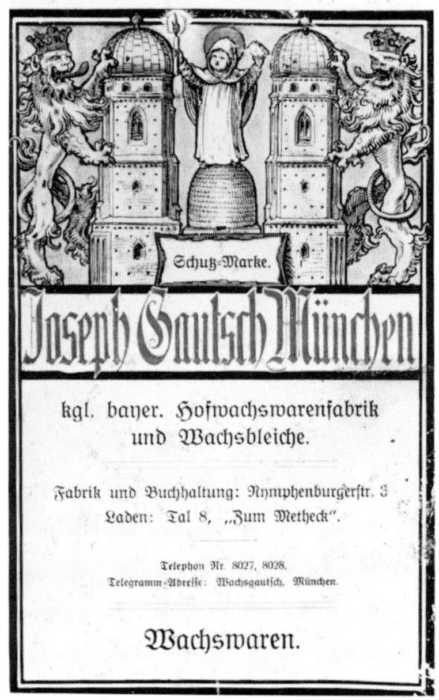

Auch Joseph Gautsch, *königl. bayer. Hofwachswarenfabrikant* in München verließ sich um 1905 längst nicht mehr allein auf den Ertrag

< Titelblatt des Katalogs der Firmen Sterr, Prien, um 1910 (oben) und Gautsch, München, um 1905 (unten)

V Stand der Wachswarenfabrik C. J. Luckner, Landshut auf der Gewerbeausstellung 1903 (oben)
Wagen der Wachszieher, Lebzelter und Konditor im Festzug der Münchner Centenarfeier, 1888 (unten)

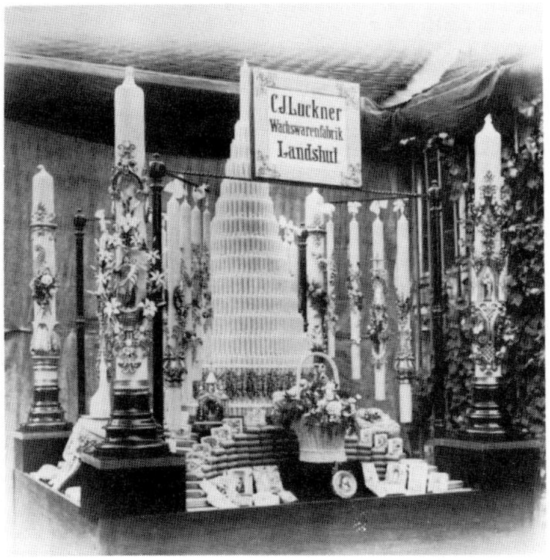

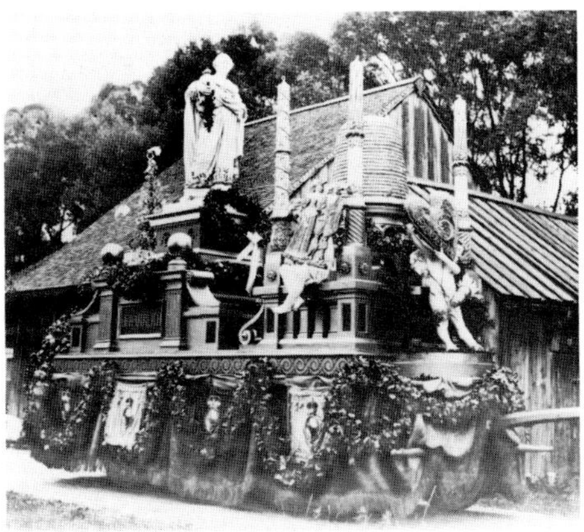

seines Ladens *Zum Metheck* im Tal 8. Der 45 Seiten starke Katalog, den er um diese Zeit verschickte, richtet sich, wie aus dem Vorwort Gautschs deutlich wird, an *die Firmen, die sich mit dem Verkauf von Wachswaren befassen.* Gautsch, der wie viele seiner Kollegen Ausstellungen beschickt und stolz auf die zwölf in Wien, München, Wiesbaden, Nürnberg, Brüssel und Chicago erhaltenen Auszeichnungen verweist, auf Diplome, Silber- und Goldmedaillen, versichert: *Bei den verzierten Wachswaren wird emsig an der Verbesserung der Ausstattung gearbeitet. Unter Berücksichtigung des Verwendungszweckes wird die Erzielung geschmackvoller Muster angestrebt, in der Hoffnung, hierdurch die Nachfrage nach verzierten Wachswaren nicht nur zu erhalten, sondern auch zu beleben.*[119]

Diese Hoffnung war in gewisser Weise trügerisch. Den harten Kampf um Kunden bestanden die maschinell arbeitenden Betriebe, je größer, desto leichter. Meister wie Josef Stohl, *Hallers Erbe — Wachszieher und Lebzelter,* wie auf dem graugrünen Schild des Patrizierhauses »Am Roten Brunnen« in Steyr/OÖ. zu lesen stand, gibt es nicht mehr. Bis zum Jahre 1957, in dem er 80jährig starb, benutzte Stohl die alten, aus dem 17. Jahrhundert stammenden Wachsziehergeräte des Hallerhauses und die Holzmodeln, von denen das erste, ein schmucker Reiter, 1476 geschnitzt wurde. Stohl verkaufte noch in dem alten »Wachsgewölb« ohne Auslagfenster, das voll von Honigduft war und eine Einrichtung des Biedermeier besaß und er lebte in einem Haus voll Geschichte und Geschichten, in dem man in einer wurmstichigen Lade seit dem 16. Jahrhundert das *Übernahmstückl* der Hallerschen Meister von Generation zu Generation weitergab: ein Bündel kleiner, kunstvoller gewundener Kerzen, in Pergament gehüllt. Simon Haller hat seinen Namen am 4. Jänner 1588 als erster auf dieses Pergament gesetzt, Josef Stohl als letzter.[120]

Trotzdem: die Renaissance der Kerze und das neu erwachte Interesse für die Kunst des Wachsziehers ganz allgemein mag diesen Prozeß der immer stärkeren Konzentration auf einige wenige hochtechnisiserte Betriebe zum Stillstand bringen. Die bayerischen Wachszieher haben keinerlei Nachwuchssorgen und obwohl vieles nach den modernsten verfahrenstechnischen Erkenntnissen erzeugt wird — Bienenwachs als solches spielt z. B. eine immer geringer werdende Rolle —, so läßt sich gerade in jüngster Zeit mit gutem Grund hoffen, daß zunehmend auch wieder handwerkliche Fertigkeiten und künstlerisches Einfühlungsvermögen und Geschick belebt werden.

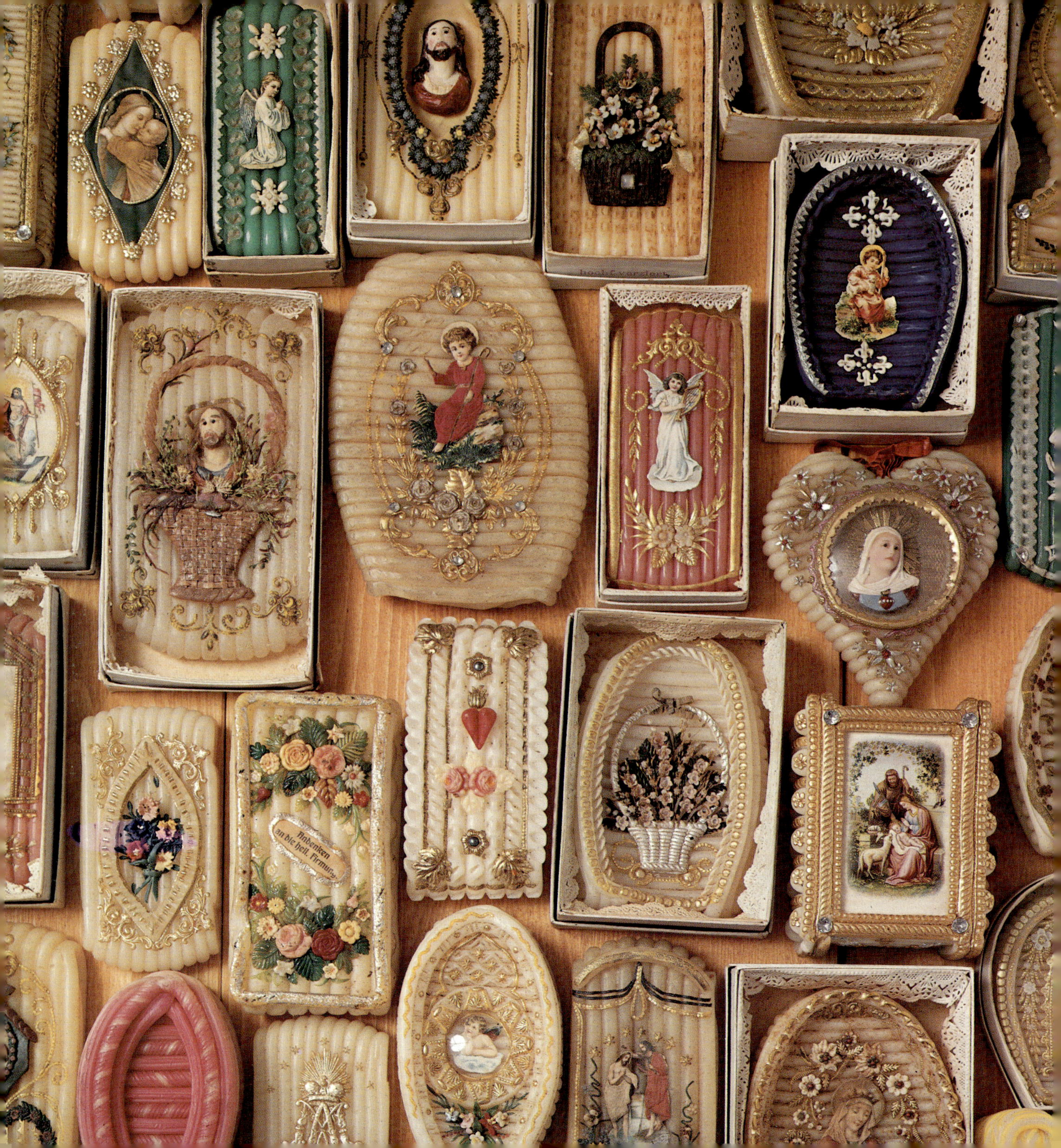
Andenken
an die heil. Firmung

Wachsstöcke

Der Wachsstock ist eine besondere, extrem lange und dünne Form der Kerze *nach Ellen verfertigt und in Rollen zusammengewunden* wie es 1856 in *J. G. Krünitz's ökonomisch-technologischer Enzyklopädie* . . .[121] heißt. Seine Form ergibt sich aus der Art der Herstellung, dem eigentlichen Wachsziehen, das dem Berufsstand der »Kerzler« und »Wachsler« den Namen gab.

Das als Ausgangsmaterial nötige Rohwachs wurde zu allen Zeiten auf die gleiche oder ähnliche Weise gewonnen, wie es C. Ph. Funke 1802 in seiner *»Naturgeschichte und Technologie für Lehrer in Schulen und für Liebhaber dieser Wissenschaften«* beschrieb: hat man zur richtigen Zeit des Jahres die Waben aus dem Bienenstock geschnitten und den Honig ausgeschleudert, so legt man *»die Wachstafeln in einen Kessel, schüttet Wasser darauf, und läßt sie bei gelindem Feuer zergehen. Das geschmolzne Wachs schüttet man sodann in einen reinen Sack von Leinwand, bringt es unter die Presse, unter welche ein Gefäß mit reinem Wasser gesetzt ist, und preßt es durch den Sack aus. Es läuft sodann in das untergesetzte Geschirr, wo es im Wasser bald hart wird. Was in der Presse übrig ist, wird noch einigemal mit einem neuen Zusatze von rohem Wachse geschmolzen, und wieder gepreßt, bis endlich nichts, als die bloßen Hülsen (Wachswinden, Wachskeulen, Roßkeulen) zurückbleiben. Diese braucht man gewöhnlich zu gemeinen Wachsfackeln. Aus dem Wasser, worin es zerlassen ist, kann man Essig, oder, mit einem Zusatze von Honig, Meth machen. Das ausgepreßte Wachs läßt man wiederum in einem Kessel zergehen, damit sich die Unreinigkeit zu Boden setze, und dann gießt man es behutsam in eine mit Fett ausgescheuerte Pfanne, da es nach dem Erkalten leicht herausgenommen werden kann.«*[122]

Diese schüsselförmigen Scheiben, die sog. Wachsböden, Wachsbrote oder Wachslaibe, die in dieser Form auch gehandelt wurden, sind im Bruch körnig, von schwach kristalliner Struktur und von honigartigem, blumigen Geruch. Ihr Farbton ist je nach dem Alter der Waben heller oder dunkler; die Farbe selbst sehr unterschiedlich und abhängig von der Herkunft des Wachses. Neben den verschiedenen Gelbtönen gibt es rotgelbes bis dunkelbraunes Bienenwachs, aber auch hell- bis dunkelgrünes, ja schwarzes. Clemens Pütter, der 1880 seine Ab-

< Wachsstöcke, 19./20. Jh.

handlung *Die Wachs-Industrie auf der jetzigen Stufe des Fortschritts* veröffentlichte, widmet ein ganzes Kapitel den verschiedenen im Handel vorkommenden Arten des Bienenwachses. Er unterscheidet 24 mehr oder weniger große Herkunftsgebiete mit einer Wachserzeugung von ganz charakteristischer Qualtiät, darunter gute, leicht bleichbare Sorten, wie sie aus Österreich und Mähren, aus Ungarn, der Ukraine, aus Venetien und der Türkei, auch aus Griechenland, Frankreich, Spanien und der Levante kamen; aber auch mindere, kaum bleichbare Qualitäten, wie sie Westgalizien und manche Gegenden Afrikas lieferten.[123]

Nicht nur zu Pütters Zeiten, Ende des 19. Jahrhunderts, kam das Bienenwachs aus so verschiedenen Gegenden. Schon im Altertum, vor allem aber im Mittelalter, fand ein lebhafter Wachshandel, auch Wachsfernhandel statt, der alle Länder Europas und den Norden Afrikas miteinbezog. Ein französisches, aus der Zeit um 1380 stammendes Verzeichnis aller in Brügge gehandelten Waren und ihrer Herkunftsländer nennt für Bienenwachs: *Rossie (Rußland), Hongrie (Ungarn), Behaingne (Böhmen), Polane (Polen), royaume de Castele (Königreich Kastilien), royaume d'Enteluse (Königreich Andalusien, d.h. von Sebile — Sevilla — und de Cordes — Cordoba —), royaume de Grenate (Königreich Granada), royaume de Portigal (Königreich Portugal), royaume de Fees en Affrique (Königreich Fes in Afrika), royaume de Bougie (Königreich Bugia), royaume de Tunes (Königreich Tunis).*[124]

Vor allem russische, polnische, arabische und jüdische Kaufleute, dazu die Kaufleute der Hansestädte betätigten sich als Wachsfernhändler, brachten neben ihren übrigen Waren auch Wachs aus den Handelszentren Nowgorod und Posen, Valencia, Genua, Venedig und Bugia bei Algier nach Mitteleuropa, wo Städte wie Ulm, Nürnberg und Regensburg zeitweilig den Binnenmarkt beherrschten.

Die umgesetzten Mengen waren zum Teil recht erheblich. 600 Pfund kaufte allein das Kloster Corbie auf einer einzigen Messe in Cambrai (vor 1036).[125] 53 Zentner und 21 ½ Pfund Wachs venezianischer Herkunft wurden im Jahre 1262 von der Sieneser Handelsfirma Tolomei neben 614 Pfund Pfeffer auf der Johannismesse in Troyes/Champagne verkauft.[126]

Den weitaus größten Teil dieses im Handel umgesetzten Wachses verbrauchte die Kirche. Es wurde zur Herstellung von Kerzen benutzt. Darstellungen auf mittelalterlichen Gemälden machen allerdings deutlich, daß auch der Wachsstock eine lange Tradition als Beleuchtungs-

> Stifterfigur mit brennendem Wachsstock aus dem Gemälde »Heilige Nacht« von Bartel Bruyn (1493-1555), Städel, Frankfurt

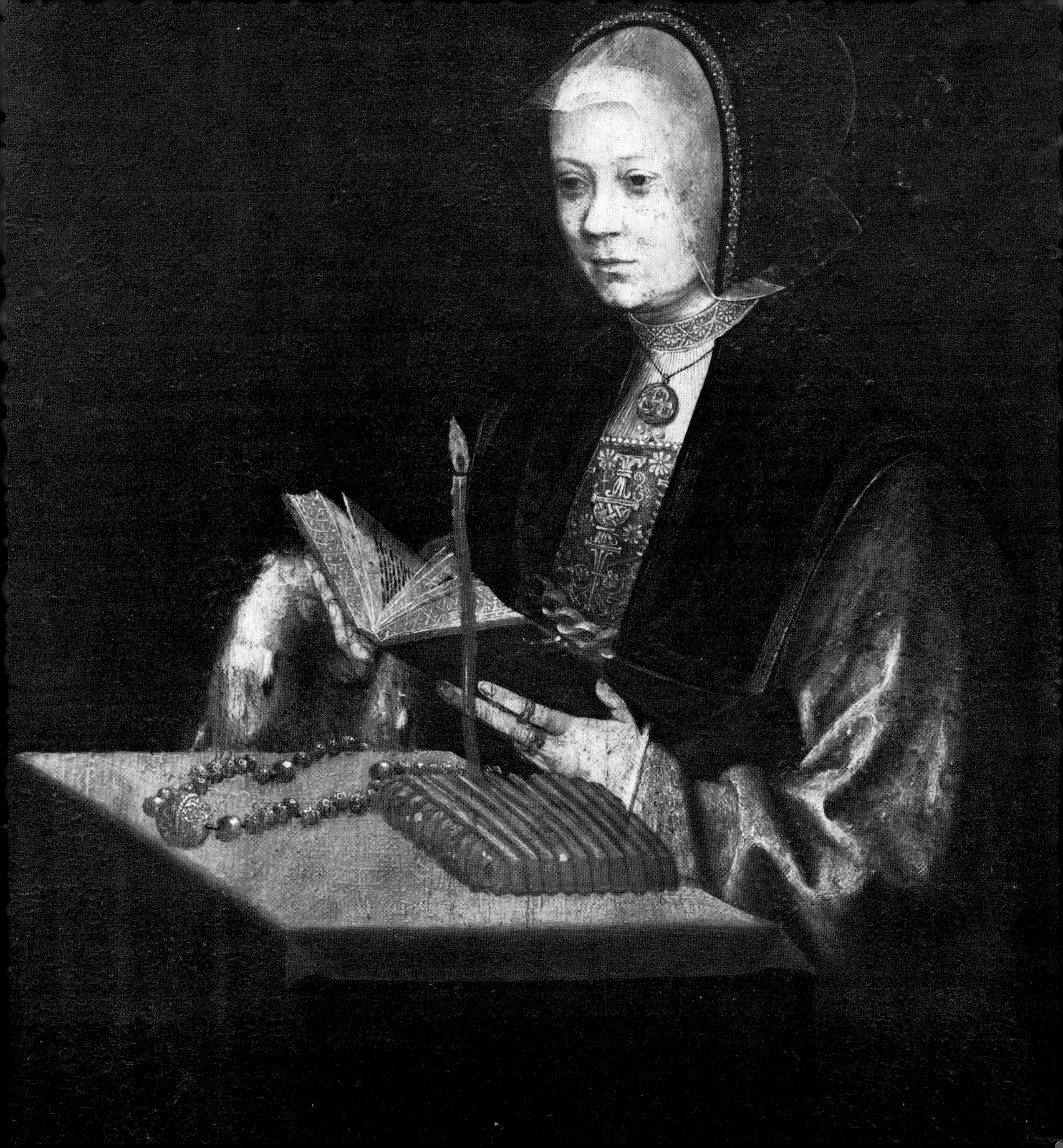

mittel hat. Seine Anfertigung stellte zur damaligen Zeit an das Können des Wachsziehers besondere Anforderungen. So schreibt Clemens Pütter 1880 in seinem Buch *Die Wachs-Industrie auf der jetzigen Stufe des Fortschritts* im Kapitel *Von der Fabrikation der gezogenen Kerzen oder Wachsstöcke nach bisherigen, wie auch nach neuerem Verfahren: Die gezogenen Kerzen oder Wachsstöcke waren früher eine der schwierigsten Arbeiten des Kerzenfabrikanten und zwar wegen der vollkommenen Egalität, welche der Docht in seiner ganzen Länge haben muß. Als man noch die Baumwolle mit der Hand spann, war es unmöglich, ein egales Gespinnst zu erhalten, und es bedurfte einer ununterbrochenen Aufmerksamkeit, damit alle Fäden, welche den Docht bilden sollten, zusammengenommen von gleicher Dicke und Stärke sich darstellten. Um diesen Zweck zu erreichen, mußte man einen starken Faden neben einen schwachen bringen, damit die Schwäche des einen genau aufgehoben wurde durch die Stärke des andern. Diese Arbeit war mühsam und gelang nicht immer gut. Seitdem man aber das Garn auf Maschinen mit großer Regelmäßigkeit spinnt, ist diese Schwierigkeit verschwunden.*

Da der Wachsstock von unbestimmter Länge sein kann, so nimmt man so viele Strähne, als der Docht Fäden bekommen soll, welche Zahl je nach der Dicke, welche der Wachsstock bekommen soll, variirt. Man bringt jeden Strähn auf einen Schragen und haspelt alle Fäden auf eine einzige Spule. Wenn ein Faden bricht oder reißt, so knüpft man die beiden Enden mittels eines sogenannten Leinweberknotens, der nicht sehr aufträgt, zusammen.[127]

Über das Dochtmaterial finden sich verschiedene Angaben. In der Regel wird Baumwollgarn verwendet, worunter nur *zuweilen bey schlechten gelben Wachsstöcken etwas leinenes Garn gemischt wird.*[128] G.P.F. Thon bevorzugt 1828 *Cölnischen Zwirn,* damit die Dochte *die Ausdehnung besser vertragen können, welche sie aushalten müssen, wenn sie auf eine Spule gehaspelt, und von einer auf die andere, dann aus der Pfanne an den kleinen Nagel gebracht und durch die Löcher des Zieheisens gezogen werden.*[129]

Damit sind wir beim eigentlichen Arbeitsvorgang des Wachsziehens, zu dem im Prinzip nur 2 Trommeln, auf die der Docht und der allmählich dicker werdende Kerzenstrang wechselweise aufgewickelt werden und ein Werktisch mit der Wachspfanne und dem Zieheisen nötig sind. Du Hamel de Monceau, dessen ausführliche Abhandlung über *Die Kunst des Wachsziehens* 1763 aus dem Französischen ins Deutsche übertragen wurde, beschreibt den Vorgang folgendermaßen:

> Wachszieher und
V Kerzenzugmaschine, beides aus Diderot et d'Alembert: Encyclopédie ou Dictionnaire raisonné..., Paris 1763

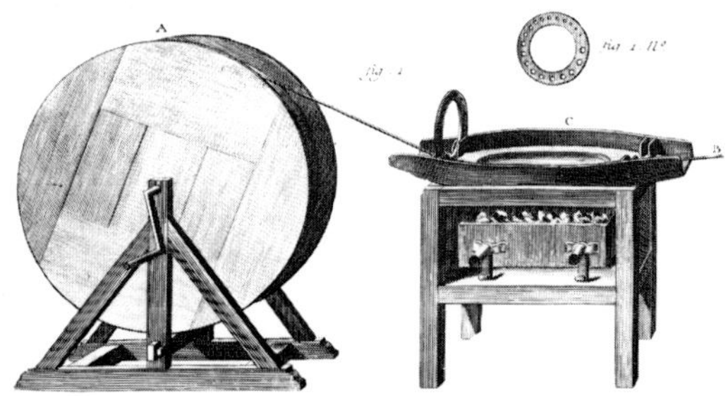

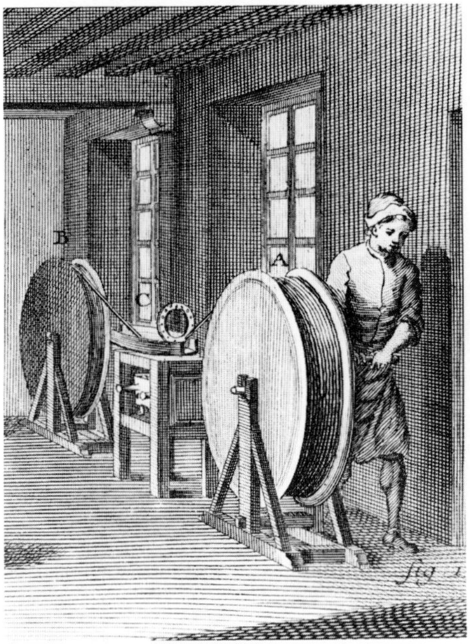

*Einige Wachszieher nehmen so viel Faden, als zu einem Dacht kommen sollen, zusammen, haspeln sie auf ein groß Knauel von einem oder zwey Pfund schwehr, und bringen alsdenn diesen Dacht auf die große Winde, so die Wachszieher Welle (*Tour*) nennen. Andere nehmen die zu ihrem Dacht gehörige Faden auf einmal zusammen, und legen sie auf die Winde. Man hat aber darauf Acht zu geben, daß diese Faden gleich ausgespannt sind, und einen einzigen Zug ausmachen, ohne daß ein Faden von dem andern getrennt sey; zu dem Ende drehet man die Winde langsam, und läßt die Faden, so den Dacht geben sollen, zwischen den Fingern laufen. Gesetzt also nun, daß eine Winde mit einem langen Dacht bezogen, und zu dem Gebrauch in völlige Ordnung gerichtet wäre; so stellet man sie in der Werkstatt an ein Ende, und an dem andern setzet man die andere dergleichen noch leere Winde hin.*

*Zwischen diesen zweyen Winden stellet man das, was man die Arbeitstafel (*le Travail*) nennt, welches eine Tafel ist, welche die Wachszieher auch den Werkstuhl (*Chaise*) heißen. Diese Tafel stehet auf Füßen, so etwas mehr als einen Fuß hoch sind. Obenher ist sie drittehalb Fuß breit und drey Fuß lang. Sie hat ein ovales Loch, um darein ein gleichmäßig ovales Becken, oder Pfanne zu setzen, welche nur allein diese Gestalt ausgenommen, fast wie die Pfanne gemacht, welcher man sich bey dem Gießen der Altar- und Zimmerkerzen bedienet. Acht oder zehn Zoll unter dieser Pfanne, ist zwischen den Füßen des Werkstuhles, eine Tafel, welche eben so groß als das obere Blatt von dem Werkstuhl, und mit demselben parallel ist.*
Diese Tafel ist dazu bestimmt, um darauf eine Kohlenpfanne zu stellen, in welche man glüende Kohlen thut, das Wachs in der Pfanne im Fluß zu erhalten. Gemeiniglich sind die Seiten dieses Werkstuhls mit Brettern vermacht, welches denn eine Art von Kasten giebt, den man inwendig mit Blech beschlägt, um die Gefahr des Feuers zu verhüten. Man stellet diesen Werkstuhl zwischen die zwey Winden, dergestalt, daß der große Durchschnitt des ovalen Beckens auf die zwei Winden stoße; und in diesem Becken oder Pfanne, unter welcher Feuer ist, läßt man das Wachs schmelzen. Inwendig am Boden dieses Beckens ist ein kupferner verzinnter Haken, in welchen man den Dacht einhängt, damit er in das zerschmolzene Wachs eintauche.

Es ist auch nöthig, auf die zwey der Länge nach befindlichen Ränder des Beckens, nach einander ein Zieheisen aufzustellen, mittelst welchem das überflüssige Wachs, welches der Dacht an sich genommen, wieder dahin zurückfalle. Dieses Zieheisen ist eine eiserne oder kupferne Platte, bald rund bald als ein länglicht Viereck mit kegelförmigen Löchern von verschiedener Größe; sie sind alle numerirt, weil der Unterschied ihrer Weite und Größe so klein ist, daß man ihn bloß nach dem Gesicht schwehrlich erkennen kann. Das kleinste Loch ist mit Nummer Eins bemerket. Die Vollkommenheit dieses Zieheisens bestehet darinnen, daß die Löcher vollkommen rund, wohl glatt, und jedes auf gleichförmige Art kleiner sey als das andere. Und damit man dieses Zieheisen über das Becken also stellen könne, daß das von dem Dacht abfallende Wachs hineinfalle, so hat man die Ränder dieses Beckens in Gestalt eines länglichten Achtecks eingerichtet. An denen Winkeln oder Ecken der großen Seiten sind 4 eiserne Zangen angemacht, welche unterhalb als Nägel gemacht sind, die in die Löcher gehen, so oberhalb der Tafel zu dem Ende gemacht sind. Das andere Ende dieser Zangen, welches in der Gestalt eines Entenschnabels ist, gehet gegen das Becken zu; in diese beyden Entenschnäbel thut man das Zieheisen, dergestalt, daß es von zwey solchen Zangen gehalten wird, welches man bald auf die eine, bald auf die andere Seite des Beckens bringet, und allezeit auf die Seite derjenigen Winde stellet, welche man aufwindet, so daß der weite Theil der Löcher gegen die Winde über stehe, welche man abwindet.

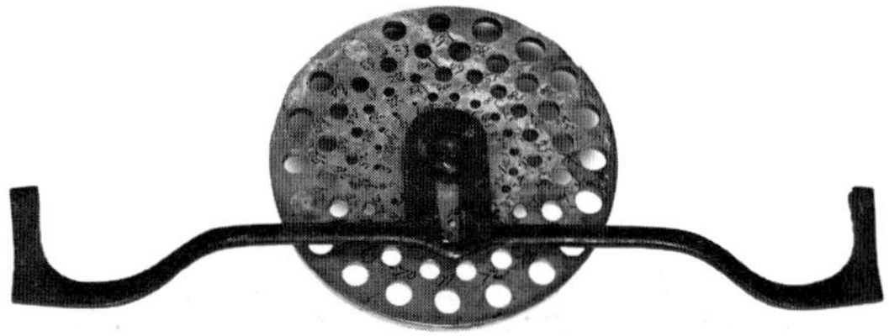

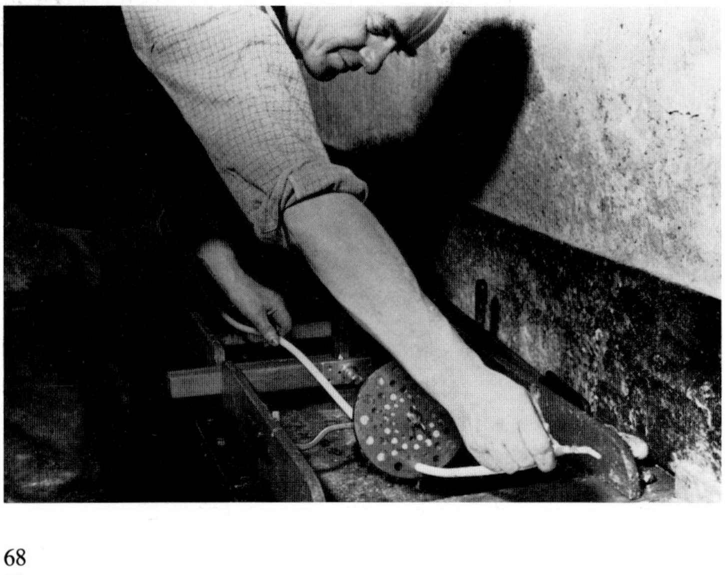

Λ Zieheisen der Fa. Ebenböck, München, 19. Jh.

<\> Wachsziehen in der Fa. Wesely, München, 1942

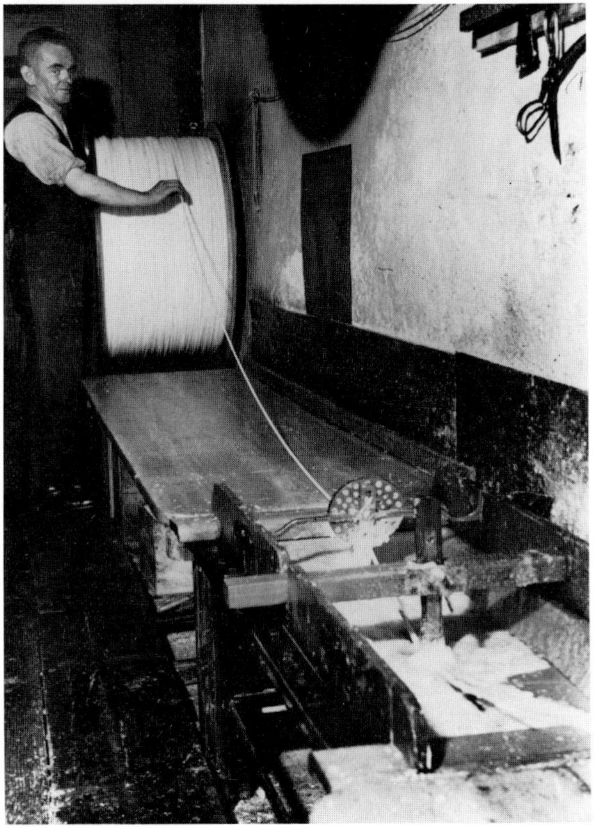

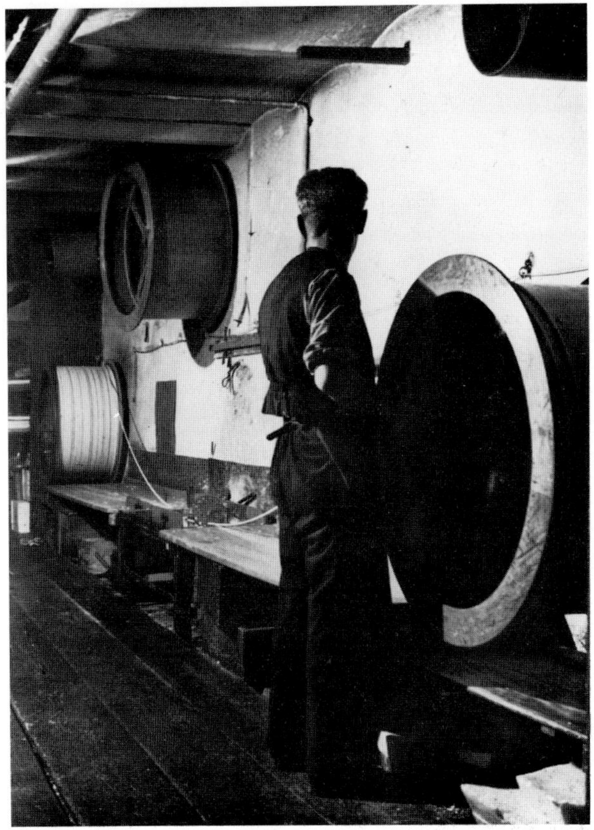

Um die Wachsstöcke zu machen, tauchet man, wenn das Wachs in der Pfanne fließend ist, das Ende des Dachtes ein, spitzet es mit beyden Fingern zu, und hänget vorerst dieses Ende des Dachts, so man entweder auf eine dieser zweyen Winden aufgewickelt hat, oder welches noch auf dem Knaul ist, in den auf dem Boden der Pfanne befindlichen Haken ein, steckt es sodann durch ein Loch des Zieheisens, welches um etwas größer, als der Dacht ist, und leget es hernach auf die leere Winde auf; man drehet hierauf die leere Winde, alle Theile des Dachts tauchen nach und nach in das fließende Wachs, und legen solches an sich; und indem sie durch das Zieheisen gehen, legen sie dasjenige, was sie zuviel an sich genommen haben, wieder ab.

Ist nun der ganze Dacht aufgewunden; so versetzt man das Zieheisen; man wendet es um, und stellet es auf die andere Seite gegen über; man hängt den Dacht an den Nagel der Pfanne, von da ziehet man ihn durch ein Loch des Zieheisens, welches größer als das erste ist, wodurch er anfänglich gegangen war: nachdem man ihn auf die leere Winde gelegt, so drehet man den Grif; und man windet sie auf, wie man es mit der andern vorhero gemacht hatte. Indem man also mit dieser Arbeit wechselweise fortfähret, so windet man die zwey Winden auf und ab, und lässet diesen Wachsstockfaden durch das geschmolzene Wachs und das Zieheisen hin und wieder gehen, welcher Wachsstock denn nach und nach seine Gestalt bekommt, indem man bey jedesmaliger Wiederholung der Arbeit die Löcher so lange verändert, bis er die gehörige Dicke erlanget hat. Auf solche Art gehet ein solcher Wachsstock 25 oder 30 oder 40 Löcher durch. Daferne man, um diese Arbeit zu übereilen, diesen Wachsstock von dem kleinsten also gleich durch das große Loch gehen lassen wollte, würde sich das Wachs brechen, und die Arbeit fehlerhaft seyn.

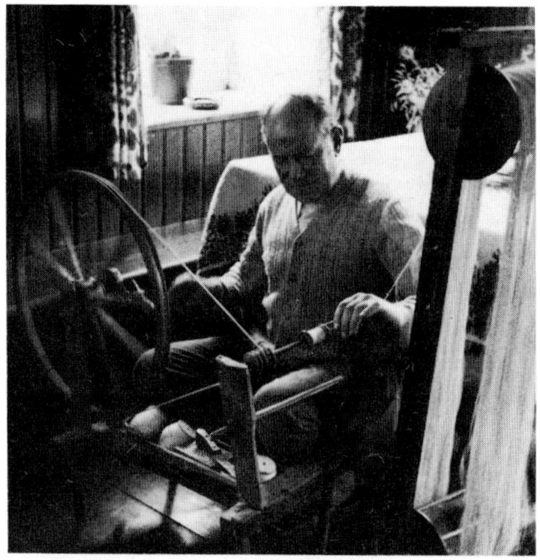

Λ F. Wimmer beim Garnhaspeln
V und beim Wachsauffüllen, 1982

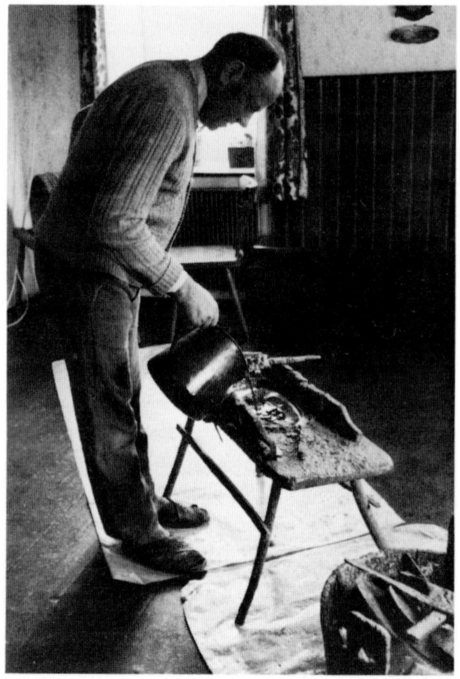

Wenn man schöne Wachsstöcke machen will, brauchet man nur einerley Art Wachs; bey denen gemeinen aber, wenn sie 3 oder 4 mal aufgewunden worden, nimmt man zu ihren Auftrag schöneres Wachs, als man vorher genommen hatte.

Wenn man damit zu Ende, und der Wachsstock zu seiner Dicke gekommen ist, läßt man ihn zweymal durch eben dasselbe Loch des Zieheisens laufen; bey dem letzten Aufzug auf die Winde, hat ein Arbeiter in der linken Hand eine nasse Serviette, in welche er den Wachsstock einschlägt, wo sodann ein anderer Arbeiter auf dieses Tuch von Zeit zu Zeit Wasser schüttet, welches das Wachs erfrischet, und verhindert, daß es sich im Aufwinden nicht abstoße.
*Es muß zwischen denen Winden und des Tisches zur Arbeit (*le Travail) *eine gewisse Entfernung seyn, damit das Wachs Zeit habe, sich ein wenig abzukühlen, und die verschiedentlich umlaufende Faden des Wachsstocks nicht auf einander kleben bleiben. Der Wachszieher trägt auch Sorge, daß er nach der ganzen Länge der Winde laufe, indem er währendem Drehen mit der rechten Hand, mit der linken den Wachsstock leitet.*[130]

In der Regel wurden die beiden Zugtrommeln im Abstand von 4-8 Metern beiderseits der Zugwanne mit dem flüssigen Wachs aufgestellt. Sie waren bis zu 60cm breit und hatten einen Durchmesser von minde-

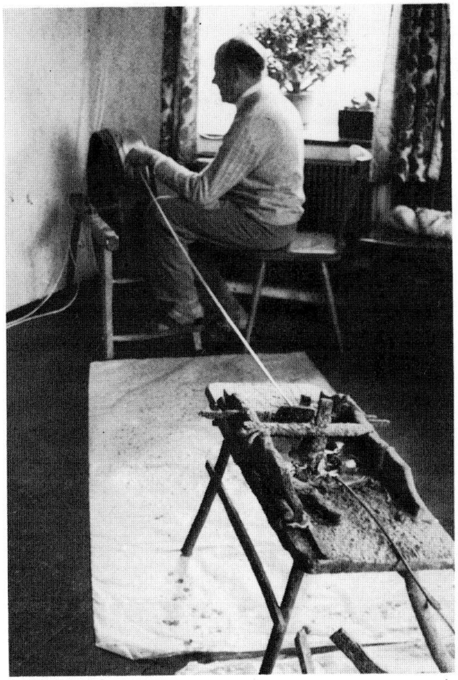

Λ F. Wimmer und seine Frau am
V Zugrad, 1982

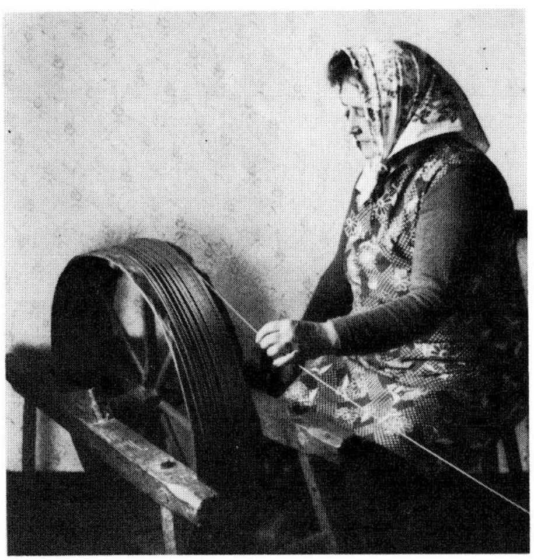

stens 1 Meter. Heute sind sie vielfach im Museum gelandet. Denn obwohl man noch 1910 glaubte, ein automatischer Betrieb verspreche gerade beim Wachsziehen wenig Vorteile, benutzte man schon, ehe sich das moderne Strangpreßverfahren durchsetzte, Kerzenzugmaschinen, die bei einer Stranglänge von 800 Metern in 8 Stunden etwa 2 000 kg Material verarbeiteten. Man machte mit ihnen allerdings kaum Wachsstöcke, sondern Kerzen bis zu einem Durchmesser von 6 cm.[131]

Auf dem *Untern Lehen,* einem bis ins 16. Jahrhundert zurückreichenden, hoch und einsam gelegenen Bauernhof der Gemeinde Waldhausen im Strudengau/OÖ. aber ist in den Tagen vor Maria Lichtmeß alljährlich noch immer eine alte, hölzerne Handzugbank in Betrieb. Franz Wimmer ist der letzte jener vier bäuerlichen Wachszieher, die in dieser Gegend einst für sich und die Bauern der Umgebung in winterlicher Heimarbeit Wachsstöcke herstellten. Er verarbeitet noch immer reines, ungebleichtes Bienenwachs, und wenn in seiner Stube die bald 200 Jahre alten Geräte über Eck aufgestellt sind und der Wachsstrang in stetem hin und her dicker und dicker wird, so zieht sein Duft durchs ganze Haus, bis hinaus in die winterliche Schneelandschaft.[132]

Das Wachs stammt von den eigenen Bienen oder kommt von den Bauern der Umgebung, die früher in nahezu bargeldlosem Tauschgeschäft ihr Wachs gegen Wachsstöcke gaben und nur einen geringen Arbeitslohn aufzahlten. Heute, wo auch im abgelegensten Gehöft das elektrische Licht brennt, verkauft der Unterlehner seine Wachsstöcke vor allem an Sommerurlauber und an Liebhaber, die von weither kommen. Die Herstellungsweise entspricht der von Du Hamel angegebenen. Der Docht besteht aus 5 Fäden Baumwolle, die ein Waldkirchner Laden extra für Franz Wimmer auf Lager hat. Sie wird auf der sog. Windhaspel aufgerollt, von dort auf Spulen übertragen und auf eines der beiden Zugräder gezwirnt. Bei einem dreistündigen Arbeitsgang, einem »Zug«, wird der Docht 24-30 mal durch die auf der »Pfannbank« stehende Kupferwanne mit dem flüssigen Bienenwachs gezogen. Neben dem Zieheisen mit seinen Löchern verwendet man zwischendurch auch noch ein hölzernes »Dochtbrettl«, bei dem der Wachsstrang zwar nicht so gleichmäßig wird, bei dem sich das Wachs aber rascher ansetzt. Diese wie alle alten Methoden im Prinzip einfache Technik erfordert jedoch viel Erfahrung und Fingerspitzengefühl. Schon die Raumtemperatur ist wichtig: ist die Zimmerluft zu warm, so »pickt« alles, das Wachs bleibt klebrig, erstarrt nicht rasch genug und es legt sich zu wenig an. Auch das flüssige Wachs in der Zugpfanne darf nicht zu heiß und nicht zu wenig warm sein, und die Trommeln müssen genau in jener Geschwindigkeit gedreht werden, bei der sich genug, aber auch wieder nicht zu viel Wachs auf einmal ansetzt.

Der rund 180 m lange, fertige Wachsstrang ist etwa 6 mm stark und ergibt ca. 60 Wachsstöcke zu je einem Viertelpfund, sog. Viering oder Vierting bzw. die entsprechende Menge Halbviering: beim Unterlehner herrscht noch die alte, jahrhundertelang für alle Wachswaren gültige Maßeinheit des Pfunds. Die Wachsstöcke — früher die normale, lange Taschenform, heute, als Zugeständnis an die neuen Kunden, auch eine beim Abbrennen weniger zweckmäßige Pyramidenform — werden gewickelt solange der Wachsdraht noch leicht warm ist. Dabei verwendet Franz Wimmer leicht gefettete Leghölzer, auf die jeweils eine bestimmte Anzahl von Wachsschlingen aufgewickelt wird. Die Enden werden eingeschlagen, der fertige Wachsstock mit der alten mit einem Stein belasteten Waage nachgewogen.

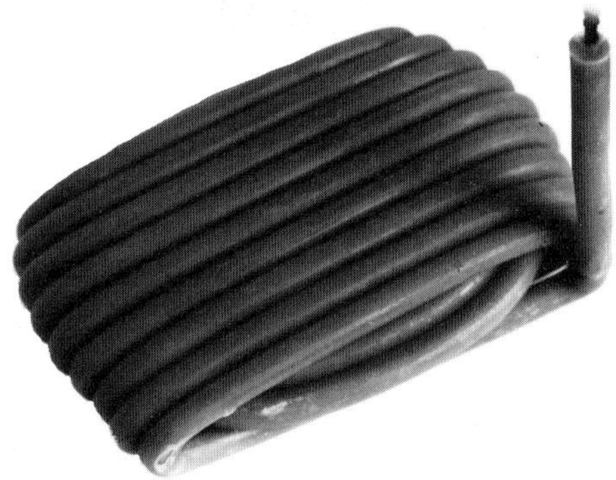

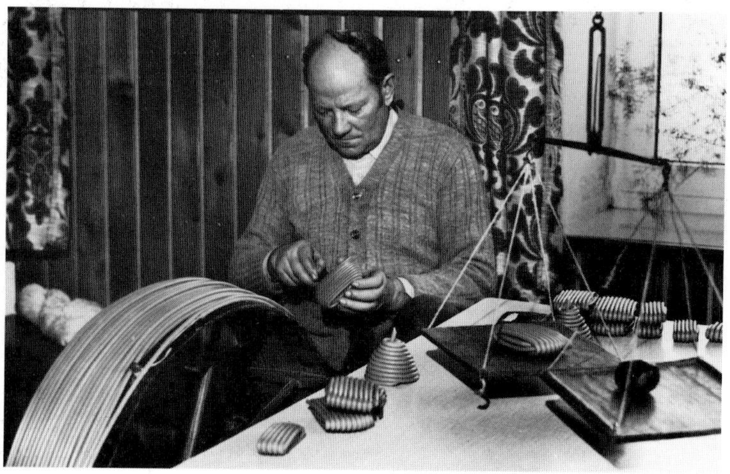

Ein Viering brennt ungefähr 24 Stunden. Ganz genau läßt sich die Brenndauer nicht angeben, da ein frisch gezogener Bienenwachsstock schneller abbrennt als ein älterer, abgelagerter. Bis sich 1948 auch hier in den nördlich der Donau gelegenen Waldgebieten des Mühlviertels die Elektrizität durchsetzte, waren die sparsamen und reinlich brennenden Wachsstöckl das wichtigste Licht der bäuerlichen Haushaltungen, früh morgens, an den Winterabenden, in der Schlafkammer, auch am Totenbett.

Λ Wachsstock aus Bienenwachs von F. Wimmer, 1982

< F. Wimmer beim Legen seiner Wachsstöcke, 1982

> a, b Rodelbüchsen aus Blech (2. H. 19. Jh.) und mit Glasperlenstickerei (um 1880), Schweiz. Museum f. Volkskunde, Basel
c Wachsstockhalter, Messingguß, 19. Jh., Hirtenmuseum, Hersbruck/Mfr.
d geschmiedeter Wachsstockhalter, 19. Jh., Oberhausmuseum, Passau

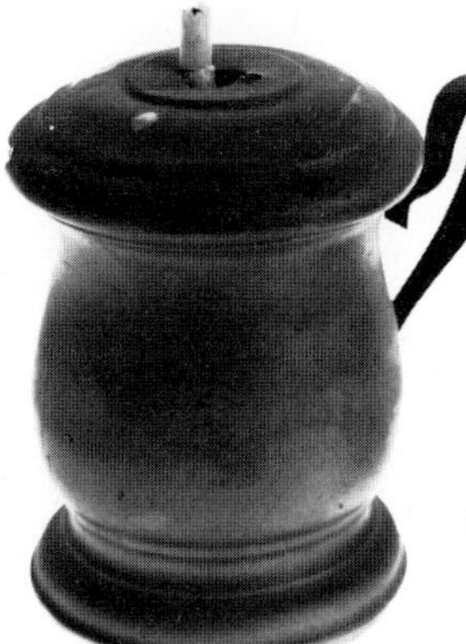

a

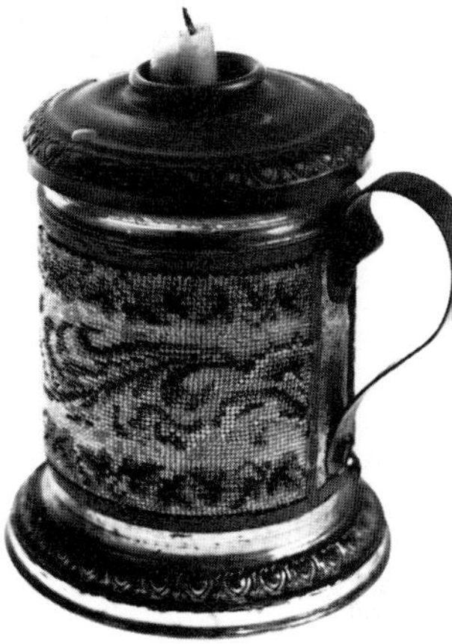

b

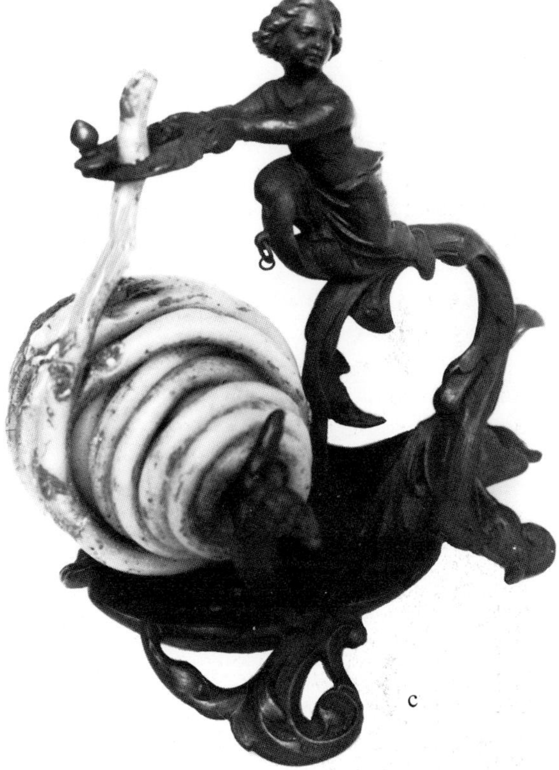

c

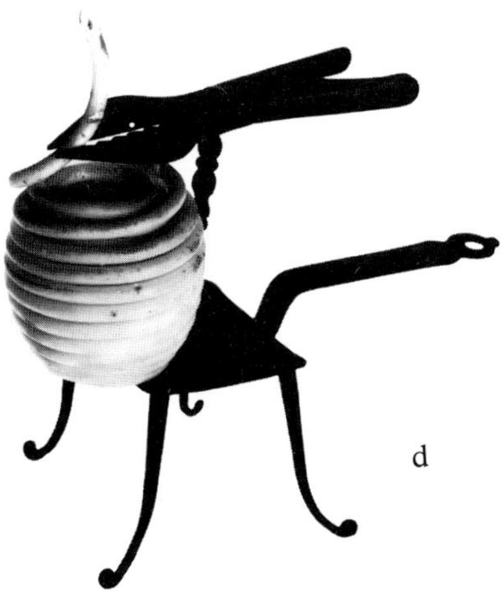

d

Einige Jahrhunderte lang — vor allem vom 16.-19. Jahrhundert — war der Wachsstock aber ganz allgemein ein beliebtes Beleuchtungsmittel. Er hatte der Kerze gegenüber mancherlei Vorteile. Beim Brennen war die Gefahr des Ablaufens wegen des geringen Durchmessers von höchstens 8 mm weniger groß als bei der Kerze. Die breite Standfläche machte es möglich, den normalen Wachsstock auch ohne Leuchter oder Halter zu benutzen, obwohl es besonders konstruierte und zum Teil auch sehr schöne Wachsstockhalter aus Schmiedeeisen oder Messing, auch sog. »Wachsstockdosen« oder »Rodelbüchsen« durchaus gab.[133] Daneben war der Wachsstock, zumal die übliche, flache Taschenform, trotz seiner langen Brenndauer klein und handlich, ließ sich auch in einer Jacken- oder Handtasche gut unterbringen.

Was lag näher als den Wachsstock als Beleuchtungsmittel auch mit in die Kirche zu nehmen. Manchmal wurde er dabei in einem extra angefertigten, schön bemalten Blechkastl verwahrt.[134] Vor allem die Rorate- und Engelämter wären ohne sein Licht undenkbar gewesen, fanden diese meist auf Stiftungen zurückgehenden feierlichen Gottesdienste doch während des Advents zu außergewöhnlich früher Zeit, um 5 oder 6 Uhr morgens statt. Sie hatten ihren Namen von dem im Introitus verwendeten Psalm *Rorate coeli . . ., Tauet Himmel den Gerechten . . .* und gehörten aus mancherlei Gründen selbst bei den nicht gerade kirchgeheifrigen Mannsleuten zu den beliebtesten Gottesdiensten. Heinrich Pichler, der 1745-48 in Salzburg studierte, berichtet z.B. recht eindrucksvoll mit welch barocker Freude am Anschaulichen, Theatralischen man im Kloster Mülln bei den Salzburger Augustinern das Rorate feierte:

Dieses ist alle Tag und mit 3 Geistlichen. Gleich bey Anfang dises gehen die Sterne und der Mon recht schön in denen Wolken auf. Vor dem Evangelio zertaillet sich eine Wolken, durch welche sich ein Engel hervorschwinget bis ad corum epistolae (= zur Epistelseite*) in der Höch, ad corum evangelii (=* auf der Evangelienseite*) aber kniet unser liebe Frau auf einem Bettschamel. Sobald das Evangelium anfanget, stehet sie auf, und da der Diaconus singet: Ave gratia plena, so siehet man diese 3 Word neben des Engel seyn Maull illuminirter, und wan er singet: Spiritus (sanctus) superveniet in te, fliecht ein Tauben ad Mariam zu dem Gesicht und sie bekomet gleich einen Schein. Da es aber heißt: Ecce ancilla Domini, so seyn eben bey dem Maull Maria dise Wort zu lesen. Dise Figuren thauren das ganze Rorate, der Monschein aber verlihret sich sambt denen Sternen als wan es natürlich were.*[135]

Auch im Bayerischen war dieser Gottesdienst eine recht feierliche und stimmungsvolle Sache. In Berchtesgaden baute der Lebzelter und Wachszieher Erlmoser noch bis zum 2. Weltkrieg schon am Andreastag, dem 30. November, vor seinem Laden am Marktplatz einen kleinen Stand auf, wo er Lebkuchen in Nikolausform mit aufgespritztem Zuckerguß verkaufte und die Wachsstöcke für das Engelamt.[136] Es gab nicht nur die großen für die Erwachsenen, sondern auch kleine für die Kinder, die schon deshalb gern ins Rorate gingen, weil sie ihre eigenen Wachsstöckchen brennen durften. Manch eines erinnerte sich später noch als Erwachsener an den Zauber dieser winterlichen Wege durch den Schnee, an Orgelmusik, Adventsliederklang und Weihrauchduft und konnte erzählen wie Max Peinkofer, der von den um die Jahrhundertwende in Tittling abgehaltenen Rorateämtern berichtet:

> Ausschnitt aus dem Gemälde »Darstellung des Christkindes im Tempel« von Stefan Lochner (1400/05-1452), Hessisches Landesmuseum Darmstadt

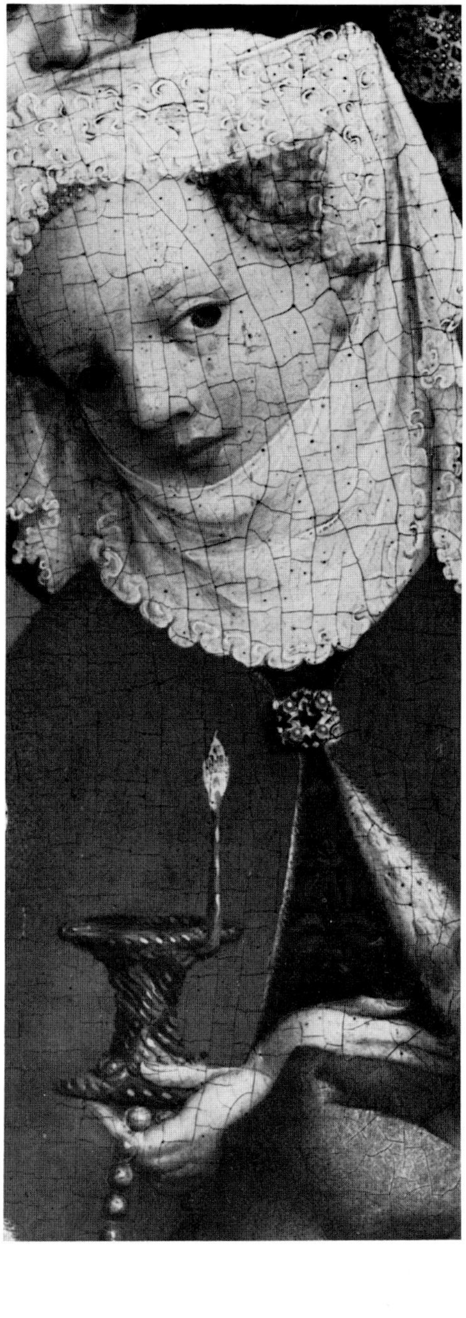

Schnell gings hinunter zur nahen Kirche. In Scharen kamen die Markt- und Dorfleute herbei zum Engelamt, alle dicht in Tücher und Hauben vermummt und viele vorsorglich ausgerüstet mit der hilfreichen Laterne, wenn etwa Mond und Sterne erloschen waren und es so heftig wachelte, daß man kaum drei Schritte weit sehen konnte. Schnee lag auf den Mützen und Tüchern, Reif hing an den Bärten und Kleidern. Immer neue dunkle Gestalten huschten hervor aus der Tiefe der Nacht und stauten sich mit ihren Vorgängern an den Kirchentüren.
Von allen Seiten kamen sie, die guten Rorateleute. Rüstigen Schrittes stiegen sie die beschwerlichen Wege herauf von der alten Bauernwelt der Ilzleiten; sie kamen von den Einschichtern und Dörfern zwischen Berg und Wald, junge und alte, große und kleine, in schweigsamen und feierlichen Scharen, in deren Augen ein Strahl des Weihnachtslichtes funkelte. Und ehrfürchtigen Fußes betraten sie das Gotteshaus, indes die mächtigen Akkorde des Zusammenläutens duch den Gottesmorgen sangen.
Schon sind die Kerzen am Hochaltar, dem goldenen, angezündet. Blaue Tücher verhüllen seine edlen Bildwerke; denn die Zeit der Buße und Einkehr ist angebrochen. Die Sitzplätze des Kirchenschiffes sind dicht besetzt. Das junge Mannsvolk drängt sich nach allgemeinem Brauch in das Dunkel der Empore und auf die Treppen, die zur Orgel führen. Bald leuchtet ein Wachsstock nach dem andern auf, bis schließlich viele Hunderte von milden weißen Flammen das Gotteshaus in eine Lichterfülle tauchen, in einen weihevollen Schimmer, wie er durch noch so große und helle elektrische Lampen nie erreicht werden wird.[137]

Natürlich war auch der Wachsstock wie die Kerze eingebunden in den Ablauf des Lebens und des Jahres mit all seinem Brauchtum.

Im Berchtesgadener Land ließ man sich an Sebastiani, dem 20. Januar, einem Tag, an dem die Weiberleut weder flicken noch nähen, weder wischen noch putzen durften, da sie sonst eine Krankheit »hereingewischt« hätten, einen Wachsstock von der Länge seiner Hände und Füße anfertigen.[138]

Wachsstöcke gehörten zur niederbayerischen Brautausstattung und zwar möglichst viele, bei einer Großbauerntochter ein ganzer Korb, mindestens 25 Pfund. Dazu ein besonders feiner Riesenwachsstock in einem eigenen, schön geflochtenen Strohkorb: das kostbare Hochzeitsgeschenk der Brautmutter. [139] Noch um 1900 war es eine der wichtigsten Aufgaben des Brautführers, der die Hochzeiterin auf Schritt und Tritt begleitete, diesen fein verzierten Brautstock angezündet vor ihr auf die Kirchenbank zu stellen, und es wäre eine Beleidigung gewesen, wenn ein anderer an diesem Licht seine eigene Kerze angezündet hätte.[140] Dieser Wachsstock wurde nach dem Hochzeitsgottesdienst erst wieder gebrannt, wenn das erste Kind geboren war und die junge Mutter 6 Wochen nach der Entbindung zur Kirche ging, um sich in Erinnerung an den Tempelgang Mariens »herfürsegnen« zu lassen.[141]

Bei den Sterbenden brannten meist Kerzen. In Kärnten erhielt der Tote jedoch das sog. Totenkranzl ins Haar gedrückt, einen kleinen, aus einem Stück Wachsstock geformten Ring, geschmückt mit Rosmarin und einem blauen oder roten Band[142]; und im oberösterreichischen Mühlviertel gab man einem toten Mädchen ein Kreuz in die Hände, das man aus einem von ihr zu Lebzeiten benutzten Wachsstock geformt hatte.[143] In Südtirol brannten die Hinterbliebenen beim Totengottesdienst Wachsstöcke[144] und in manchen Orten Oberösterreichs wurden kleine, von einem Wachsstock abgeschnittene Stücke als »Sterbkerzln« an die Trauergäste verteilt und von ihnen beim Gottesdienst vor sich auf die Kirchenbank geklebt.[145] Es gibt dort Kirchen, in denen die Bänke voller kleiner Brandflecken sind.

Besonders wirksam war der rote Wachsstock, der für die Frauen an Lichtmeß geweiht wurde. Er wurde in Oberbayern »der Klag« genannt, da man ihn auch während der Trauerzeit um einen Verstorbenen zur Hilfe für die Arme Seele im Fegfeuer gern brannte[146], auch damit die Armen Seelen »besser sehen«.[147] War ein derartiger Wachsstock an einem Lichtmeßtag geweiht, der auf einen Sonntag fiel, so schrieb man ihm geradezu wundersame Wirkungen zu. Man hängte ein Stück von ihm als ständigen Schutz an das Kruzifix im Herrgottswinkel der Stube.[148] Mit seinem Wachsdraht umwickelte man Hände und Füße, aber auch Gerätschaften der Wöchnerinnen, um sie und das Neugeborene vor jeder Behexung zu schützen.[149] Sein rotes Wachs gehörte neben dem Herz einer Fledermaus, neben Jungfernpergament und dem Magen einer schwarzen Henne zu jenen Utensilien, die — wie Karl Freiherr von Leoprechting 1855 festhielt — eingewickelt in ein Stück Leinwand *gewonnen aus einem Hemd, darinnen eine reine Jungfrau zum erstenmal ihre Reinigung gehabt,* zum Legen eines richtigen Feuerbanns nötig waren. Die »Feuerbesprecher«, jene Männer, die fähig waren, einen solchen Zauber wirkungsvoll auszuführen, gruben derartige Päckchen *in der zwölften Mittagsstund an den vier*

Λ Drudenfuß

Ecken des Gebäudes einen Schuh tief in die Grundmauer. Betete man das ganze folgende Vierteljahr hindurch jeden Abend das Johannesevangelium, so war das Haus für immer vor jedem Feuer bewahrt.[150]

Auch die Drudenfüße, ein beliebter Abwehrzauber gegen Hexen und Alp, wurden mit besonderer Vorliebe aus diesem geweihten roten Wachs gemacht. Drudenfüße brauchte man nicht nur im Stall. Sie fanden sich neben dem mit einem alten Hufnagel befestigten Benediktuspfennig, neben geweihten Palmkätzchen und Wetterkerzen und dem vom Landkrämer erworbenen christlichen Haussegen auch in den Schlafkammern, bevorzugt, wie Leoprechting vermerkt *an den Bettstatten.* Und er schreibt weiter: *Da aber die Truden nicht nur erwachsenen Leuten, sondern auch Kindern, und unter diesen wieder am liebsten den unehelichen nachstreben, so wird man sicher sehr wenig Wiegen finden, denen nicht dieses Zeichen zur Abwehr dieser Unholdinnen angeheftet ist. Ja während der Zeit, da das Kind an der Mutterbrust trinkt, hat die Mutter in der Regel einen aus diesem kräftigen Wachs gebildeten Trudenfuß auf der Brust liegen, damit nicht die Milch dem Kind durch die Trud entfremdet wird; denn gar gerne trinken diese die Milch von jungen kräftigen Müttern selber, ihnen wohl zum Gedeihen, den armen Säuglingen freilich zum argen Nachtheil.*[151] Leoprechting berichtet auch, daß sich in manchem alten Haus nicht nur dieser Drudenfuß findet, sondern in der Kammer oder auf der Bettlade um in herum auch der folgende alte Spruch: *Trudenkopf (auch statt dessen manchmal Bettzaierle) ich verbiete dir mein Haus und Hof, mein Roß- und Kuhstall, ich verbiete dir meine Bettstatt, mein Fleisch und Blut, mein Leib und Seele; trude in ein ander Haus bis du alle Bichel grattelst, alle Wasser wattelst, bis du alle Zaunstecken melkst (auch ehlst) und alle Läublein an Bäumen zählst, bis kommt der liebe Tag, da die Mutter Gottes einen zweiten Sohn gebären mag.*[152]

Ein Wachsstöckl, das man wie ein Kleinod hütete, ist das sog. »Neun-Sunnta-Wachs«, wie es sich jene Einödbäuerin in der Stallwänger Pfarr im Niederbayerischen erhoffte, von der Josef Schlicht 1875 erzählt: *Dieses Wachsstöckl wird nur dann zur lichtmeßlichen Wachsweih getragen, wenn der kerzenschimmernde Liebfrauentag auf einen Sonntag einfällt. Hat das Wachsstöckl einmal seine neun Lichtmeßsonntage voll, so trägt es, nach dem eigenmächtigen Volksglauben, die große Geheimkraft in sich: mit ihrem hochgeweihten Flämmlein den bösen Feind vom Sterbebett wegzuscheuchen. Jede Sonntagslichtmeß wird natürlich zur Sicherheit aufs sorgfältigste mit einem Messerrückenstrichl ins Wachs eingekerbt. Die Bäuerin zählt jetzt zwanzig Jahre, und schon hat sie die dritte Sonntagslichtmeß in ihrem Wachsstöckl. Sie hofft sich ein Alter von siebzig Jahren und bis dahin die neun Strichl voll: dann geht sie unter dem Schutz ihres hochheiligen Lichtleins furchlos in den Tod. Kommt's aber anders, erlebt sie die neunte Sonntagslichtmeß nicht mehr selbst, nun so hinterläßt sie das geheimnisvolle Wachsstöckl als Hausperle den Kindern.*[153]

Wachsstöcke gab es auch in nahezu überdimensionaler Länge. Im 12.-18. Jahrhundert wurden in Frankreich anläßlich von Belagerungen und Epidemien von manchen Stadtgemeinden sog. Kerzen gestiftet, die in ihrer Länge dem Umfang der jeweiligen Stadtmauer entsprachen. So opferte Limoges seinem Stadtpatron anläßlich der Belagerung durch Heinrich II. von England im Jahre 1183 eine Kerze von 3 300 m Länge[154]; Béthune im Jahre 1480 eine Kerze, die 3 240 m lang war.[155] 1635 verlobten sich die Bürger von Riom der Schwarzen Muttergottes von Marsat mit einer Kerze, die in ihrer Länge der Entfernung ihres Ortes von der Wallfahrtskirche entsprach.[156] Da derartige Riesenkerzen der Überlieferung nach in Rollen gewickelt in einer Bitt- oder Dankprozession um die Stadt getragen zu werden pflegten, sind sie eigentlich als Wachsstöcke anzusprechen. Noch in den 30er Jahren unseres Jahrhunderts fand in Mährisch-Neustadt (jetzt Nové Mésto, Tschechoslowakei) alljährlich am Sonntag nach Maria Himmelfahrt das Wachsstockfest statt, das in seiner Entstehung diesen französischen Kerzenopfern des Mittelalters entspricht. Der mährische Brauch ging auf ein Gelöbnis zurück, das die Frauen der Stadt während der Hussiteneinfälle des 15. Jahrhunderts machten. Damals soll die Stadt belagert und völlig vom Feind umgeben gewesen sein, der sich so siegessicher fühlte, daß er vor den Mauern auf riesigen lodernden Scheiterhaufen bereits die in den Vorstädten gefangenen, in *Pechfässer eingespündeten* Priester verbrannte. In dieser nahezu ausweglosen Situation riefen die Frauen Maria um Beistand und Hilfe an. Als sie gelobten alljährlich einen Wachsstock zu opfern, dessen Länge dem Umfang der Stadt mit ihren Mauern entsprechen sollte, erschien *Maria, die seligste Jungfrau ... ganz sichtbar in den Lüften, erschrecklich den Feinden wie ein bewaffnetes Kriegsheer und nötigte sie durch eingejagten Schrecken zum Abzuge.* Von da an brachten die sog. Wachsstockfrauen in ihren schwarzen Seidengewändern und den großen, weißen Umschlagtüchern, deren Fransen bis zum Boden reichten, ein weißes Seidenhäubchen auf dem weißen Haar, alljährlich auf einer mit

> Maria Franziska Stockmeyer, Münchner Hoflebzelterin, 1769, mit gemaltem Rodel (Sammlung Ebenböck im Stadtmuseum München)

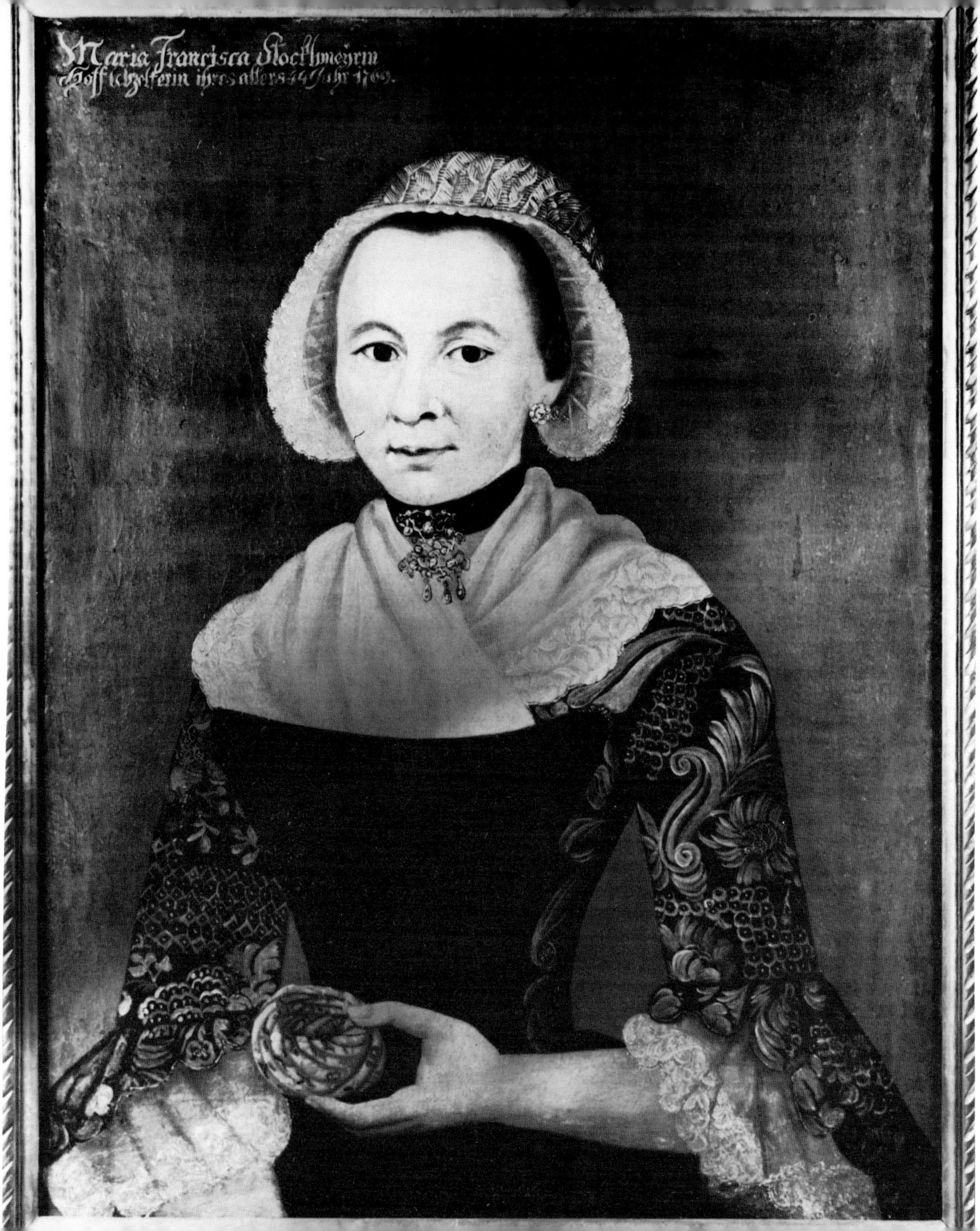
Maria Francisca Stockhmeyrin
Hoff lebzelterin ihres alters 44 Jahr 1769

einem goldbestickten Tuch bedeckten Bahre den neuen Wachsstock zur Kirche. Blumen schmückten den meterhohen Aufbau, der aus gelben und grünen Wachssträngen gedreht war und nach der Weihe an der Evangelienseite des Hochaltars aufgestellt wurde, um bis zum nächsten Wachsstockfest bei allen Gottesdiensten sein Licht zu spenden.[157]

Wachsstöcke in einer bestimmten Länge opferten aber auch Einzelpersonen. 1618 verlobte sich der Bauer Christoph Berneder mit *einer kirchfahrt und einer gezogenen wächsernen kertzen, so lang und weit als sein hauß im circkl innen hab . . .*[158] nach Altötting und ähnliches versprach 1677 während einer Feuersbrunst, die sein Haus bedrohte, auch Jakob Widmann von Sippenhausen: einen *Wachszug . . . als brait sich sein hauß befunden.* Man verlobte sich mit einer wächsernen Kerze um den Leib gezogen (1656, Maria Eck), mit einer wächsernen Kerze um das Haupt getragen (1517, Traunwalchen)[159], mit einem dreifachen Kranz von Wachs um den Hals (1584, Tuntenhausen)[160] oder *bindet die Muttergottes gleichsam mit einem Wachsstock an, den er um ihren Altar gezogen* (1681, Traunwalchen).[161]
Der Weberin Salome N. aus der Pfarrei Triftern aber hatten *guette Freundte* geraten, sich der Marienwallfahrt Kößlarn . . . *Zuuerloben,*

> Geschenkwachsstöcke
a Brautstock der Fa. Gebrüder Weinkamer, Salzburg, um 1880
b Tasche mit Schriftzug »Aus Liebe«, 1921
c Raute mit gezwicktem Rand, um 1900
d Firmungs-Wachsstock der Fa. Gautsch, München, um 1910

V Regal mit Votivgaben in der sog. Gruftkapelle der Wallfahrtskirche Maria Kappel bei Schmiechen/Obb., (Foto 1981)

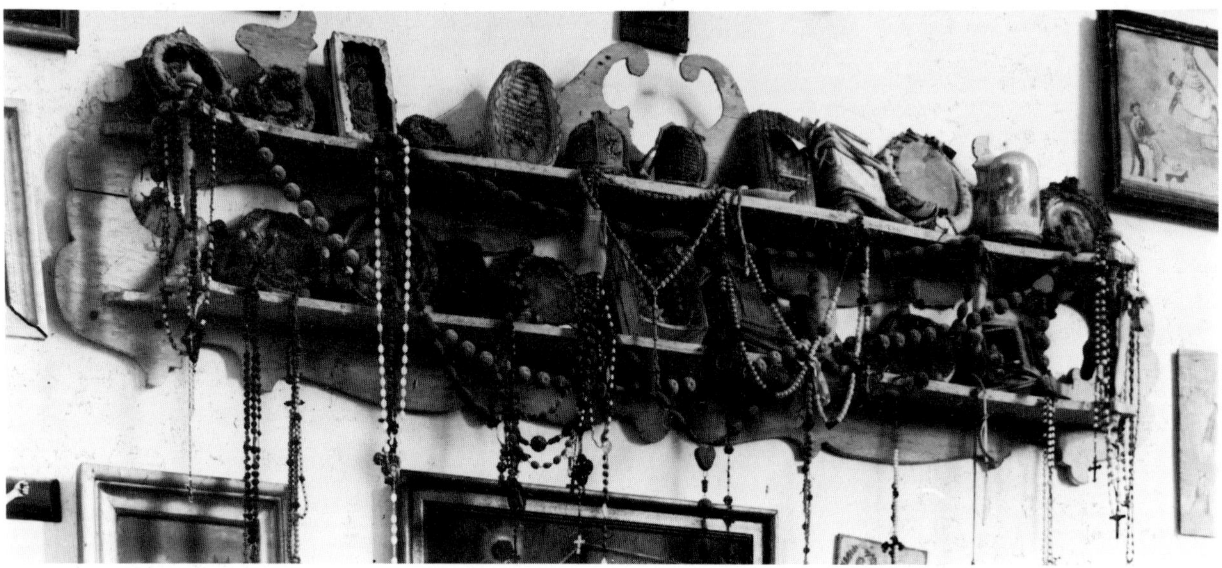

mit einen gezognen Wax ihren Kropff umb Zumessen, nachmahlen dis wäxerne Kropff-Maas daselbsten auf zu opfferen und unter einen eüfferigen Gebett Vor diser bildtnus Zuuerbrennen. Sie thut es mit so glückseelligen ausgang, das nach Verzehrten Wax auch der Kropf sich nach und nach also Verlohren, als wan Sie von solicher hesslichkeit und beschwernus niemallen was gelitten hette.[162]

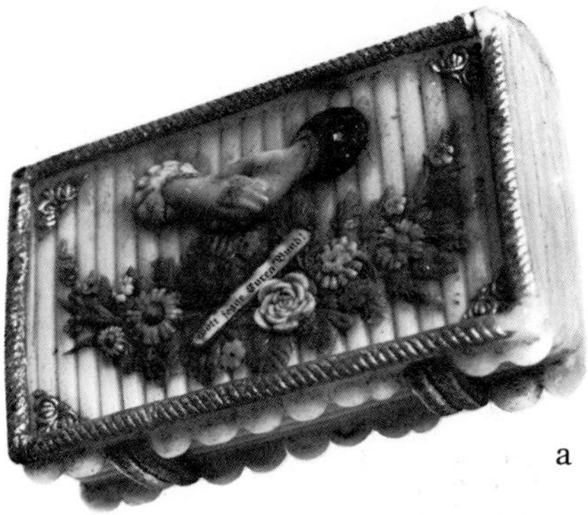

a

Vereinzelt finden sich auch normale, verzierte Wachsstöcke als Votiv, so in der Wies bei Steingaden und — in größerer Zahl neben figürlichen Wachsvotiven und zahlreichen Rosenkränzen — in der Wallfahrtskirche Maria Kappel bei Schmiechen, südlich von Augsburg und in Tuntenhausen/Obb.

Anders als die Kerze, die bis in unsere Tage ihre Funktion als Lichtspenderin kaum eingebüßt hat, begann der Wachsstock in Schlesien und am Rhein, vor allem aber in Süddeutschland und Österreich schon im 18./19. Jahrhundert zu einem kostbaren, in Ehren gehaltenen Erinnerungsstück zu werden. Reich verziert und aufwendig geformt, waren diese »Verwahrstöckl« zu schön als daß man sie hätte abbrennen wollen, wurden sogar manchmal unter Glasstürzen oder in eigens angefertigten Glaskästchen aufbewahrt. Sie wurden zu beliebten Mitbringseln von Wallfahrten, geschätzt als Liebesgabe, als Tauf-, Firmungs- und Hochzeitsgeschenk.

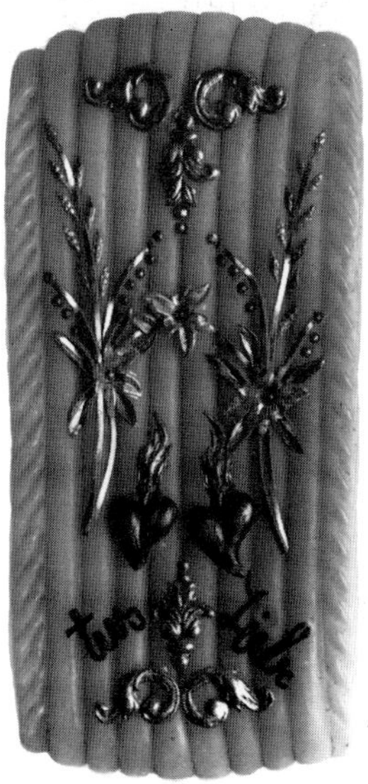

b

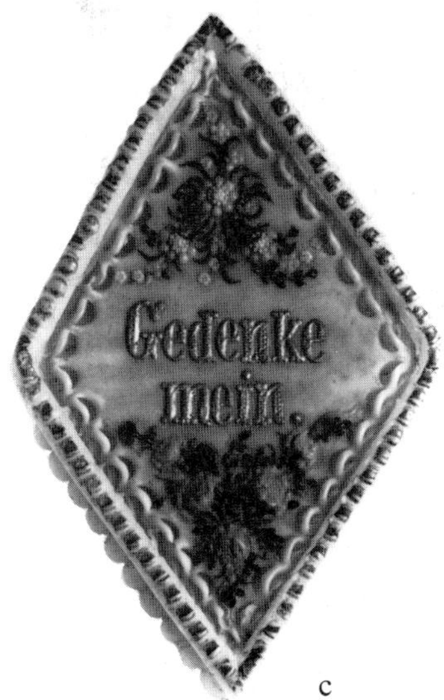

c

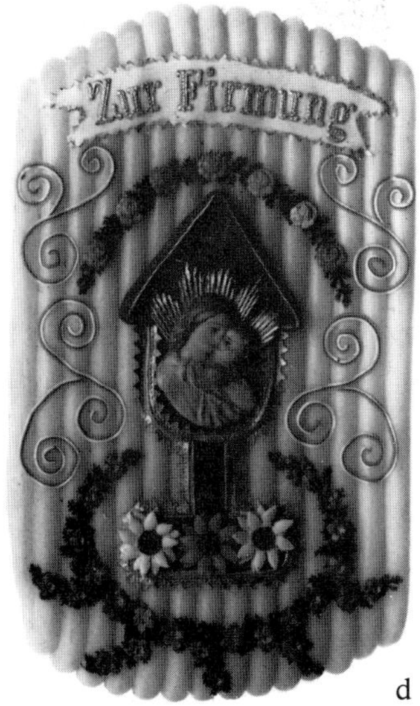

d

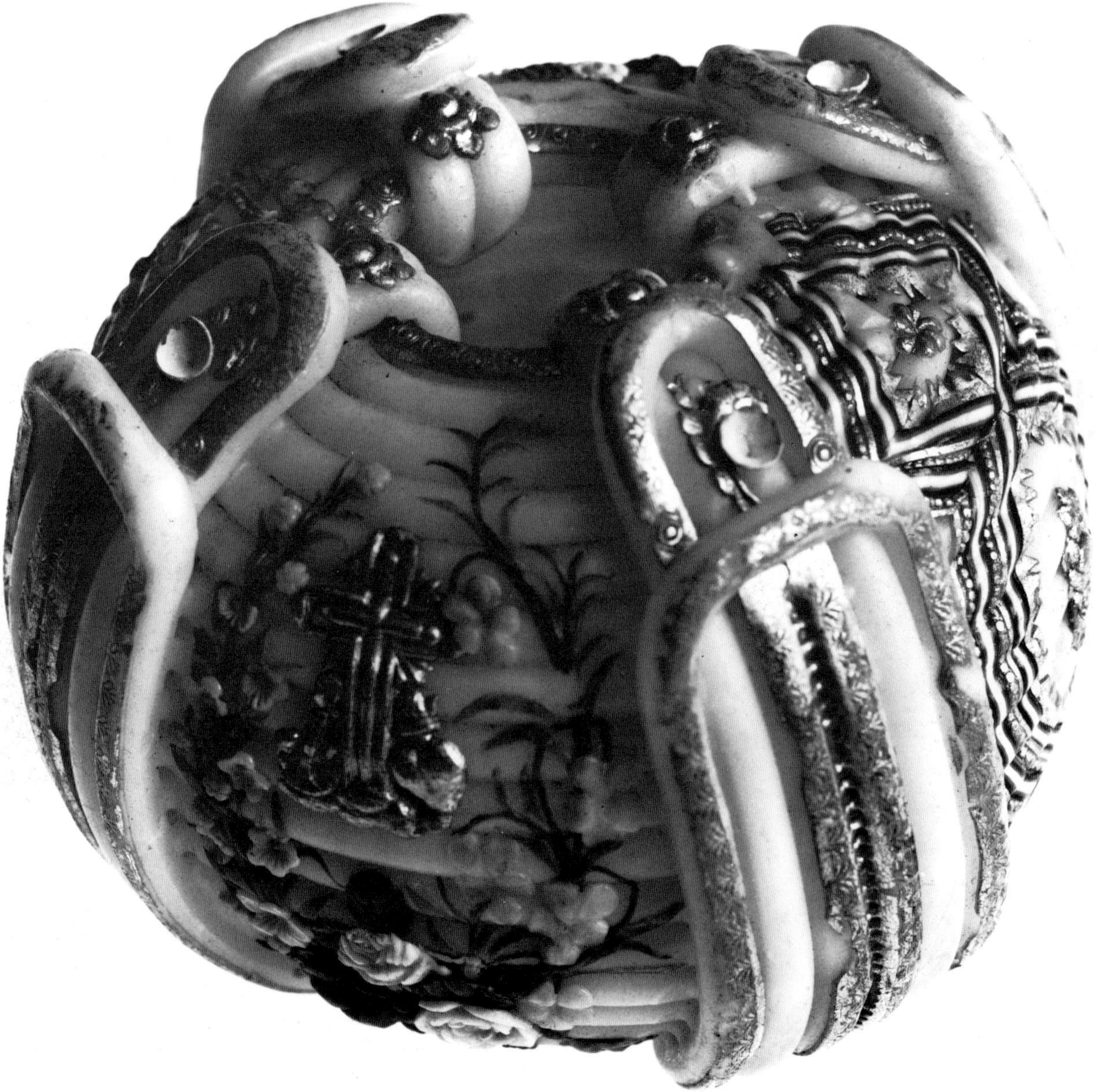

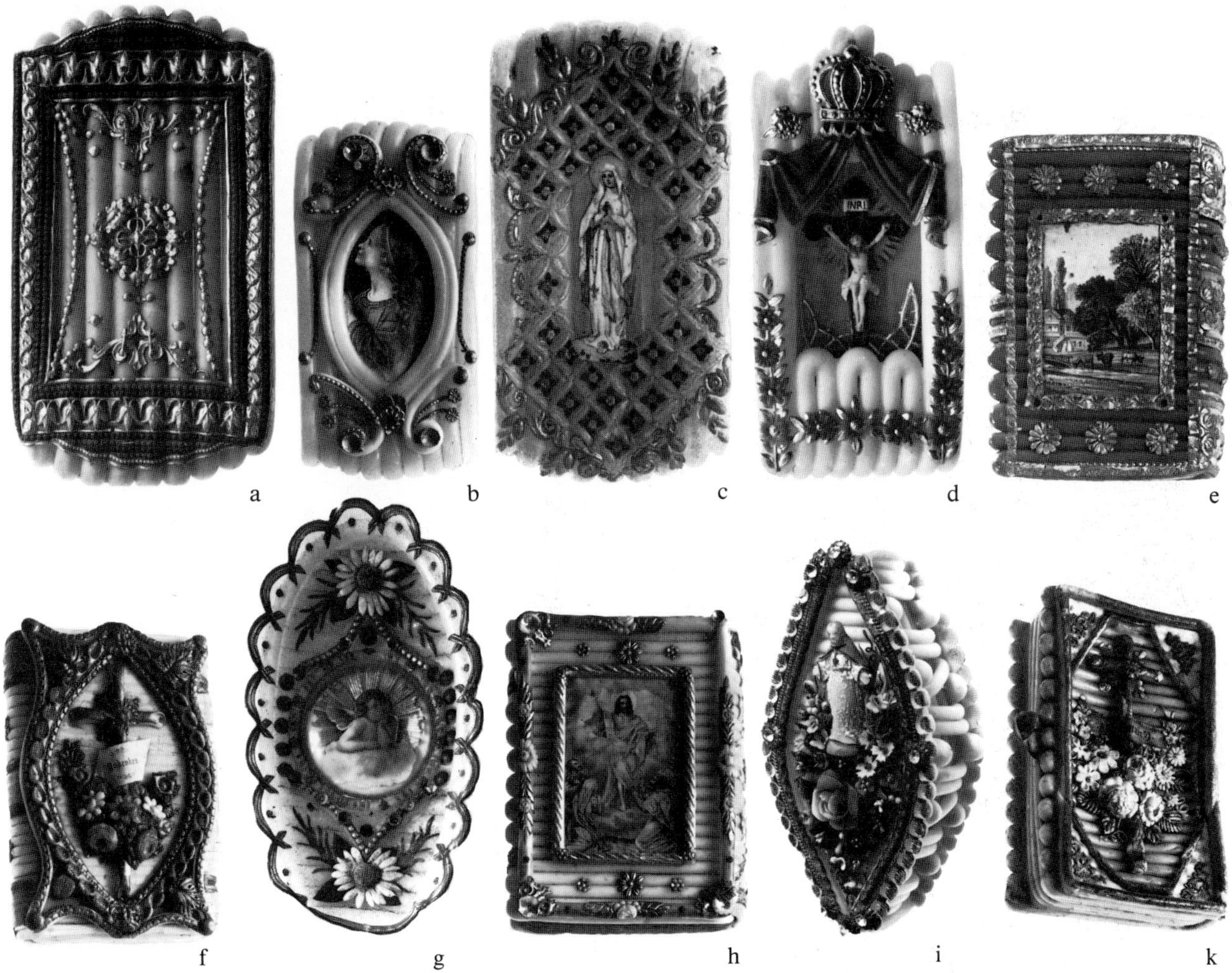

Λ Wachsstöcke des 19./20. Jh.

< Bandolive aus weißem Wachsdraht mit unterschiedlich verzierten Feldern und Zinnrosetten, 2. H. 19. Jh., ∅ 13,5, Höhe 9,8 cm (Stadtmuseum Burghausen)

Daß in Niederbayern die Braut von ihrer Mutter einen besonders großen und schönen Wachsstock erhielt, wurde schon erwähnt. Im Schwäbischen bekam sie ein derartiges Geschenk von der Schlotterkölle, der Ehrenmutter, meist einer nahen Verwandten.[164] Besonders an Lichtmeß wurden Wachsstöcke nach allen Seiten verteilt. Im Lechrain schenkten die Bauern nicht nur den Chorsängern einen Wachsstock, sondern auch der Mesnerin und der Pfarrhaushälterin einen besonders schön verzierten.[165] In Niederbayern bekamen die kleinen Mädchen an diesem Tag von der Mutter ein buntfärbiges Stöckl, die heiratsfähige Großtochter aber neben Rohwachs für die Aussteuer auch einen goldenen, blumengeschmückten Prachtstock.[166] Selbst bei den Mägden, die an Lichtmeß ihren Jahreslohn in bar, wohl auch ein Kleidungsstück oder ein Kopftüchl erhielten, durfte das schön verzierte Wachsstöckl nicht fehlen. In ganz Süddeutschland war es schließlich üblich, daß die Knechte der Mitterdirn, die für das tägliche Aufbetten zuständig war, an Lichtmeß einen mehr oder weniger kostbaren Wachsstock unters Kopfkissen legten. So kam im Laufe der Zeit auch bei den mit zeitlichen Gütern nicht gesegneten, bei jenen, die nicht wie die Großbauern sogar prachtvoll verzierte Stöcke zum Abbrennen benutzen konnten, ein ganzer Schatz an Wachsstöcken zusammen.

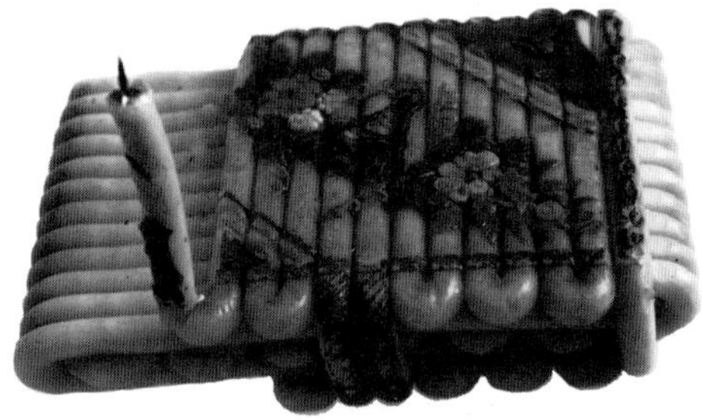

I. G. Kohl, dem es auf seiner Reise, die ihn 1842 durch Österreich und Bayern führt, so vorkam als gehörten *die Wachsstöcke überall zu den gewöhnlichen Höflichkeitspräsenten, welche die Leute sich unter einander machen und die man daher überall zahlreich als Andenken von diesen oder jenen werthen Menschen verwahrt sieht,*[167] vergißt in seiner Beschreibung der *Kästenzimmer* seines Inzeller Gasthauses nicht zu erwähnen, daß *in und auf allen Schränken . . . vergoldete und bemalte Wachsstöcke (*standen), *die in den verschiedensten Formen zusammengelegt waren.*[168] Auch Franz Zell erwähnt 1906 ausdrücklich, daß sich überall in der Umgebung von Kaufbeuren *in den Glaskästen sowohl als auch in den oberen Abteilungen der Schränke . . . eine ganze Reihe der verschiedensten Arten von Zierwachsstöcken* finden, *die dann auch von Kindern und Enkeln in Ehren gehalten und als Erinnerung aufbewahrt werden.*[169] Mancher besonders schöne Wachsstock wurde drei oder auch mehr Jahre hintereinander an Lichtmeß zur Weihe getragen und nahm dann im »Scherb'nschrankl«, dem bäuerlichen Glaskasten, unter den anderen Wachsstöcken und neben dem Bauernsilber, den »Eingerichten« und sonstigen Wallfahrtsandenken einen Ehrenplatz ein. Manch schönes Stück erhielt auch die Tochter, wenn es Zeit wurde, den Aussteuerkasten einrichten zu lassen. Galt es doch zu prunken mit der guten Sach', mit den fein säuberlich geflochtenen »Rohflachsdoggerl« und den kunstvoll gelegten Leinenballen, zwischen denen da und dort auch ein Wallfahrtsandenken und ein Wachsstock stecken mußten.

Λ benutzter, verzierter Wachsstock aus Mariazell, um 1890

> Miesbacher Brautschrank von 1778,
V Heimathaus Miesbach/Obb.

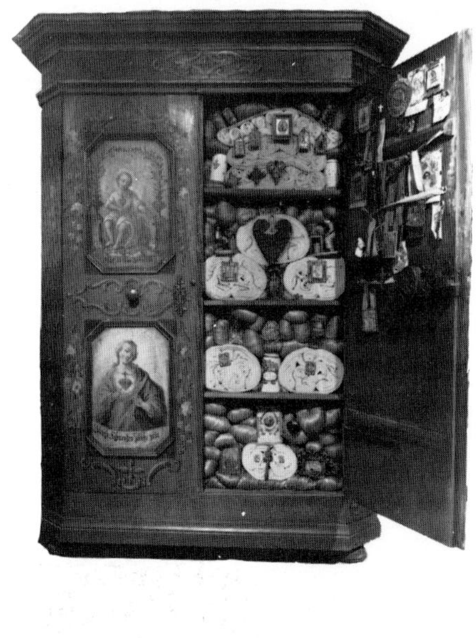

In welcher Vielfalt die Wachsstöcke im 18./19. Jahrhundert und zum Teil noch bis vor dem 2. Weltkrieg angeboten wurden, läßt sich heute, wo man nur mehr in großen Serien denken kann, kaum mehr vorstel-

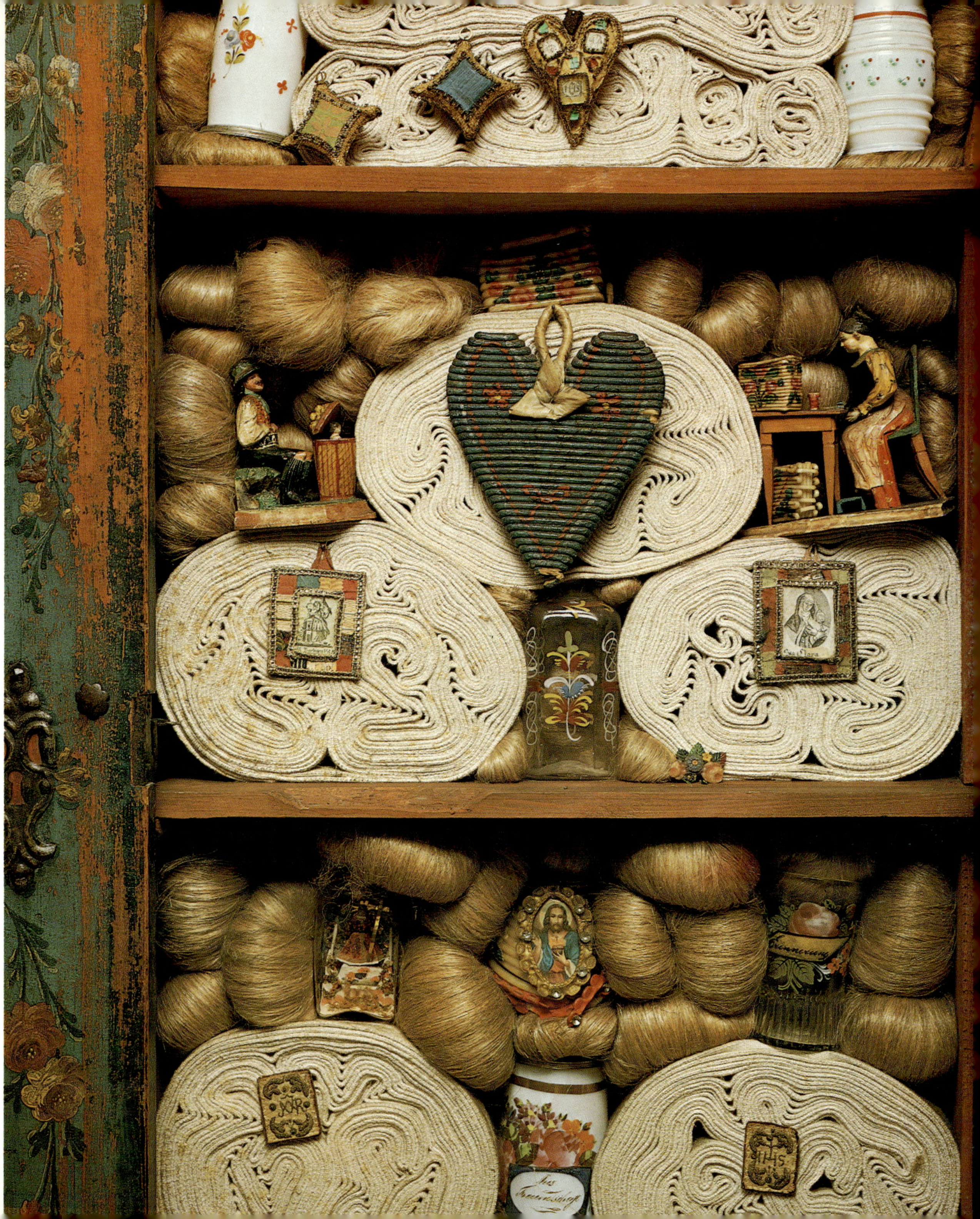

len. Allein die flache, lange Taschenform, jener Wachsstock also, den man mit Vorliebe zum Abbrennen benutzte, wurde z. B. noch um 1900 von der Münchner Firma Gautsch in 10 verschiednen Größen, von 1/16 bis 3/4 Pfund Gewicht angeboten, dazu in 5 Qualitäten von garantiert reinem Bienenwachs bis zur Qualität tertia und in 10 Farben: in weiß und naturgelb, in rosa, hellgelb, blaugrün, orangegelb, blau, apfelgrün, carmoisin und bordeaux. Das sind immerhin 500 verschiedene Ausführungen.

Vor 1850 waren farbige Wachsstöcke verhältnismäßig selten, die Farbpalette klein. Man beschränkte sich, obwohl man auch andere Farben kannte, vor allem auf Rot und jenes Grün, wie es auch für Kanzleisiegel verlangt wurde. Auch später hatten die meisten Wachszieher ihre eigenen, zum Teil wohlgehüteten Farbkompositionen und Rezepte, die nach mittelalterlichem Handwerkerbrauch höchstens mündlich weitergegeben wurden. So kochte man z. B. um eine gelbe Färbung des Wachses zu erhalten im Wasserbad 4 Pfund weißes Wachs mit 150g pulverisierter *Kurkumaewurzel* eine halbe Stunde lang und filterte danach durch Leinwand. Oder man mischte, um ein lebhaftes Grün zu erreichen, zu 6 Pfund weißem Wachs 90g Indigokarmin und 120g *Kurkumae,* änderte die Farbmenge aber auch ab, je nachdem, ob ein mehr zu blau oder zu gelb tendierendes Grün gewünscht wurde.[170] Im allgemeinen wurden folgende Farbstoffe benutzt, die z. T. sehr lebhafte und unbegrenzt lichtechte Färbungen des Wachses ergaben:

weiß:	Bleiweiß
gelb:	Chromgelb (chromsaures Bleioxyd), Königsgelb (Schwefelarsen), Zinkgelb (chromsaures Zinkoxyd), Curcuma, Safran, Querzitron
orange:	Mischung aus Curcuma und Indigokarmin
rot:	Zinnober, Mennige, Chromrot, Alkannawurzel (Alkannin), Krapp, Drachenblut (Drakorubin)
blau:	Ölblau (Kupfersulfid), Bergblau (Azurit), Indigokarmin
grün:	Schweinfurter Grün, Grünspan, grüner Zinnober, Chromgrün, Mischung von Indigokarmin und Curcuma
violett:	Mischung von Alkannawurzel und Indigokarmin
braun:	Kasselerbraun

Die Farben wurden fein vermahlen und mit Öl oder Firniß angerieben in das geschmolzene Wachs eingerührt.

Manche der verwendeten Metalloxyde waren beim Abbrennen nicht ungefährlich und es gab wegen der Gesundheitsschädlichkeit ihrer Verbrennungsprodukte zum Teil strenge Kontrollen, auch Verbote wie

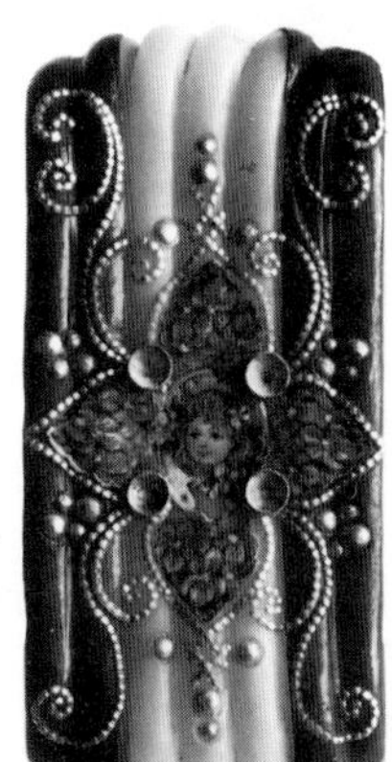

∧ oben: einfache Tasche, üblichste Legart für Wachsstöcke zum Abbrennen, um 1950
unten: zweifarbige, verzierte Tasche, um 1910

> Katalogseite der Fa. Joseph Gautsch AG, München, um 1925/30

JOSEPH GAUTSCH AKTIENGESELLSCHAFT, MÜNCHEN

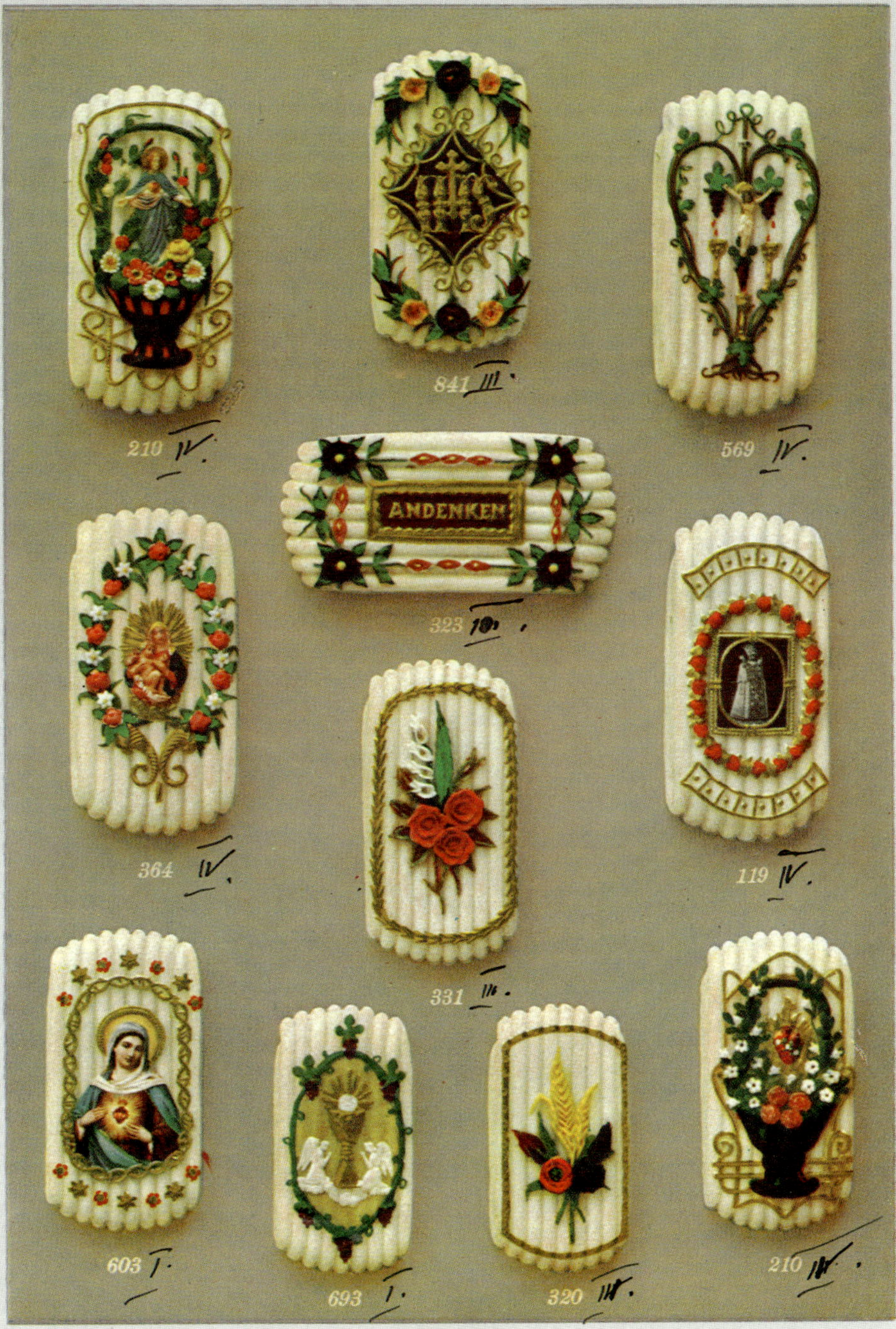

Ein Drittel der natürlichen Größe

Die Stöcke unterstehen dem Kunstschutzgesetz

in Köln um 1880.[171] Nach dem 1. Weltkrieg setzten sich die fettlöslichen sog. Fettfarbstoffe durch. Heute arbeitet man großenteils mit sog. Pigmentfarben, die wesentlich lichtechter sind als die Fettfarbstoffe.[172]

In der Regel waren die Wachsstöcke nicht durchgefärbt. Das gefärbte Wachs wurde nur als Überfangfarbe verwendet, d.h. erst die letzten 4-6 Züge ging der schon weitgehend fertige Wachsstrang durch das flüssige, farbige Wachs.

Die gleiche glatte Taschenform wurde auch »doppelfarbig« angeboten, also aus zwei verschiedenfarbigen Wachsdrähten gelegt.

Zwei-, ja sogar dreifarbig waren meist auch die gefälzten und gedrehten Taschen, die viele Wachszieher herstellten, aber von der Fa. Luckner in Landshut vor dem 1. Weltkrieg in besonders großer Auswahl angeboten wurden. Ihre Herstellung bedurfte beträchtlicher Sorgfalt und Geschicklichkeit, da der Wachsstrang, der bei den gefälzten Zügen zuletzt nicht nur durch die kreisrunden Löcher des Zieheisens, sondern durch sternförmige Löcher läuft, beim letzten Arbeitsgang mehr oder weniger stark, auf jeden Fall aber möglichst gleichmäßig gedreht werden muß.
Es gibt Wachsstöcke, bei denen alle nebeneinanderlaufenden Stränge gefälzt und gedreht sind, und andere, bei denen sich gefälzte und gedrehte Stränge, aber auch gefälzte und gefälzte gedrehte Stränge abwechseln.

Legemuster gefälzter und gedrehter, mehrfarbiger Wachsstöcke

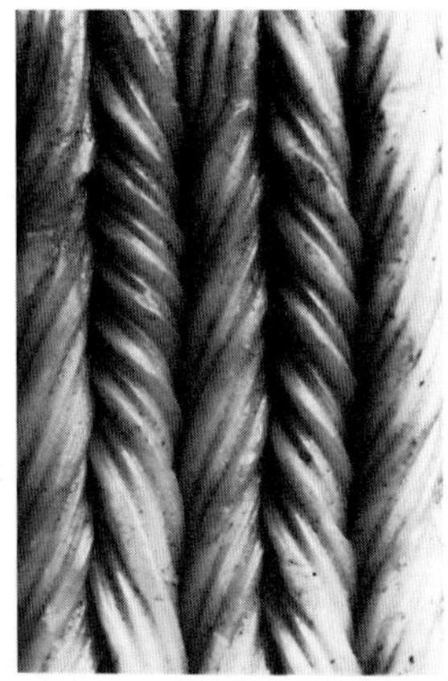

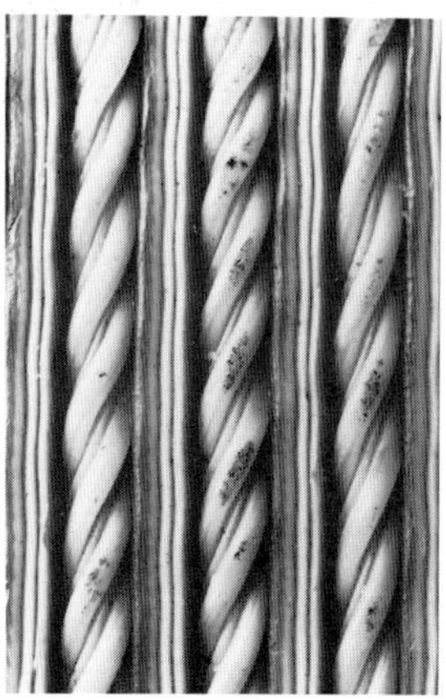

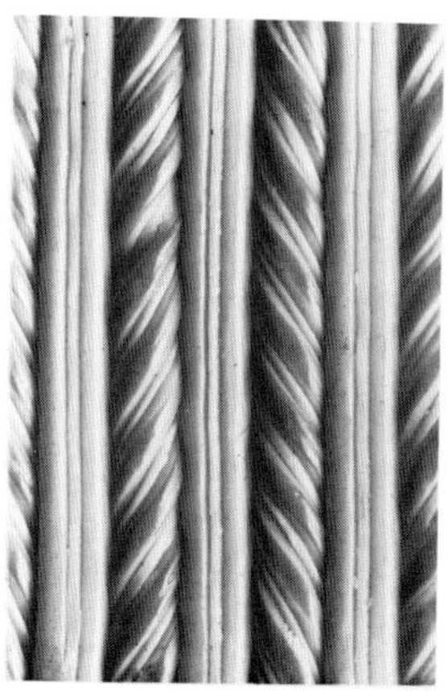

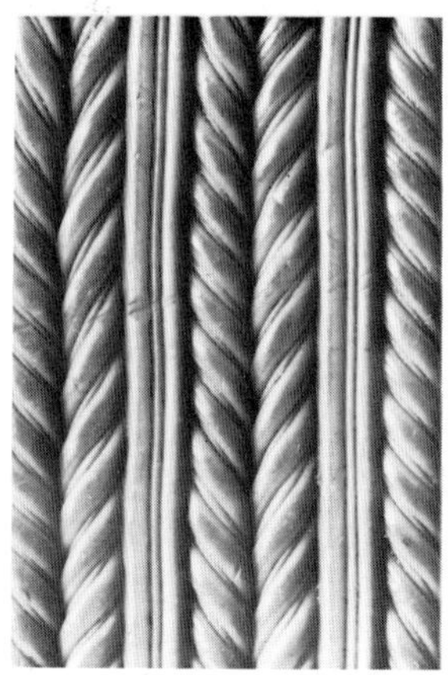

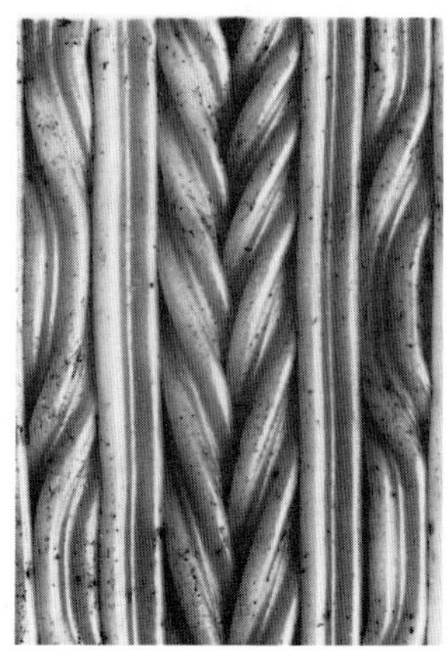

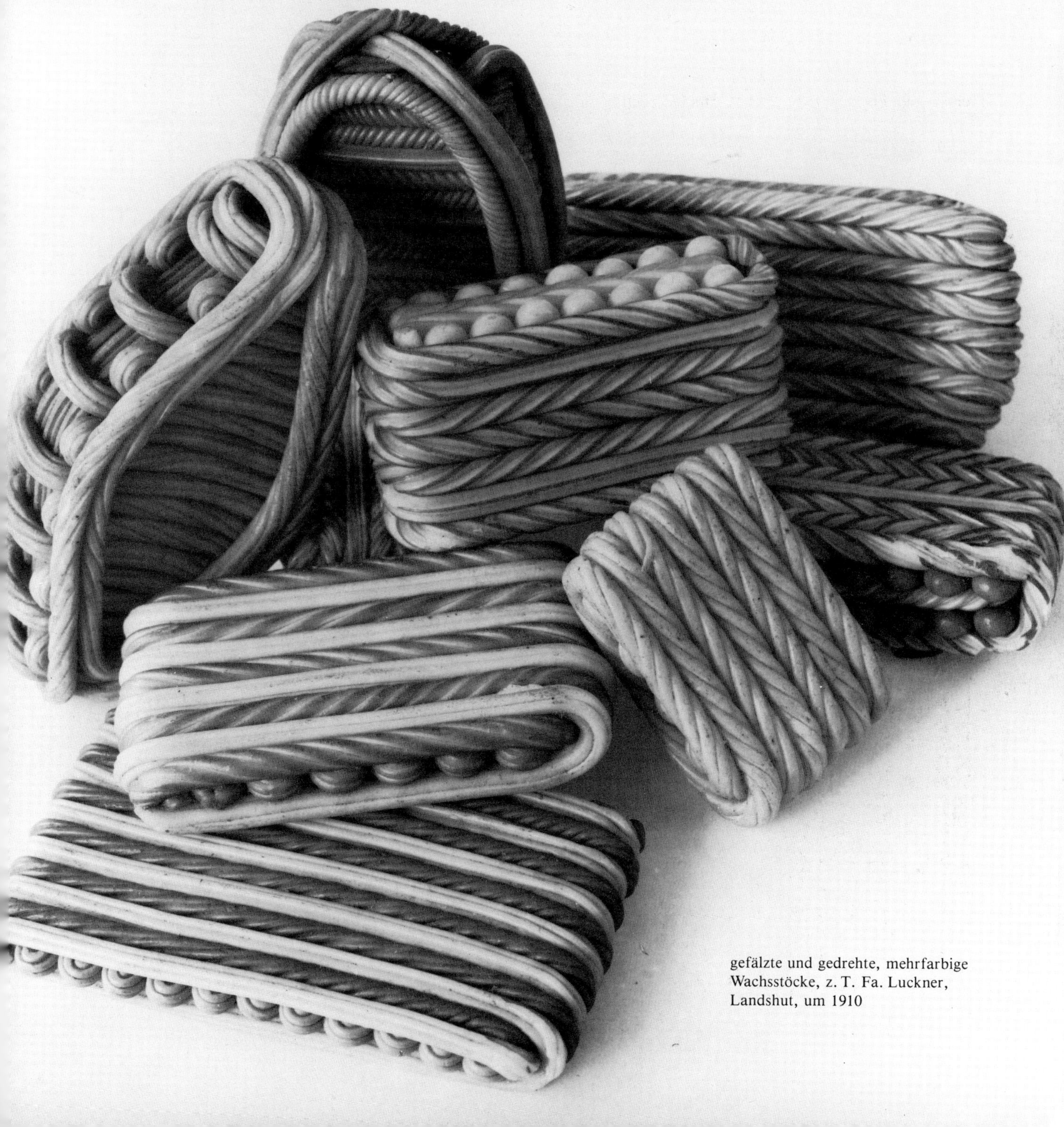

gefälzte und gedrehte, mehrfarbige
Wachsstöcke, z. T. Fa. Luckner,
Landshut, um 1910

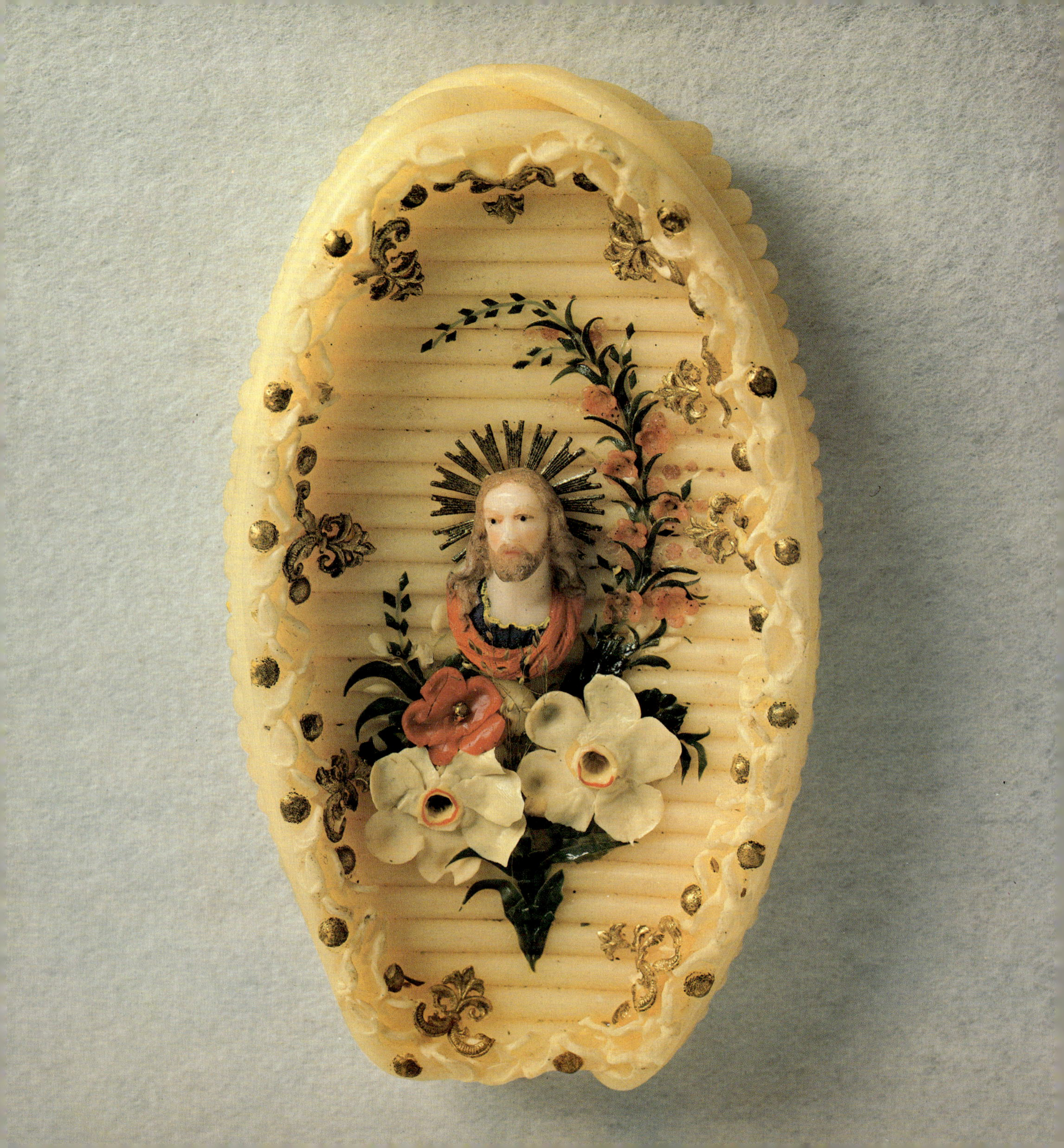

< Hufeisenwachsstock, um 1910

Aus dieser einfachen Taschenform entwickelte man durch andere Wickeltechniken des inneren Teils Wachsstockformen, die in Niederbayern unter der Sammelbezeichnung »Linzerstock« zusammengefaßt wurden.[173] Zu nennen sind hier vor allem die Zapfen- und Feigenwachsstöcke, die es ebenfalls wieder farbig, doppelfarbig, gefälzt und gedreht gibt.

Bei der Zapfentasche, die auch Zapfenwachsstock genannt wurde, laufen die inneren Windungen nicht parallel zu den äußeren wie bei der einfachen Tasche, sondern im rechten Winkel. Die Seitenansicht zeigt dadurch mehr oder weniger breite, nebeneinanderliegende »Zapfen.«

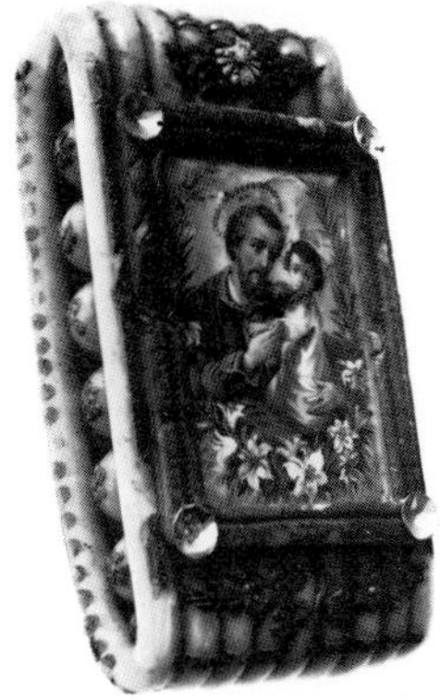

a

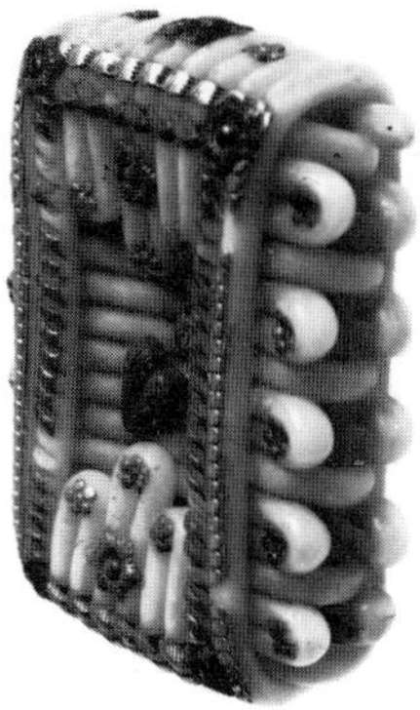

b

Bei der Feigentasche, auch Feigenwachsstock, liegen zwei derartige Zapfenreihen übereinander, können aber auch durch eine mittlere Parallelreihe getrennt sein. Manchmal läuft der Wachsstrang zwischen den einzelnen Zapfen auch noch über die mittlere Parallelreihe, so daß sich gewissermaßen liegende und stehende Zapfen bilden.

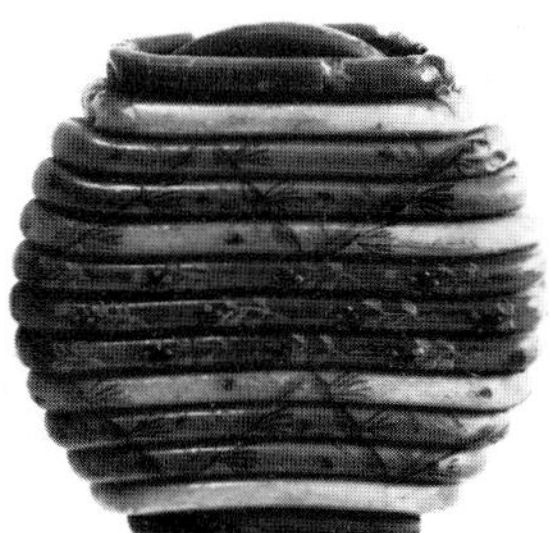

c

Neben der langen Taschenform gibt es auch die oval gelegte Tasche. Sie wurde von Gautsch als »Münchner Tasche« abgewandelt, konnte durch aufgelegten Wachsdraht auch eine Nische erhalten oder zum sog. Hufeisen werden.

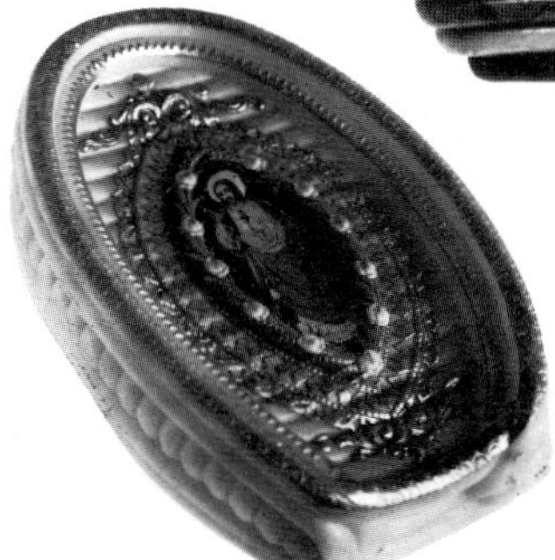

d

Hufeisenwachsstöcke wurden von der Fa. Gebrüder Weinkamer in Salzburg noch 1945-47 in größerer Menge hergestellt, da diese Form damals bei der amerikanischen Besatzungsmacht sehr beliebt war. Wie Herr Dr. Weinkamer erzählte, kamen immer wieder Soldaten, die nach »Eisenhuf« und »Pferdeschuh« fragten.[174] Hufeisenwachsstöcke werden auch neuerdings wieder viel gemacht.

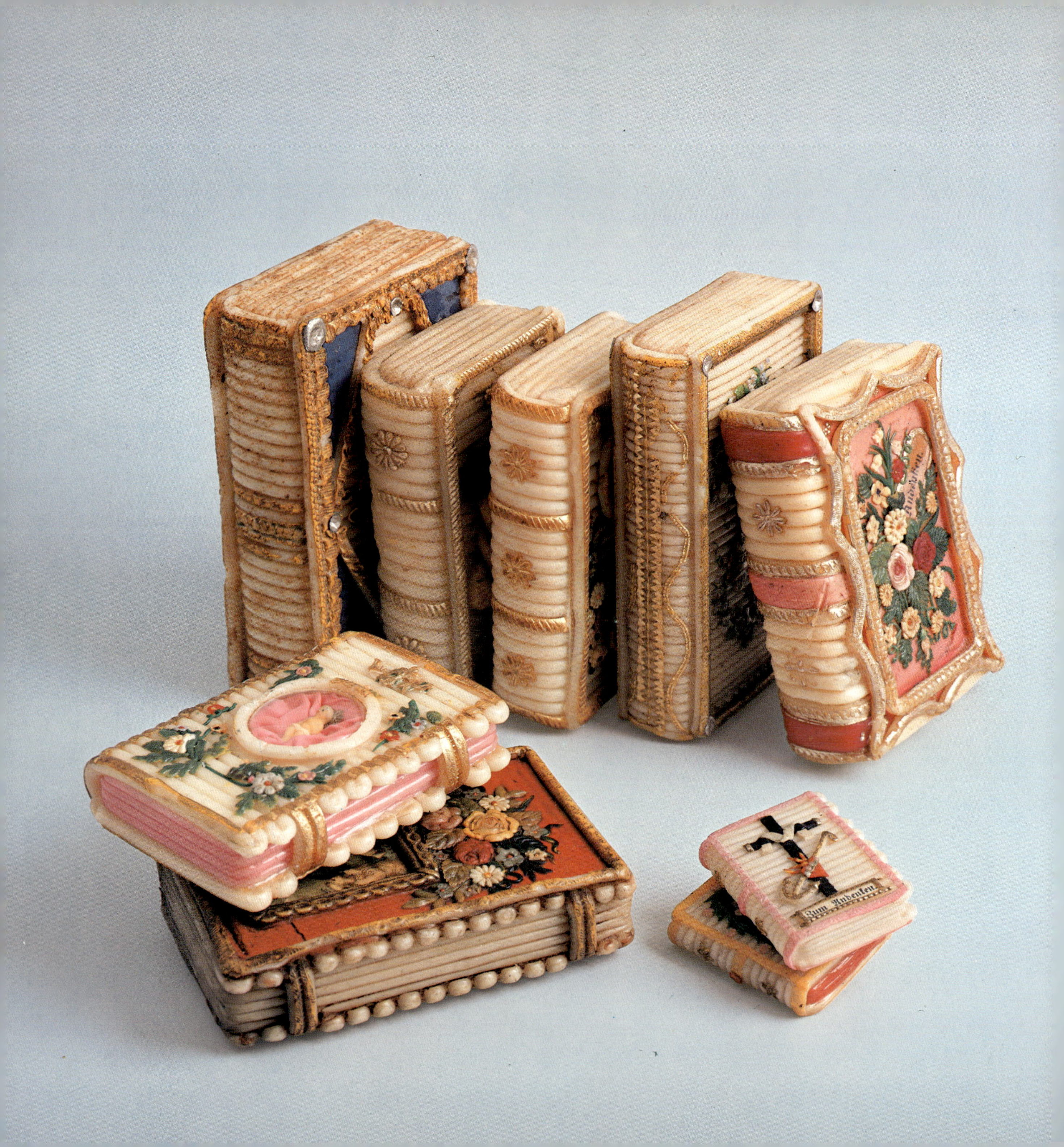
Zum Andenken

Eine weitere große Gruppe von Wachsstöcken sind die rechteckigen Stöcke. Es gibt sie flach gelegt und nahezu quadratisch, auch mit Zapfen, als Haus- oder Kastenstock und in Form von Büchern.

Hausstöcke sind fast quadratisch und verhältnismäßig hoch, häufig auch ziemlich schwer und zum Teil über einen Holzkern gearbeitet, der nicht entfernt wurde. In der Wickeltechnik ähneln ihnen häufig die sog. Schepperl, die kleinen Kinderwachsstöcke, in die 2-3 winzige Kieselsteine eingelegt wurden und die deshalb beim Schütteln »scheppern.«[175] Doch gab es diese auch gewickelt in Form der Kastenstöcke.

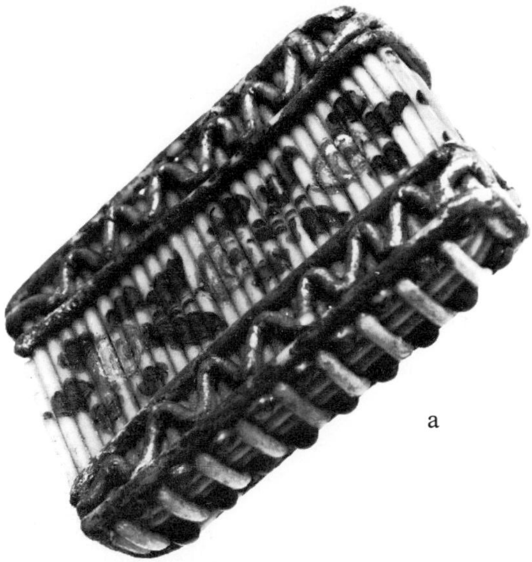
a

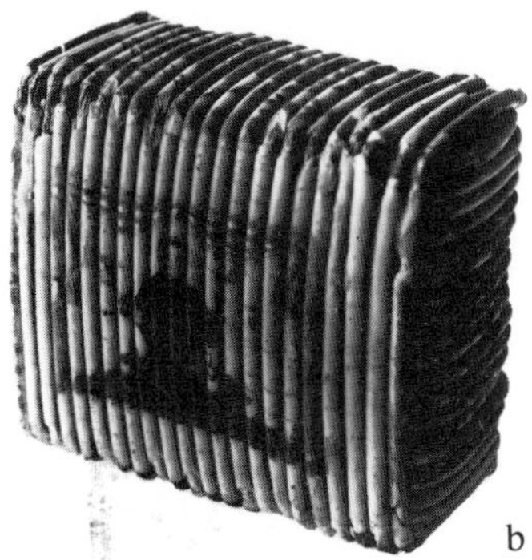
b

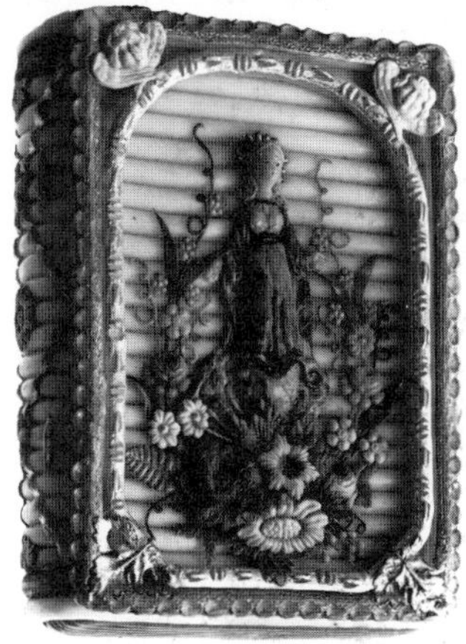
c

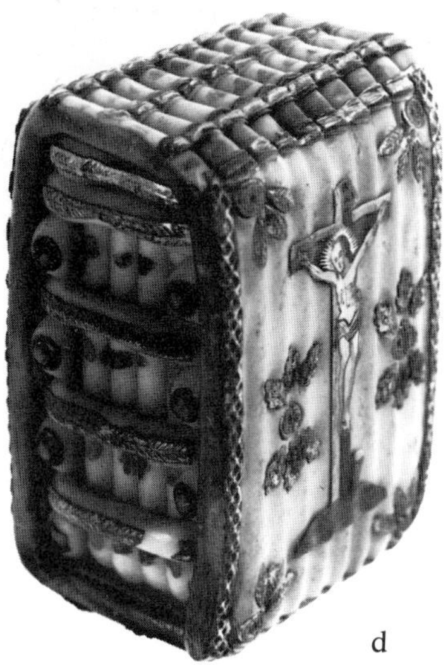
d

Die Kastenstöcke entsprechen in ihrer Wickeltechnik in etwa den Zapfen- und Feigenwachsstöcken, sind aber in der Regel dicker und mit mehreren parallelen Zwischenlagen gearbeitet. Besonders beliebt waren die in Buchform gearbeiteten Wachsstöcke, die zum Teil extrem groß sein konnten. Es gab Stöcke mit einer Breite um 30 cm und einer Länge von rund 40 cm. Bei Weinkamer in Salzburg nannte man 1887 die stehende Buchform »Emserstock.«

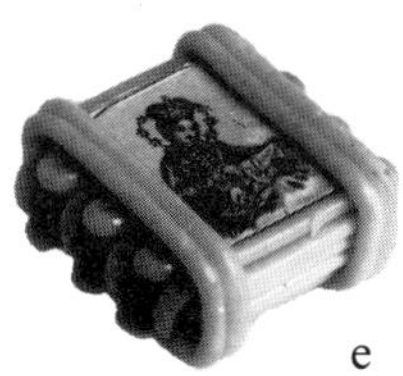
e

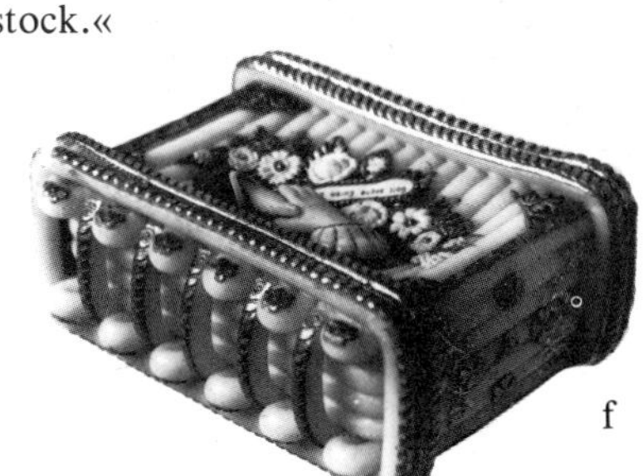
f

Seite 92/93:
rechteckige Wachsstockformen, Mitte 18. Jh. bis etwa 1920

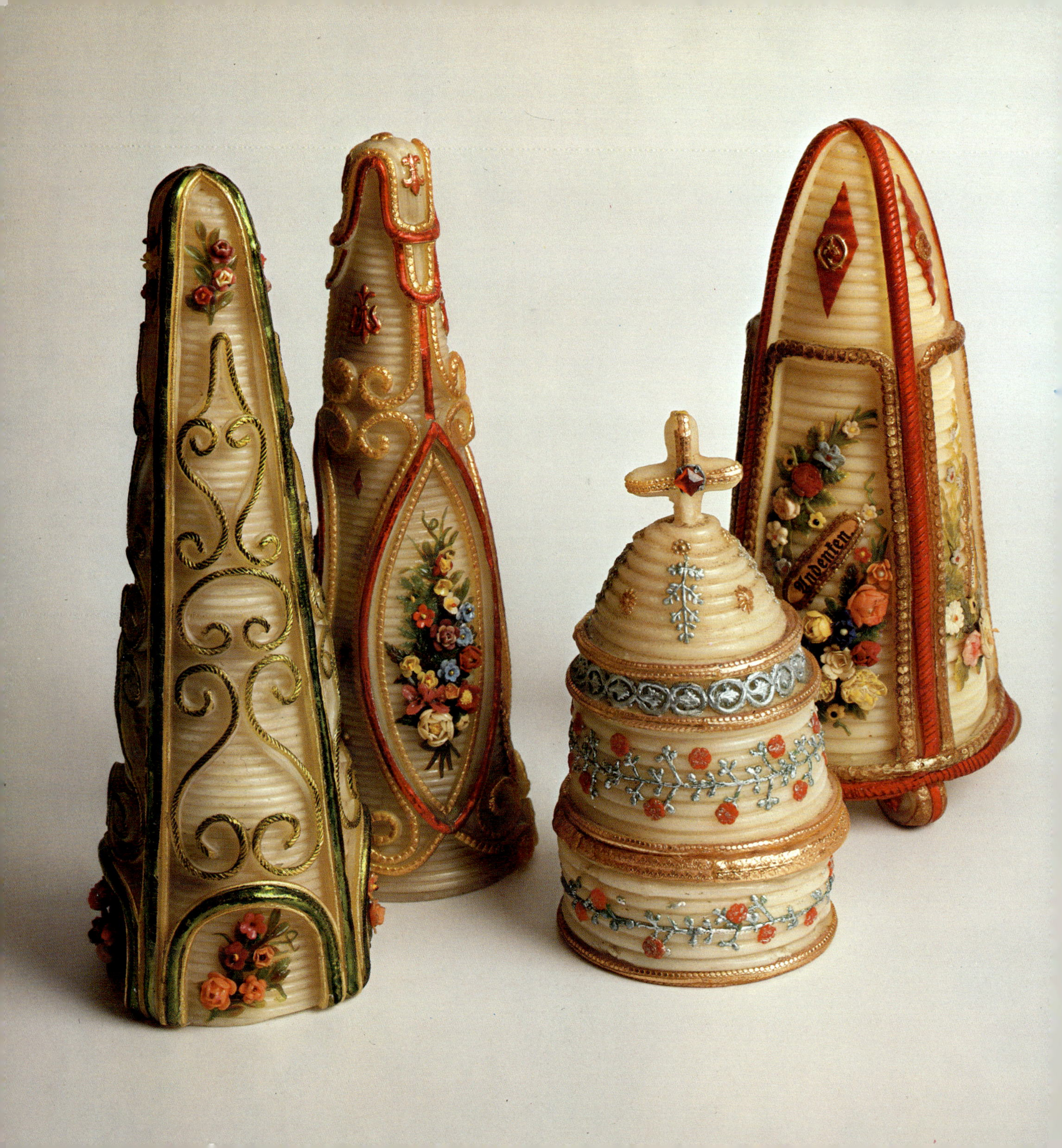
Andenken.

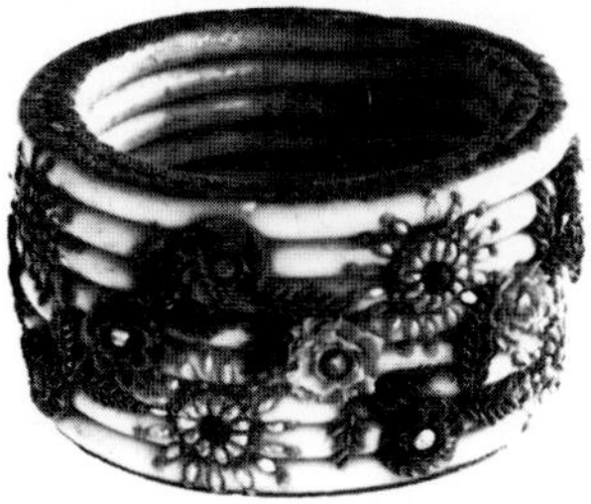

a

Völlig anders gelegt sind die verschiedenen runden Wachsstöcke. Am einfachsten ist die Rolle in den verschiedenen Durchmessern, die je nach ihrer Höhe auch als Ringstock oder als hoher Stock bezeichnet wurde.

Abwandlungen dieser Grundform ergeben den sog. Tempel, den man bei Gautsch auch Kapelle nannte, den Bienenkorb, die Pyramide, den Kegel und den Turm, auch die sog. Olive und die Bandolive.

Seite 94/95:
runde Wachsstockformen, meist 2. H. 19. Jh.

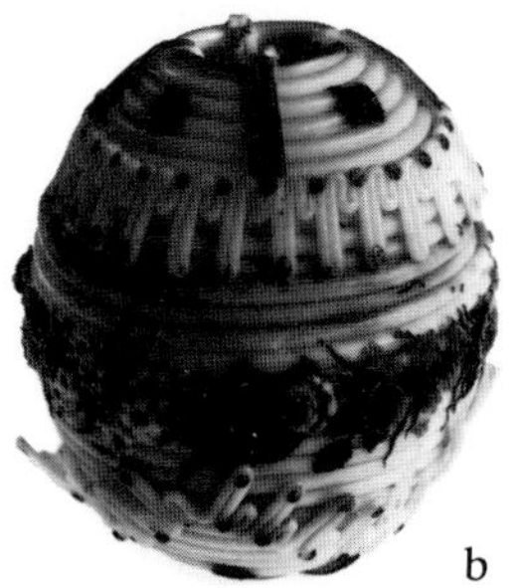

b

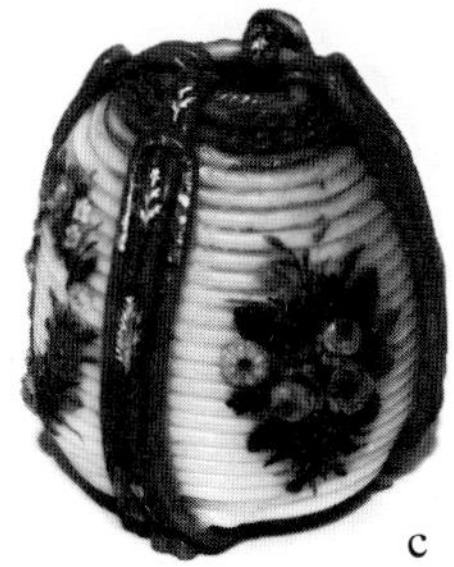

c

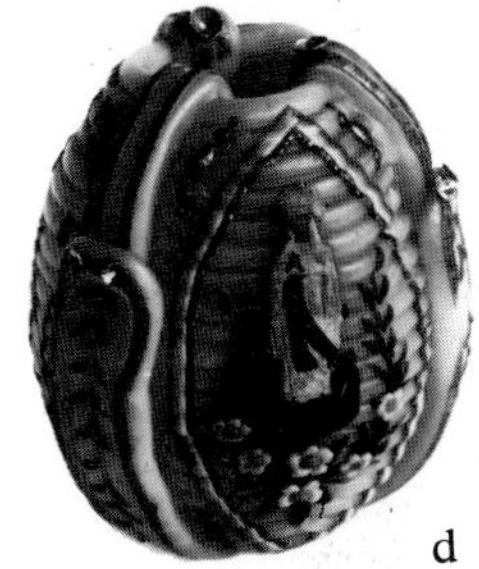

d

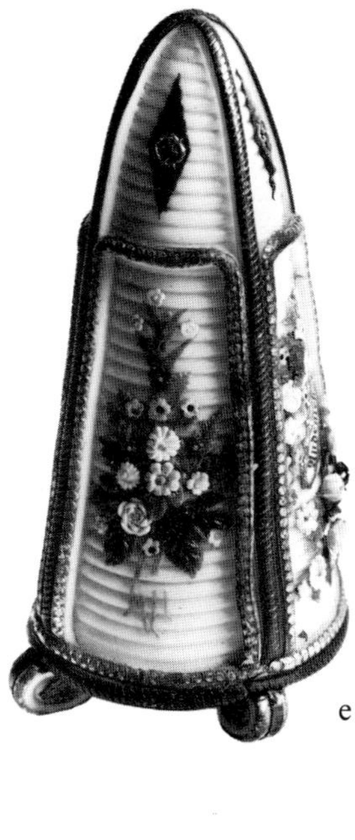

e

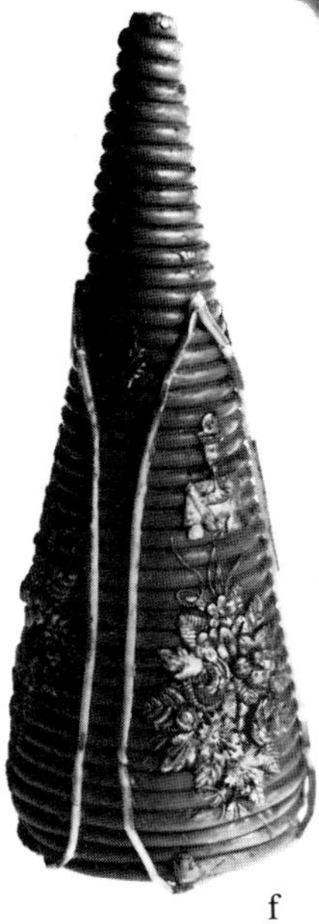

f

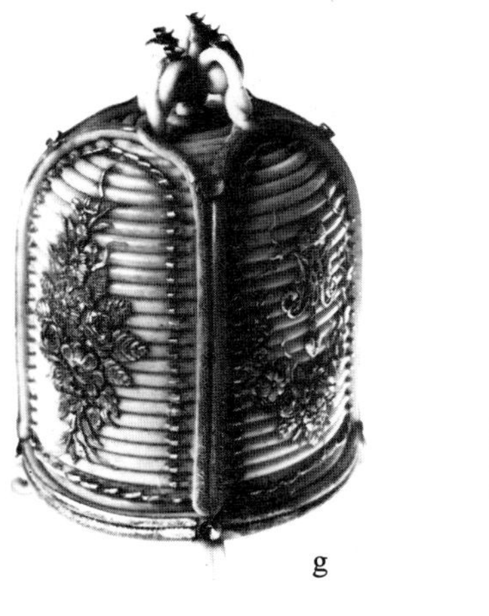

g

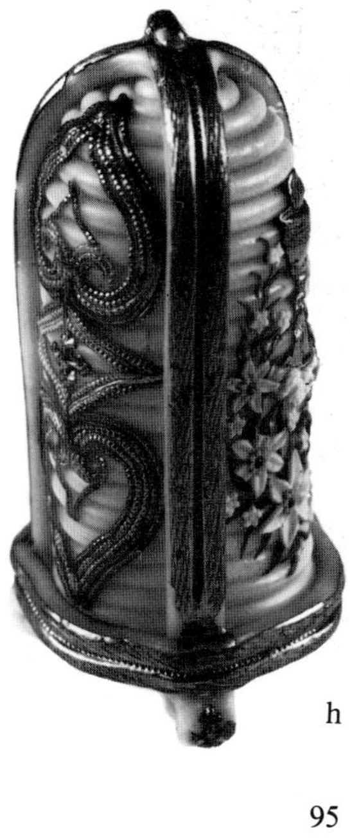

h

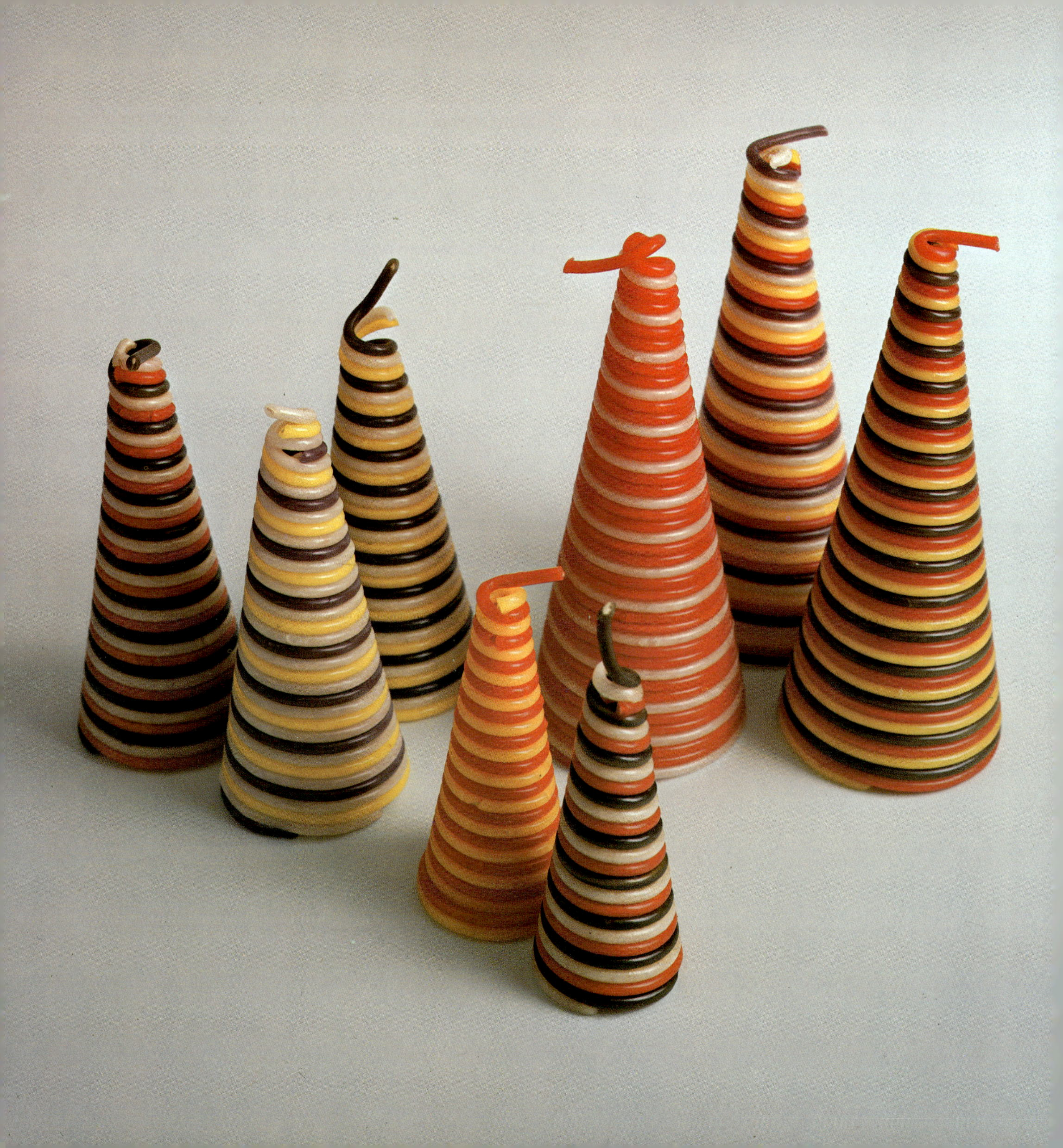

< Mainzer »Newwelinge«, 1981

> Frau Tusar, Mainz, beim Legen von Newwelingen, 1981

V Verkauf von Newwelingen vor dem Mainzer Hauptfriedhof, Allerheiligen 1981

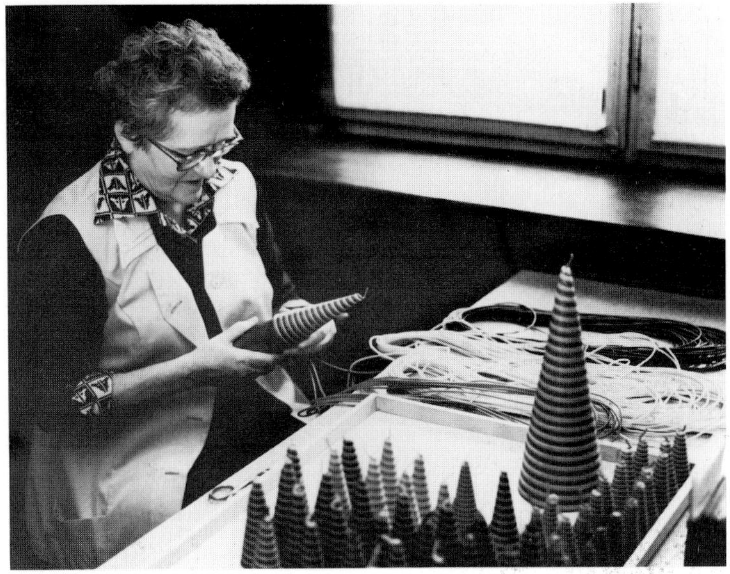

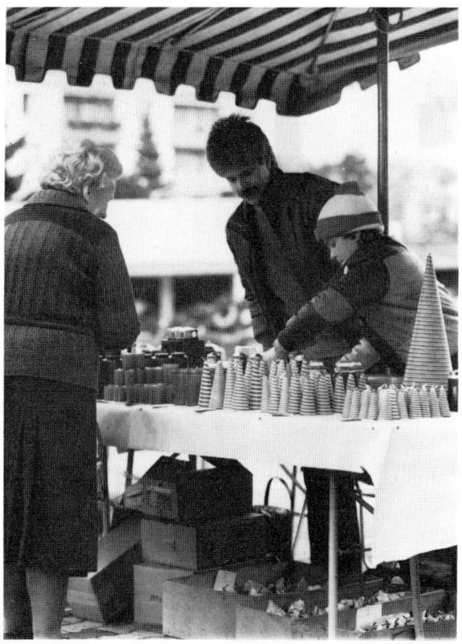

Hierher gehören in gewisser Weise auch die »Newwelinge«, die nur in Mainz hergestellt wurden und werden und dort eine jahrhundertelange Tradition haben. 1367 bestimmte Richildis von Sobernheim, daß von ihrem Nachlaß 20 Pfund Wachs gekauft und am 1., 7. und 30. Tag nach ihrem Tod *in cereis et in nebeling,* also in Form von Kerzen und Nebelingen verbrannt werden solle, die Kerzen am Altar während des Gedächtnisgottesdienstes, die Nebelinge auf dem Grab.[176] 1424 ordnete auch der Mainzer Patrizier Hamann zum Widder an, *daß man vier nebelinge auff sine Grab legen soll uff aller selen tag,*[177] ein Brauch, der bis heute geübt wird. Allerdings werden heute Newwelinge, wie diese aus mehrfarbigem Wachsdraht geformten Pyramiden genannt werden, nur mehr von der Familie Tusar gemacht, die seit 1939 die Wachszieherei Lorenz Werner Ww. weiterführt. Allerheiligen 1981 fand sich vor dem Mainzer Hauptfriedhof nur mehr ein einziger Stand, an dem Newwelinge verkauft wurden. Viele der hier Vorübergehenden, vor allem die Älteren, machten Bemerkungen über die Newwelinge und erzählten, falls sie jüngere Begleiter hatten, daß sie früher immer welche kauften, auf einen Stock steckten und auf den Gräbern abbrannten. Die meisten Friedhofsbesucher sahen dabei etwas wehmütig aus, so als erinnerten sie sich an etwas Schönes, Unwiederbringliches. Denn die meisten Newwelinge, die gekauft wurden, nahm man mit nach Hause. Zu den Gräbern wurden die heute überall üblichen Grablichte in der roten Kunststoffhülle gebracht.[178]

Aus ähnlich dünnem, farbigem Wachsdraht wie die Newwelinge bestehen auch die sog. Hawdala-Kerzen des jüdischen Kults, die man am Sabbath-Ausgang brennt. Man nähert seine Hände der Flamme und spricht: *Gelobt seist Du Gott, unser Gott, König der Welt, der erschaffen hat die Flamme des Feuers.*[179] Danach wird die Kerze mit

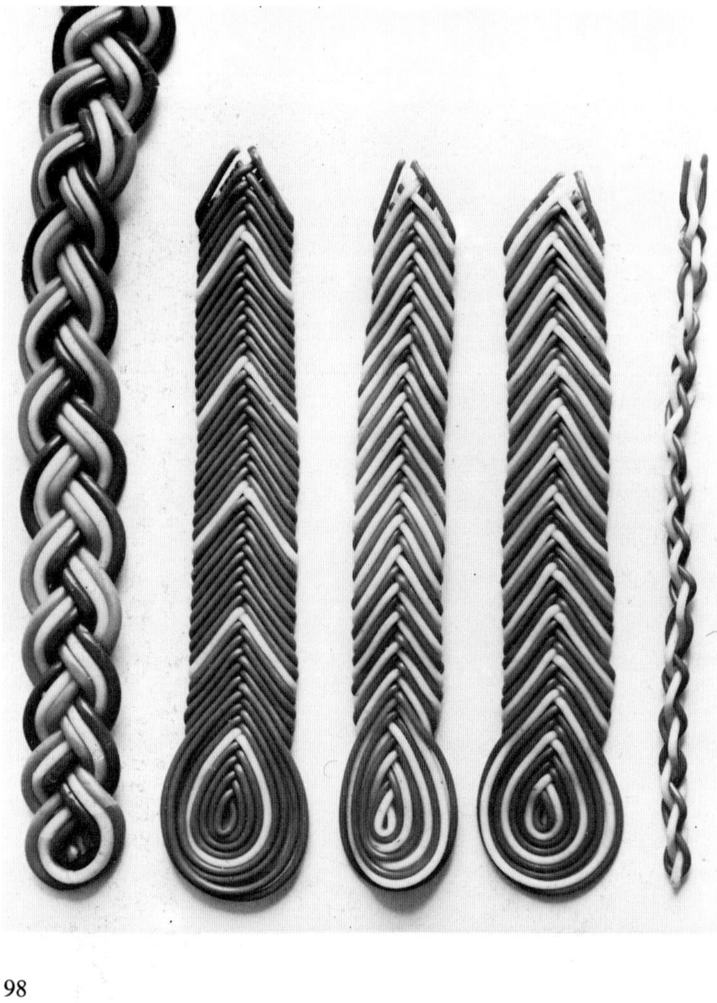

< sog. Hawdala-Kerzen in flacher (links außen), russischer (Mitte) und runder Flechtung (rechts außen), Fa. Gebrüder Weinkamer, Salzburg, 1931

> Becher- und Ampelformen, meist 2. H. 19. Jh.

Wein gelöscht. Anders als die Wachsstöcke und die Newwelinge ist die Hawdala-Kerze nicht gelegt, sondern geflochten. Üblich sind flache, runde und viereckige Flechtarten und die sog. russische Flechtung.[180]

Rund geformt ist dagegen wieder der Becher, den es in verschiedenen Wickeltechniken gibt und der in der sog. Ampel seine schönste Ausformung erfuhr. Es gibt ihn schräg in der Art der Schnecken gewickelt oder aus in der Länge parallel gelegten Wachssträngen geformt.

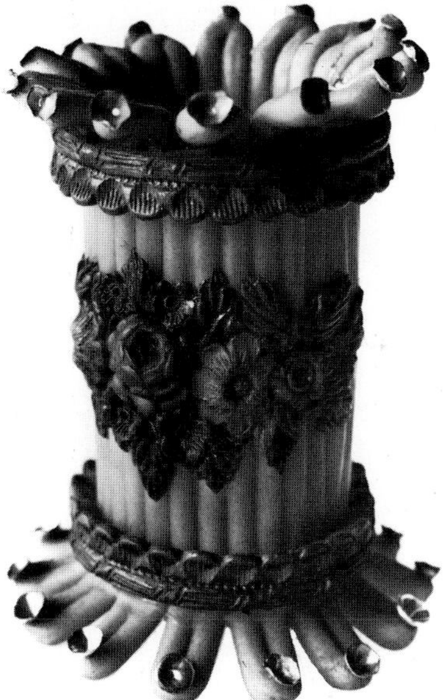
a

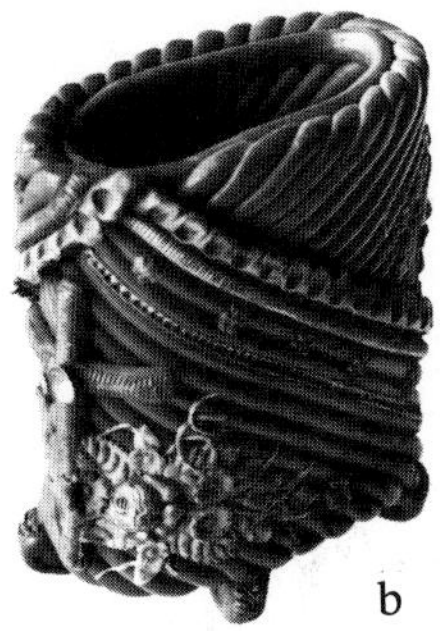
b

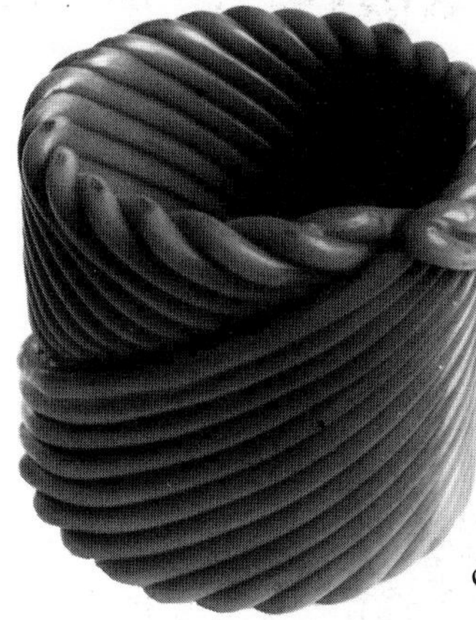
c

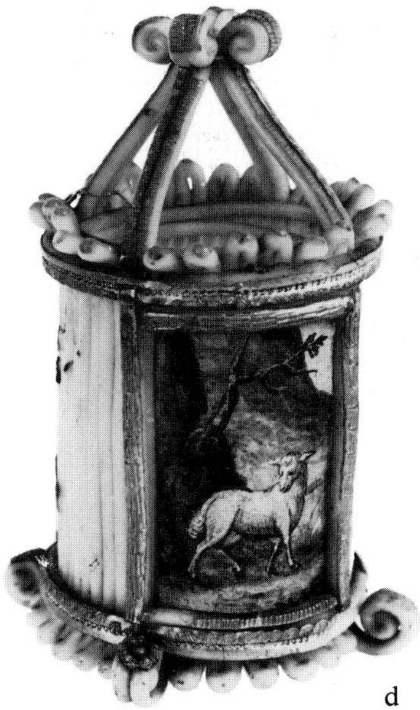
d

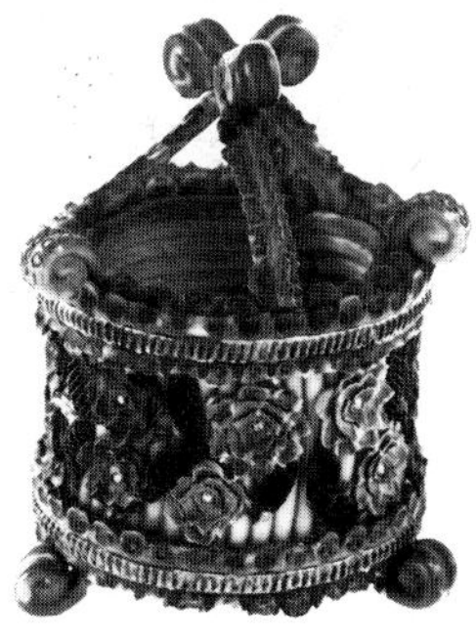
e

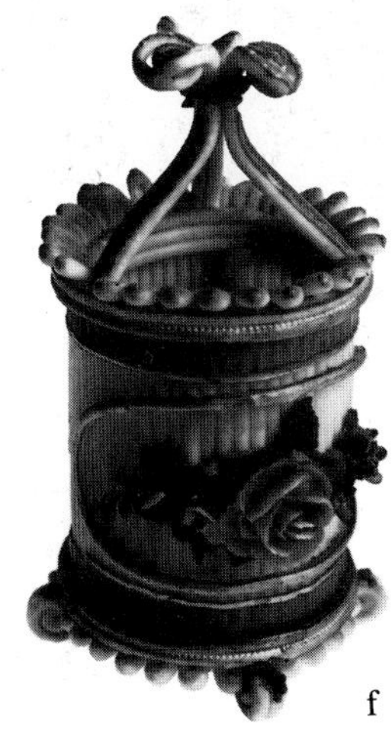
f

Die Schnecke, die auch Rodel, Rödel oder Kranz genannt wurde, ist eine Form, die schon sehr früh auftaucht und als Zierwachsstock sehr beliebt war. Es gibt sie abgewandelt, höher, auch als Tonne oder Fäßchen.

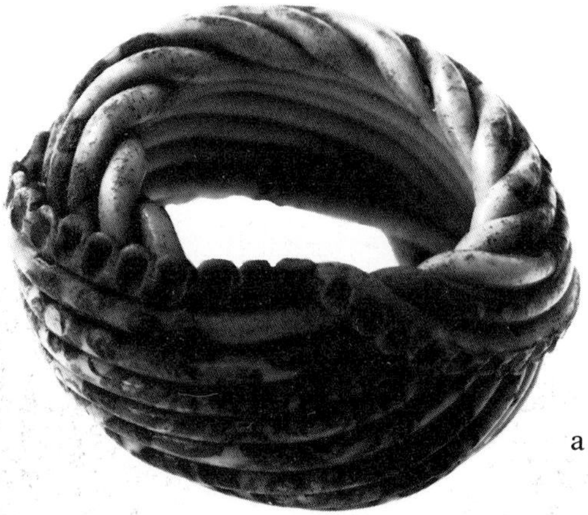

a

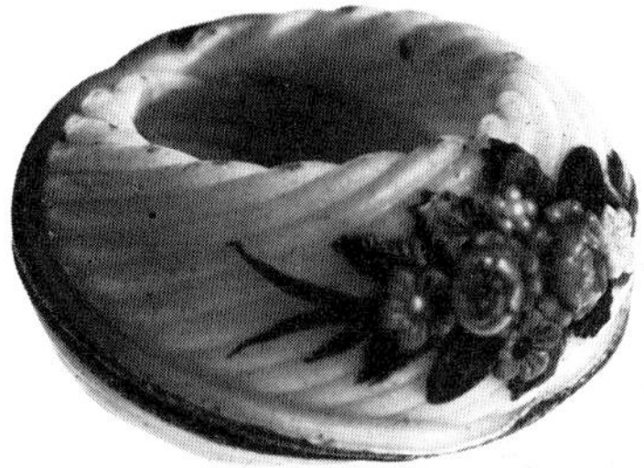

b

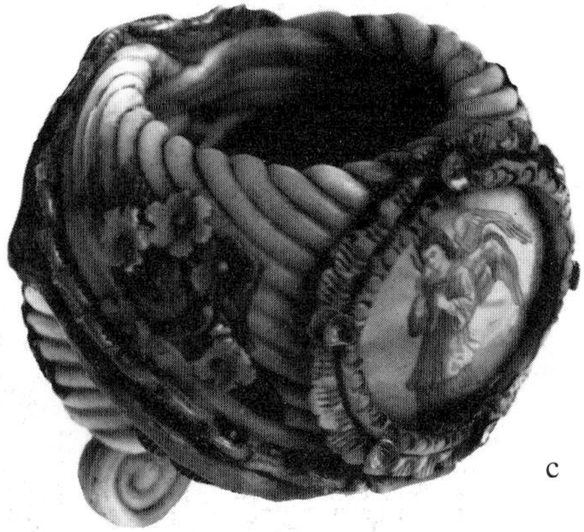

c

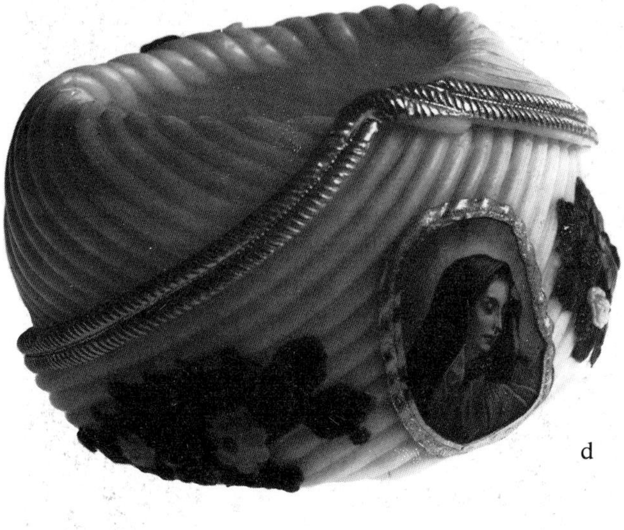

d

Schnecken- oder Rodelformen, 18. Jh. bis etwa 1910/20

Noch komplizierter gewickelt ist die Krone, die in ihrer höheren Form auch als Bischofsmütze bezeichnet wurde.

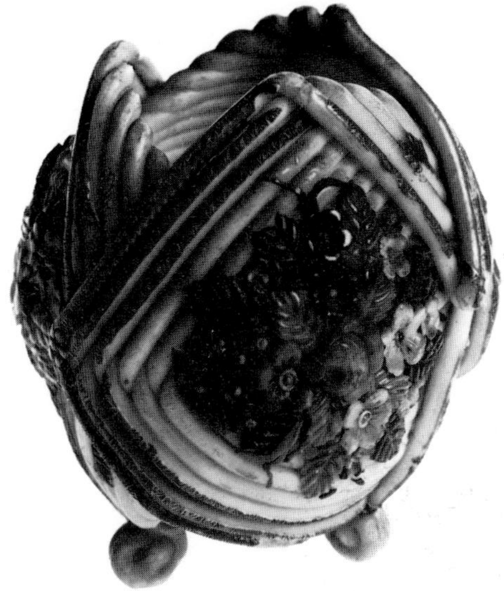

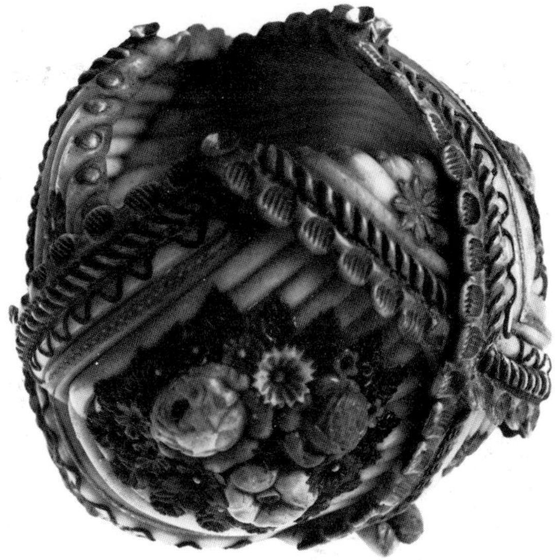

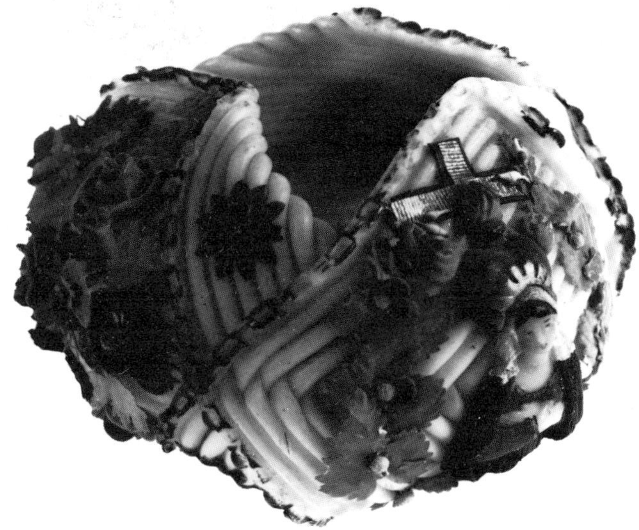

Kronenformen, 2. H. 18. Jh.

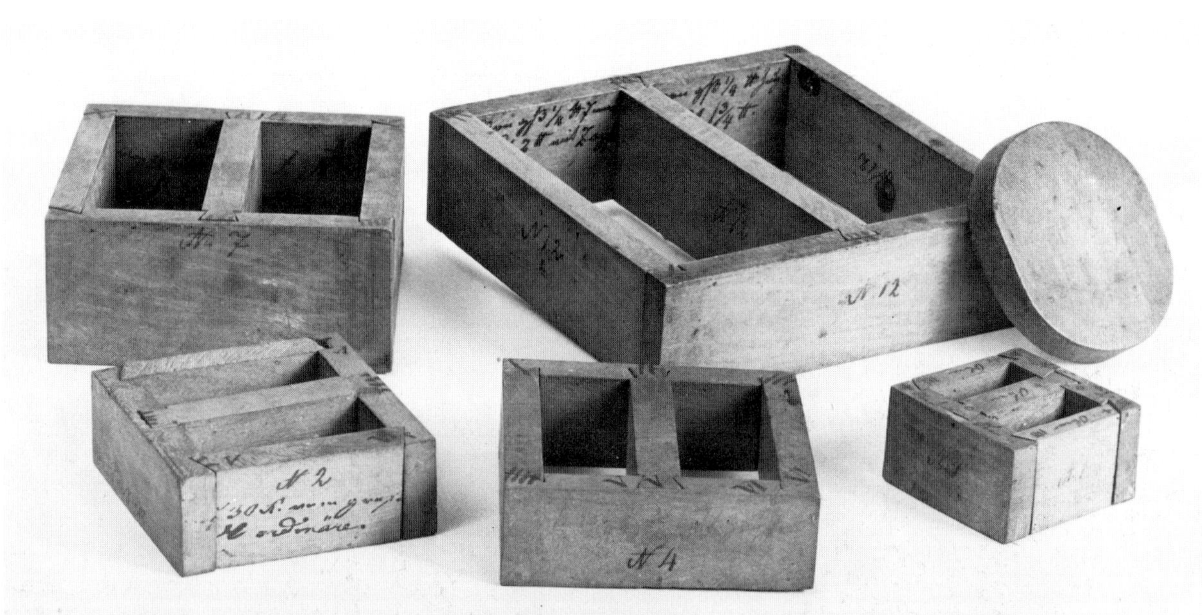
№ 7
№ 12
№ 2
ordinäre
№ 4

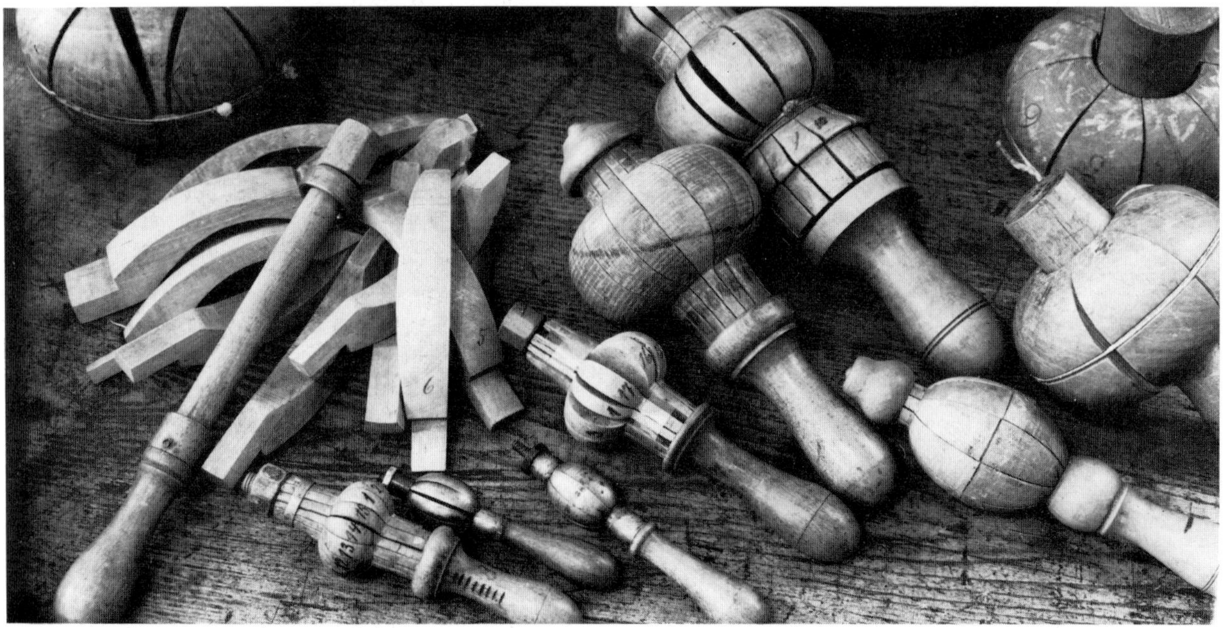

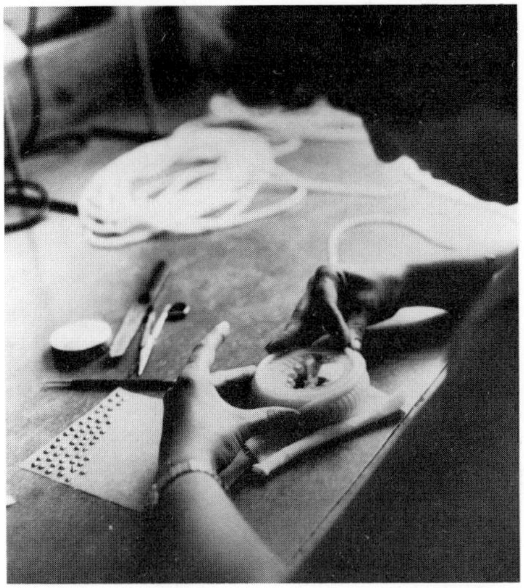

Zur Anfertigung all dieser, zum Teil sehr aufwendig gewickelten Wachsstöcke, die ja nicht frei geformt werden konnten und bei denen viel von der Geschicklichkeit des Wachsziehers abhing, benutzte man sog. Leghölzer. Es gab sie in den verschiedensten Formen und Größen, aus Messing und Holz, und manche Wachszieher, wie z. B. Ebenböck in München, vermerkten auf ihnen als Arbeitserleichterung, welcher Zug, d. h. welche Stärke des Wachsdrahts bei dem betreffenden Legholz ein bestimmtes Gewicht ergibt.

Die für die rechteckigen Stöcke üblichen hölzernen Formen bestanden aus rahmenartig beweglich ineinanderverzapften Brettchen, die sich nach dem Legen der ersten Wicklungsreihe zerlegen und wieder aus dem Wachsstock herausnehmen ließen. Für die runden Wachsstöcke benutzte man Leghölzer, die wie eine Orange aus lauter schmalen Spalten bestehen, die durchnumeriert um ein zum Handgriff verlängertes Rundholz angeordnet sind. Der Wachsstock wird über diesem Kern aufgewickelt. Zieht man dann ein bestimmtes dieser keilförmigen Stücke heraus, so fällt alles in sich zusammen und die einzelnen Teile lassen sich aus dem fertigen Wachsstock herausnehmen. Das Legen der Wachsstöcke, wie übrigens auch das Verzieren, war häufig Frauenarbeit. Frau Marianne Ritscher, die 83-jährige Tante des jetzigen Besitzers der Wachszieherei Hipp in Pfaffenhofen/Ilm erinnert sich, daß sie in ihrer Jugend täglich bis zu 400 Wachsstöckl legte und dafür als Lohn 1 Pfennig pro Stück erhielt.[181]

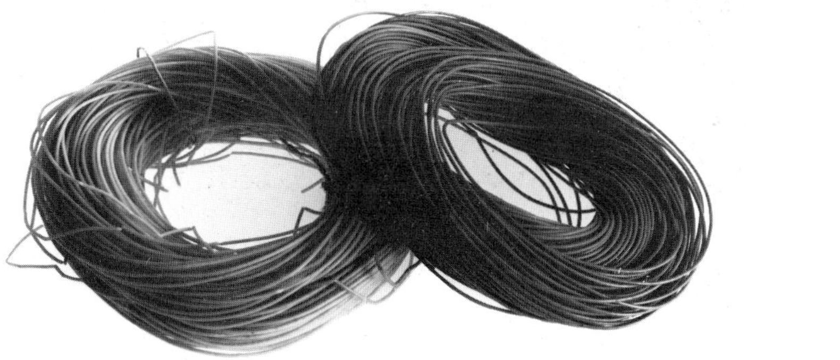

Λ Legen eines Hufeisenwachsstocks mit Nische, Fa. Wiedemann, Deggendorf, 1982

> dünner Wachsdraht, Fa. Ebenböck, München, 2. H. 19. Jh.

< Leghölzer für rechteckige und runde Wachsstöcke, 19. Jh.

S. 104, 105: bemalte Wachsstöcke, 2. H. 18. Jh.

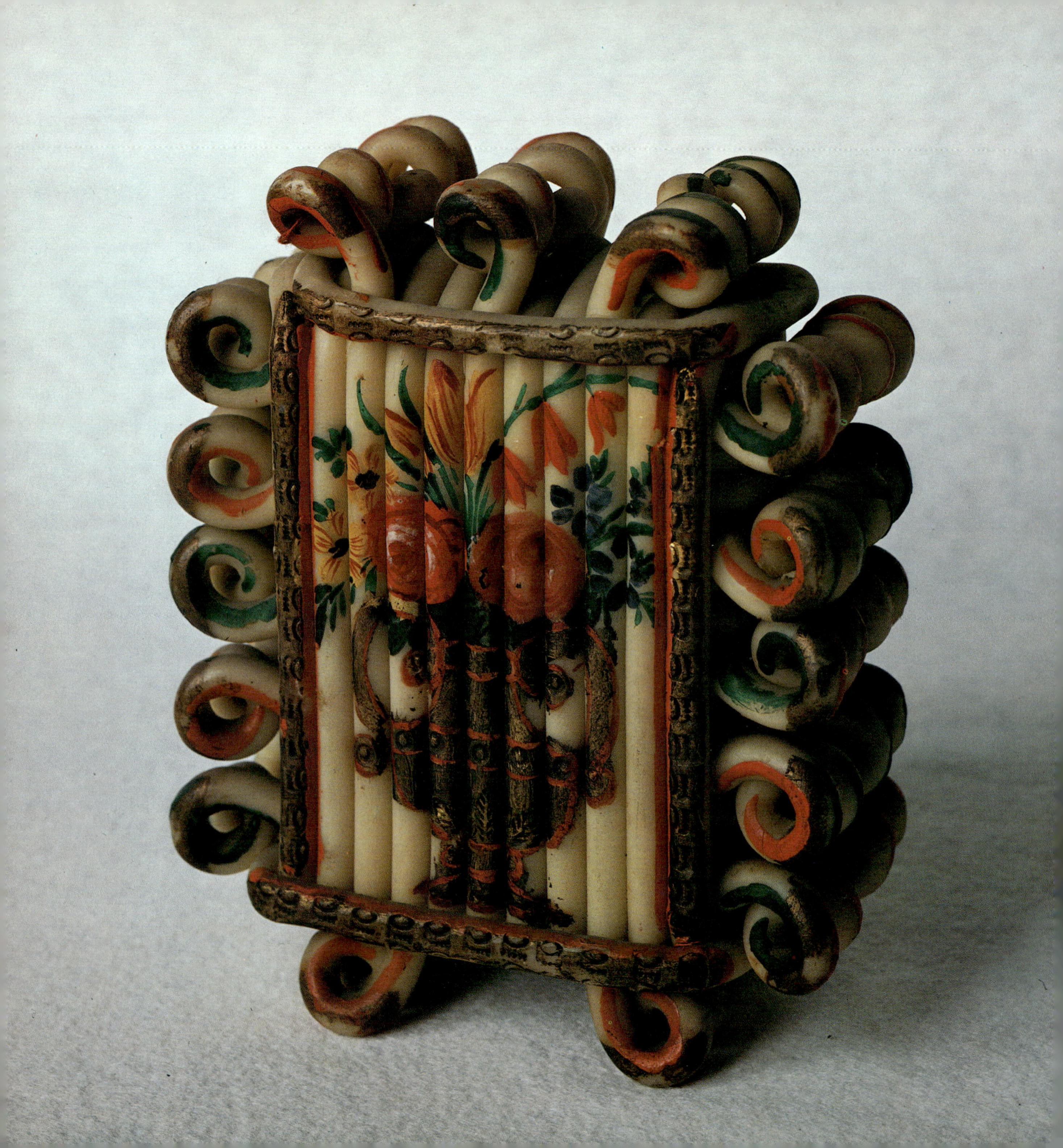

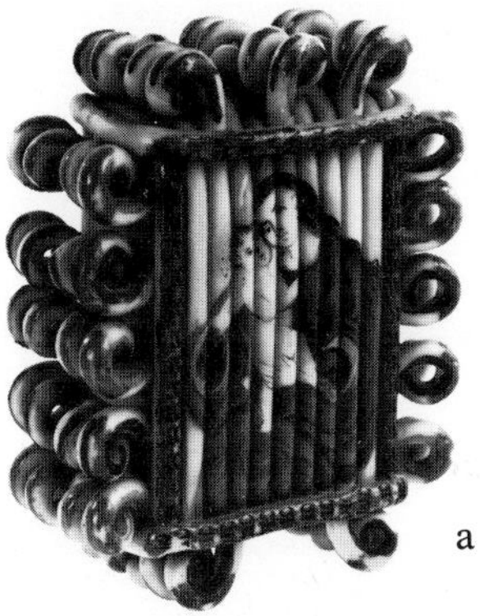

a

Wesentlich für das Aussehen des Wachsstocks ist aber nicht nur die Form, sondern auch die Art der Verzierung. Die älteste Art Wachsstöcke zu dekorieren, ist die Bemalung, die ihrer Blüte in der 2. Hälfte des 18. Jahrhunderts erlebte. Die Malweise entspricht in ihrer Technik weitgehend jener, die bei den großen Votivkerzen geübt wurde. In der Regel benutzte man Eiweißtempera. Nur bei den kleinen Kinderwachsstöcken verwendete man auch Ölfarbe, deren Haftfähigkeit auf Wachs weniger gut ist. Als Sujet sind Blüten und Blumensträuße, Blumenvasen und flammende Herzen besonders beliebt. Auch geometrische Muster, Marien- und Heiligendarstellungen kommen vor. Als Wachsstockformen werden der Wachsrodel (Schnecke), der Kastenstock und der Hausstock bevorzugt, zum Teil reich eingefaßt von schneckenförmig eingerollten Wachssträngen.

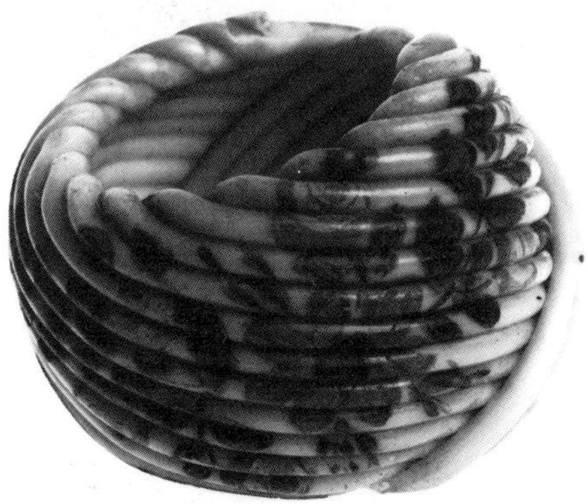

b

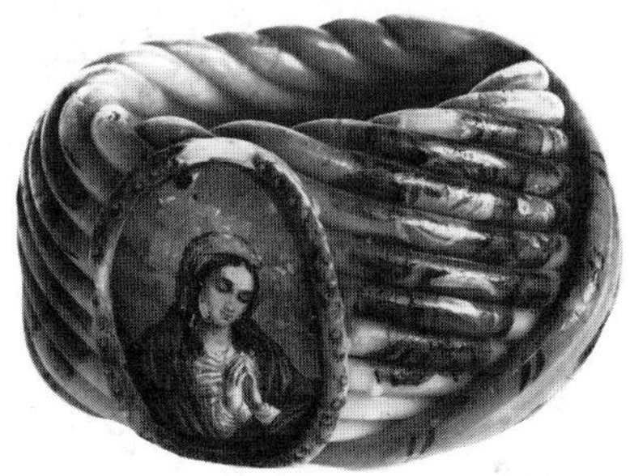

c

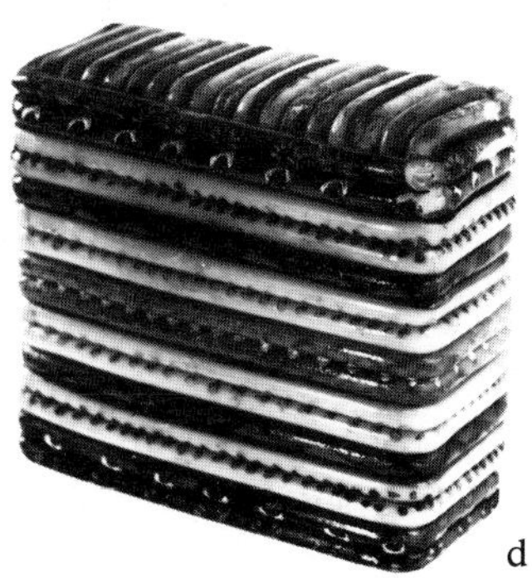

d

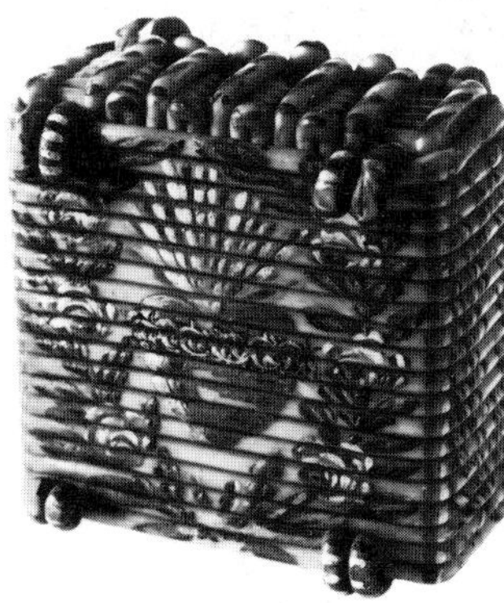

e

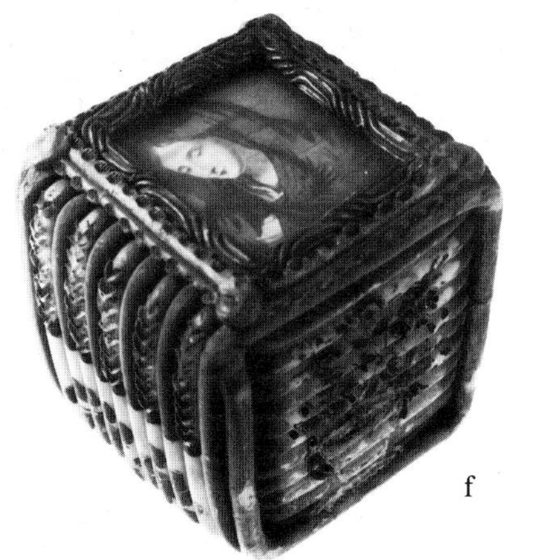

f

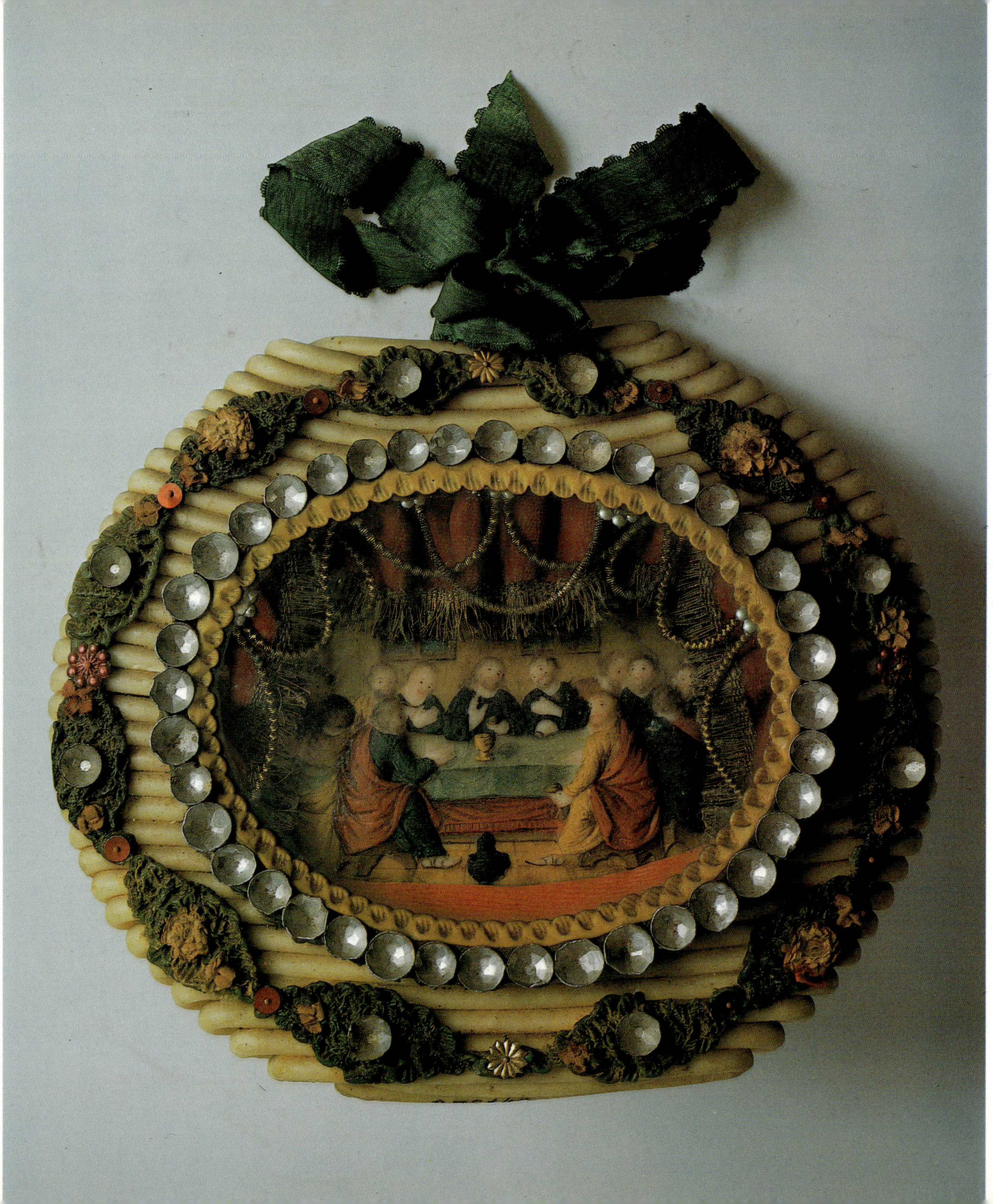

Taschen mit Glas und bemalter Rückseite, etwa 1780-1830

Zu den schönsten Wachsstöcken überhaupt gehören die vor allem in den Jahrzehnten um 1800 entstandenen flachen, ovalen Taschen mit der bemalten Rückseite. Sie sind aus verhältnismäßig dünnem, elfenbeinfarbigem Wachsdraht gearbeitet und zeigen auf der Vorderseite unter planer Glasscheibe farbig gefaßte Wachsreliefs: Heiligendarstellungen, Maria mit Kind, die Abendmahlszene. Den Hintergrund bilden Samt- und Seidendraperien, Goldbrokatspitzen, Girlanden aus Kantille und Bouillon (spiralig gewundene leonische Drähte); den Rahmen Zinnrosetten, dazu Ranken oder Bordüren in Zwicktechnik.

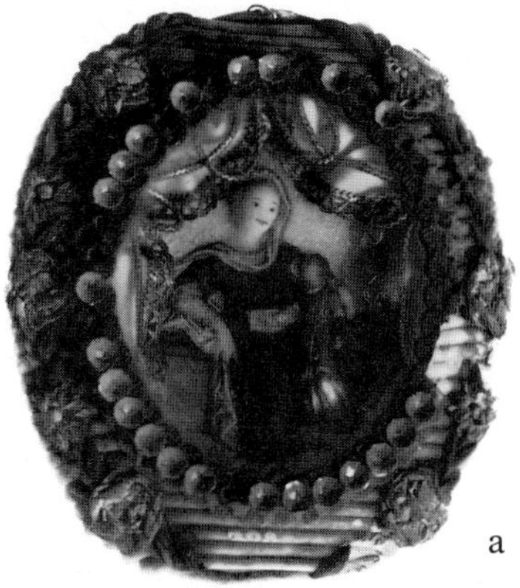
a

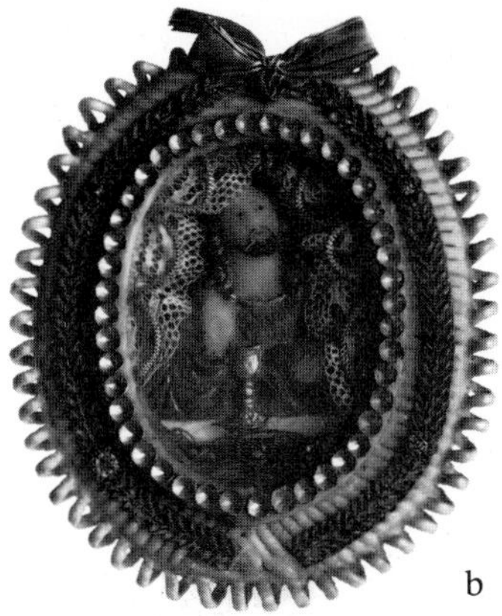
b

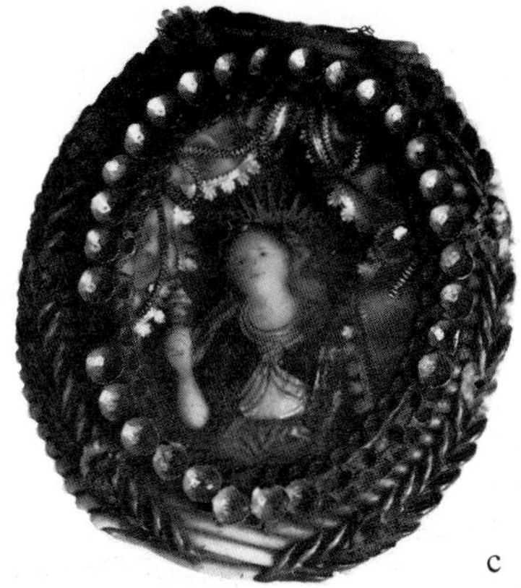
c

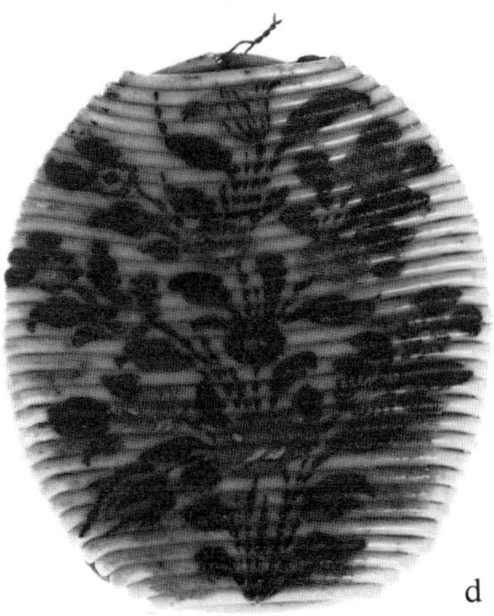
d

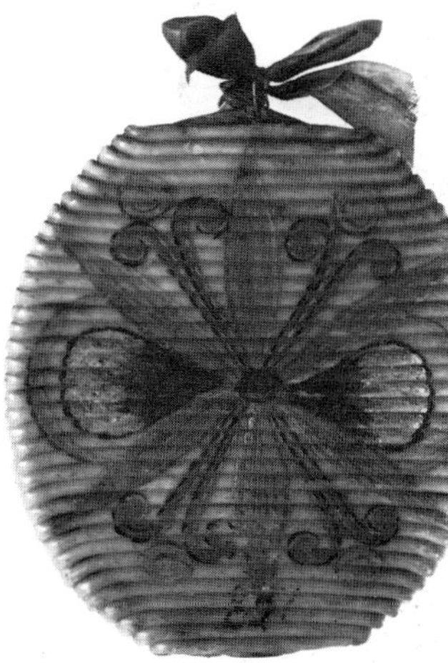
e

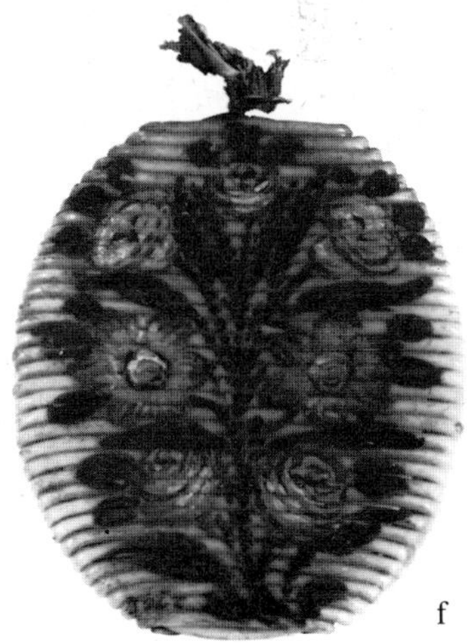
f

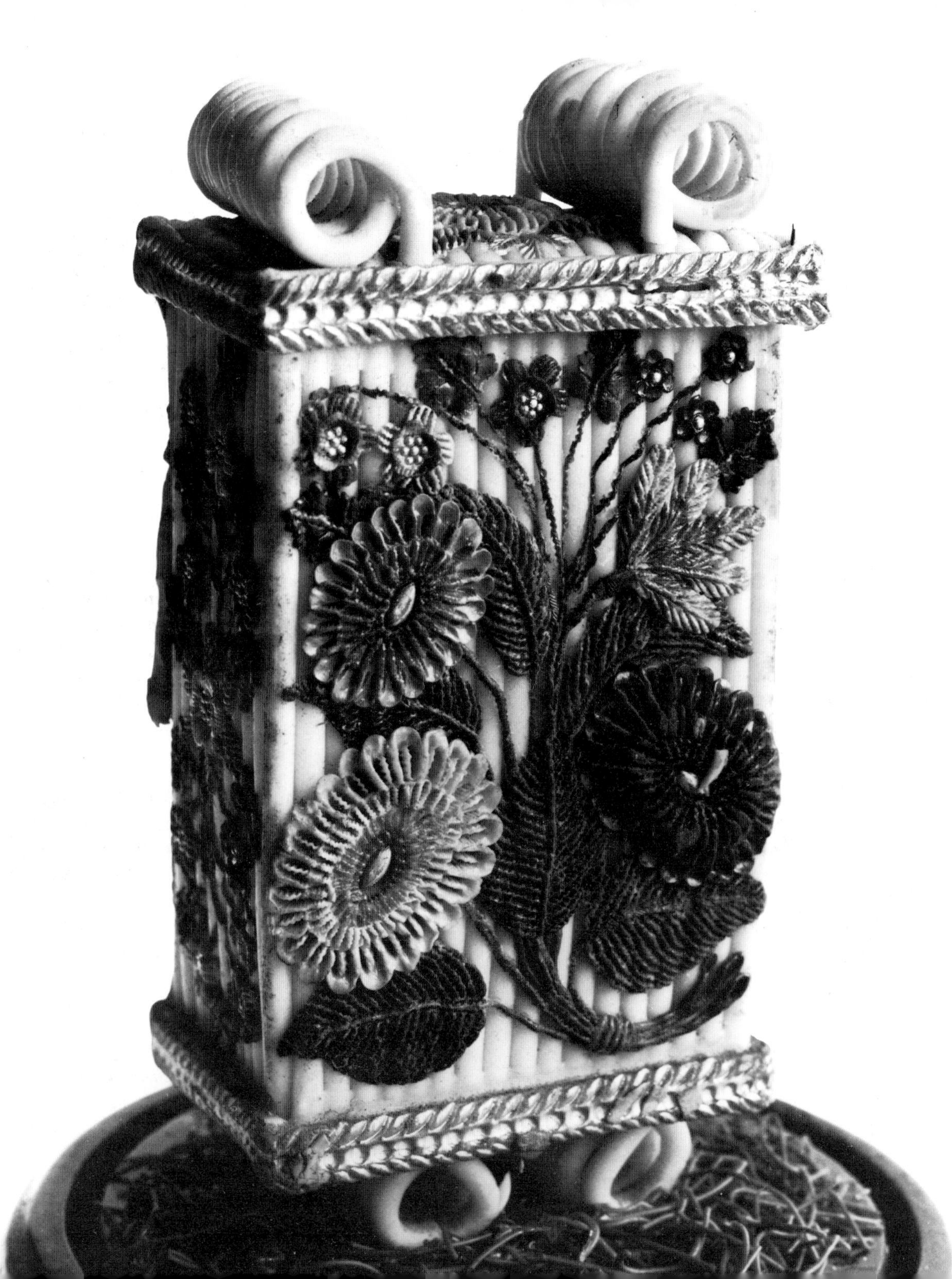

< reich ausgezwickte Rückseite eines Wachsstocks unter Glassturz, um 1870

> reich mit aufgelegten, stark plastischen Blüten verzierte Tasche, um 1840/50

V Zwickzangen zum Verzieren von Kerzen und Wachsstöcken (Wachswarenfabrik Karl Wiedemann, Deggendorf, 1982)

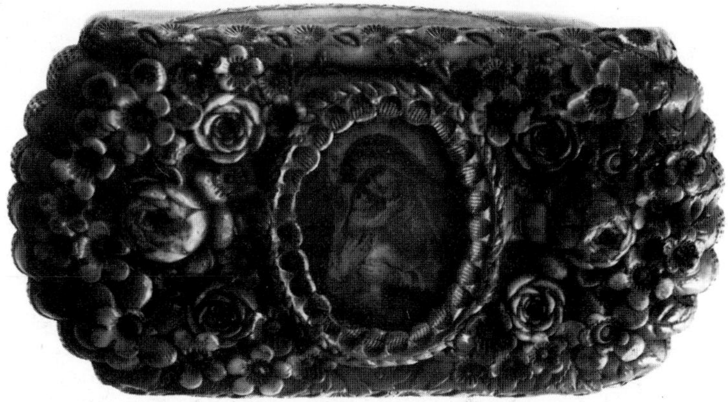

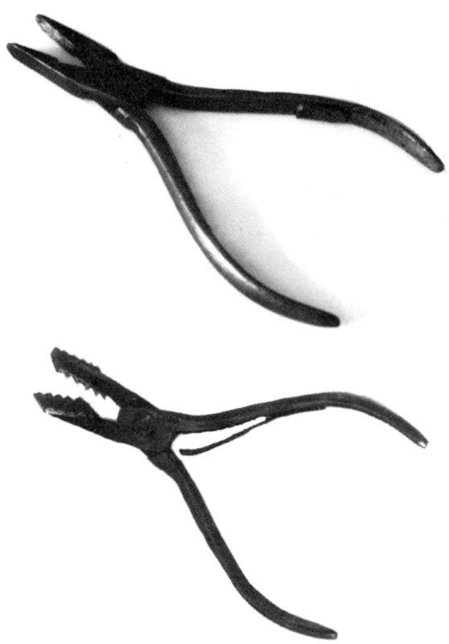

Noch vor der Mitte des 19. Jahrhunderts setzen sich die aufgelegten Verzierungen durch, zunächst Blumenmuster in kräftiger Plastik und Farbgebung, mit sparsamster Verwendung von Gold, häufig kombiniert mit gezwickten Rändern und Bordüren. Wachsstöcke, die allein in Zwicktechnik verziert wurden, bei denen man also sogar die Blumensträuße und sonstigen Motive auszwickte, waren verhältnismäßig selten. Sie stellten besonders hohe Anforderungen an die künstlerische und handwerkliche Sicherheit des Wachsziehers, da die Muster mit Hilfe des Zwickzeugs — Zangen mit verschieden geformten, glatten oder gemusterten Backen — frei und möglichst gleichmäßig aus dem erwärmten Wachs des bereits gelegten Wachsstocks herausgezogen werden müssen.[182]

Bei den aufgelegten Verzierungen wurde jedes Blatt und jede Blüte, jedes Ornament und jede sonstige Darstellung gesondert hergestellt. Auch brauchte man für jedes Objekt ein anderes, entsprechend geformtes Werkzeug. J.H. Zedler hat schon 1747 in seinem *Universal Lexikon Aller Wissenschafften und Künste* im Kapitel über das *Wachsposieren,* also über die Wachsbildnerei, die Anfertigung derartiger *höltzerner Formen zu den Wachs-Blumen und allerlei Laubwerck* und ihre Verwendung ausführlich dargestellt:
Man lasse bey einem Drechsler von gutem Holtze allerley Höltzlein mit Stielen verfertigen und glatt abdrehen. Von dieser höltzernen Sorte muß man von jeder drey oder 4 Stück haben, immer eine grösser als die andere, und sollen nach allerley Gestalt der Blumen ausgeschnitten seyn. Die Formen aber zu den Blättern müssen nur von einem Büchen- oder Bircken-Bretlein ohne Stiel geschnitten werden, denn an statt des

Stiels steckt man in solche ein spitzig leicht Feder-Messer, und hält solche darbey, wenn man sie zu brauchen vonnöthen hat; Ebenermassen verfähret man auch mit den Formen zu den Tulipanen, welche auch nur aus Bretlein, nach Art eines Tulipanen-Blats ohne Stiel geschnitten werden. Will man nun diese Formen auch gebrauchen, so nehme man solche, und lege sie in eine Schüssel mit Wasser, und lasse sie ein paar Stunden darinne wohl weichen, alsdenn nehme man gelbes Wachs, schneide es fein kleine, und lasse es in dem Topffe über einen gelinden Kohl-Feuer gemachsam zergehen, doch muß man wohl Achtung geben, daß es keinen Schaum oder Blasen bekomme, oder allzuheiß werde. Der obgenannte Topff zum Wachsschmeltzen, muß etwas lang und enge seyn, unten etwas spitzig und oben weit, auf den Seiten aber ein oder zwey Schnepffen oder Rinnlein haben, das Wachs auszugiessen. Ist nun das Wachs zergangen, so thue man in das weiße etwas von einem guten Venedischen oder Cyprischen Terpentin, in das gelbe aber nur etwas gemeinen Terpentin, doch weder zu wenig noch zuviel, ferner thue man noch die Farben darzu, mit welchen man das Wachs will gefärbet haben, doch auch in seiner rechten Maaß, und rühre sie wohl unter dem Wachse herum. Nachdem man nun dieses auch gethan, so muß man weiter bey der Hand haben eine Schüssel mit kalten reinem Wasser. Will man nun Blumen machen, so nehme man eine von den eingeweichten höltzernen Formen, und tuncke sie sachte bis an die oberste Ecke, doch daß das Wachs nicht über die Ecke gehe, in das zerlassene gefärbte Wachs ein, ziehe die Form geschwinde wieder aus, schüttle sie über dem Wachs-Topffe ein wenig ab, damit das übrige Wachs abtrieffe, und tuncke sie alsofort in das Geschirr mit dem kalten Wasser, schüttele das Wasser ab, und ziehe mit den Fingern die Blume von den Formen fein subtil ab, damit man die Blume nicht zerdrücke oder zerbreche. Ist nun das Wachs zu heiß gewesen, so hat sich desselbe sehr dünne an die Forme gehenget, ist es aber zu kalt, so bleibet die Blume allzu dicke, derowegen man das Mittel in acht nehmen muß, daß das Wachs weder zu kalt noch zu warm sey, zu dem Ende kan man die Forme offt in Wachs stüppen, und zusehen, ob dasselbe zu warm, so kan man es ein wenig lassen erkalten, über das so soll man die Forme zwey oder dreymahl in das Wachs einstüppen, wenn es zu warm ist; so wird die Blume endlich nach Gefallen dicke genug werden. Bisweilen wird das Wachs an der Forme voller Löcherlein und Blasen, und solches verursachet das heisse Wachs, und wenn die Forme nicht recht geweichet. Bisweilen kan man auch die Blume gar nicht von der Forme abziehen, und dieses verursachet auch das heisse Wachs, und daß die Forme nicht genug geweichet. Letzlich lasse man

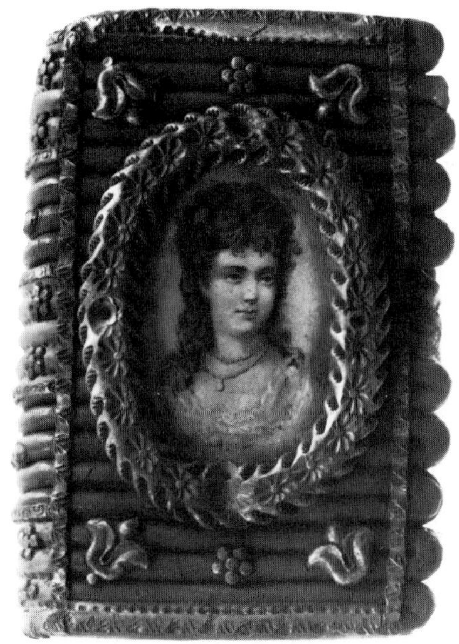

Wachsstock in Buchform aus rotem Wachsdraht mit weißer Innenwicklung, etwa 1870/80

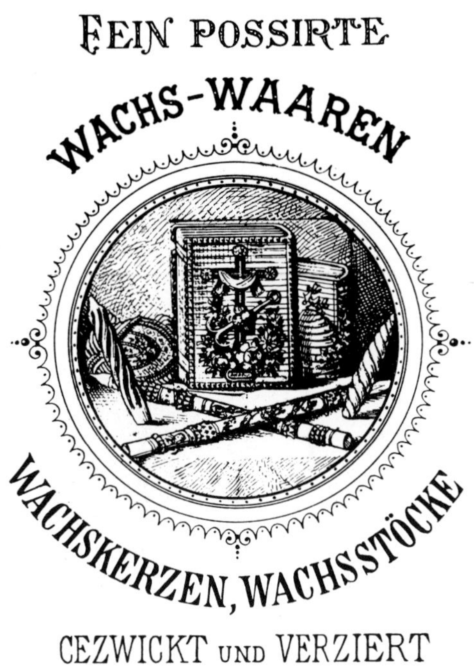

sich noch gesaget seyn, daß, wenn man die Forme in das Wachs und wieder in das Wasser tuncket, auch die verfertigte Blume von der Forme abgenommen, daß man die Form allezeit wieder in das Wasser eintuncke, denn sie wieder wohl abschüttele, sonsten verursacht das an der Form bleibende Wasser Löcher in der Blume.[183]

Wie nicht nur aus den Preislisten der Fa. Weinkamer, Salzburg, hervorgeht, die bis in die Jahre um 1880 zurückreichen, entfaltete gerade in den 30, 40 Jahren vor dem 1. Weltkrieg die Technik der aufgelegten Verzierungen mit immer neuen Mustern und Abwandlungen, mit Blüten und Blumensträußen, mit vielfältigem Rankenwerk, Girlanden und Goldbordüren einen besonderen Reichtum und liebenswürdigen Charme.

1891 bietet Weinkamer z.B. Wachsstöcke in Gebetbuchform an *mit weißen, rothen oder verschiedenfarbigem Schnitte, eine Seite trägt ein vergoldetes Papierbild, die andere ist reich aufgezwickt mit Gold, Wachsblumen, Blätter und Ornamentik in 30 verschiedenen Decorationen. Für Wallfahrten werden auf Wunsch statt der Heiligenbilder die entsprechenden Marienbilder geliefert.* Dies alles in 10 Größen von $5\,^{1}/_{4}$ x $4\,^{1}/_{8}$ cm bis 21 x 16 cm, auf Wunsch auch größer.

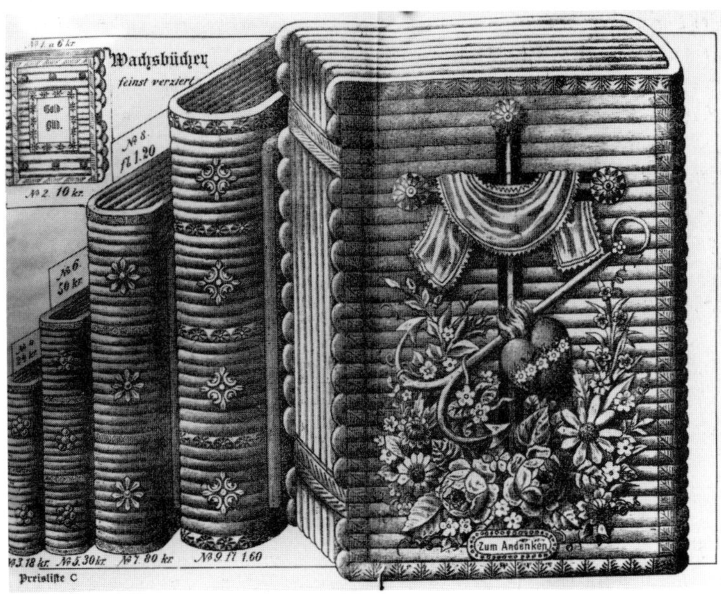

Λ Detail aus einem Werbeblatt der Fa. Gebr. Weinkamer, Salzburg, um 1900

> Bildbeilage von 1895 zum Katalog der gleichen Firma

1894 heißt es nicht nur *Emserstöcke, feinst verziert, werden meist in färbigem Zug erzeugt und sind dieselben sodann mit Gold- und Silberblättern, sowie Goldornamenten und weissen Blumen hochelegant ausgestattet,* sondern auch:

> Kastenstock aus dem Musterkoffer der Fa. Gebrüder Weinkamer, Salzburg, um 1908

Neuheit! Monstranzen-Wachsstöcke

reich in Gold und Silber aufgezwickt von fl. **1.**— aufwärts.

(ohne Holzeinlage) Wachsstöcke (per Kilo)

Lange Taschen, Feigentaschen, ovale Taschen, Hufeisenstöcke, flach gelegte Stöcke, innen hohl oder voll gelegt, Braut- und Kastenstöcke hohl, Kränze oder Rödl, Ringstöcke, Schnecken, Tonnen, Fässchen, Becher, Bischofsmütze oder Krone, Pyramide, Olive, Tempel, Bienenstock, Thurm etc. etc., kurz alle Wachsstöcke ohne Holzeinlage, irgend welcher Gattung, in jeder Grösse.

Stückgewicht von 4 Deka aufwärts.				fl.	kr.
	Form Nr. 1, 2, 3, 4	Glatt unverziert, weiss oder färbig . . .	per Kilo	**1**	**40**
		Nur mit Wallfahrtsbilder und Goldrand .	„ „	**1**	**70**
		Mittel-fein verziert	„ „	**2**	**20**
		Feinst verziert	„ „	**2**	**70**
	Form Nr. 5, 6, 7	Glatt unverziert, weiss oder färbig . . .	per Kilo	**1**	**55**
		Mittel-fein verziert	„ „	**2**	**50**
		Feinst verziert (bei grösseren Stöcken schön gemalte Wachsrelief)	„ „	**3**	**00**
	Form Nr. 8, 9, 10, 11	Glatt unverziert, weiss oder färbig . . .	per Kilo	**1**	**70**
		Mittel-fein verziert	„ „	**2**	**70**
		Feinst verziert (bei grösseren Stöcken schön gemalte Wachsrelief)	„ „	**3**	**20**

Bei kleineren Stöcken, z. B. 1/2, 1, 2 und 3 Deka, tritt eine Preiserhöhung ein.

Kinder-Wachsstöckchen aus feinen Zügeln in verschiedenen Farben, in **Tascherl-**, **Bücherl-** und **Schepperlform** gelegt, mit ca. 200, 100, 70 und 50 Stück mit Heiligen-Papierbildern per Kilo fl. **2.80.**

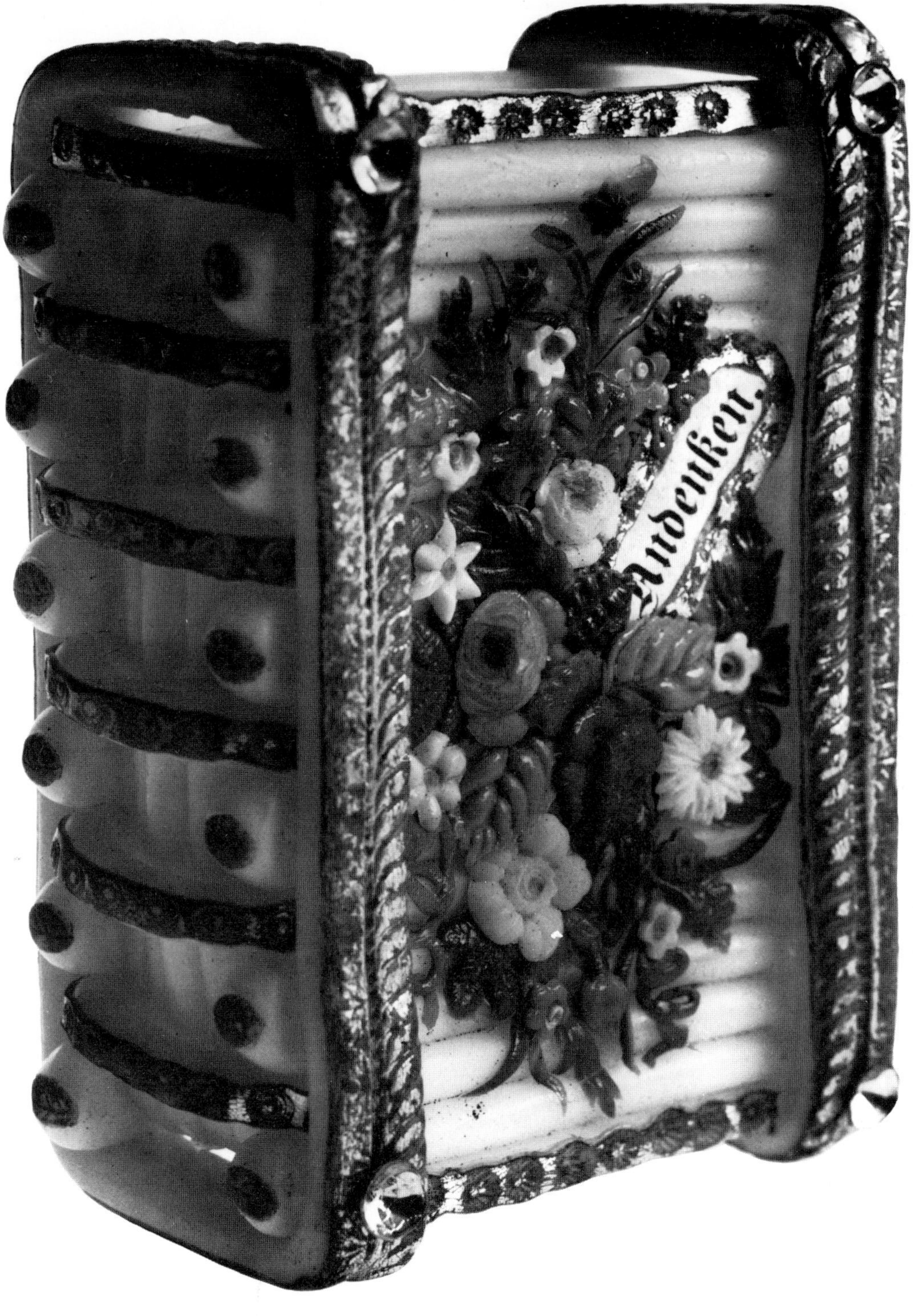
Andenken.

Um diese Zeit setzte man schon nicht mehr allein die alten Techniken ein. Manches war bereits vereinfacht. Auch bei den Vergoldungen wurde nur mehr sehr selten nach der alten Art echtes Blattgold aufgerieben, bei der es häufig Schwierigkeiten gab, weil das feine Blattgold wegen der Klebrigkeit des Wachses dazu neigte, sich überall anzusetzen und daher alle unverzierten Flächen abgedeckt oder mit Eiweiß angelegt werden mußten.[184] Man verwendete nun vor allem sog. Zwickwachsblätter, die es in verschiedenen Farben und in Gold und Silber gab. Derartige Wachsblätter, die man in unterschiedlichen Stärken auch zur Anfertigung der Blüten und Blätter benutzte, wurden folgendermaßen hergestellt: man schmilzt *3 Theile schönes Wachs mit 1 Theile fetten Pech* (Schusterpech)[185], oder auch 5 Teile weißes Wachs mit 1 ¾ Teilen weißem Kolophonium[186] zusammen, klärt diese Mischung und färbt sie. Dann taucht man ein in kaltem Wasser gut durchnäßtes Brettchen — auch Pergamentpapier — der gewünschten Größe in das flüssige, farbige Wachs. *Wenn dieses Brett sich mit Wachs überzogen, nimmt man es heraus, und legt es in frisch Wasser, wodurch es hart wird. Wenn es kalt ist, gehet es leicht von dem Brette loß; man schneidet mit einem gewöhnlichen Messer zwey Stücken Wachs nach der Länge und Breite des Brettes ab, legt diese sodann in laulichtes Wasser, nimmt eins wieder heraus, und legt es auf eine naß gemachte Tafel; und mit einem dergleichen Roliholz, als die Pastetenbecker haben, treibet man es so lang aus, bis es auf den höchsten Grad dünn geworden; worauf man es nach seiner Länge in Bänder von ohngefähr drey oder vier Zoll breit zerschneidet.*[187]

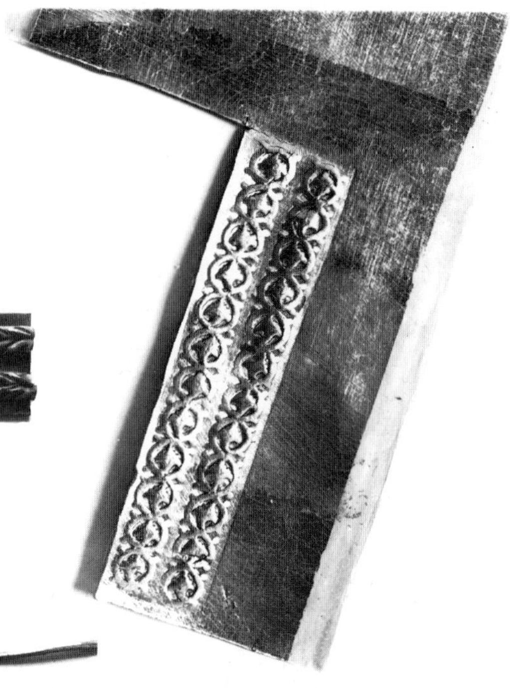

> Stempel aus Elfenbein und Ausstecherl aus Messing, 2. H. 19. Jh. (Fa. Wiedemann, Deggendorf), sowie vorbereitete Blüten, Laubblätter und Ornamente zum Auflegen (Fa. Gebr. Weinkamer, Salzburg, 1982)

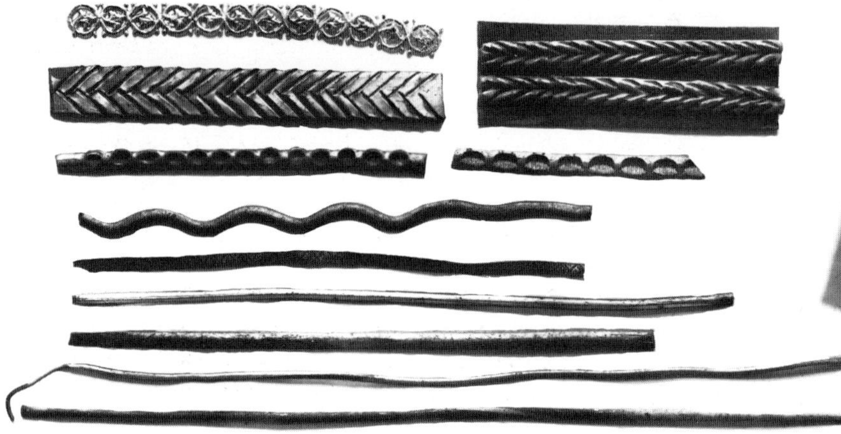

V teilweise vergoldetes Zwickwachsblatt und verschiedene Wachsdrähte und Borten zum Auflegen (Fa. Ebenböck, München, 19. Jh.)

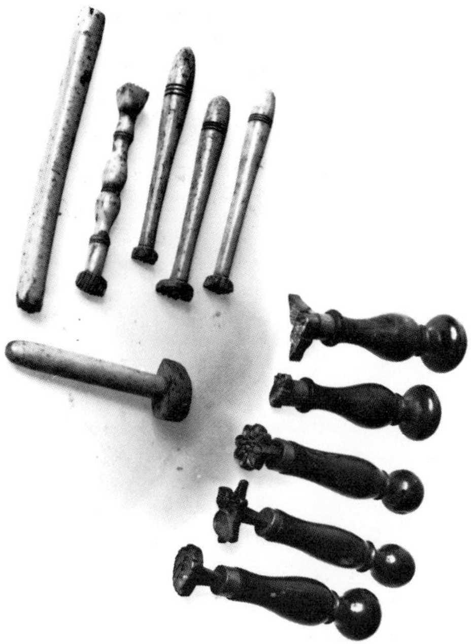

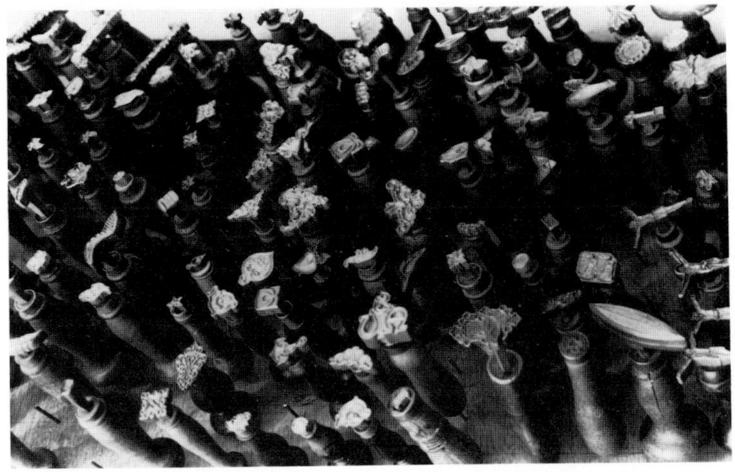

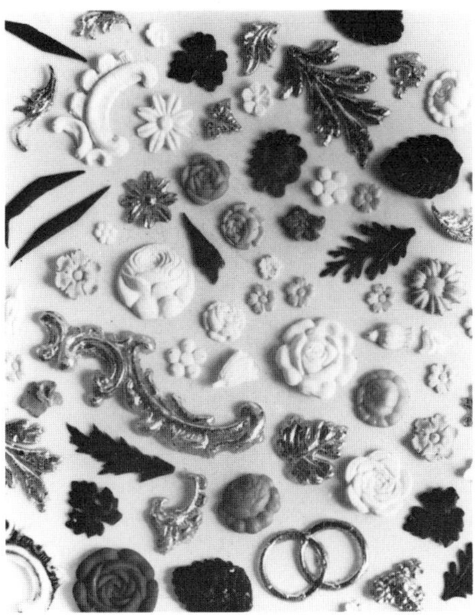

Für jedes der verschiedenen Blüten- und Laubblätter, für die Ornamente und Rosetten, die Sterne, Herzen und sonstigen Details brauchte man ein eigenes »Ausstecherl« oder »Ausstecheisen.« In der 2. Hälfte des 19. Jahrhunderts benutzte man neben den aus Elfenbein geschnitzten Stempeln, mit denen in eine glatte Oberfläche unterschiedliche Muster eingedrückt werden konnten, vor allem Ausstecherl aus Messing, die von der Fa. Rau in Neu-Keferloh vertrieben wurden.[188] Mit diesen Messingformen arbeitete man etwas anders als es J.H. Zedler rund ein Jahrhundert früher beschrieben hatte. Die Form wurde leicht mit Öl eingerieben und kräftig auf die auf einer nassen, ebenen Platte gelegene Wachstafel gedrückt, die dick genug sein mußte, um das Ausstecherl völlig zu füllen. Das überstehende Material wurde abgeschnitten, der Abdruck durch leichtes Klopfen auf den Griff aus der Form gelöst.[189] Derartige Teilchen wurden immer in größeren Mengen vorbereitet.[190] Die Gebrüder Weinkamer, Salzburg, hatten *ausgestochene, gepreßte Wachsblumen und Blätter in größter Auswahl, größte Rosen etc. fl. 8.-; kleinste Blümchen etc. fl. 12.-- per Kilo* in ihrem Angebot.

Aufgelegt wurden diese Verzierungen, indem man den Wachsstock — das gleiche gilt sinngemäß für die Kerzen — mit einem heißen Eisen erwärmte, das man im Abstand von 2-3 cm über die Stelle hielt, an der die Blüte festgedrückt werden sollte. Aufgelegte Verzierungen wurden zum Teil auch vergoldet, indem man Blattgold auf das Wachs auflegte und dann das Ausstecherl aufdrückte, wodurch das Gold sehr fest haftete.[191]

Neben den Blüten, Blumensträußen und -girlanden, neben vielfältigen Ornamenten aus farbigem oder vergoldetem und versilbertem gezwicktem Wachsdraht wurden auch die von der Firma Schweizer in Diessen am Ammersee hergestellten Zinnrosetten (»Silberstifte«) in verschiedenen Größen viel verwendet. Man fügte auch Zinnsterne mit geschliffenen, farbigen Glassteinen und farbige Stoffbändchen ein; verwendete als Hintergrund farbige Wachsplättchen, Seide und Brokat. In den Blumenkörbchen stecken manchmal nicht nur Wachsblumen, sondern auch Ährchen des Schleiergrases (Aira capilláris)[192], das im Gebiet der mediterranen und pannonischen Flora vorkommt und in den 80er Jahren des 19. Jahrhunderts auch bei den sog. Makartsträußen sehr beliebt war.

> Wachsstock der Fa. Luckner, Landshut mit Wachsblüten und Ährchen des Schleiergrases (Aira capillaris) in goldener Vase vor weißer Wachsplatte, um 1910

V Beispiele für das Verzieren von Wachsstöcken mit unterschiedlichem Material (Zinnrosetten, farbige Glassteine, Stoffbänder etc.)

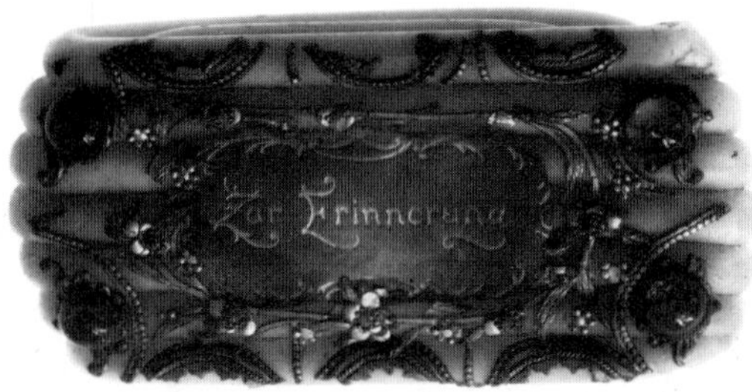

a

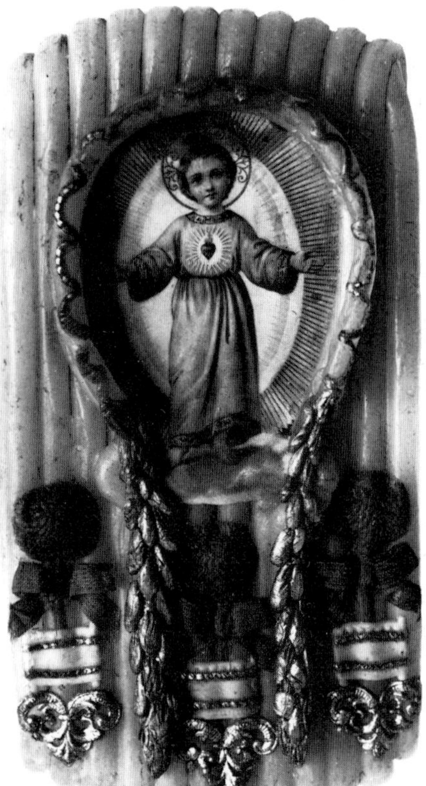

b

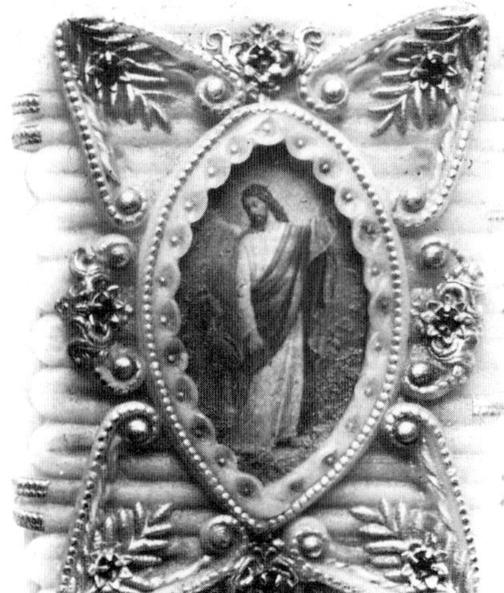

c

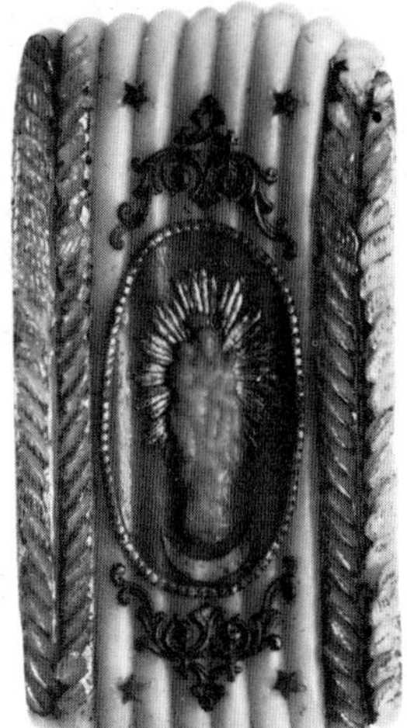

d

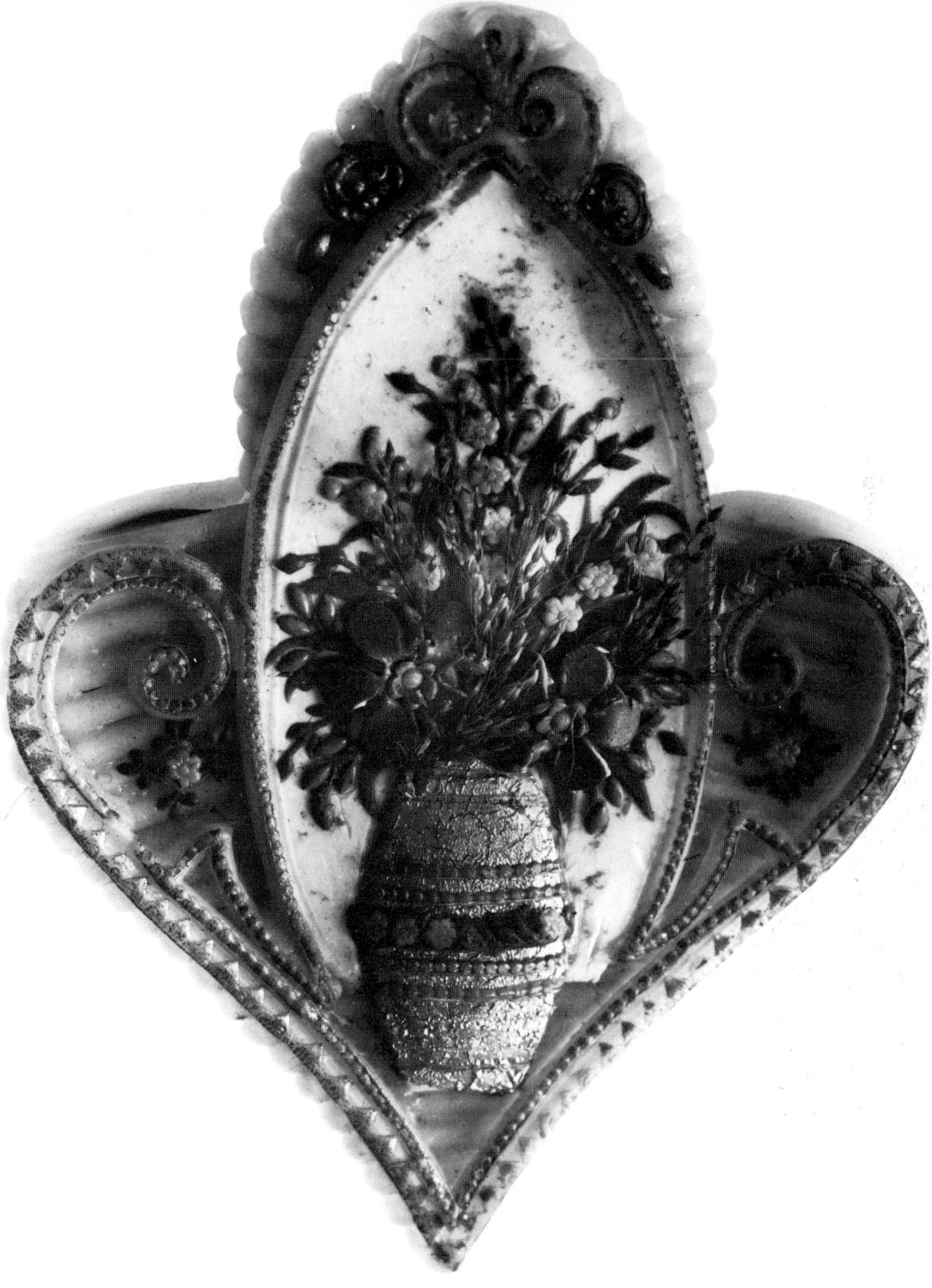

Die Mitte mancher Wachsstöcke, bei den Büchern zum Teil eine ganze Seite, füllten bei den älteren Stücken Heiligenbilder in Aquatinta-Technik und kolorierte Stahlstiche, in Ausnahmefällen auch Spitzenbilder und Aquarelle. Später traten an ihre Stelle Öldruckbildchen; von den 80er Jahren des 19. Jahrhunderts bis etwa zum 1. Weltkrieg bevorzugte man Oblaten, auch in etwas kräftigerer Ausführung mit samtiger, stoffartiger Oberfläche;[193] daneben Abziehbilder auf glatter Wachsplatte, z.T. nach dem Aufkleben wegen der besseren Haltbarkeit noch mit einer sehr dünnen Wachsschicht überzogen.[194] Nach dem 2. Weltkrieg wurden gern auch Fotos verwendet, bei den Firmungswachsstöcken mit Vorliebe ein Bild des amtierenden Bischofs. Noch 1980 gab es anläßlich des Papstbesuches in Deutschland Wachsstöcke mit einem Foto des Papstes.

> Tasche mit Stoffoblate, Wachsblüten und -borten, etwa 1900/10

V Wachsstöcke mit verschiedenartigen Abbildungen:
a Aquatinta, um 1840/50
b Stahlstich, um 1840
c Spitzenbild, um 1880
d Aquarell, 1835
e Öldruck, etwa 1880/90
f Oblate, 1880/90
g Abziehbild, um 1900
h Foto, um 1930

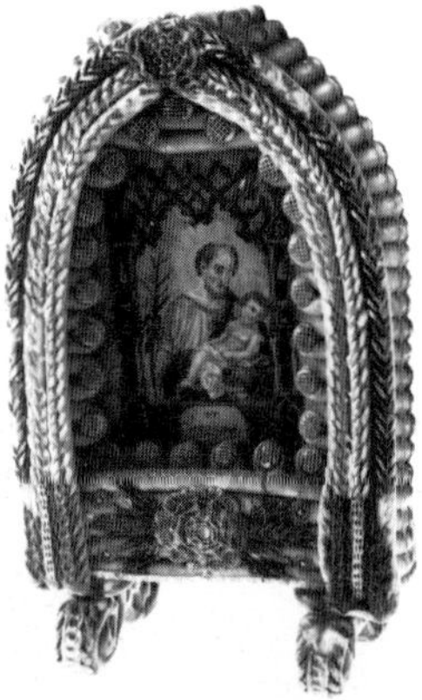
a

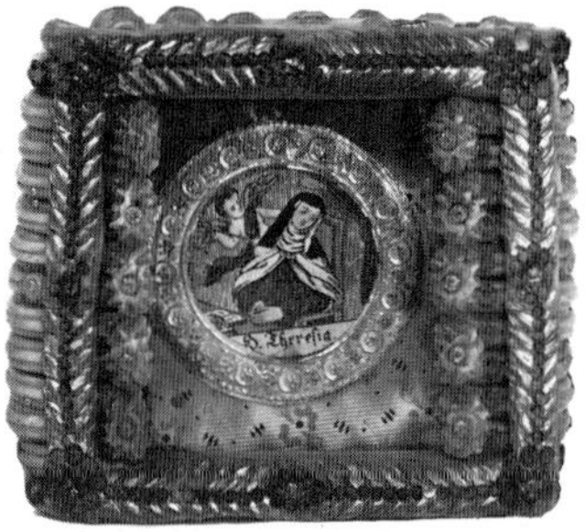

b

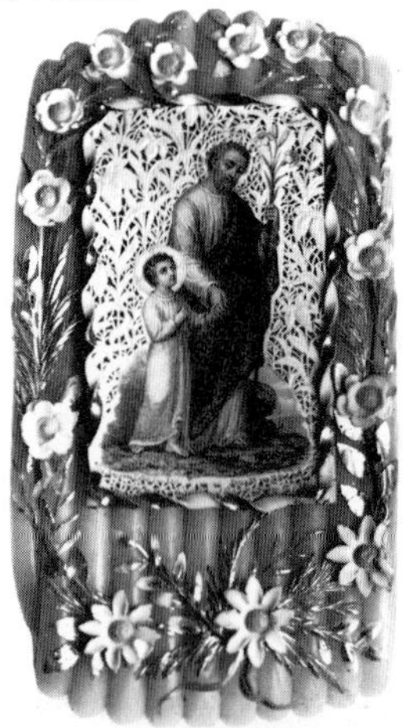
c

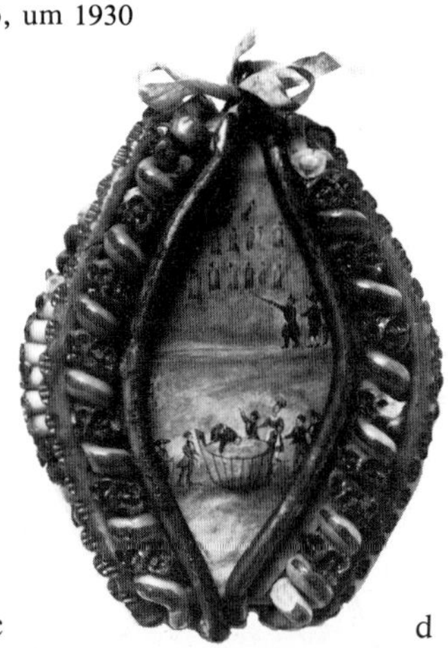
d

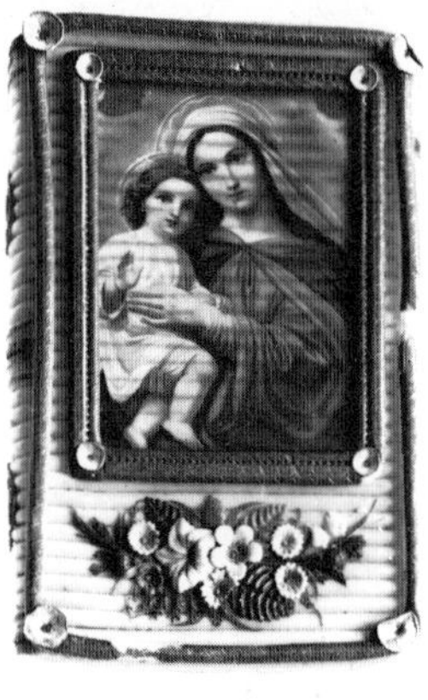
e

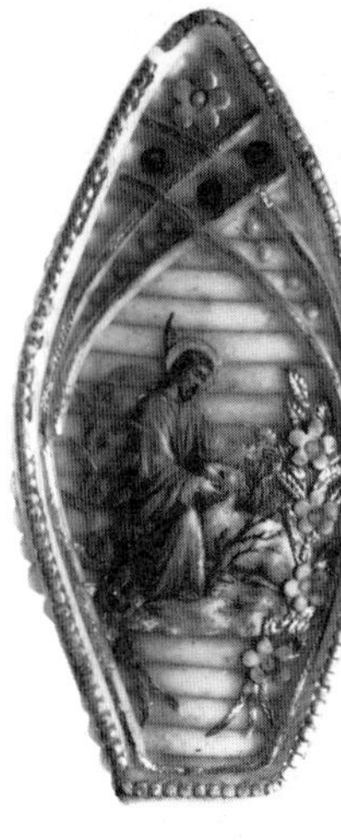
f

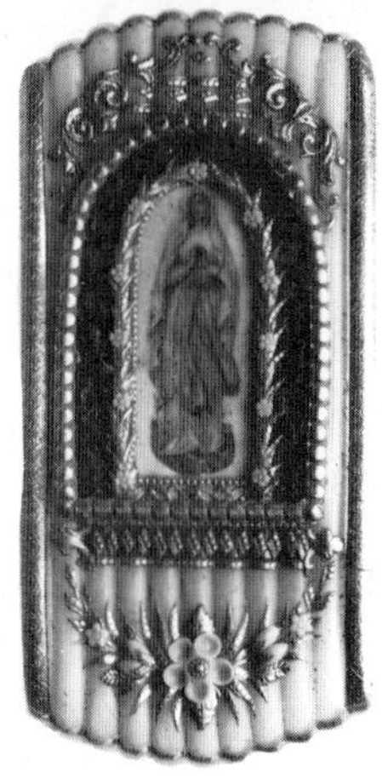
g

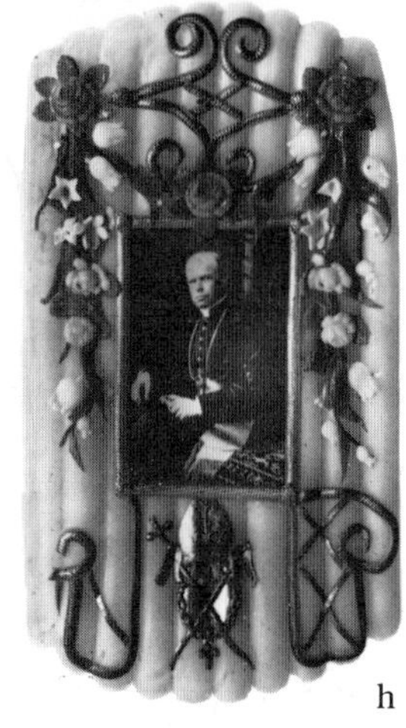
h

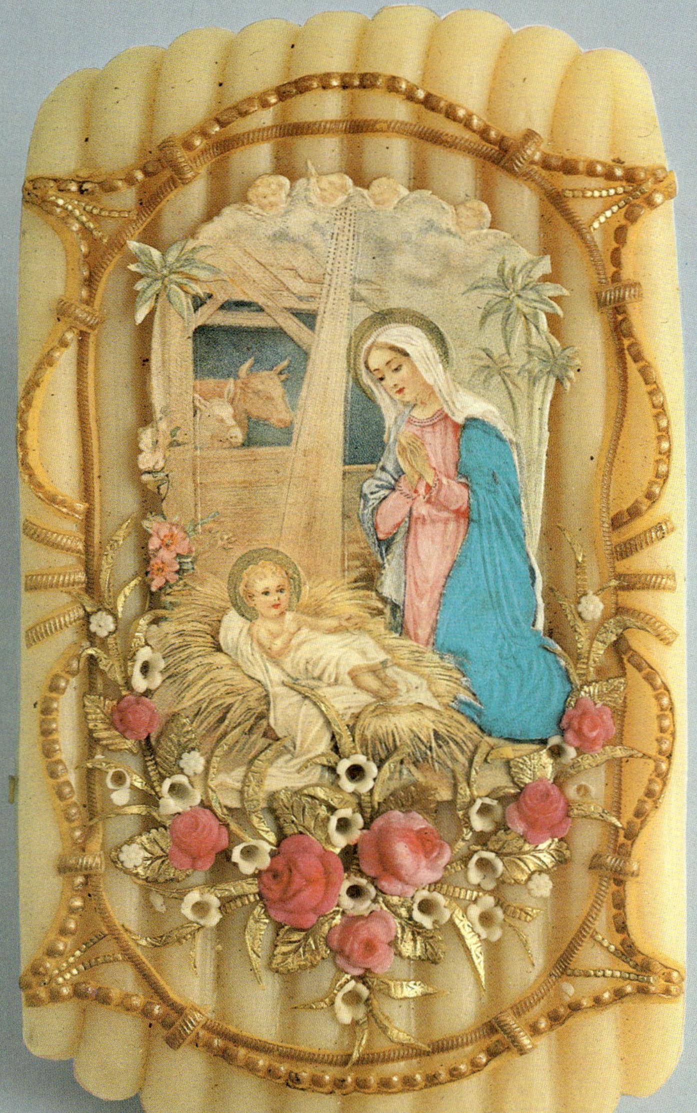

Aufgelegt wurden auch Schriftzeilen *Aus Liebe, Andenken an die hl. Firmung, Gedenke mein, Gott segne Euren Bund, Wenig aber von Herzen, Zum Andenken* u. a. oder wie bei Ebenböck in München ganze, auf Wachsplättchen gedruckte Gedichte:

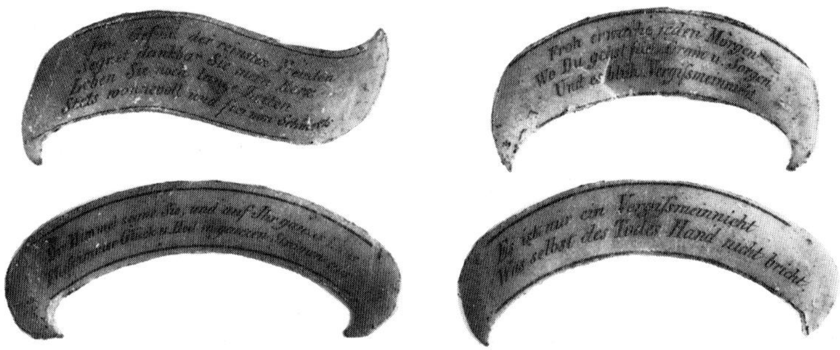

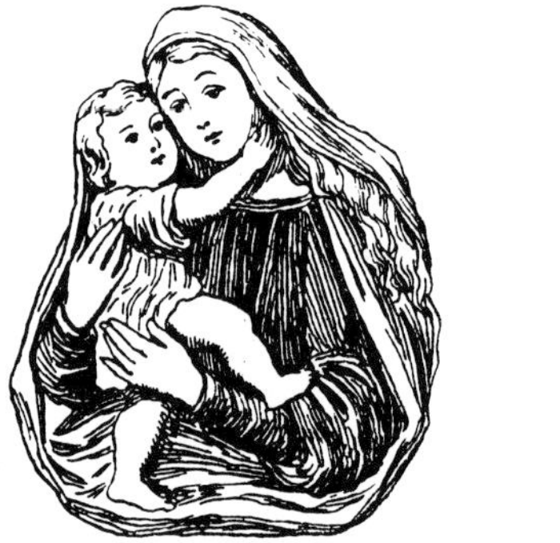

Dazu kamen als Verzierung Wachsreliefs und ganze Figuren, zum Teil unter runden, gewölbten Uhrglasscheiben. Weinkamer bot den *P. T. Herrn Wachsziehern* in seiner Preisliste von 1894 auch derartige *Wachsreliefs (schön bemalt)* an: *In allen Grössen und Genres zur Decorirung der Kerzen und Wachsstöcke: Marien- und Christus-Köpfe, Namenspatrone, Brustbilder und ganze Figuren, Wallfahrts-Marien, Jesuskinder, Osterlämmer, Engel, knieend und schwebend, ganze Gruppendarstellungen* in den Größen 4-5 cm, 7-8 cm und 9-10 cm. Die fertigen Wachsstöcke, vor allem die flachen Formen, wurden in entsprechenden Schachteln verpackt geliefert, in *eleganten weißen Glacé-Kartons* mit einem Rand aus weißen Papierspitzen.

Λ Wachsrelief, Zeichnung aus einer Preisliste der Fa. Gebr. Weinkamer, Salzburg, von 1895

> Tasche mit Schachtel, Fa. Gautsch, München, um 1910

V Wachsstöcke mit Schriftzügen und Reliefs, zwischen 1905 und 1930

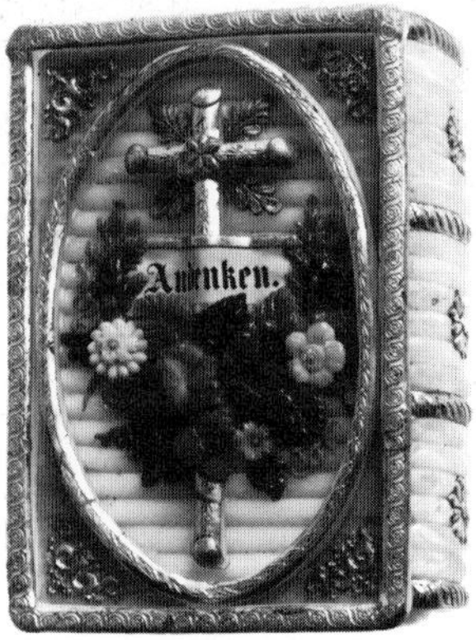

a

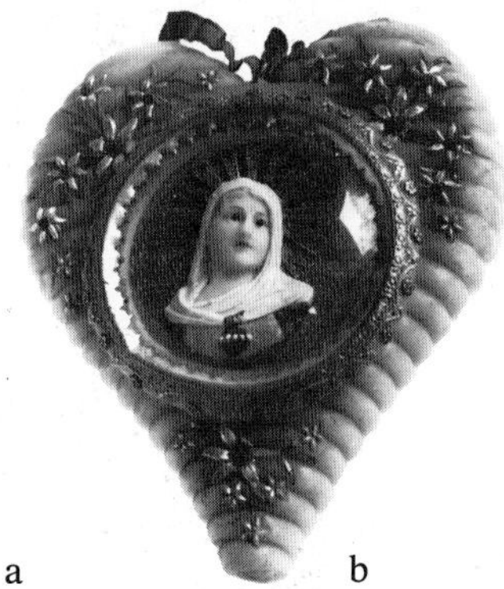
b

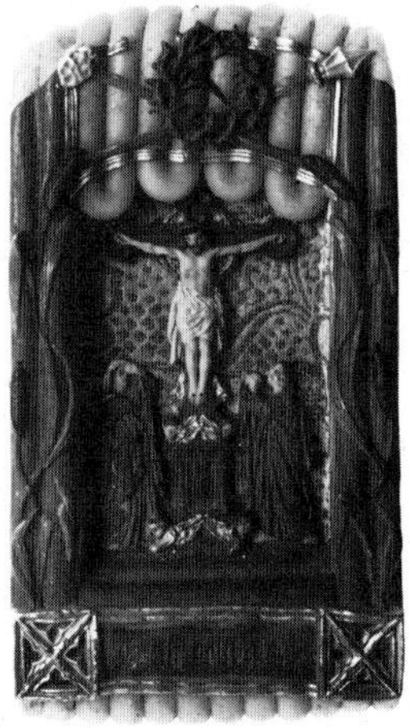
c

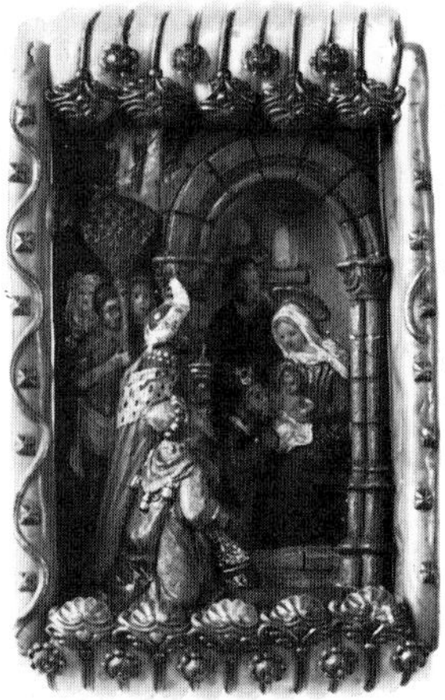
d

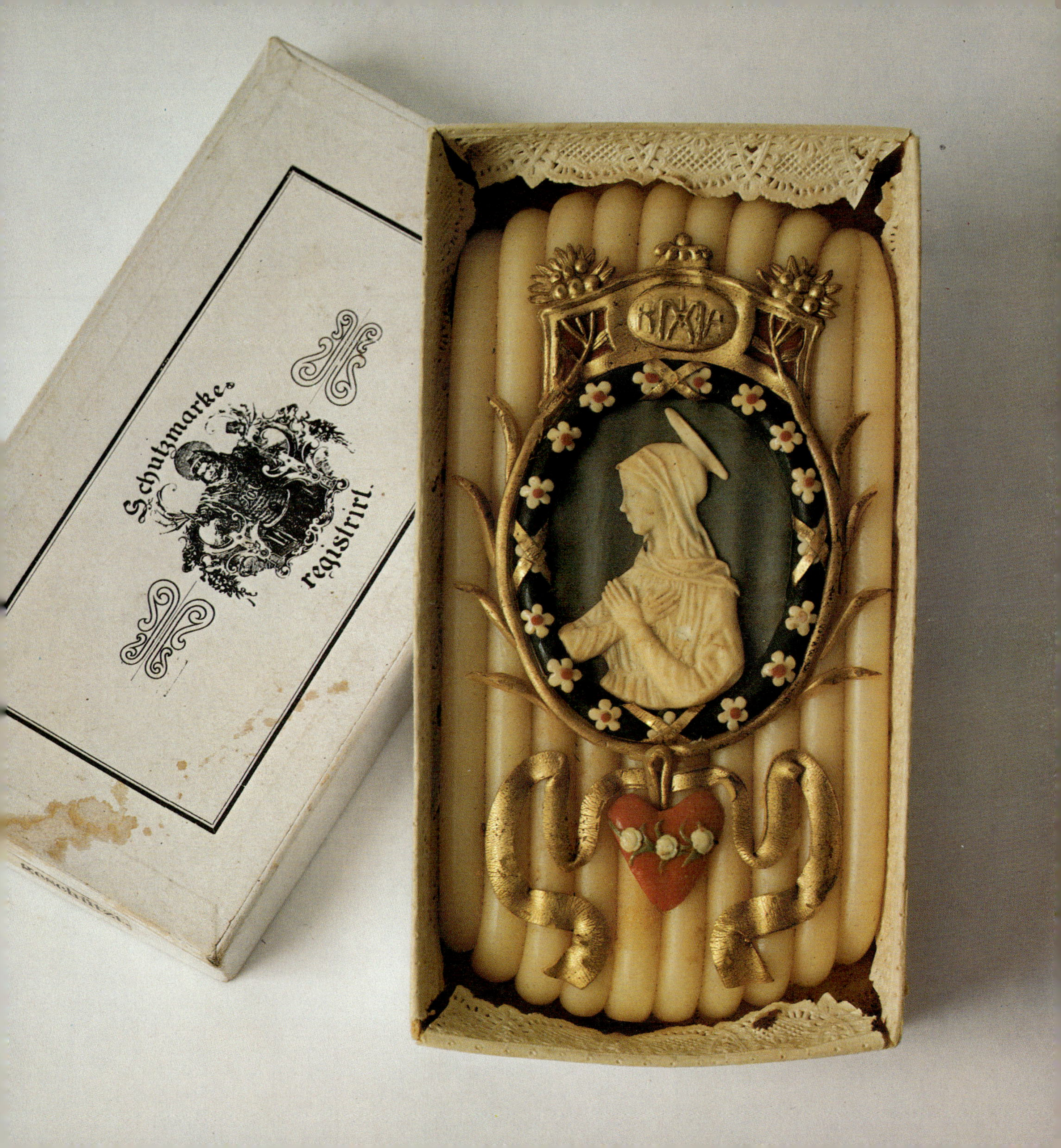
Schutzmarke
registrirt

Für kleine Geschenke, für Ringe oder den Rosenkranz machte man aus Wachsdraht gelegte Wachsschatullen in verschiedenen Farben: nicht so sehr groß und in einfacher Kästchenform, aber mit einem Spiegel an der Innenseite des Deckels und mit Seide ausgeschlagen (Weinkamer ab 1891); auch ausgekleidet mit farbiger Wachsfolie und mit einem Öldruckbild im Deckel, wie sie die Fa. Gebrüder Weinkamer noch bis um 1950 an die Uhrmacher in Ried, Schärding und Braunau in Oberösterreich lieferte, bei denen sie vor allem zusammen mit den üblichen Firmungsgeschenken gekauft wurden.[195] Es gab auch

a

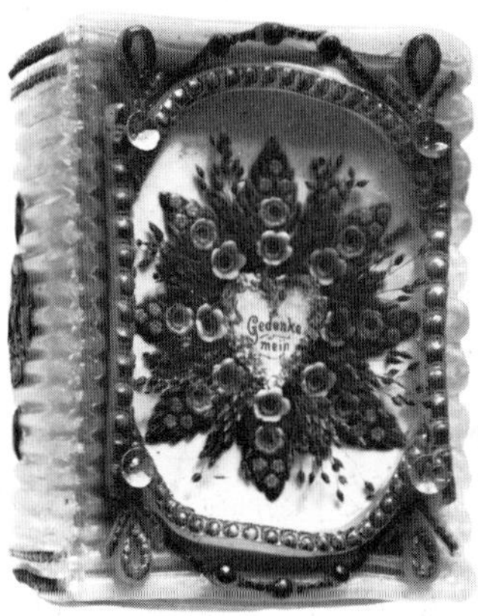

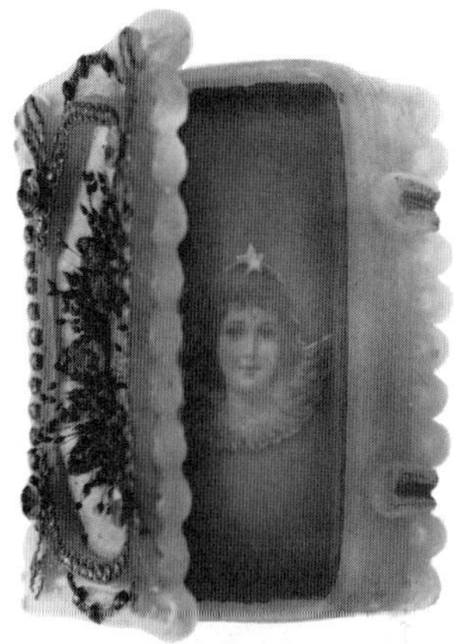

c

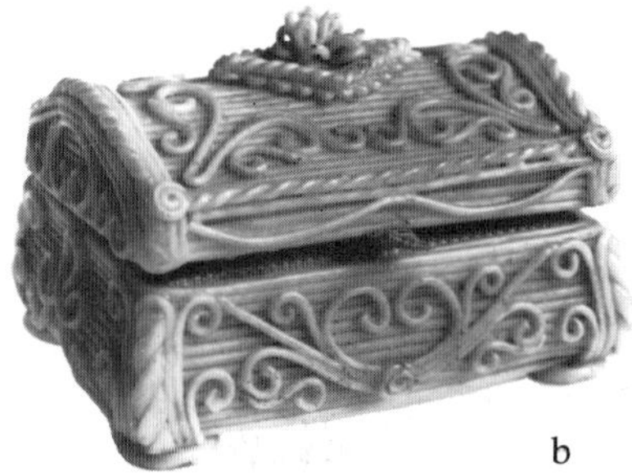

b

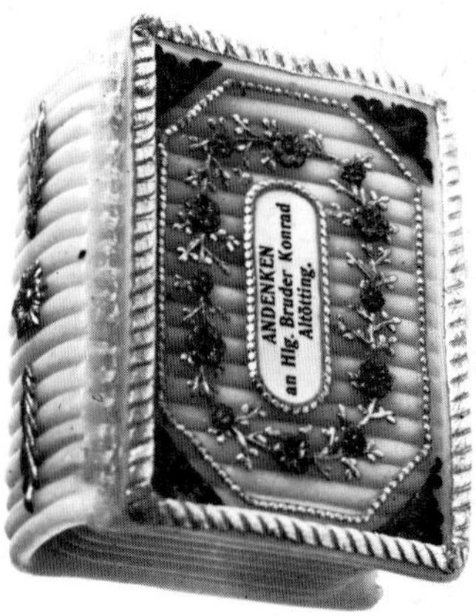

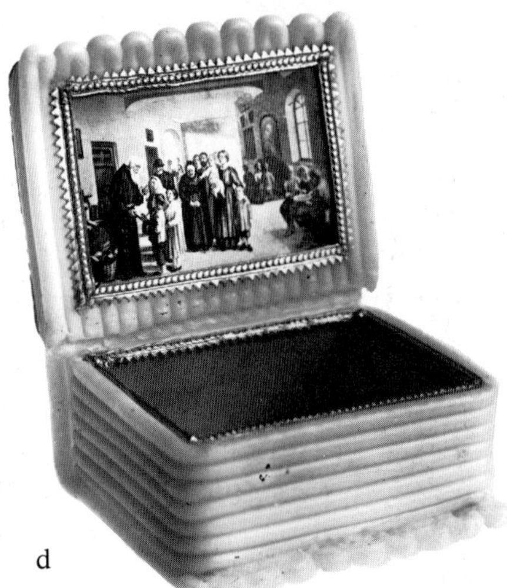

d

Schatullen aus weißem Wachsdraht,
a, b um 1960
c ausgeschlagen mit rotem Kreppapier und Oblate, vielleicht Fa. Luckner, Landshut, um 1900
d mit Öldruck »Bruder Konrad verteilt Almosen« im Deckel, Fa. Gebr. Weinkamer, Salzburg, nach 1934

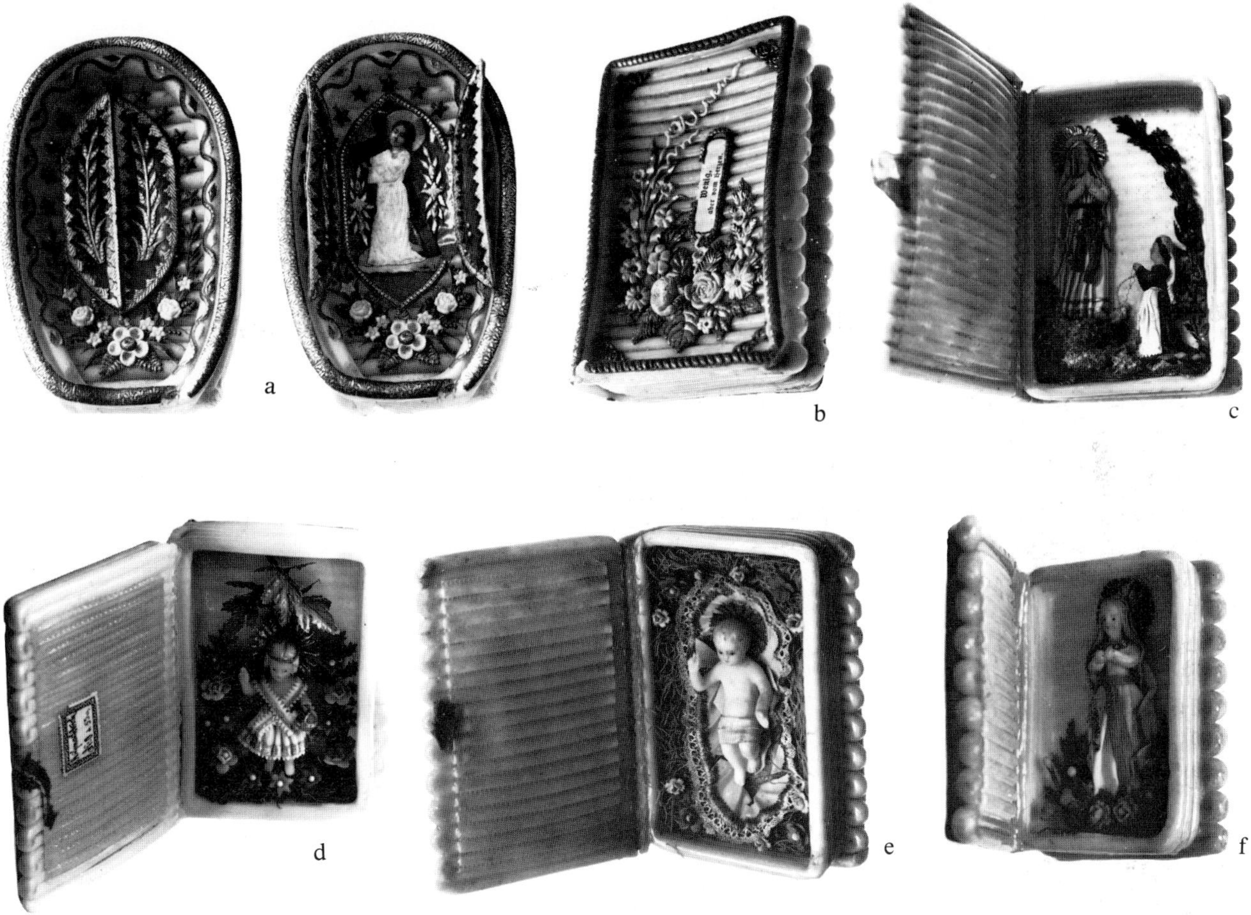

Hufeisen mit Türchen und Bücher zum Öffnen mit Wachsfiguren im Inneren, meist zwischen 1880 und 1910, z. T. Fa. Gebr. Weinkamer, Salzburg

größere, runde und rechteckige Kästchen, mit einem Blumenbouquet auf dem Deckel und Verzierungen aus Wachsdraht ringsum, das Innere wieder mit Seide gefüttert (Wiedemann, Deggendorf, bis etwa 1914).[196]

Auch sonst gab es mancherlei zum Öffnen, vor allem die übliche Gebetbuchform, ausgekleidet mit farbiger Wachsfolie, mit einem Blumenstrauß im Inneren oder mit einer jener für die Fa. Gebrüder Weinkamer so typischen, aus dünner Wachsfolie geformten Heiligenfiguren, einer Madonna oder einem Christkind (Weinkamer ab 1882, auch bei Gautsch, Luckner, Sallinger u. a.).

Neben all diesen in vielerlei Abwandlungen von zahlreichen Wachsziehern hergestellten Wachsstöcken versuchten manche Betriebe auch Außergewöhnliches anzubieten. Vor allem in den sog. Gründerjahren nach 1870 mit ihrem allgemeinen wirtschaftlichen Aufschwung, der parallel lief mit dem Aufkommen neuer Beleuchtungstechniken und einer nachlassenden Kerzennachfrage, entstanden zum Teil höchst phantasievolle, neue Wachsstockformen.

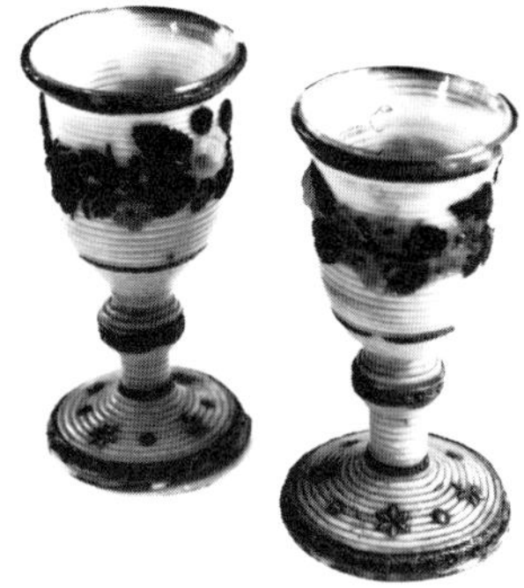

a

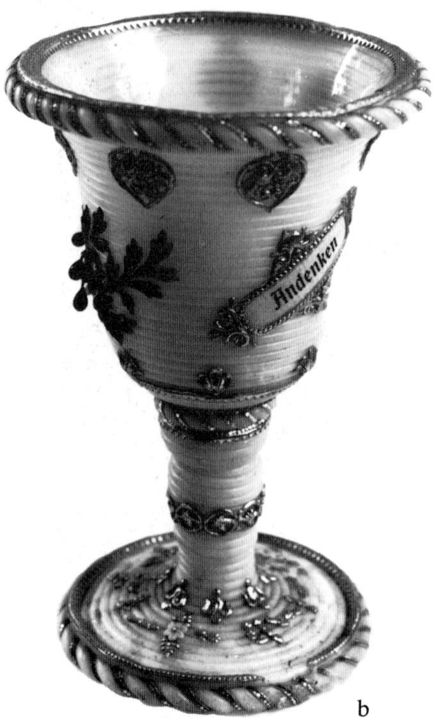

b

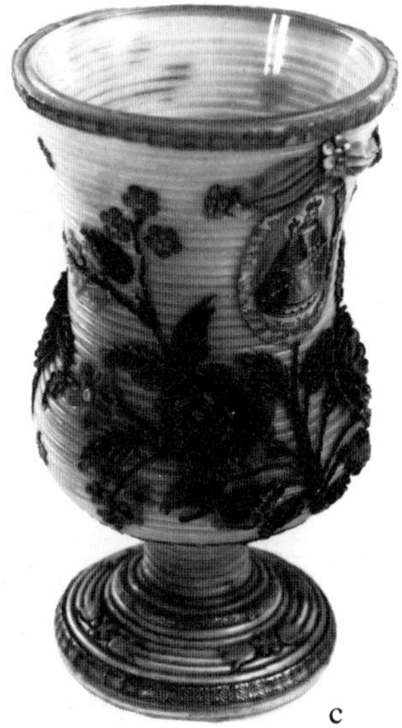

c

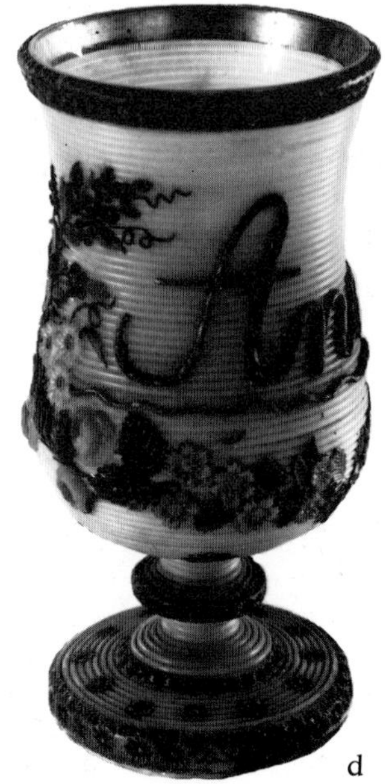

d

<V verschieden geformte Gläser, mit Wachsdraht umwickelt und verziert oder völlig aus Wachsdraht geformt (e, g), 19. Jh.

Gläser aller Art hatte man schon seit längerer Zeit mit dünnem Wachsdraht umwickelt und verziert. Nun bot man auch völlig aus Wachsdraht geformte Weihwasserkessel, Kaffeeschalen und Kelche an, *feinst verziert mit Gold und Blumen,* nicht zu verwechseln mit jenen gegossenen Kelchen, die man mindestens vom 17. Jahrhundert an und bis in unsere Zeit Priestern mit in den Sarg gibt.

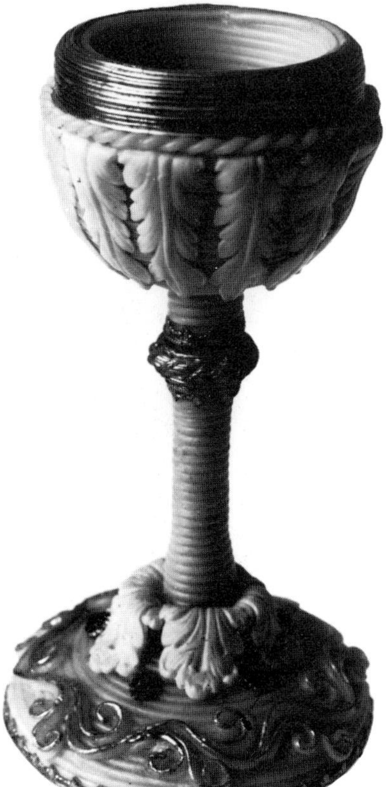

e

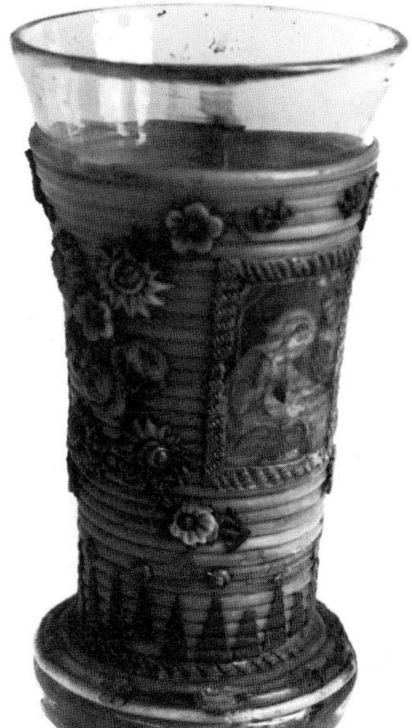

f

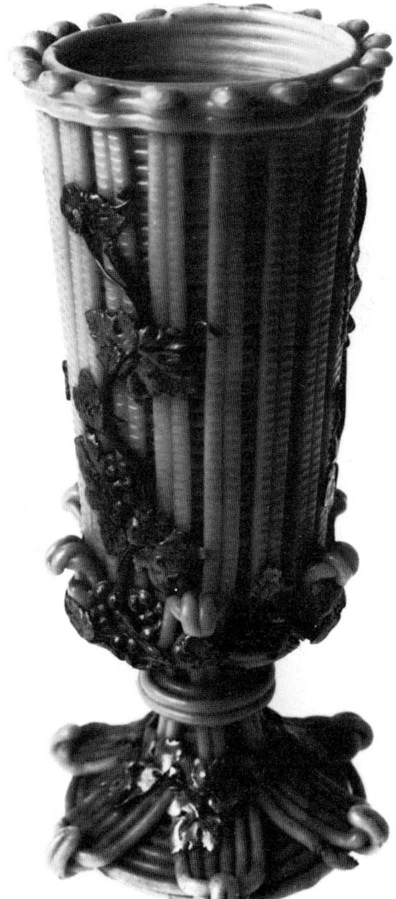

g

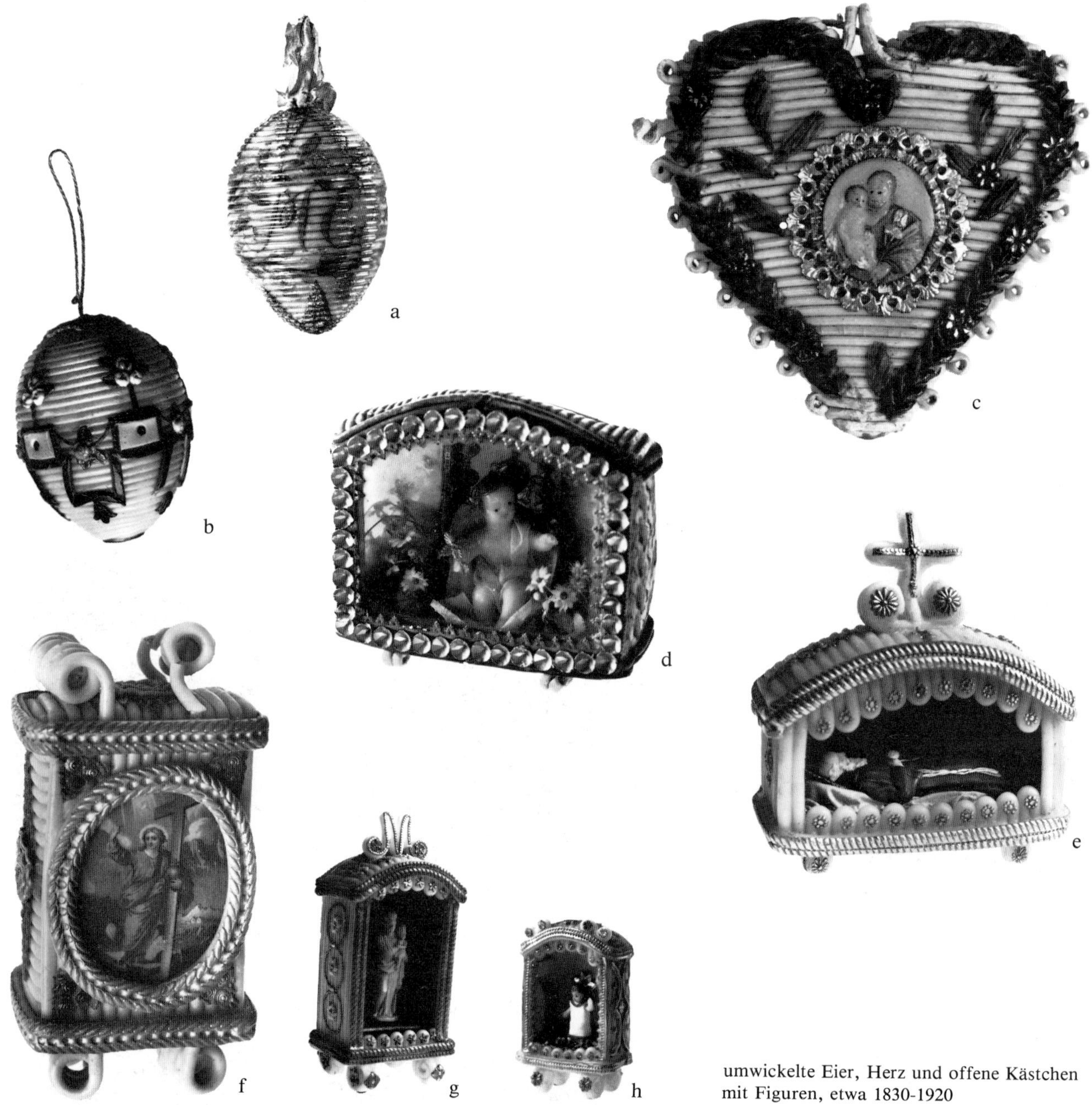

umwickelte Eier, Herz und offene Kästchen mit Figuren, etwa 1830-1920

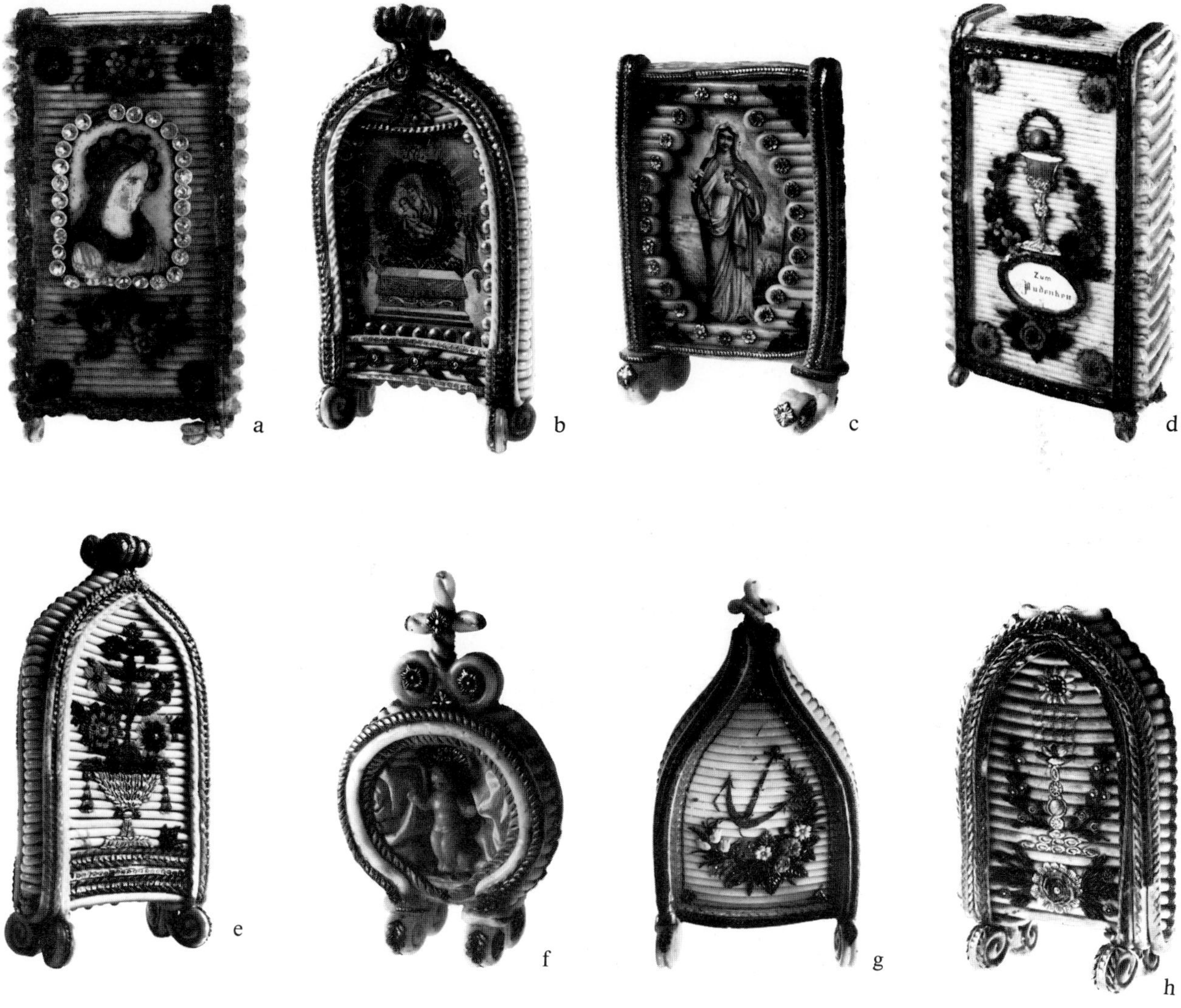

verschieden geformte Aufstelltafeln, 19. Jh.

Man umwickelte Hühnereier und verzierte sie. Man machte Herzen und offene Kästchen zum Aufstellen, auch Aufstelltafeln in Rechteck- und Hufeisenform, mit und ohne Nische, aber immer mit religiösen Darstellungen.

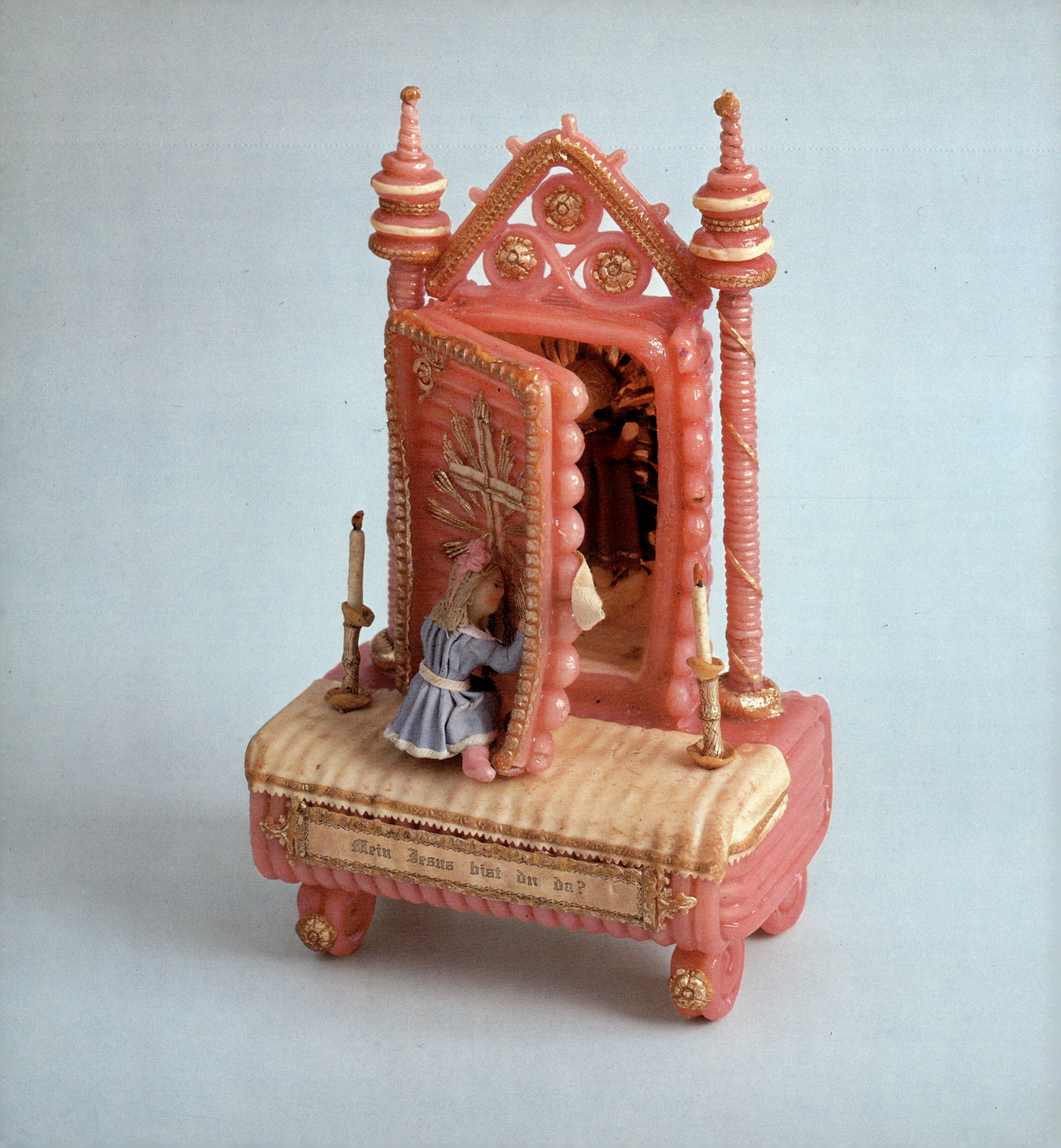
Mein Jesus bist du da?

Kindliches Vertrauen.

Schon dämmert es in der Kapelle,
Und ringsum ist es leer und still;
Nur dort das Kind noch auf der Schwelle,
Was das allein so spät noch will!

Es naht sich schüchtern dem Altare,
Und hebt die Händchen bittend auf;
Das Kindesauge blickt, das klare,
Zum Heiland sehnsuchtsvoll hinauf.

Die treuen Mägde, die es pflegen,
Die haben einmal es belehrt:
„Dein Vater geht auf irren Wegen,
Kind! bete, daß er heimwärts kehrt!“

Die Kleine hat dies Wort vernommen,
Und in das Herzchen tief gesenkt,
D'rum ist sie heimlich jetzt gekommen,
Weil sie der Kindespflicht gedenkt.

Nichts regt sich, — Alles bleibt in Ruhe,
Da plötzlich streift das Mägdlein frisch
Vom kleinen Fuß die warmen Schuhe
Und klettert flink auf Gottes Tisch.

Das Köpfchen drückt's nach Kinderweise
Dem Tabernakel lauschend nah,
Dann an der Thüre klopft es leise,
Und flüstert: „Jesus, bist Du da?“

Kein Laut! nur von den Wänden nieder,
Tönt es wie ferner Widerhall,
Die Kleine horcht, und klopfet wieder,
Und ruft den Herrn zum zweiten Mal.

Auch diesmal bleibt es auf die Worte
Der milden Kinderstimme still,
Und wieder pocht es an die Pforte
Ob denn der Herr nicht hören will!

„Mein Jesus, bist Du da!“ — Die Frage,
Die es bisher umsonst gethan,
Vertrauensvoll und ohne Klage
Stellt sie das Kind noch einmal an.

Und diesmal war es nicht vergebens,
Denn aus dem Innern tönt es gelind
Wie Frühlingshauch, ein Wort des Lebens,
Ja, ich bin da, was willst du, Kind?

1.

Bekehre mir den Vater — flehte
Die Kleine nun so inniglich,
Daß er Dich auch, wie wir, anbete,
Wie meine Mutter und wie ich!

O süßer, treuer Kinderglaube,
Der so mit Gott vertraulich spricht!
Sei nur getrost, Du reine Taube,
Dir widersteht der Heiland nicht!

Die Kleine eilt vom Herrn gesegnet
Zu den Gespielinen hinaus, —
Ob sie dem Engel wohl begegnet
Den Gott gesandt in's Elternhaus!

Nur wenig Tage sind verflossen,
Und schon geschah, was sie erfleht,
Es hat den Himmel aufgeschlossen,
Dem Vater seines Kind's Gebet.

Diese Thatsache hat sich im Jahre 1877 in einer irischen Erziehungsanstalt zugetragen.

Carl Poellath, Schrobenhausen.

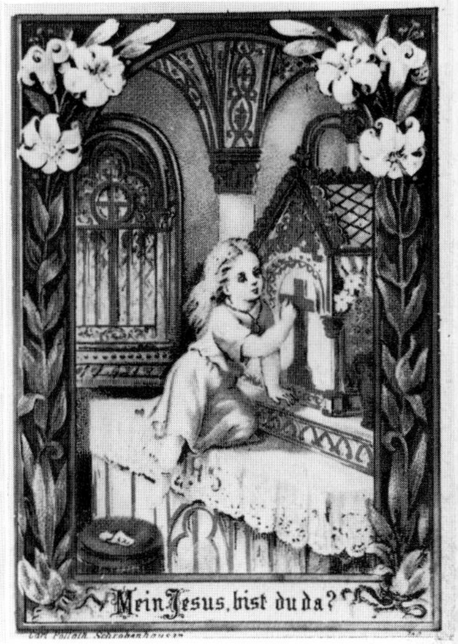

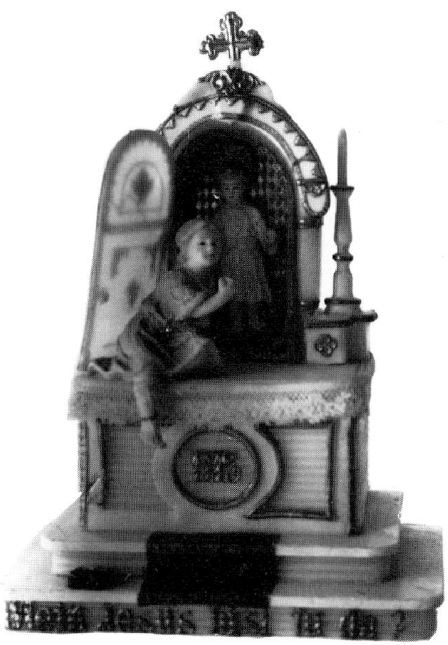

Die Fa. Weinkamer bot ab 1882 einen sog. Kapellenstock mit Glas und *figurellem Inhalt* an, der später durch ein rotes Dach abgewandelt wurde. 1894 heißt es in ihrer Preisliste *Neuheit! Monstranzen-Wachsstöcke, reich in Gold und Silber aufgezwickt von fl. 1.- aufwärts* und schon drei Jahre früher war man mit einer *Nouvität* auf den Markt gekommen, die sich bis ins 20. Jahrhundert besonderer Beliebtheit erfreute: der sog. *Altarstock zum Öffnen,* angeboten in weißem und in rosa Wachsdraht, war eine Darstellung der damals offenbar als höchst dramatisch empfundenen Bekehrungsgeschichte, die sich 1877 in einer irischen Erziehungsanstalt zugetragen haben soll und die auch von den Andachtsbilder-Fabrikanten eifrig popularisiert wurde. Das Motiv des vor einem zu öffnenden Tabernakel knieenden Kindes wurde auch von anderen Wachsziehern aufgegriffen, es war noch nicht üblich, sich seine Einfälle — wie es die Fa. Gautsch nach 1905 machte — gesetzlich schützen zu lassen.

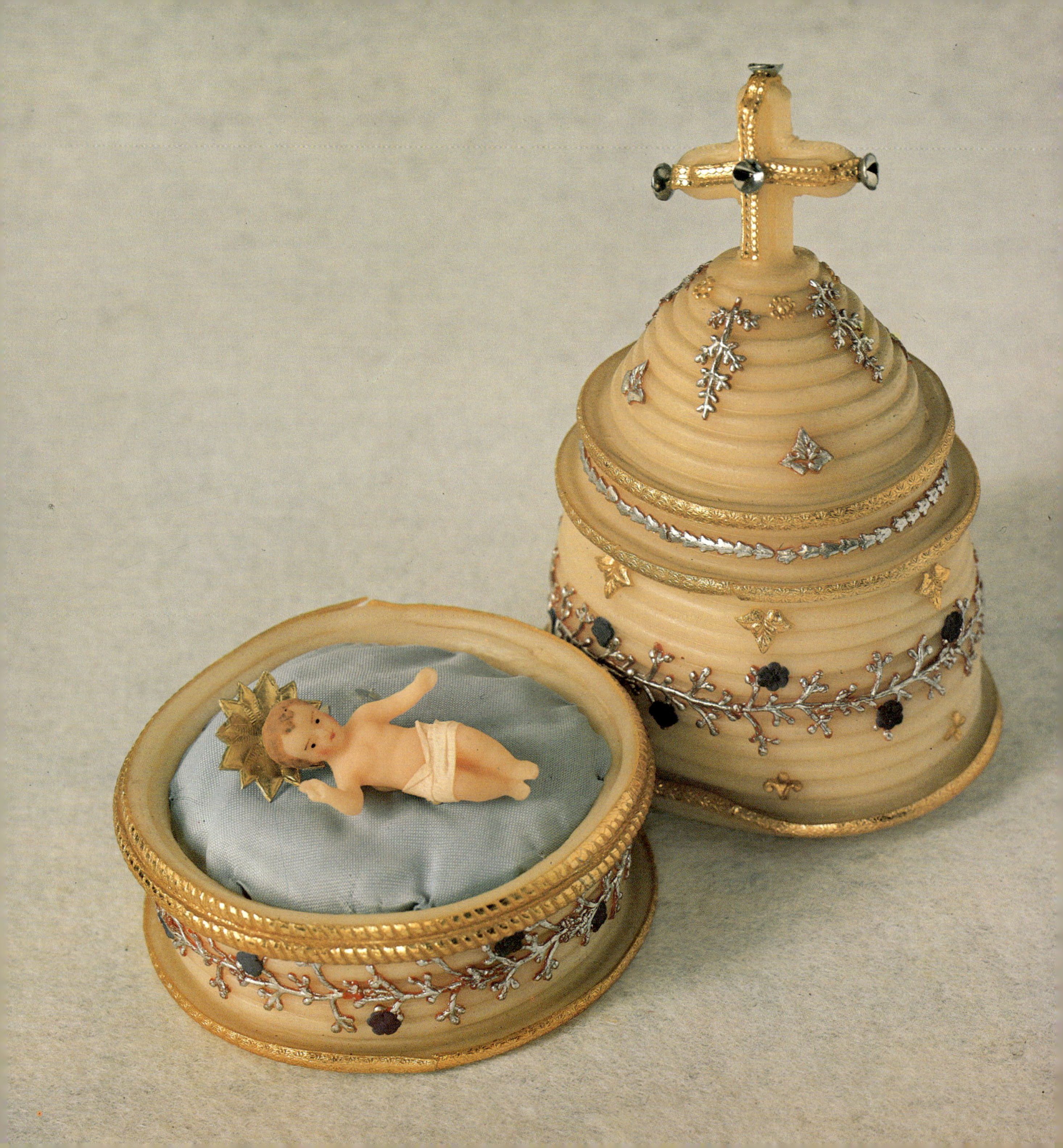

S. 128 Altarstock zum Öffnen der
Fa. Gebr. Weinkamer, Salzburg, nach 1891

S. 129 oben: Andachtsbild der Fa. Carl Poellath, Schrobenhausen, um 1880/90
unten: Altärchen, um 1880/90

Ab 1904 bot man bei Weinkamer auch einen sog. Mitrastock an, der noch 1936 in der Preisliste auftaucht und vereinzelt bis in die 50er Jahre gemacht wurde, ein kostbar wirkendes, 12-27 cm hohes Stück, dessen Oberteil abgehoben werden konnte, innen völlig mit hellblauer Seide ausgeschlagen war und ein liegendes Jesulein enthielt.

Wachsstöcke zum Abheben führte um 1905 auch die Fa. Gautsch in München: eine Madonna mit goldener Krone; einen Reichsapfel mit goldenem Kreuz in den Farben blau und bordeaux; eine *Monachia* mit den Frauentürmen. Gautsch bot um diese Zeit auch einen Grottenwachsstock mit Lourdes Madonna an, ein Haus-Nazareth, eine Gotische Kapelle mit farbigem Wachsrelief Ave Maria, und einen *Krippenwachsstock, Geburt Christi im Stall mit Figuren Joseph, Maria, Jesuskind und zwei Hirten, Höhe 210 mm, Breite 170 mm,* alles gesetzlich geschützte Muster, wie im Katalog ausdrücklich vermerkt wird.[197]

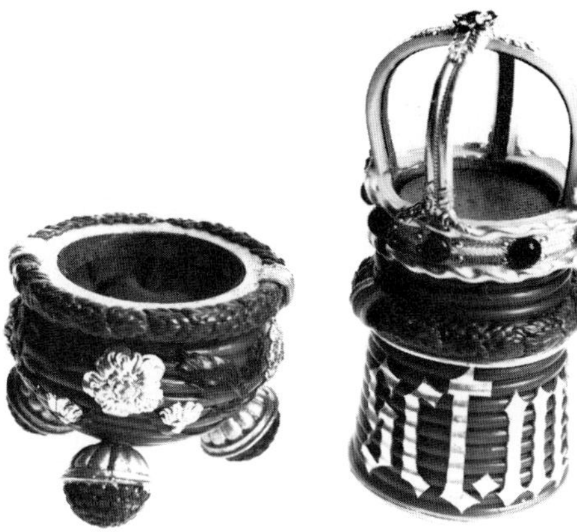
a

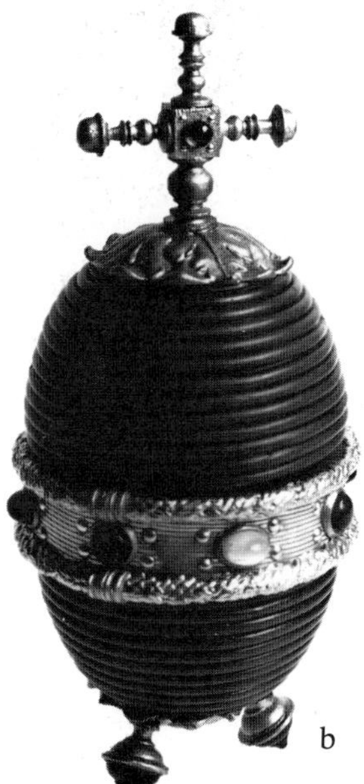
b

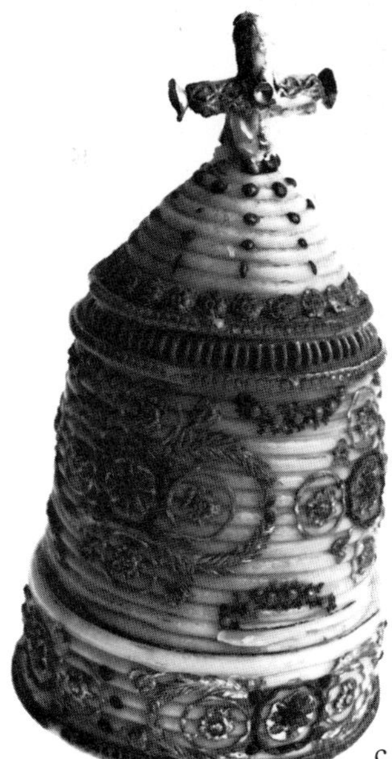
c

a, b Wachsstöcke zum Öffnen,
Fa. Gautsch, München, nach 1905
c sog. Mitrastock der Fa. Gebr. Weinkamer, Salzburg, nach 1904

< sog. Mitrastock der Fa. Gebr. Weinkamer, Salzburg, nach 1904

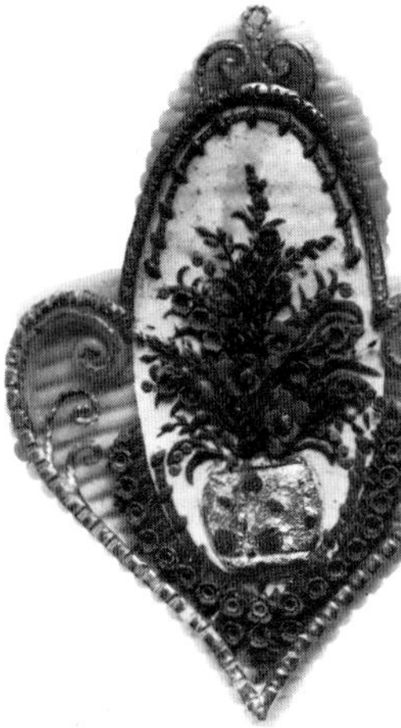

a

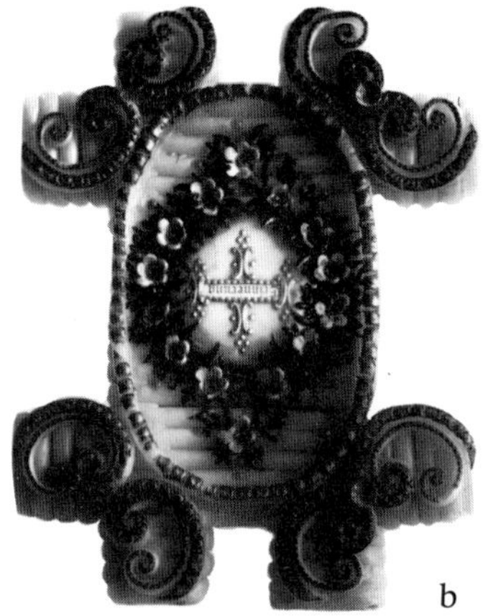

b

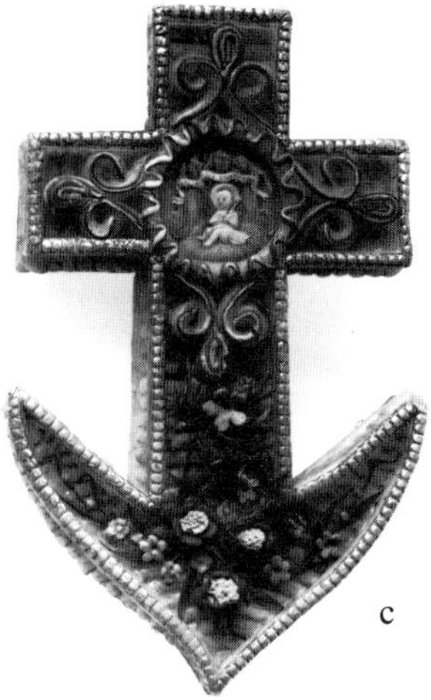

c

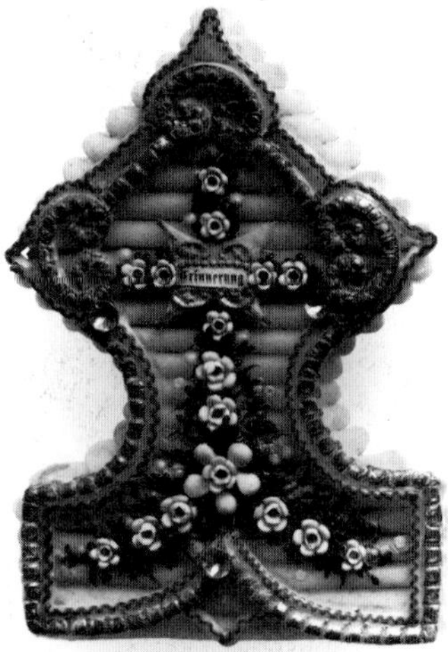

d

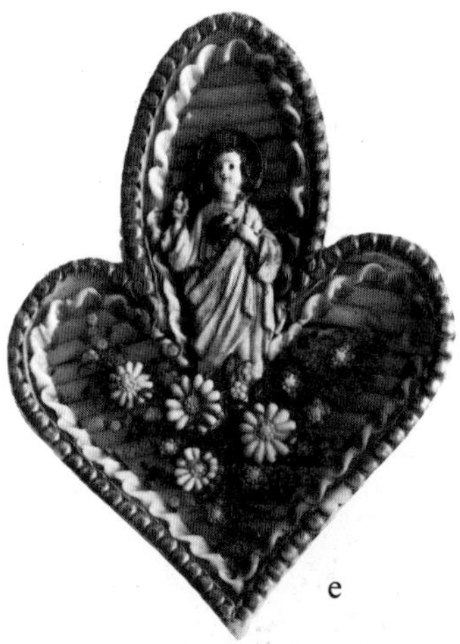

e

Um die gleiche Zeit kam die Landshuter Fa. Luckner mit anderen *feinst verzierten Neuheiten* auf den Markt: mit flachen, aus weißem Wachsdraht gearbeiteten und unterschiedlich dekorierten Wachsstöcken, die sich durch ihre phantasievollen und ungewöhnlichen Umrißformen auszeichneten.[198] Ähnliches, wenn auch keineswegs in dieser Vielfalt, wurde bis in die 30er Jahre von der Fa. Sallinger in Krumbach/Schwaben hergestellt und auch Gautsch führte um 1905 Wachsstöcke in runder und ovaler, in Herz- und Rautenform.

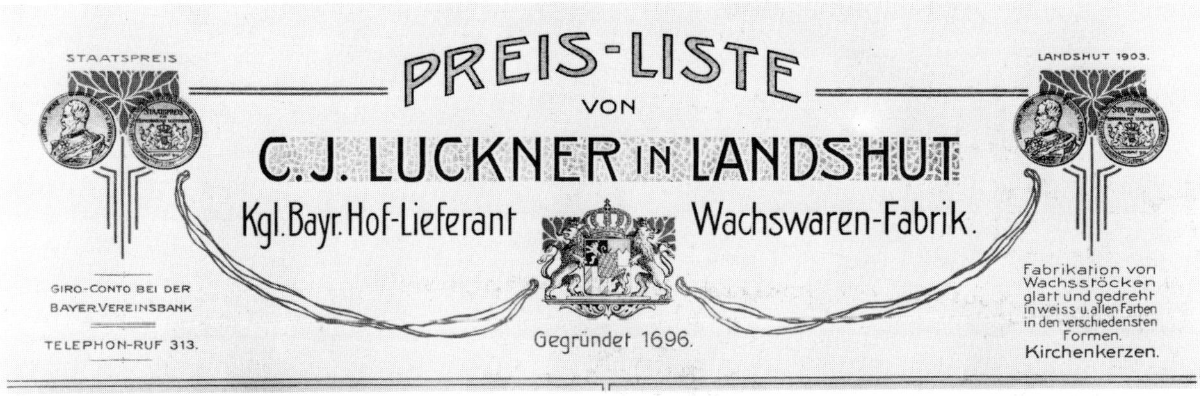

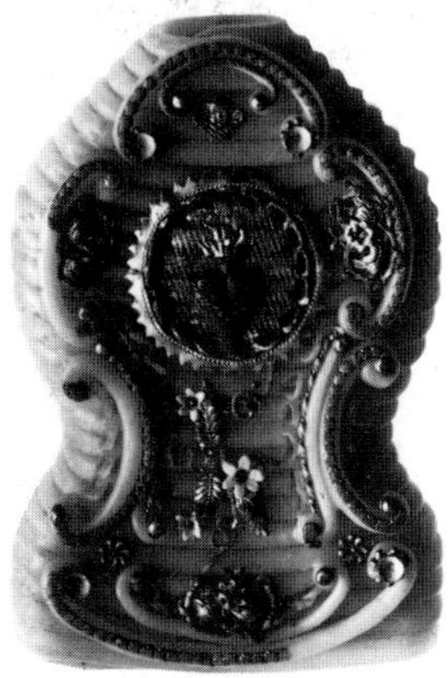
f

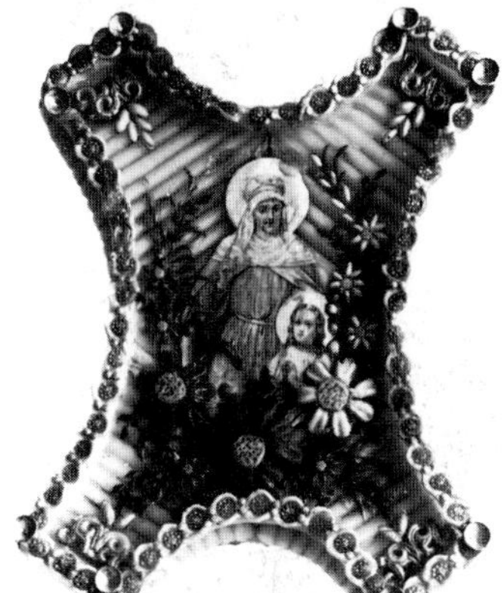
g

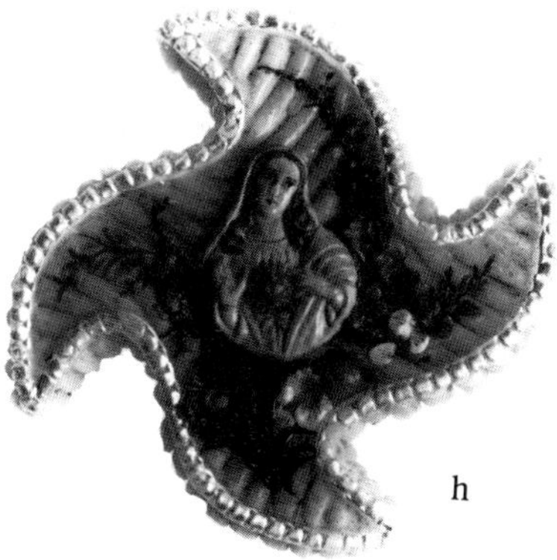
h

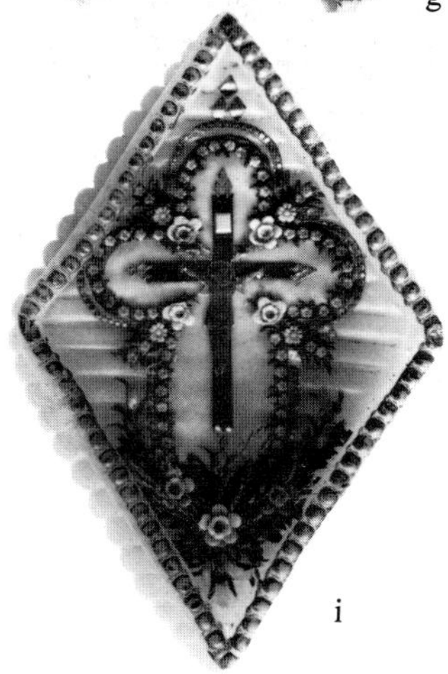
i

∧ Titelseite einer bebilderten Preisliste der Fa. C. J. Luckner, Landshut, um 1905

≶ verschieden geformte und verzierte Wachsstöcke der Fa. Luckner, Landshut, die um 1905 als Neuheit auf den Markt kamen

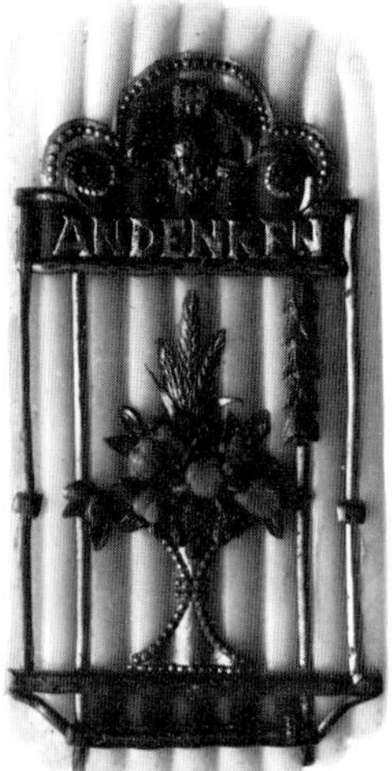

a

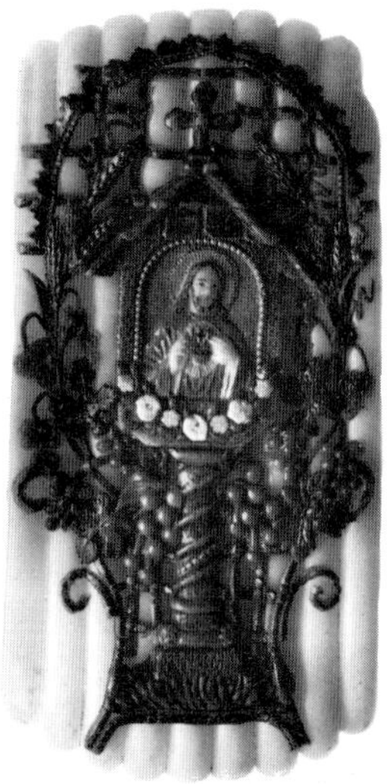

b

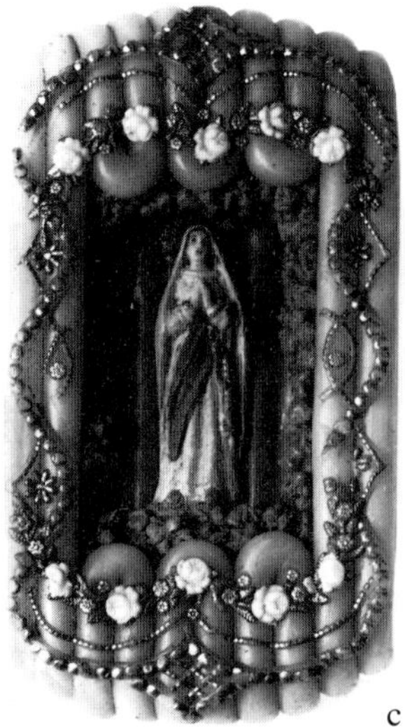

c

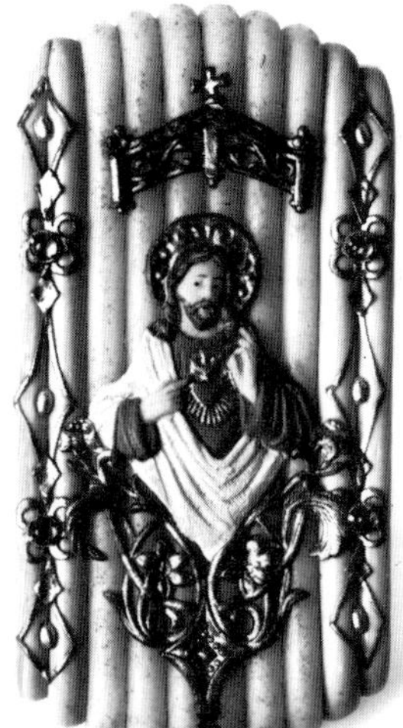

d

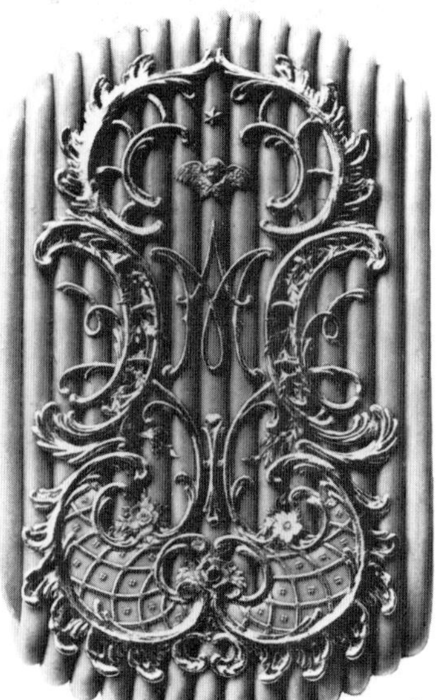

e

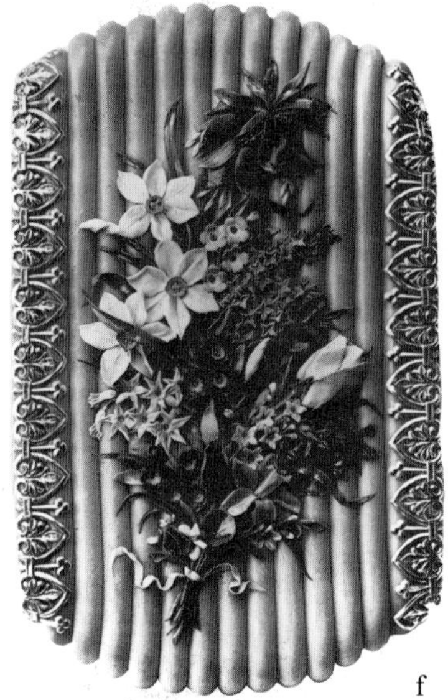

f

verschieden verzierte Taschen
a,b um 1880
c der Fa. Sterr, Prien, sog. Kastlstock, um 1910
d der Fa. Gautsch, München, um 1910
e verziert von Ludwig Ebenböck, München, 1888
f verziert von Marie Ebenböck, München, 1888

Eine Renaissance erlebte die einfache, lange Taschenform, die schon 1888 von den Ebenböcks als Grundlage ihrer aufwendig gestalteten Ausstellungsstücke benutzt wurde, nach 1900: Luckner in Landshut fertigte verzierte Taschen u.a. mit wirkungsvollen farbigen Seitenzügen; Sterr in Prien/Chiemsee Taschen mit Nischen, die er als »Kastlstöcke« bezeichnete; und von 84 einseitig verzierten Wachsstöcken, die die Fa. Gautsch um 1905 in ihrem Katalog aufführt und in 4-8 Größen anbietet, sind 57 lange Taschen.[199]

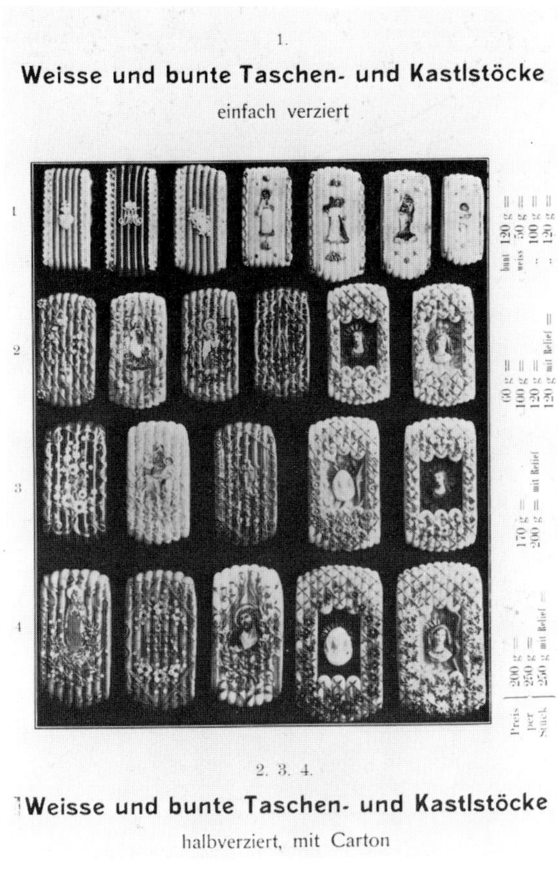

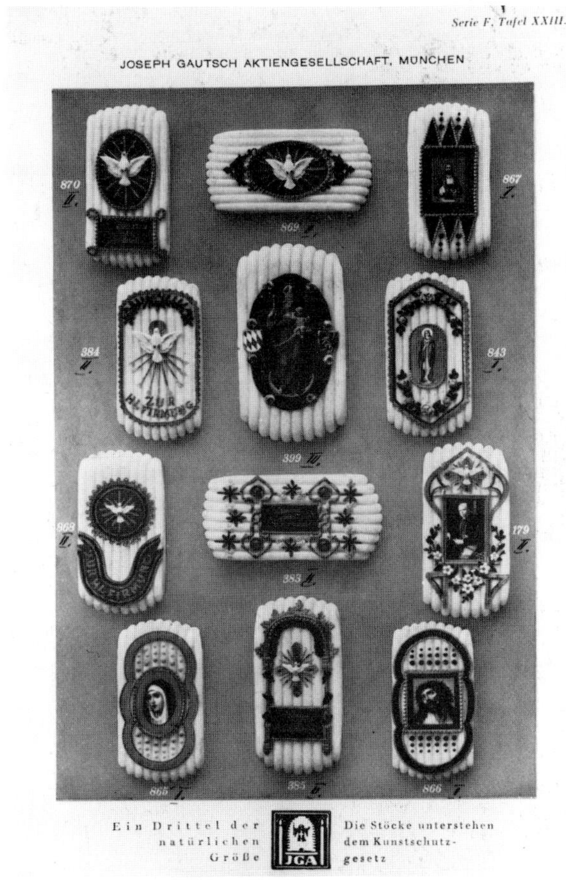

links: Katalogseite der Wachszieherei Sterr, Prien, um 1910
rechts: Katalogseite der 1922 in eine AG umgewandelten Fa. Joseph Gautsch, München, um 1925/30

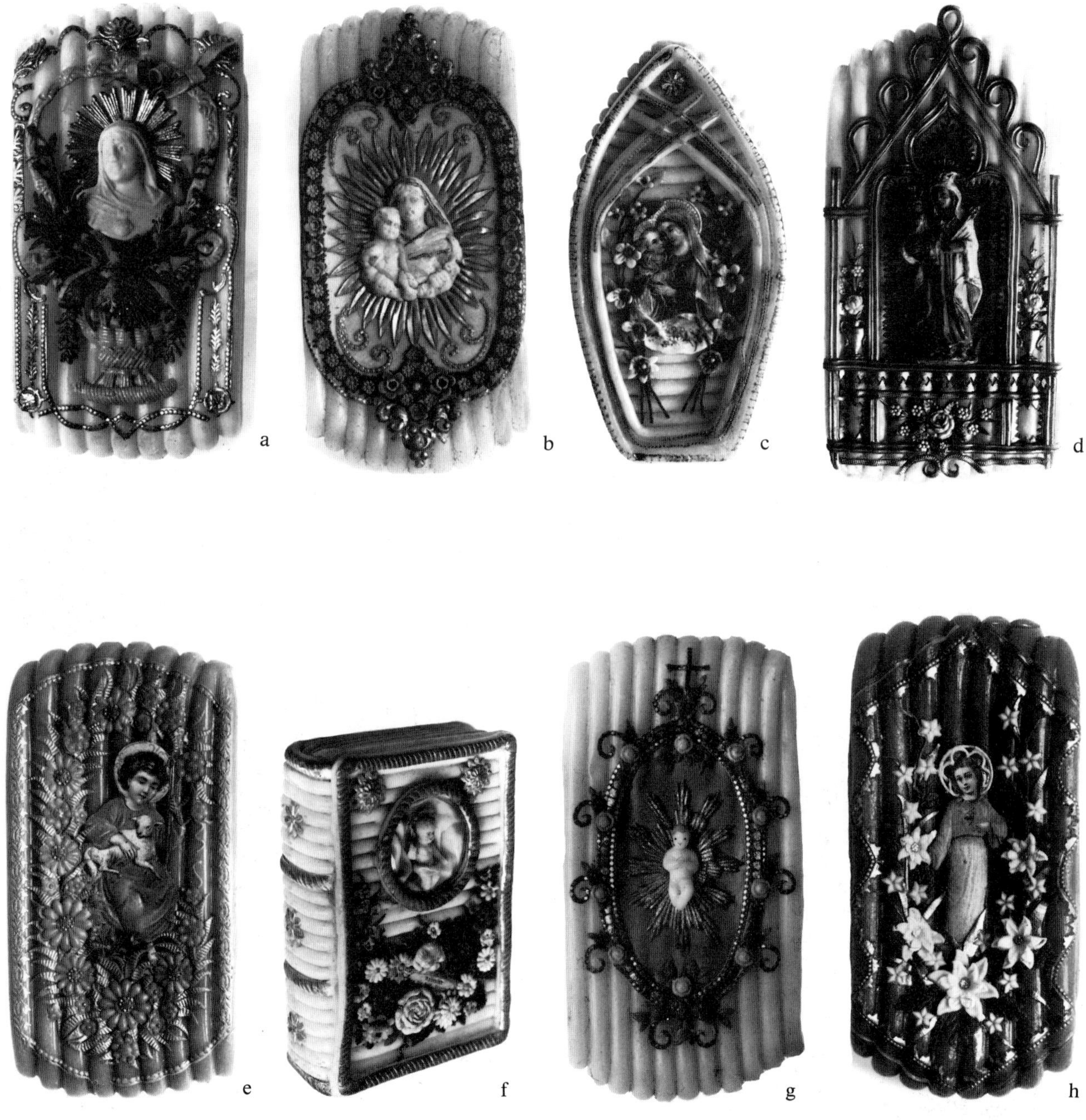

a b c d e f g h

Die verwendeten Motive kreisen fast alle um religiöse Themen. Immer wieder ist ein Heiliger dargestellt, die Madonna, Christus und das Jesuskind. Beliebt sind die Weihnachtsszene und der Auferstandene, das Osterlamm; Kreuz, Anker und Herz als die Symbole für Glaube, Hoffnung und Liebe; Kelch und Monstranz; Christus- und Marienmonogramm.

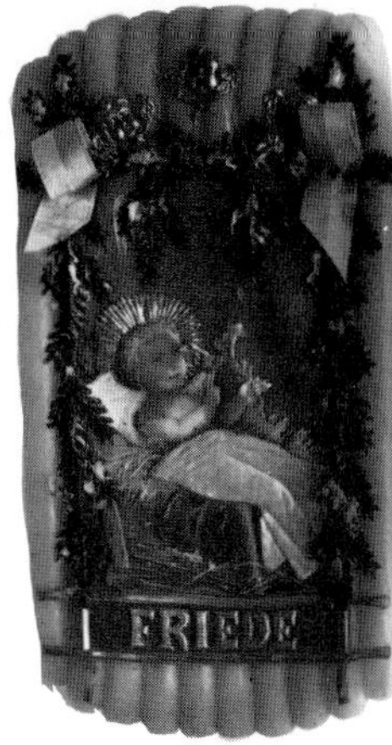

a

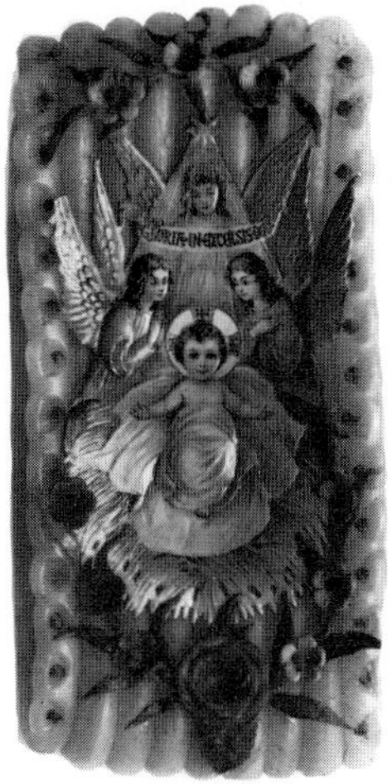

b

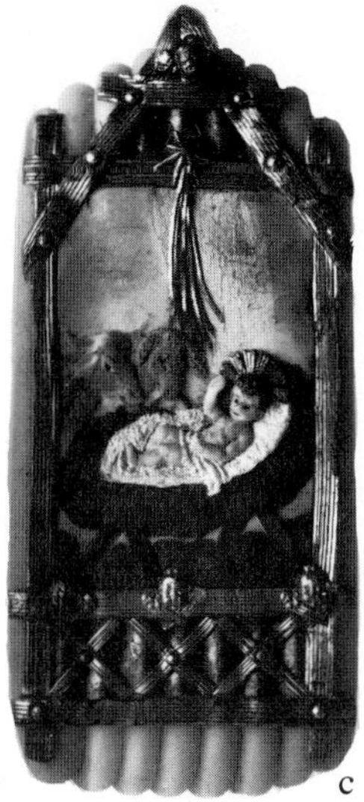

c

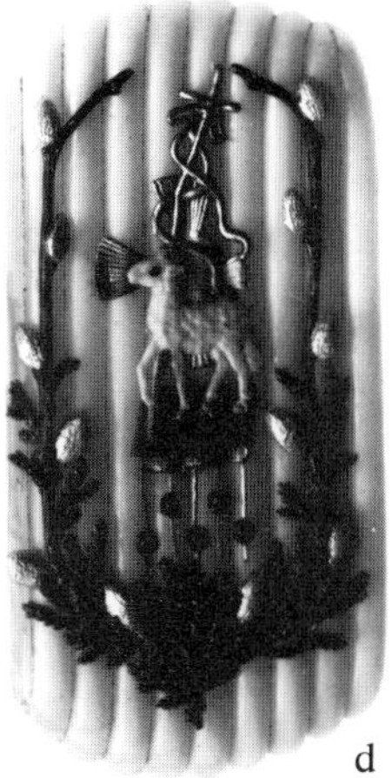

d

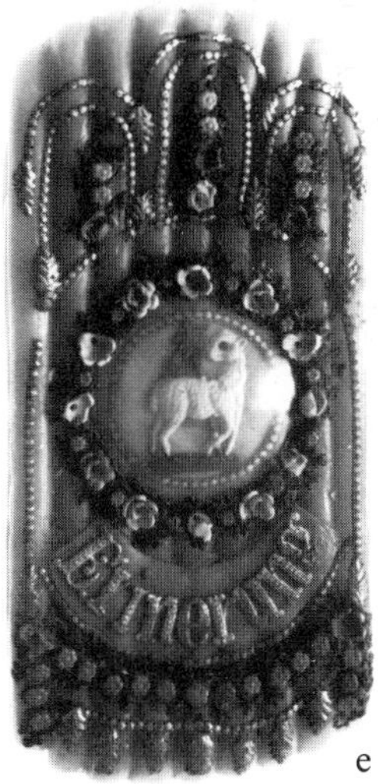

e

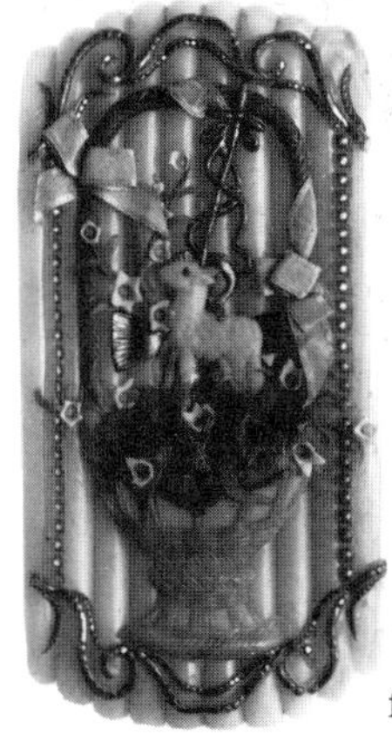

f

< a-d Wachsstöcke mit Madonnendarstellungen, etwa 1880/90-1900
e-h Wachsstöcke mit Darstellungen des Christkinds oder des Jesusknaben, 1890-1920

> a-c Wachsstöcke mit Weihnachtsdarstellungen, um 1900-1914/18
d-f Wachsstöcke mit Osterlämmern, um 1900-1920

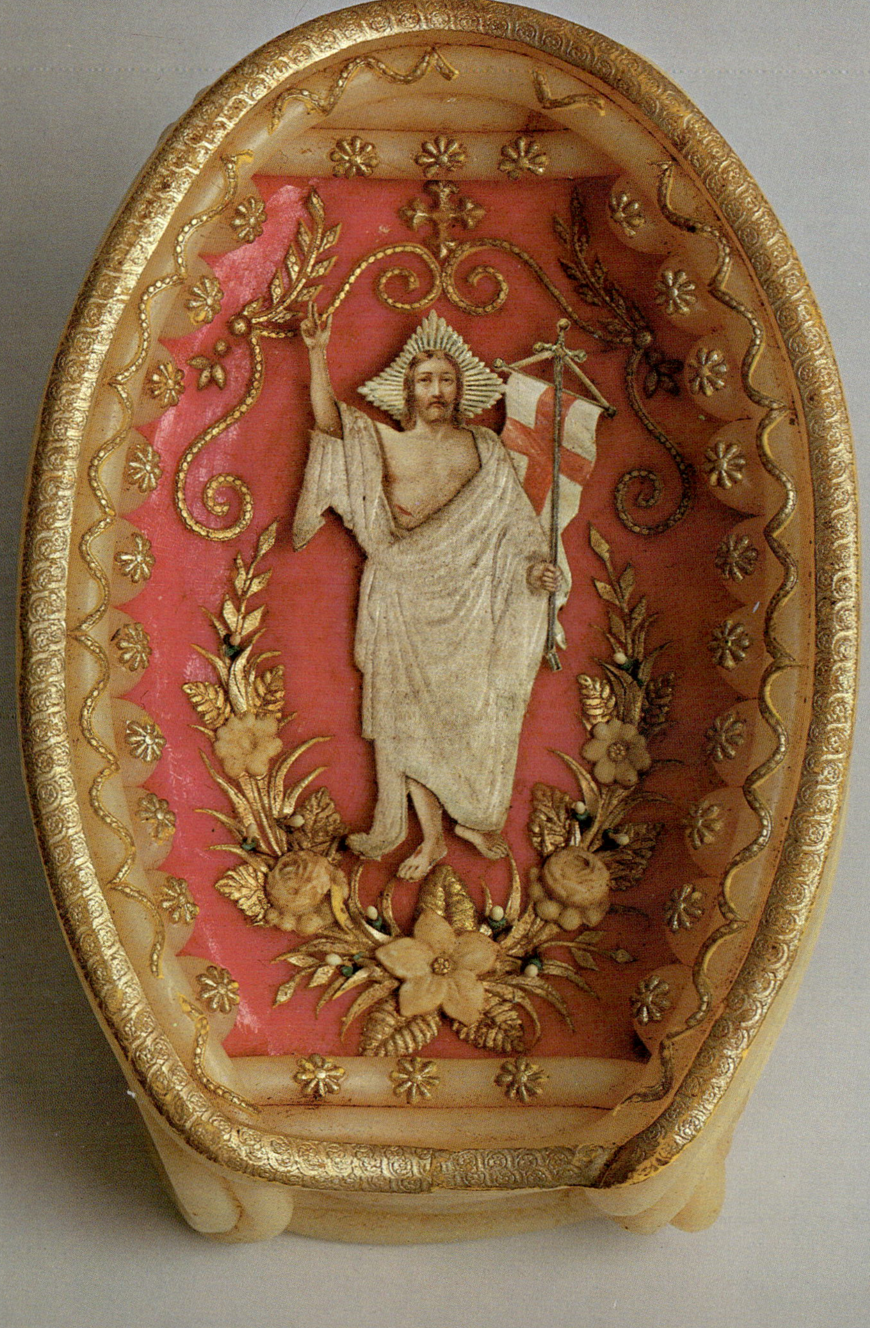

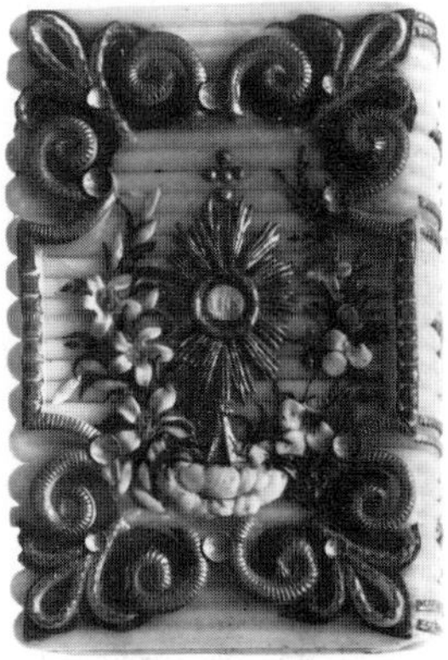
a

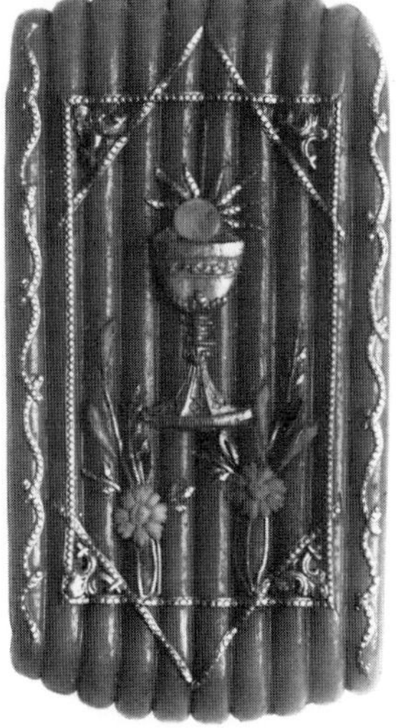
b

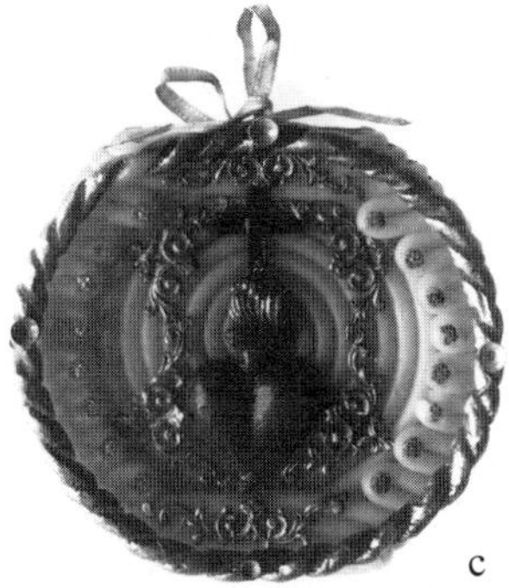
c

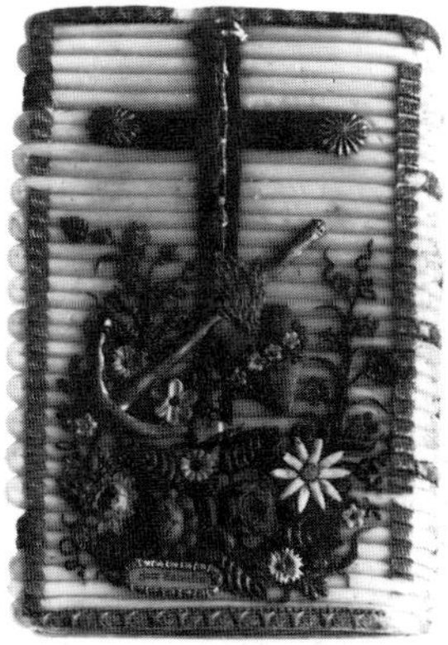
d

a-d Wachsstöcke mit Monstranzen, Kelchen und christl. Symbolen, 2. H. 19. Jh.
e-g Wachsstöcke mit Christus- und Marien-Monogrammen, 1920/30

< österlicher Wachsstock mit Stoffoblate auf Wachsplatte, 1880/90

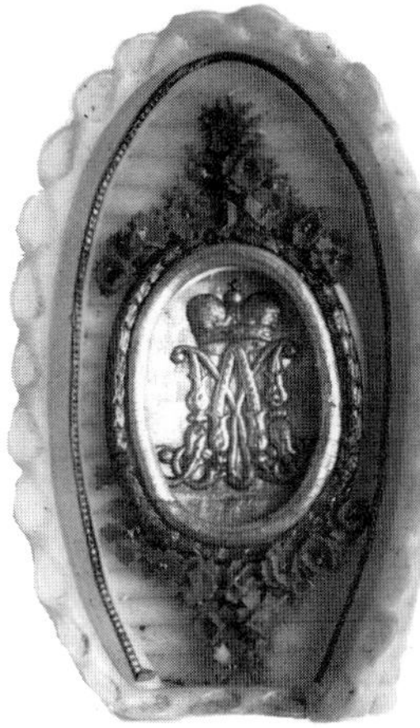
f

e

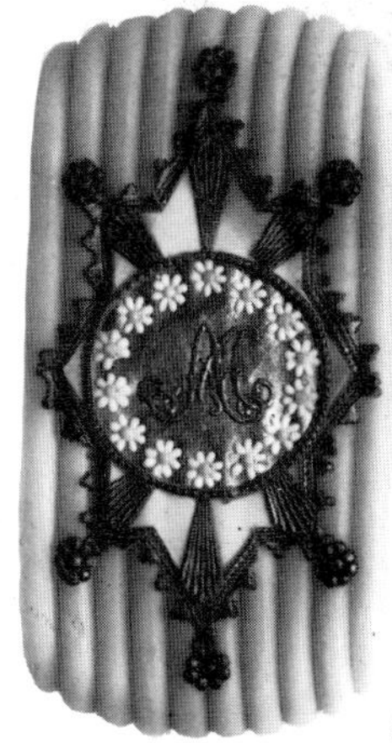
g

Weltliche Darstellungen sind selten, nehmen dann — gedacht als Reiseandenken — Bezug auf einen Ort, wie z. B. die Wachsstöcke, die von der Fa. Ebenböck nach 1900 mit den bayerischen Rauten in blau-weiß und dem Münchner Kindl angeboten wurden[200], oder — mit schnäbelnden Tauben und zwei ineinandergeschlungenen Händen — auf Liebe und Hochzeit. Wachsstöcke mit derartigen Verzierungen wurden gern auch gemeinsam mit Brautkranz, Hochzeitsbüschel oder Blumen und Ranken, die aus dem Haar der Neuvermählten gefertigt wurden, in Aufstellkästchen montiert. Bei Weinkamer wies man um 1900 ausdrücklich darauf hin, daß man den *Kranzlbinderinnen* alles für *Tafeln etc.* nötige zuschickt, *sollten uns diese Andenken zum hierortigen Gruppieren nicht eingesendet werden.*

Weitaus am beliebtesten und in vielfältigen Variationen immer wieder aufs Neue verwendet wurden Ranken, Blumen und Blüten.

> Hochzeitsandenken, Aufstelltafel, Österreich um 1900

V Wachsstöcke als Liebesgaben
a Brautstock, um 1900
b mit großem L für Liebe, 1880/90
c, d mit schnäbelnden Tauben, um 1910

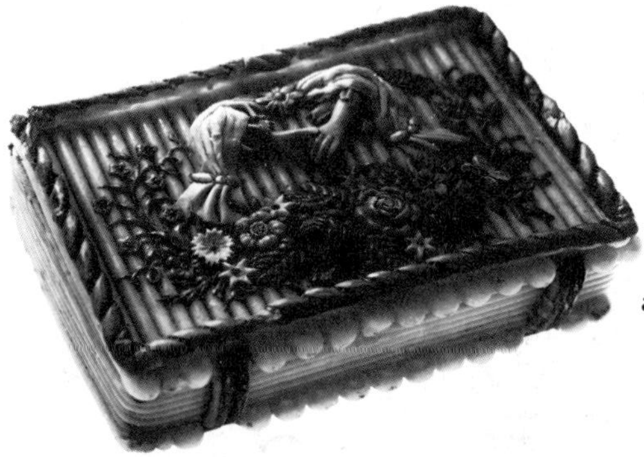

a

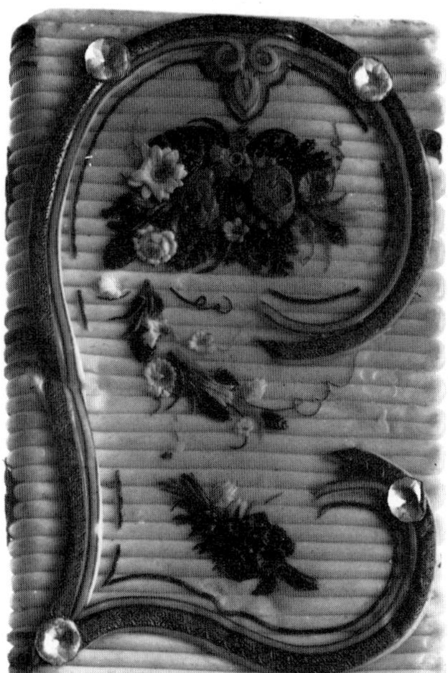

b

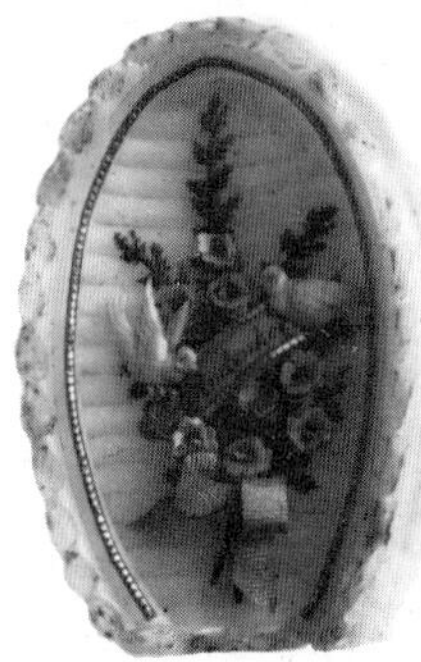

c

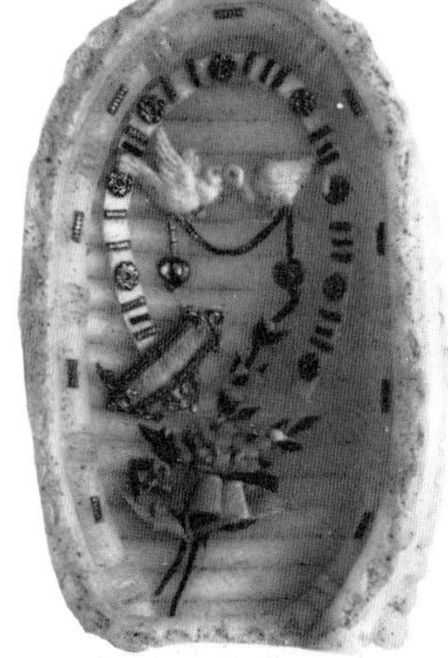

d

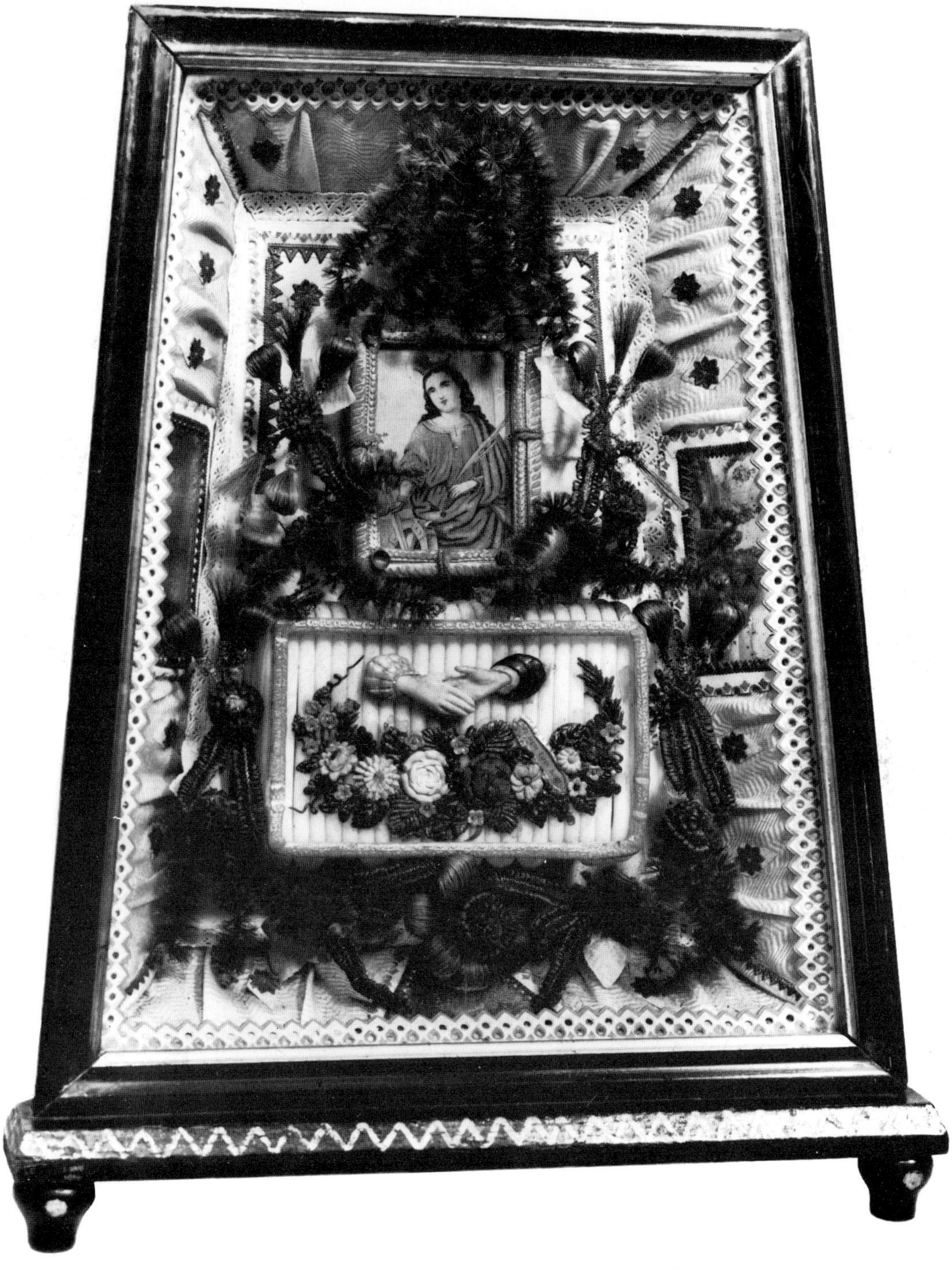

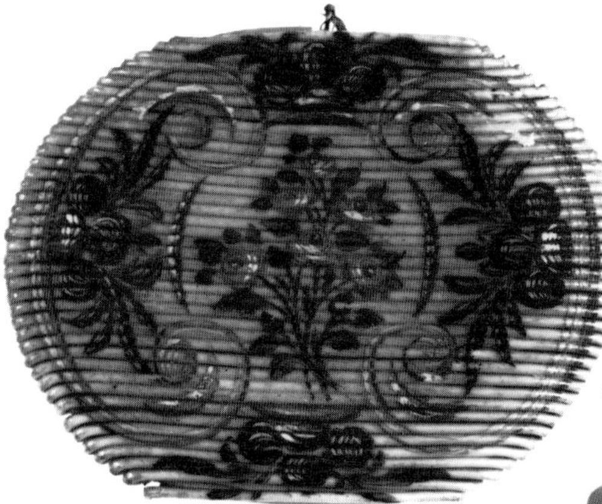

a

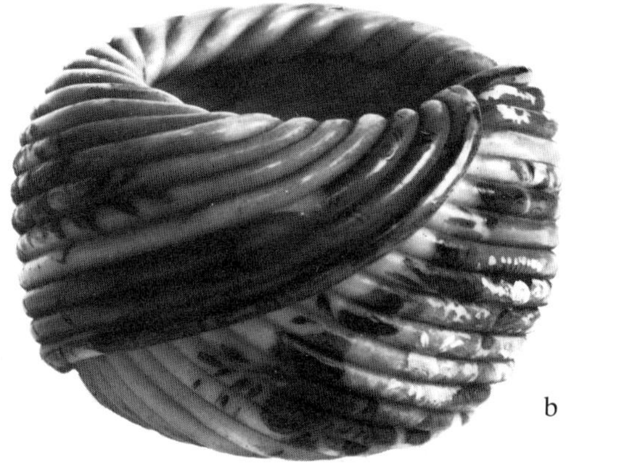

b

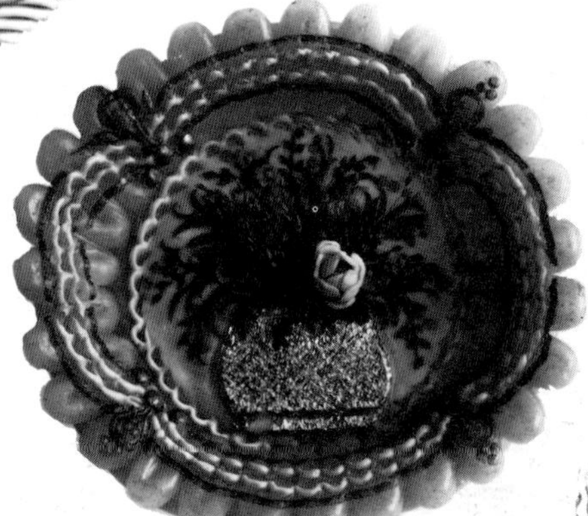

c

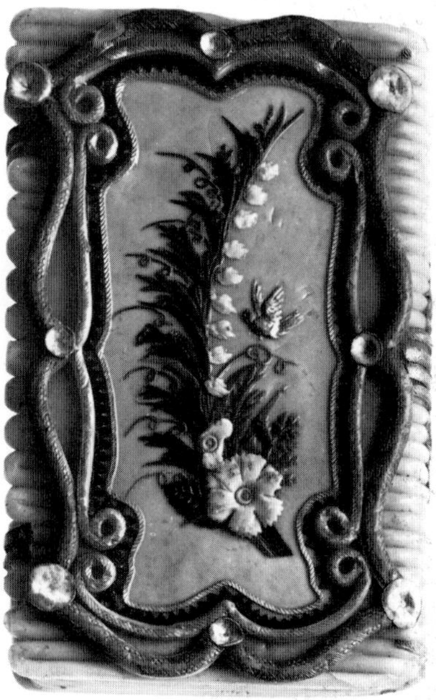

d

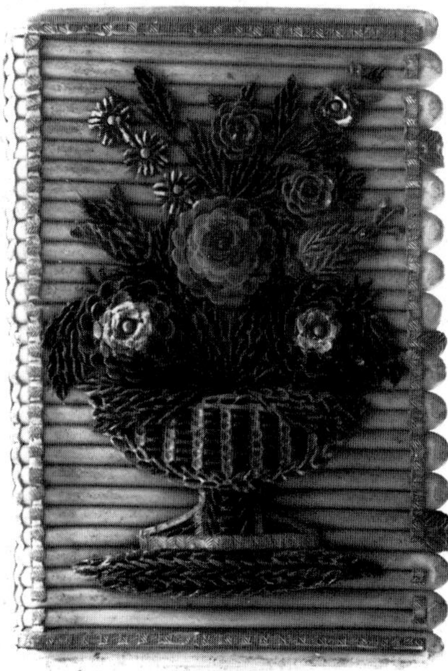

e

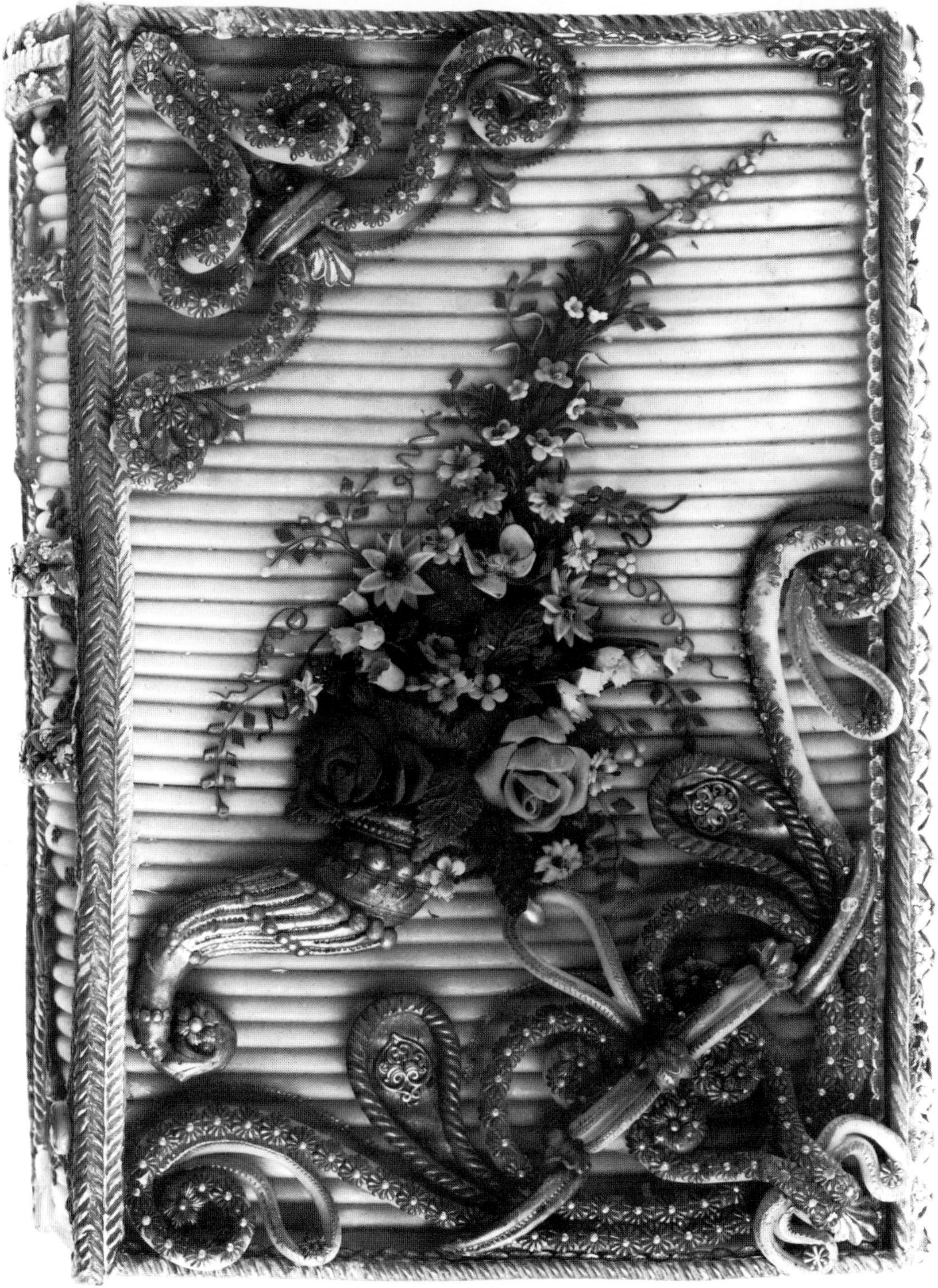

Dem Einfallsreichtum der damaligen Zeit schienen kaum Grenzen gesetzt, doch schrieb Clemens Pütter schon 1880: *Die Verzierungen ... sind verschiedener Art und variiren je nach dem Gemschmack des Arbeiters, der in dieser Hinsicht nicht immer zusagend ist.*[201] Schon nach dem 1. Weltkrieg beherrschten die aufgelegten Verzierungen nahezu ausschließlich und immer gröber werdend das Feld und vor allem die Zeit nach 1920/30, die mit einem allgemeinen Niedergang des Handwerks verbunden war, brachte, soweit die alten Formen nicht beibehalten wurden, eine gewisse Verarmung und Nüchternheit.

S. 142, 143 Wachsstöcke mit Blumen- und Rankenverzierungen, 2. H. 18. Jh. bis 1922

> Legen eines Wachsstocks mit Nische, Fa. Wiedemann, Deggendorf, 1982
a Wachsstock der Fa. Wiedemann, Deggendorf, 1982
b, d Wachsstöcke verziert von der Fa. Wesely, München, 1982
c Wachsstock der Fa. Ewald, Schongau, 1982

V Wachsstöcke der Zeit zwischen dem 1. Weltkrieg und etwa 1970

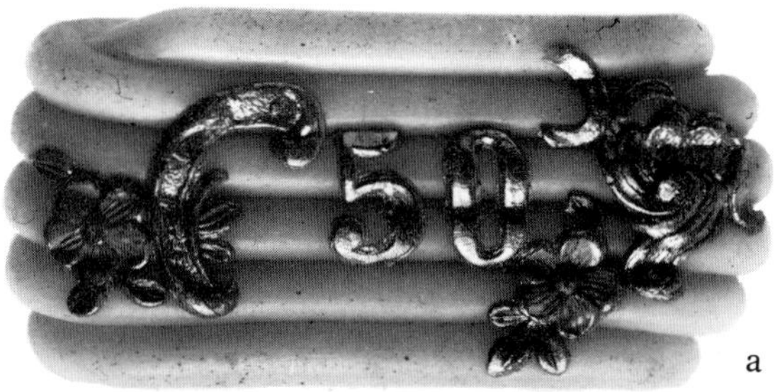

a

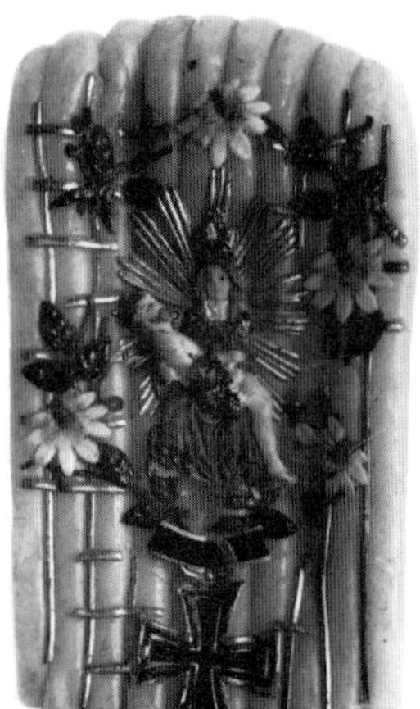
b

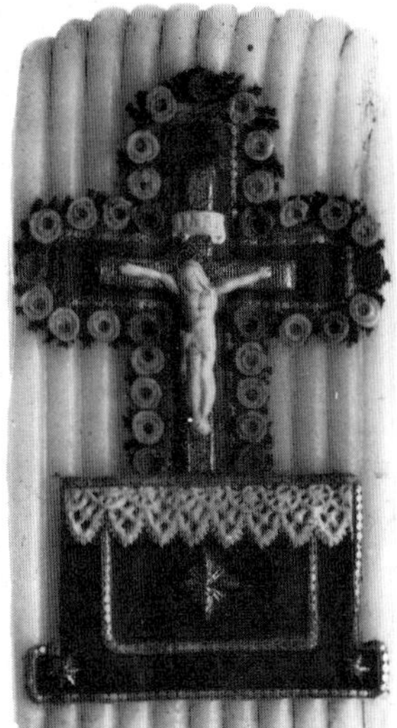
c

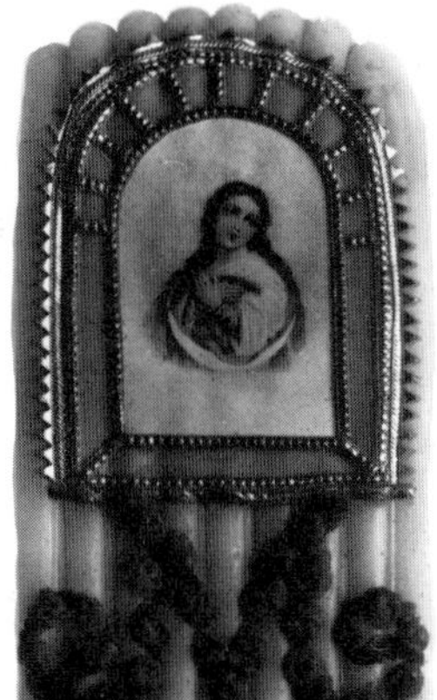
d

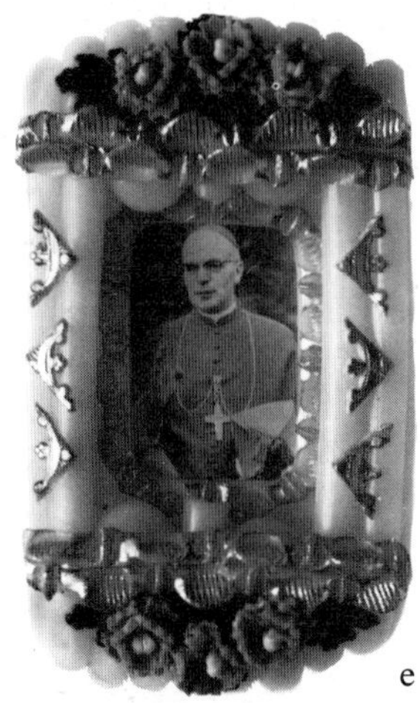
e

Erst in allerjüngster Zeit beginnen einige Wachszieher damit, den Wachsstöcken, die als Geschenk wieder an Beliebtheit gewinnen, mehr Aufmerksamkeit zu widmen und vereinzelt entstehen in alter Handwerksmanier Stücke, die nicht nur von der Wickeltechnik her, sondern auch von der Art der Verzierung durchaus mit mancher früheren Arbeit konkurrieren können.

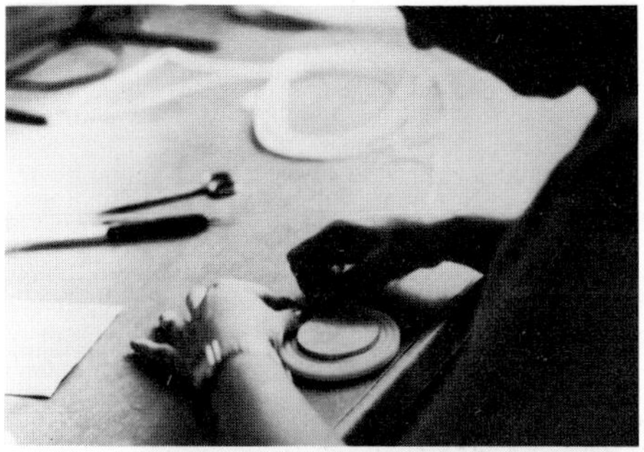

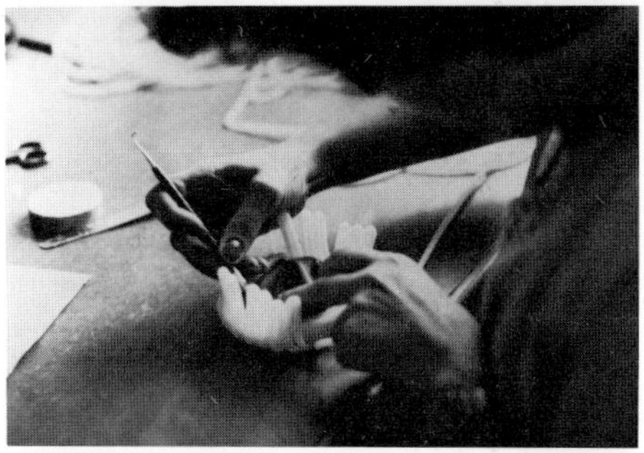

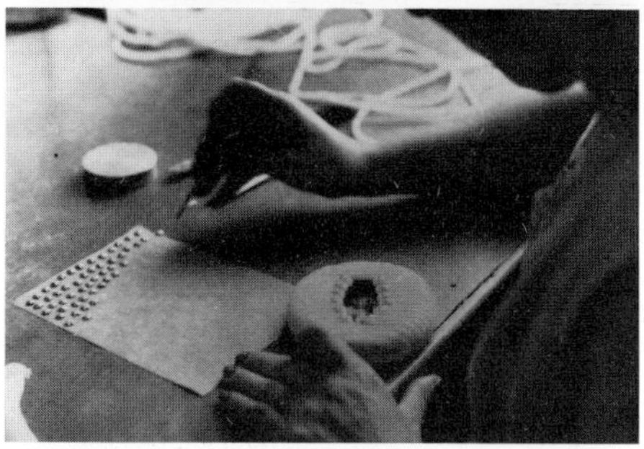

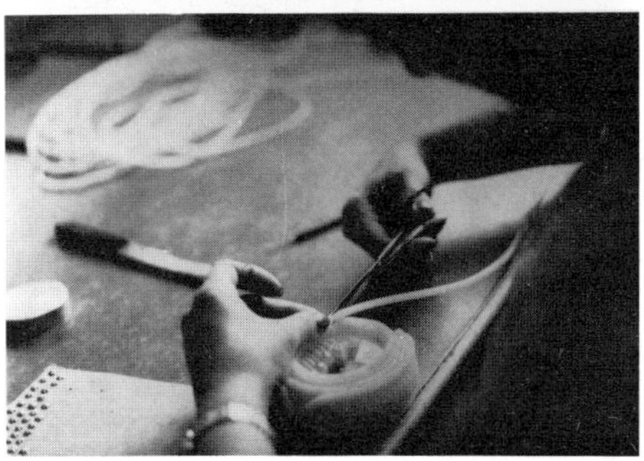

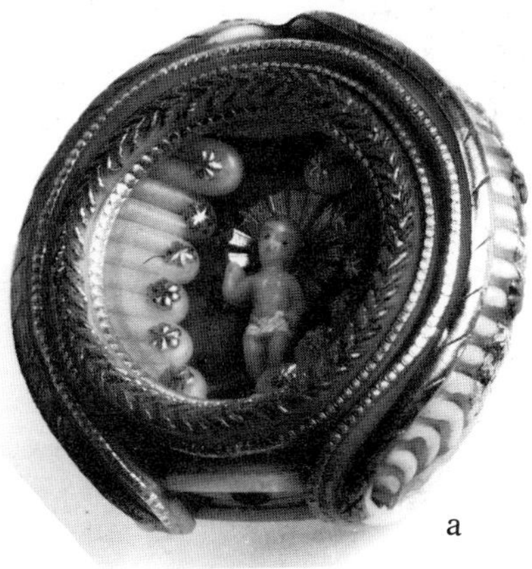

a

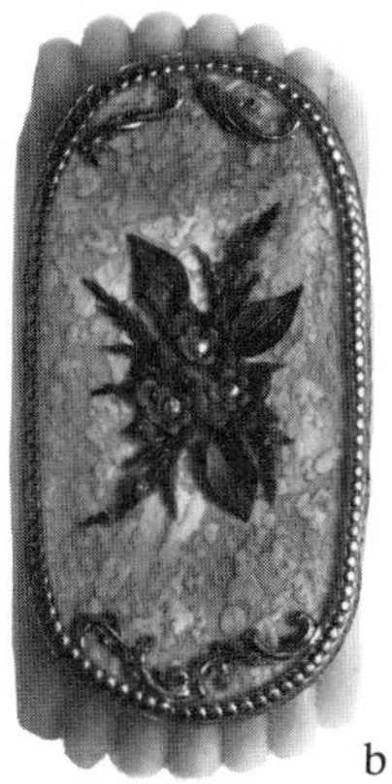

b

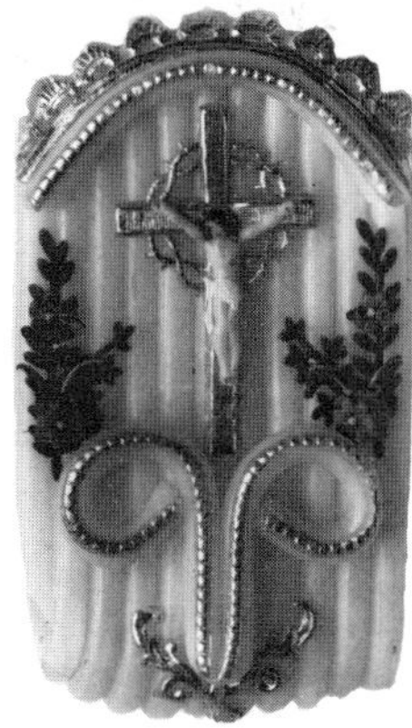

c

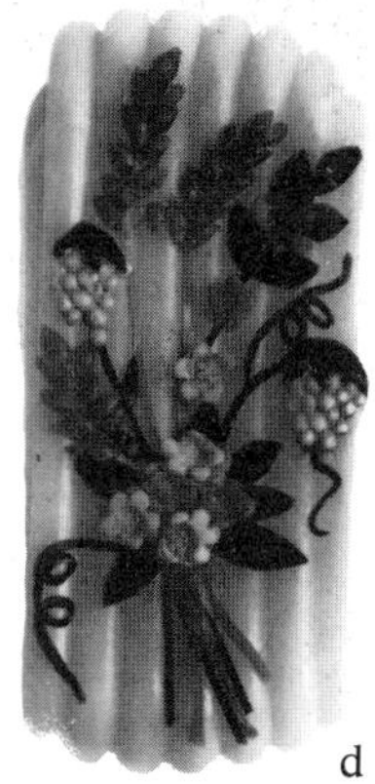

d

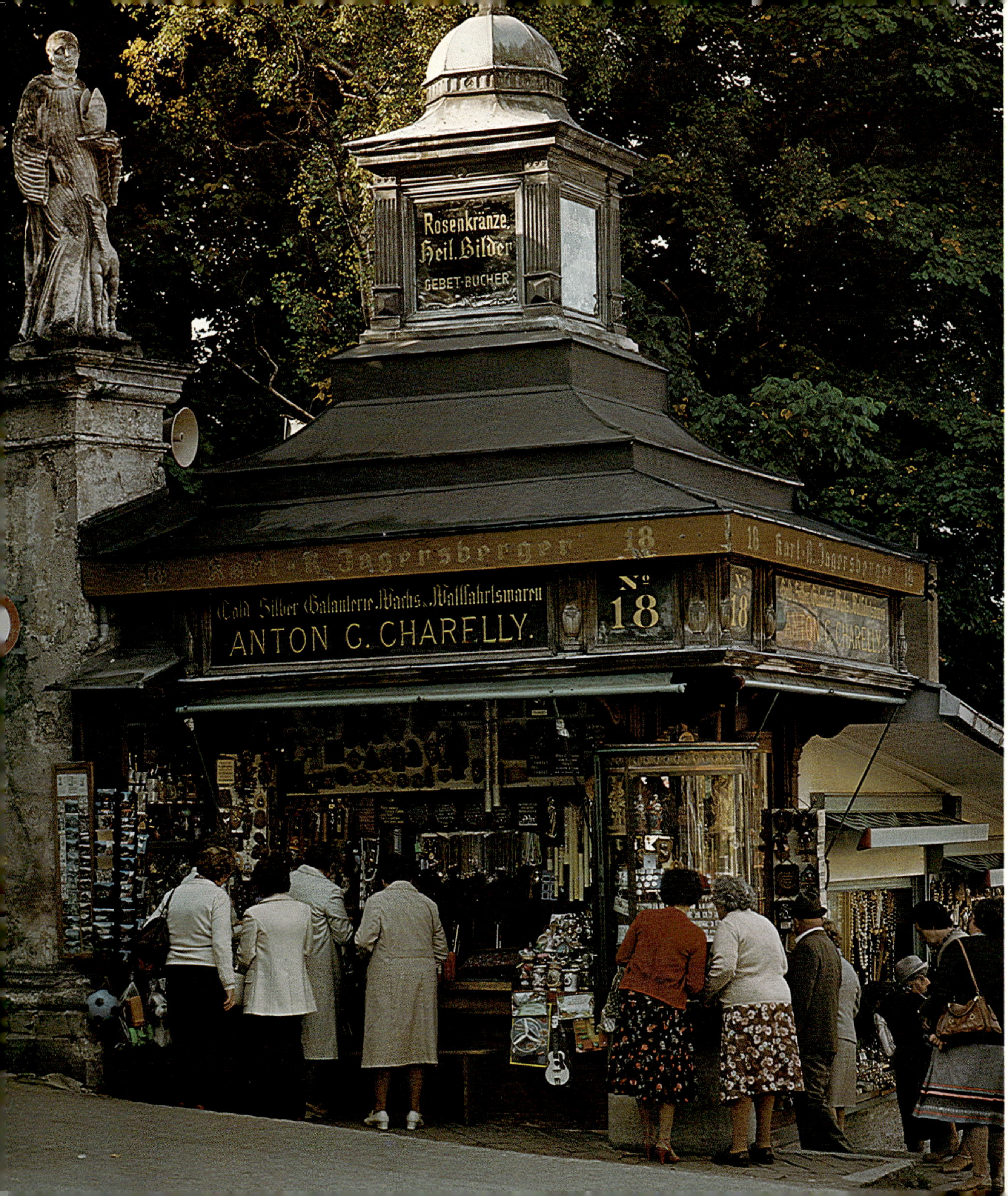
Rosenkränze
Heil. Bilder
GEBET-BUCHER
18 Karl R. Jagersberger 18
Gold Silber Galanterie Wachs & Wallfahrtswaren
ANTON C. CHARELLY.
№ 18
18 Karl R. Jagersberger 18
№ 18
ANTON C. CHARELLY

Wallfahrtsandenken und Galanteriewaren

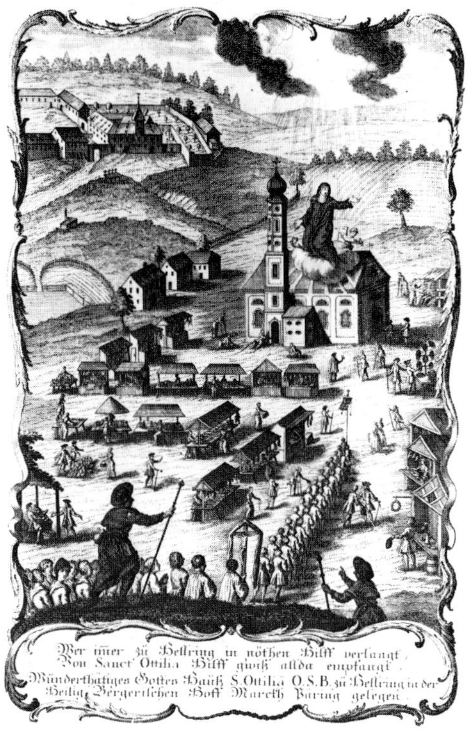

∧ Hellringer Wallfahrtsmarkt, Kupferstich im Verlag Klauber, Augsburg um 1770

< Devotionalienstand in Mariazell/Steiermark (Foto 1980)

Wallfahren bedeutet nicht nur die Erfüllung eines religiösen Bedürfnisses und die über das Alltägliche hinausgreifende Erfahrung einer Gemeinschaft der Gläubigen. Das Wallfahren hat auch seine nicht zu übersehenden wirtschaftlichen Aspekte. Sehr treffend heißt es 1862 in *Bavaria,* der Landes- und Volkskunde von Bayern: . . . *an den Wallfahrtsplätzen geht es gemeinhin, wenn einmal das Gewissen erleichtert ist, laut und fröhlich zu, und die Hochfeste . . . haben nahezu das Gepräge eines weltlichen Jahrmarktes mit allem, was drum und dran hängt.*[202] Drum und dran hängen nicht nur das fröhliche Beisammensein bei Essen und Trinken, drum und dran hingen früher in noch weit stärkerem Maß als heute der Einkauf auf den mit großen Wallfahrtstagen häufig verbundenen Märkten. In einer Zeit, da der Bauer noch weitgehend autark war und städtische Läden nur in Ausnahmefällen aufsuchte, kaufte man auf derartigen Märkten alle jene Dinge des täglichen Bedarfs, die man in eigener Regie kaum oder nur schwer zu erzeugen vermochte. Darüber hinaus gönnte man sich auch etwas und erwarb, genauso wie die wallfahrenden Städter mit besonderer Vorliebe Andenken und Mitbringsel für die Daheimgebliebenen.

Wallfahrtsmärkte dieser Art konnten recht umfangreich sein und mehrere Tage dauern. So ist z. B. überliefert, daß die sog. Hellringer Dult, die alljährlich am *suntag nach Francisci* an der Ottilien-Wallfahrt Hellring bei Paring/Niederbayern abgehalten wurde, zwischen 1554 und 1566 jeweils sieben Tage dauerte und erst danach auf 4 Tage beschränkt wurde und daß der ganze weite Platz vor der Kirche dann vollstand mit Krambuden und Verkaufsständen.[203] Aufschlußreich sind in diesem Zusammenhang auch die aus Ebersberg/Obb. bekannt gewordenen Listen jener Händler, die 1691/92 und 1724-31 ihre Waren bei der sog. St. Sebastianidult feilboten.[204] Dieser 2tägige Markt fand alljährlich anläßlich des mit großen Wallfahrten verbundenen Jahrtags des hl. Sebastian statt, dessen Hirnschale in dem silbergetriebenen Reliquiar des 15. Jahrhunderts vor allem im Spätmittelalter viel verehrt wurde. Neben den stark vertretenen Händlern mit Kleidung, Kurzwaren und bäuerlichem Arbeitsgerät, neben den Tabakhändlern, Bäckern, Zuckerbäckern und den Lebzeltern mit ihrem

Met, den Lebkuchen und der *waxwahr* nahmen die Devotionalienhändler aller Art einen bemerkenswert breiten Raum ein. Sie werden z. B. in Einsiedeln schon um das Jahr 1300 erwähnt[205] und auch heute noch haben sie an größeren Wallfahrtsorten das ganze Jahr über feste Stände in der Nähe der Kirche. Früher verkauften sie, um nur einiges zu nennen, Heiligen- und Wallfahrtsbilder, gedruckte Mirakelbüchlein, Gebets- und Segenszettel, Schutzbriefe (= Breverl), Reliquienkapseln und -kreuze, Finger- und Ohrringe, aus Ton geformte Madonnen und Heilige, Sterbekreuze, Weihwasserkesselchen und Hausaltärchen. Das Angebot war vielseitig und an den einzelnen Wallfahrtsorten in gewissen Grenzen auch unterschiedlich. Auf jeden Fall gab es Rosenkränze aller Art, einfache und kostbare, dazu jene Medaillen mit der Darstellung des Gnadenbildes — meist aus Blei oder Zinn —, die sich bis weit ins 15. Jahrhundert hinein nachweisen lassen. Wallfahrtsandenken hat man mit gutem Grund als die ältesten Reiseandenken bezeichnet.

Natürlich wurden auch Kerzen und Wachsstöcke für den häuslichen Bedarf eingekauft. Ausgesprochene Wallfahrtsandenken aus Wachs scheint es allerdings vor der Mitte des 17. Jahrhunderts, wo sie für Einsiedeln bezeugt sind, nicht gegeben zu haben. Wahrscheinlich war Wachs für diesen Zweck damals einfach zu teuer.

> aus Wachs gegossene Wallfahrtsandenken und Votive (Model 1. H. 17. Jh.)
a Altärchen der Wasserburger Wachszieherei Surauer, Holzmodel bez. H S = Hans Surauer (gest. 1629)
b Madonna im Strahlenkranz, Wachszieherei Surauer, Wasserburg/Obb.
c Gnadenstuhl aus St. Georgen ob Rottenmann/Steiermark
d St. Leonhard in der Zwiesel, Wachszieherei Vasold, Murau/Steiermark

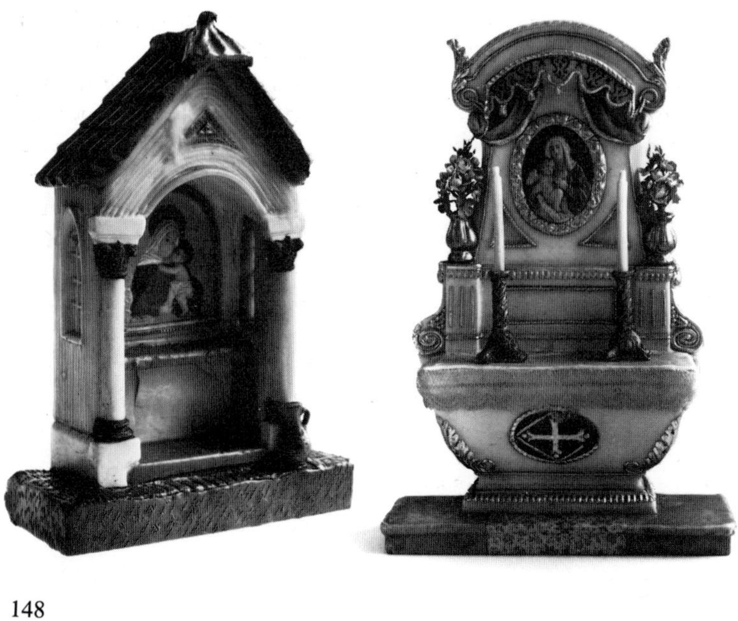

< links: Altärchen aus Wachsdraht, 2. H. 19. Jh.
rechts: Wachsaltärchen mit Papierblumensträußen, 2. H. 19. Jh.

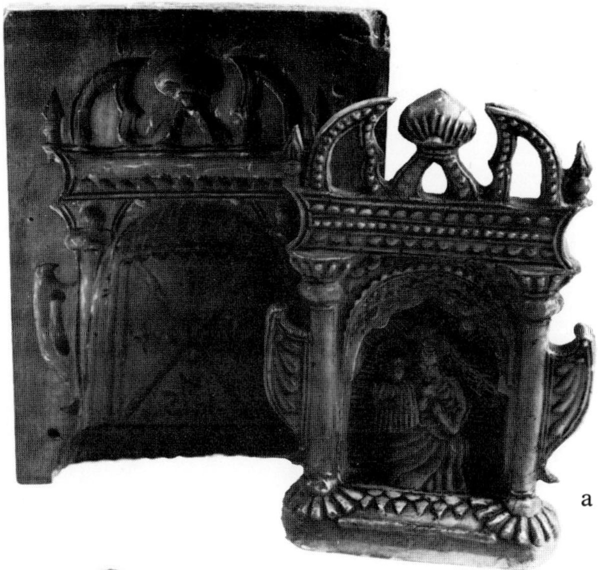

a

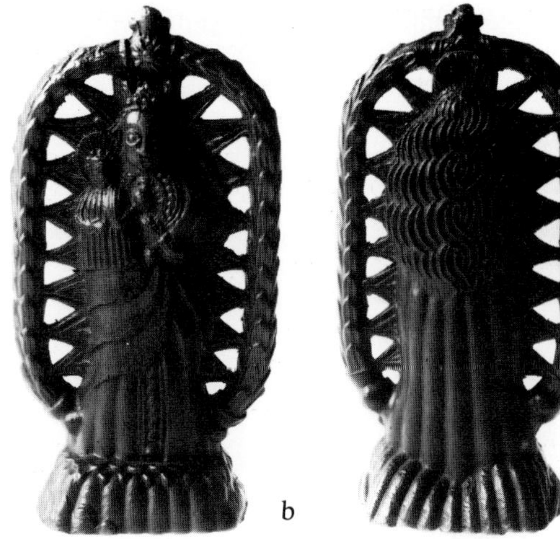

b

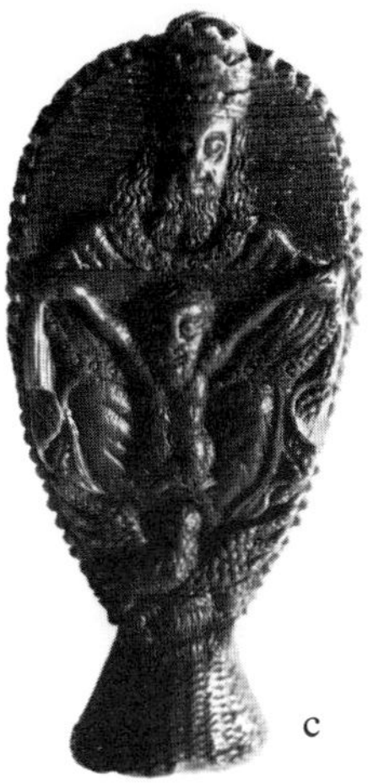

c

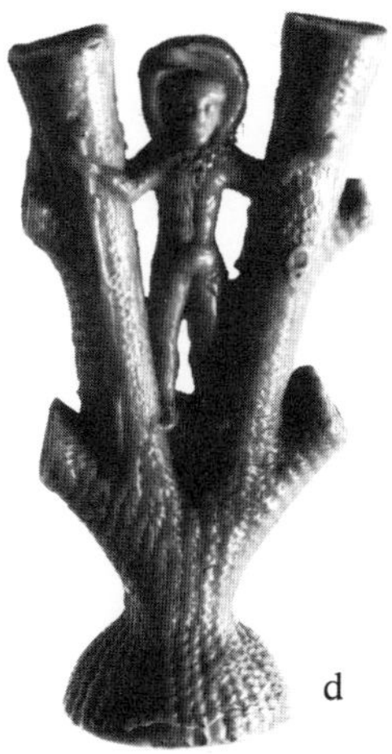

d

Die ältesten wächsernen Wallfahrtsandenken sind die in Modeln gegossenen Kopien der Wallfahrtsmadonna oder des betreffenden Heiligen, die man vereinzelt auch als Weihe- oder Votivgaben opferte. So lassen sich die beiden aus dem Besitz des Wasserburger Lebzelter- und Wachsziehergeschlechts der Surauer stammenden Model eines Hausaltärchens und einer Madonna im Strahlenkranz sicher noch ins 17. Jahrhundert datieren. Der Model des 19 cm hohen Hausaltärchens trägt die Signatur *H S* und verweist damit auf Hans Surauer (gest. 1629), den Sohn Rueprechts, des ersten verbürgten Lebzelters der Familie. Ähnlich früh zu datieren sind wohl zwei steirische Wallfahrtsandenken: der Gnadenstuhl aus St. Georgen ob Rottenmann und St. Leonhard in der Zwiesel. Die 15,3 cm hohe Figur wurde im 17./18. Jahrhundert von der Wachszieherei Vasold in Murau gegossen und war nur in den Wallfahrtskirchen von Tamsweg und St. Leonhard ob Murau zu haben.[206] Die außergewöhnliche Darstellung, die den Heiligen in einer Astgabel stehend zeigt, nimmt Bezug auf die Wallfahrtslegende von Tamsweg: 1421 soll dort das Leonhardsbild dreimal nacheinander nachts aus der Pfarrkirche verschwunden sein und sich am Morgen in einem Baum auf jener Anhöhe über dem Ort wiedergefunden haben, auf der man daraufhin die heutige Wallfahrtskirche errichtete.

Neben der Dreieinigkeit, neben den verschiedenen Wallfahrtsmadonnen und dem hl. Leonhard durften als Wallfahrtsandenken auch der hl. Florian, der hl. Sebastian und der hl. Wolfgang nicht fehlen, die Patrone gegen Feuersgefahr, gegen Pest und der Beschützer des Viehs, der Felder und Fluren. Als typische Wallfahrtsandenken, die man daheim ins Glaskastl stellte, in die Schlafkammer, vereinzelt wohl auch in den Herrgottswinkel der Stube, haben diese Wachsabgüsse alle eine mittlere Größe zwischen 15 und 20 cm, sind sorgfältig und voll, auf jeden Fall aber starkwandig gegossen.

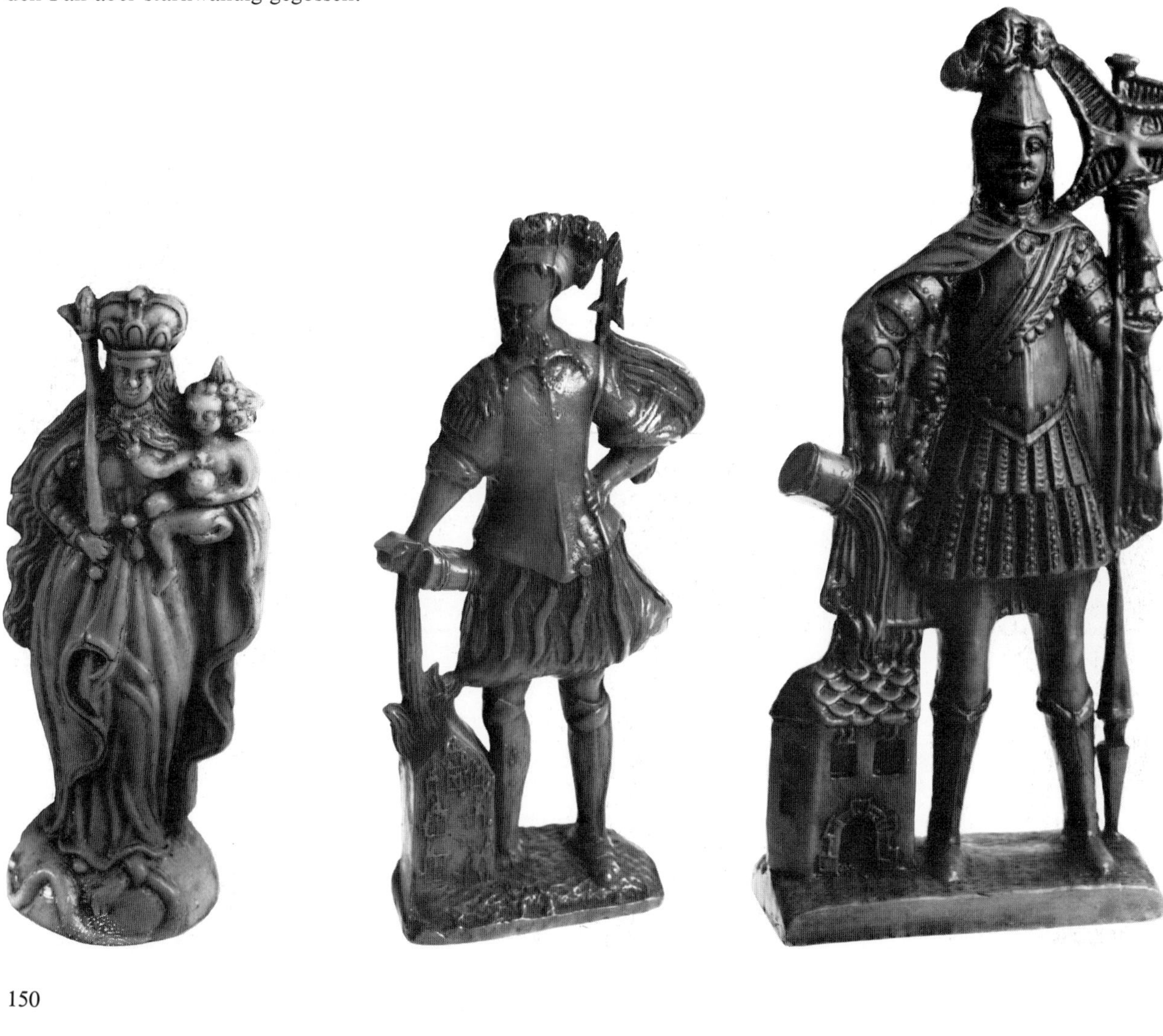

Votive und Wallfahrtsandenken aus Wachs (gegossen aus Modeln des 18. Jh.): Maria mit Kind, die hl. Florian und Sebastian, der hl. Wolfgang vom Abersee

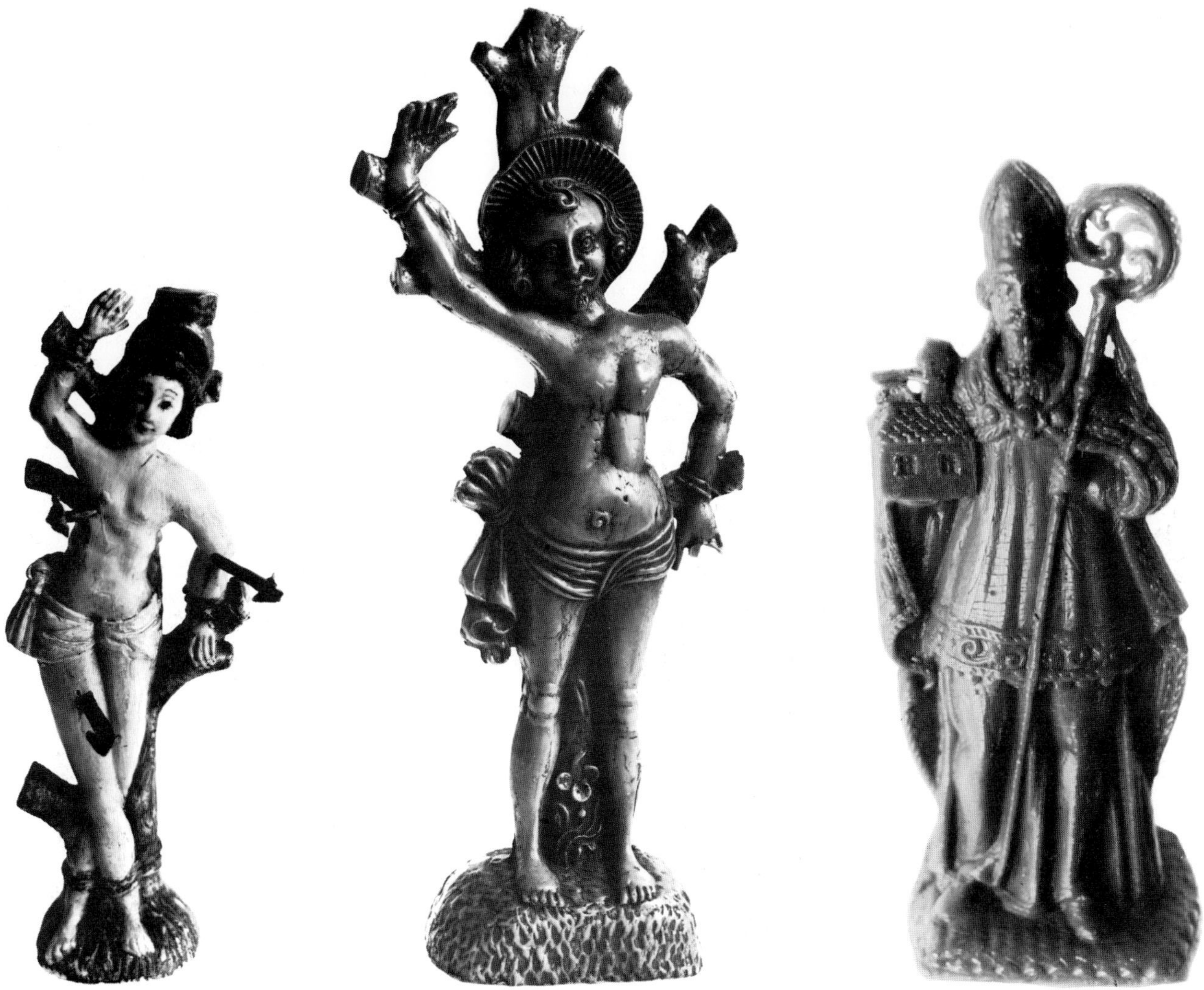

Bewegen sich die frühen Wallfahrtsandenken noch ausschließlich im religiösen oder gar magischen Bereich, so bringt schon das beginnende 18. Jahrhundert eine gewisse Verweltlichung, die ständig fortschreitet. Es entwickelt sich gewissermaßen eine religiöse Souvenirindustrie, an der die Wachszieher einen nicht unerheblichen Anteil hatten, auch wenn die Devotionalienhändler später zum Teil den Verkauf übernahmen. Charakteristisch ist in diesem Zusammenhang die Tatsache, daß in Einsiedeln, der bedeutendsten Schweizer Wallfahrt, wo sich das Stift bis 1798 die Herstellung und den Verkauf von Kerzen, Wachsstöcken, Votiven und von aus Wachs geformten Kopien des Gnadenbildes als Monopol vorbehalten hatte, nach diesem Zeitpunkt die Erzeugung von wächsernen Andenken, auch von Kerzen und *Wachsrotel* von dörflichen Werkstätten übernommen wird.[207]

Um diese Zeit beginnt man allgemein damit, Wachsstöcke und Kerzen ganz bewußt so zu verzieren, daß sie als Andenken und Mitbringsel brauchbar sind. Neben den Schriftzügen *Zum Andenken, Erinnerung an ...* und ähnlichem werden auch die Abbildungen des Gnadenbildes oder der Wallfahrtsstätte angebracht. So konnten sie zu den bis in die jüngste Zeit beliebtesten Wallfahrtsandenken werden. Besonders geschätzt wurden auch die mit Wachsdraht umwundenen Gläser und Kelche und die kleinen Wachsschatullen für den Rosenkranz.

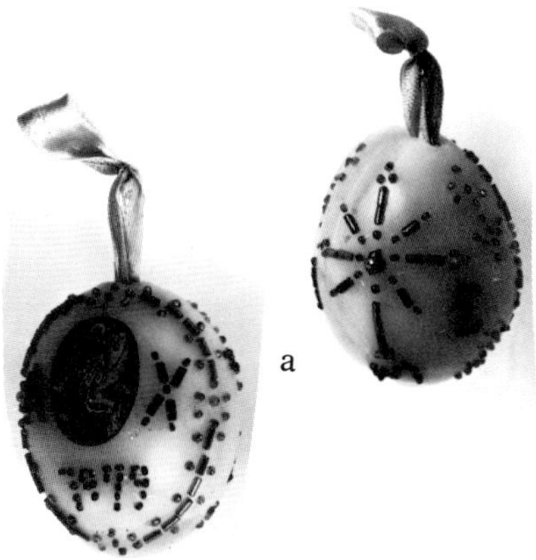
a

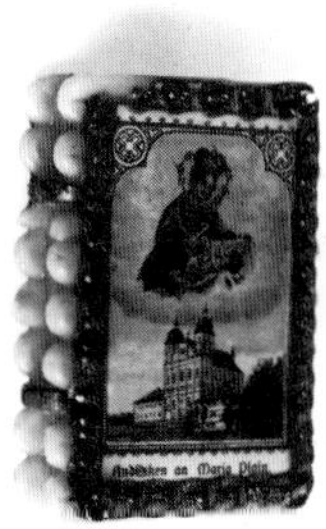
b

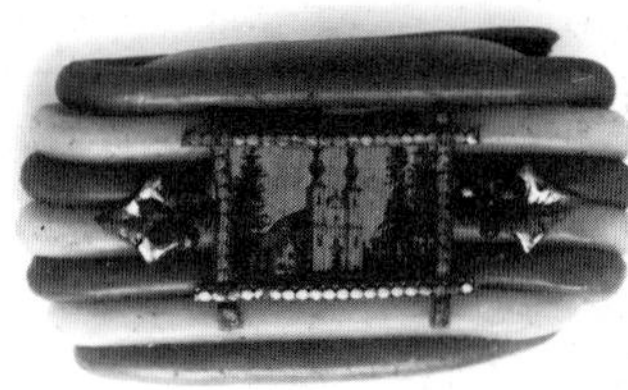
c

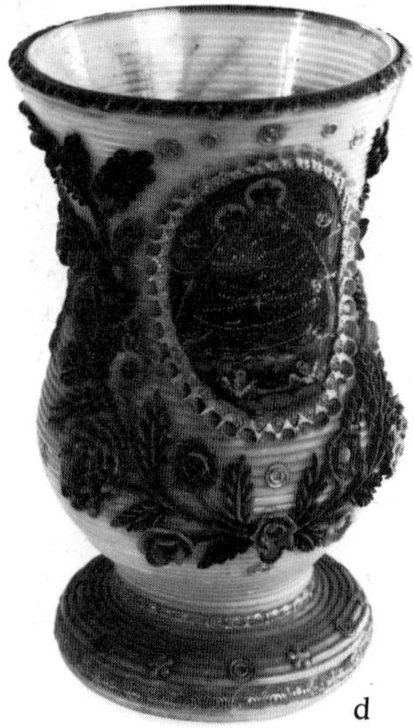
d

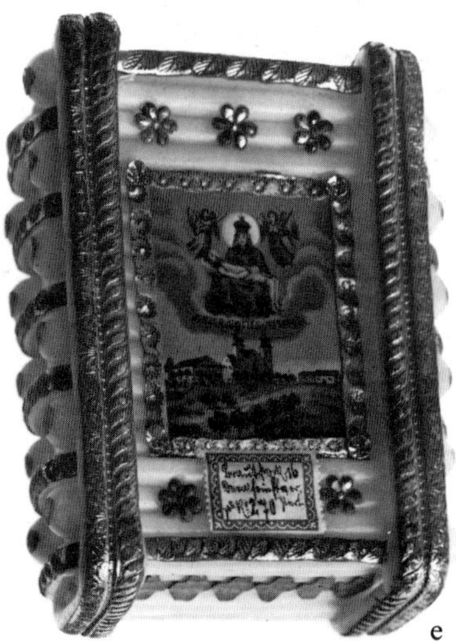
e

Wallfahrtsandenken aus
a Kreta, 1979
b Maria Plain/Salzburg, um 1910
c Maria Taferl/OÖ., um 1930
d Mariazell/Steiermark, um 1850/60
e Maria Taferl/OÖ., um 1908

> Kerzen als Wallfahrtsandenken, 18.-20. Jh.

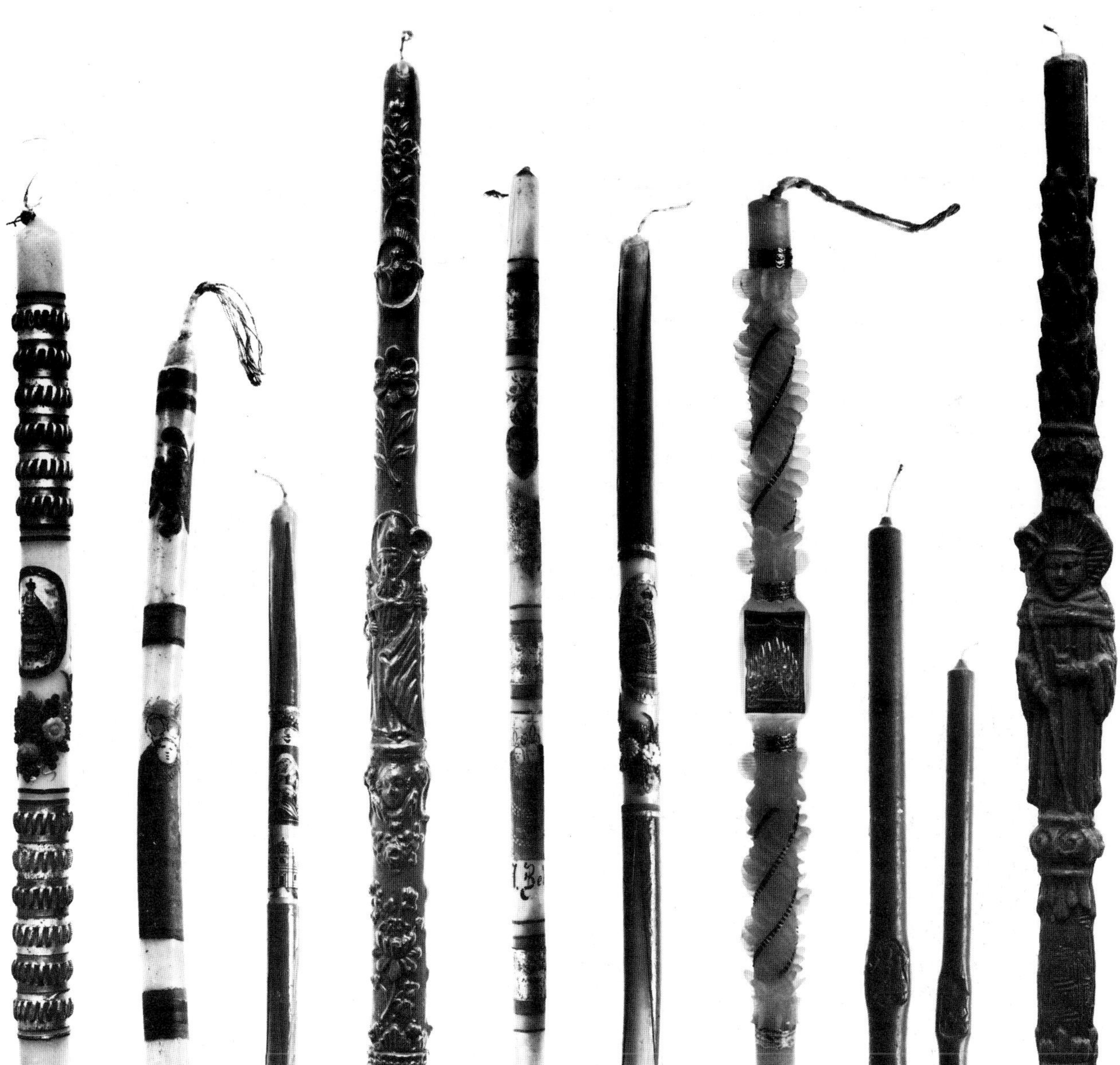
a
b
c
d
e
f
g
h
i
k

Die Kopien der Gnadenbilder gehörten aber auch weiterhin zu den begehrtesten Wallfahrtsandenken. So nahmen sich nicht nur die Wachszieher dieses Motivs an. Auch in Oberammergau stellte man z.B. Gnadenbilder in den verschiedensten Größen her. Sie waren zunächst geschnitzt und zeigten häufig eine nicht recht definierbare Muttergottesgestalt in steifem Brokatmantel, der nur die Köpfe von Mutter und Kind freiließ. Selbst diese einfache Form erforderte beim Schnitzen verhältnismäßig viel Zeit und konnte nicht billig genug hergestellt werden, um der Konkurrenz der schneller erzeugten Zinnfiguren und Wachsabgüsse gewachsen zu sein. So fertigten auch die Oberammergauer neben ihren holzgeschnitzten Figuren bald eine echte Massenware: in Form gegossene, aus einer charakteristischen Mischung von Ton und Wachs hergestellte Madonnen.[208]

Zu einem der führenden Betriebe auf dem Gebiet der wächsernen Wallfahrtsandenken konnte sich in der 2. Hälfte des 19. Jahrhunderts die Wachszieherei Weinkamer in Salzburg entwickeln. Zeitweilig gab es wohl kaum einen katholischen Haushalt in der Donaumonarchie und in Südbayern, der nicht wenigstens eines der aus diesen Werkstätten kommenden Stücke besessen hätte, sei es einen der verzierten Wachsstöcke, einen Glassturz, ein Christkindl oder eine der vielen Kleinigkeiten, die in den Preislisten als *Galanteriewaaren* geführt wurden.

Durch Glaszylinder, sog. Glasstürze geschützte Wachsarbeiten, meist Blumenarrangements oder ähnliches, hatte es vereinzelt schon in der 1. Hälfte des 19. Jahrhunderts gegeben, vor allem auch im biedermeierlichen Wien.[209] Mathias Ebenböck in München fertigte um die Mitte des 19. Jahrhunderts Glasstürze mit verschiedenen Figuren und in unterschiedlichen Preislagen. So kostete z.B. ein *Ecce homo,* den der Tutzinger Krämer Alois Fischer 1865 bestellte 2 Gulden, der Glassturz *Himmelskönigin* 2 Gulden 30 Kreuzer, der hl. Joseph 1 Gulden 42 Kreuzer. Die vollplastischen Figuren für diese Glasstürze wurden in der Wachszieherei Ebenböck nicht selbst hergestellt, sondern von Wachsbossierern bezogen, häufig von dem Münchner Johann Baptist März. Mathias Ebenböck fertigte allerdings die hübschen, aus farbigem Wachsdraht aufgebauten neugotischen Baldachine, unter denen seine Heiligen in den Glasstürzen manchmal stehen.[210]

Auch die zweite große Münchner Wachszieherei, die *Wachs-Bleich & Wachs-Waaren-Fabrik* Joseph Gautsch hat nach 1850 Glasstürze in ihrem Lieferprogramm: *Nr. 1-5 mit heiligen Figuren (4-10 Zoll hoch);*

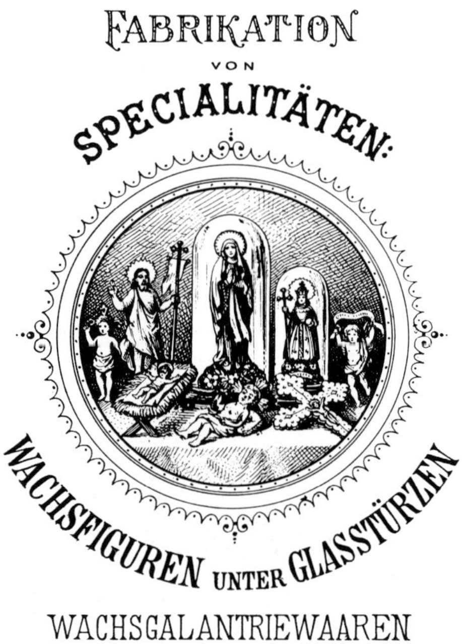

Λ Detail aus einem Werbeblatt der Fa. Gebrüder Weinkamer, Salzburg, um 1900

> Glassturz mit Baldachin aus dünnen, farbigen Wachszügen, Wachszieherei Math. Ebenböck, München, 1854

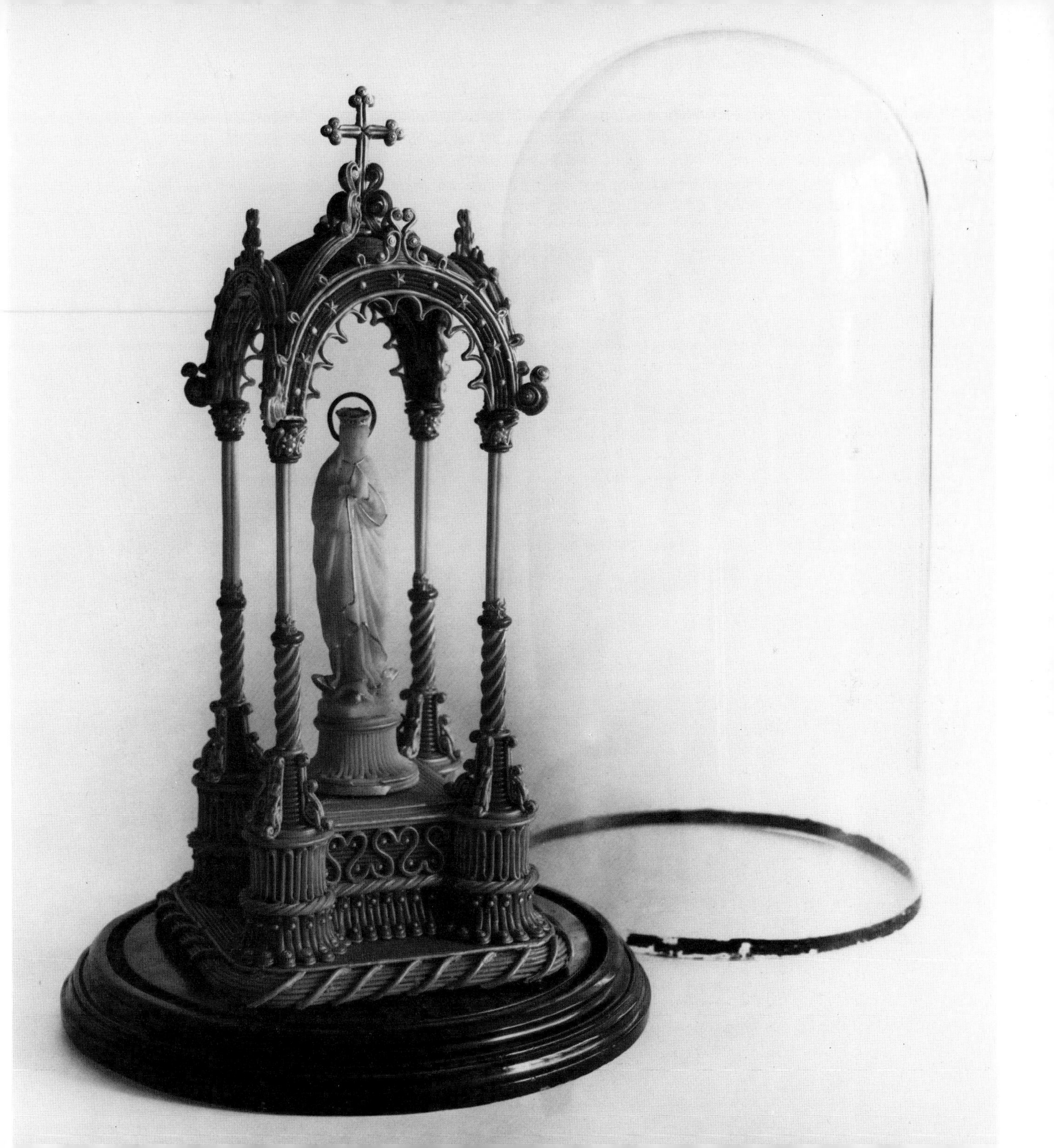

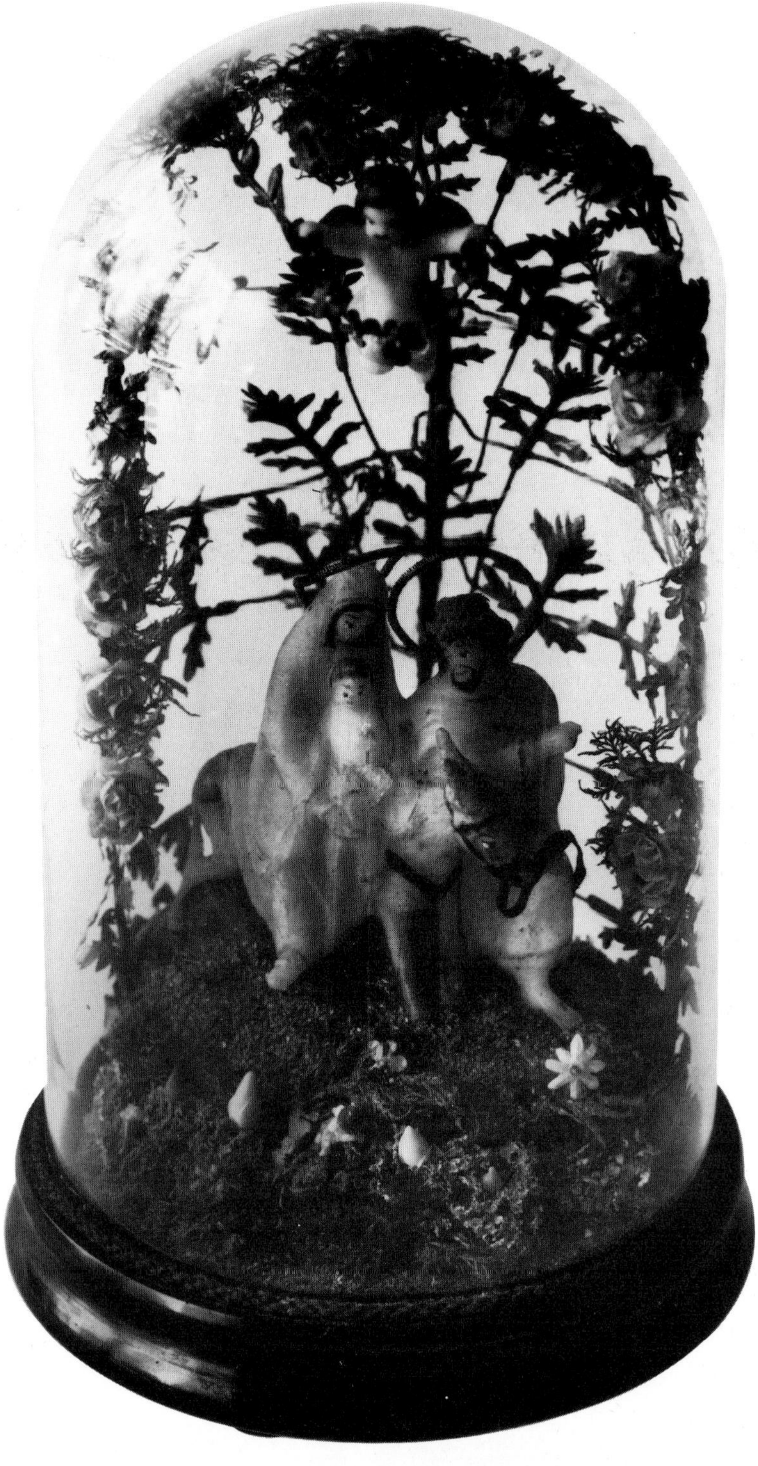

< Glassturz mit Wachsgruppe »Flucht nach Ägypten«, Papierbäumen, Stofffröschen, Moos und Muscheln, Fa. Gautsch, München (?), 19. Jh.

Nr. 6 Kind mit Lamm (11 Zoll hoch); Nr. 7 liegendes Kind (6 Zoll); Nr. 8-12 Christus am Kreuz (4-13 Zoll); Nr. 13-16 Christus am Kreuz mit vergoldetem Kreuz und Epheuverzierung (15-23 Zoll); Nr. 17 hl. Alois und Xaver (13 ½ Zoll); Nr. 18-20 Wickelkind mit vergoldetem Postament (6-14 Zoll lang und 3 ¾-7 ½ Zoll breit). Gautsch weist in seiner Preisliste besonders darauf hin, daß *Bestellungen auf größere Gegenstände ... nach Angabe und Zeichnung schönstens und billigst effectuirt* werden.[211]

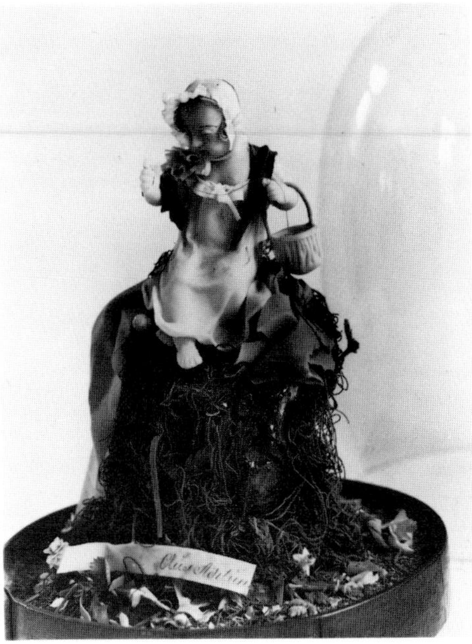

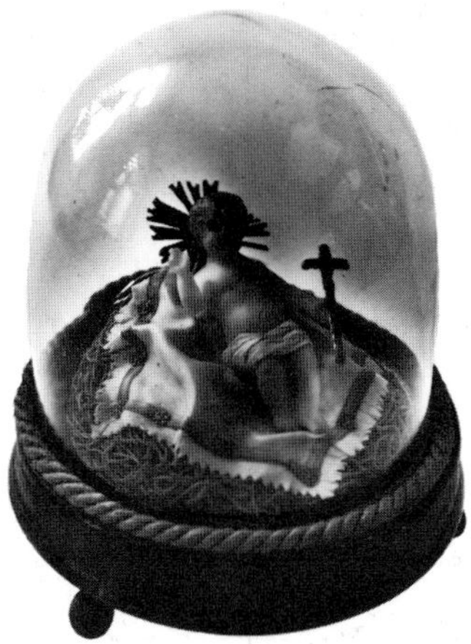

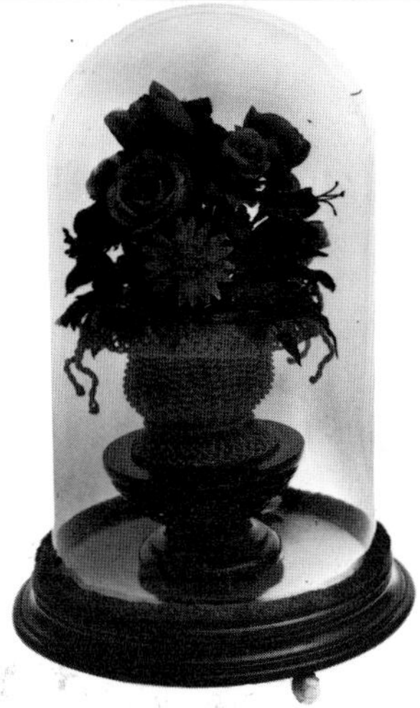

Der erste Wachszieher, der sich mit besonderem Nachdruck der Produktion derartiger Glasstürze widmete, war allerdings Ignaz Weinkamer in Salzburg. Er erhielt wohl während seiner Wanderjahre dank der monatelangen Tätigkeit in den Wallfahrtsorten Mariazell und Einsiedeln einen instruktiven Einblick in die Möglichkeiten des Wallfahrtsmarktes und begann schon bald nach seiner Firmengründung im Jahre 1857 mit der Herstellung von *Galanteriewaaren* und von besonders zierlich gearbeiteten Wachsfiguren unter Glassturz. Bereits in der ältesten erhaltenen, vor 1882 erschienenen Preisliste, dem *Preis-Courant von Ignaz Weinkamer, Wachsbildner, Steingasse Nr. 46 in Salzburg* bietet er eine Vielzahl verschiedener Glasstürze an: Heilige ohne Postament, zwischen 3 und 6 Zoll hoch, Heilige mit Postament, darunter schlafende Jesukinder, die Heilige Familie, Christus im Grab, Flucht nach Ägypten, Geburt Christi, in den Größen zwischen 4

Λ links: Kleinkind mit Strickkörbchen auf grünüberwuchertem Fels, Glassturz, 19. Jh.
Mitte: Jesukind unter Glassturz, Fa. Gebr. Weinkamer, Salzburg, um 1915
rechts: Wachsblumenstrauß in Körbchen aus weißem, geflochtenem Wachsdraht unter Glassturz, Fa. Gebr. Weinkamer, um 1895

und 18 Zoll. Dazu Christusfiguren am Kreuz mit und ohne Postament, und »weltliche« Glasstürze ohne Postament, wahrscheinlich Blumenstücke, in den Größen zwischen 2 ¼ und 4 Zoll.

Im Prinzip waren die Weinkamerschen Glasstürze alle auf die gleiche Art gefertigt. Der Glassturz war fest mit der Bodenplatte verbunden, dem aus einer schwarzlackierten, gedrechselten Holzscheibe mit drei Kugelfüßchen bestehenden sog. Postament oder, ohne Postament, mit einer einfachen Kartonscheibe, die mit schwarzem Band befestigt war. Der nahezu immer vorhandene mehr oder weniger hohe Sockel im Inneren des Sturzes ist dicht mit unregelmäßig angeordneten, sehr dünnen grünen Wachsfäden, auch mit Blüten bedeckt und trägt den Namen des dargestellten Heiligen, der Madonna oder der Figurengruppe. Die Figuren selbst haben einen gegossenen, bemalten Wachskopf und über einem Holzkern sehr sorgfältig drapierte Kleider und Umhänge aus dünnen, etwa 0,5-1 mm starken, farbkräftigen Wachsfolien.

Durch die wechselnde Haltung, die unterschiedliche Anordnung der Gewänder, die verschiedenen Zutaten wie Blüten und Pflanzen, Heiligensymbole etc., durch die reiche Ausgestaltung mit goldenen Randborten und feinen, spiralig gedrehten Messingdrähten (Bouillon) ent-

> 3 Glasstürze mit Jesukindern, die beiden linken ganz aus Wachs, sog. »Gnadenreiche Jesukinder« der Fa. Gebr. Weinkamer, Salzburg, wohl zwischen 1890 und 1915; das rechte mit Tüllkleidchen, um 1900

V Glasstürze »St. Herz Jesu«, »Heiligstes Herz Maria«, »Christus am Ölberg« und »Es ist vollbracht« der Fa. Gebrüder Weinkamer, Salzburg, nach 1890

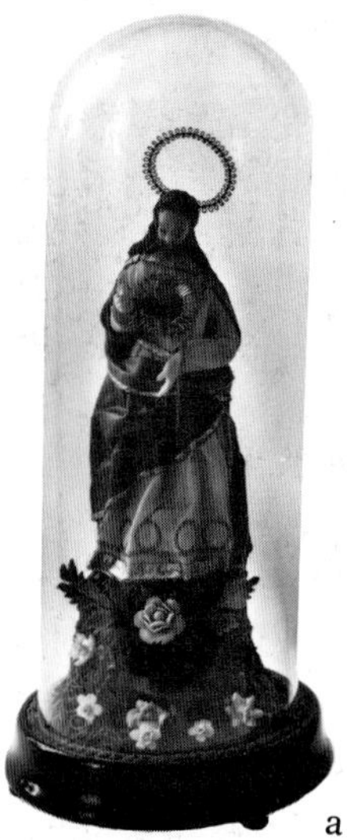
a

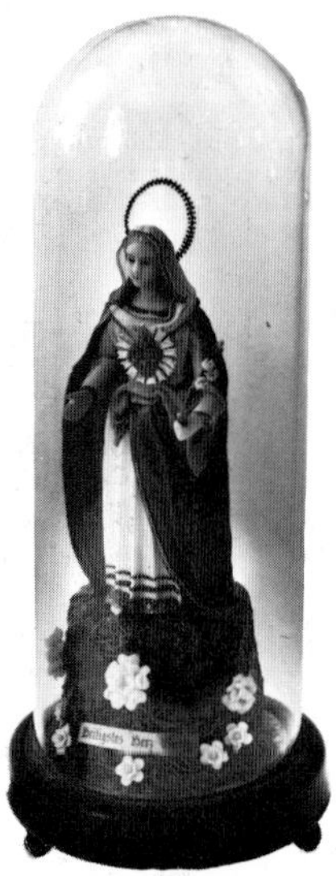
b

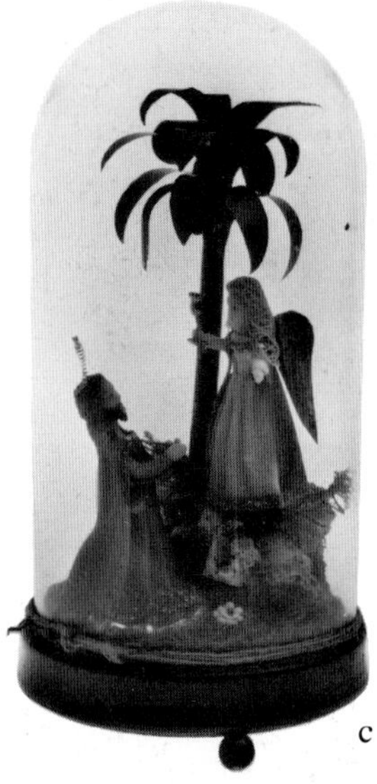
c

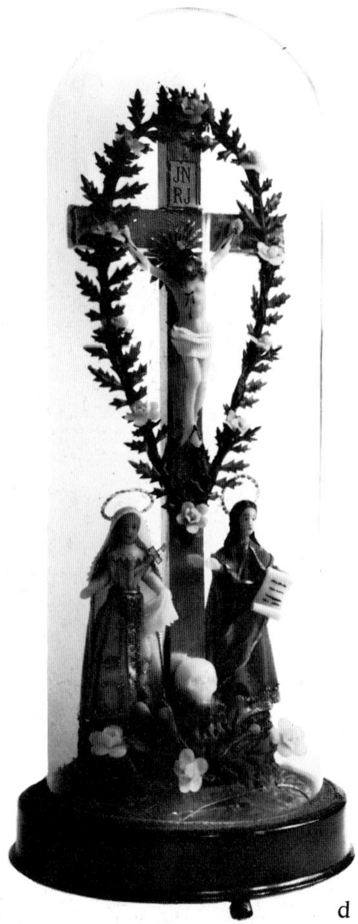
d

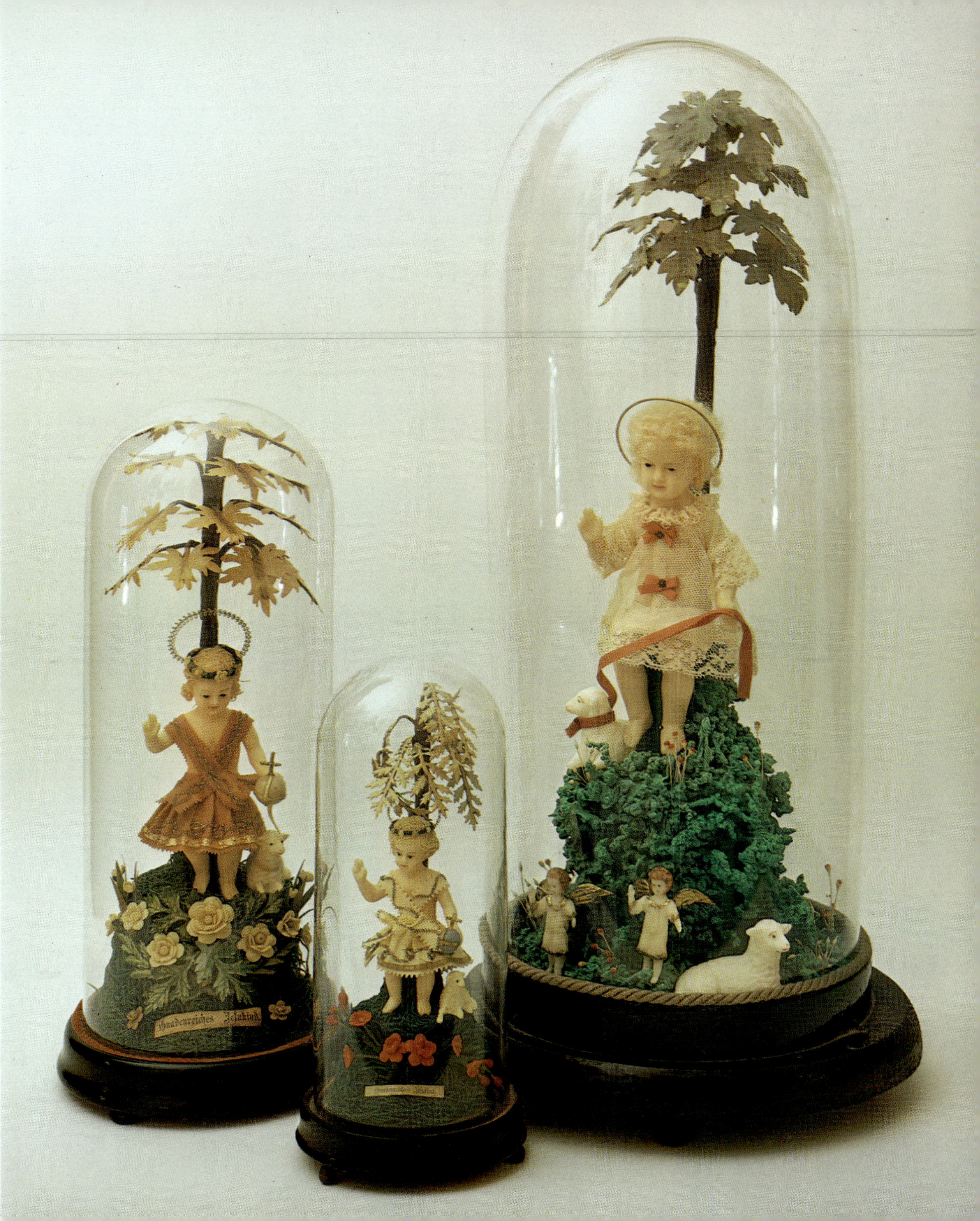
Gnadenreiches Jesukind

steht eine außerordentliche, immer wieder neu wirkende Vielfalt dieser kleinen wächsernen Figuren, die — in reiner Handarbeit hergestellt — von der Fa. Weinkamer bereitwilligst allen Kundenwünschen angepaßt wurden. So heißt es am 1. August 1893 — die Söhne Ignaz und Karl hatten inzwischen den Betrieb übernommen — in der *Preis-Liste der k.k. privileg. Wachs-Waren-Fabrik Gebrüder Weinkamer, Salzburg: ... wir sind in der Lage innerhalb einer Woche jede gewünschte, einfache Statue nach uns eingesandten gemalenen Bildern zu erzeugen.* Ausdrücklich wird darauf hingewiesen, daß man nach allen Ländern mit Katholiken exportiert. Die leeren Glasstürze werden nun, in Schilf

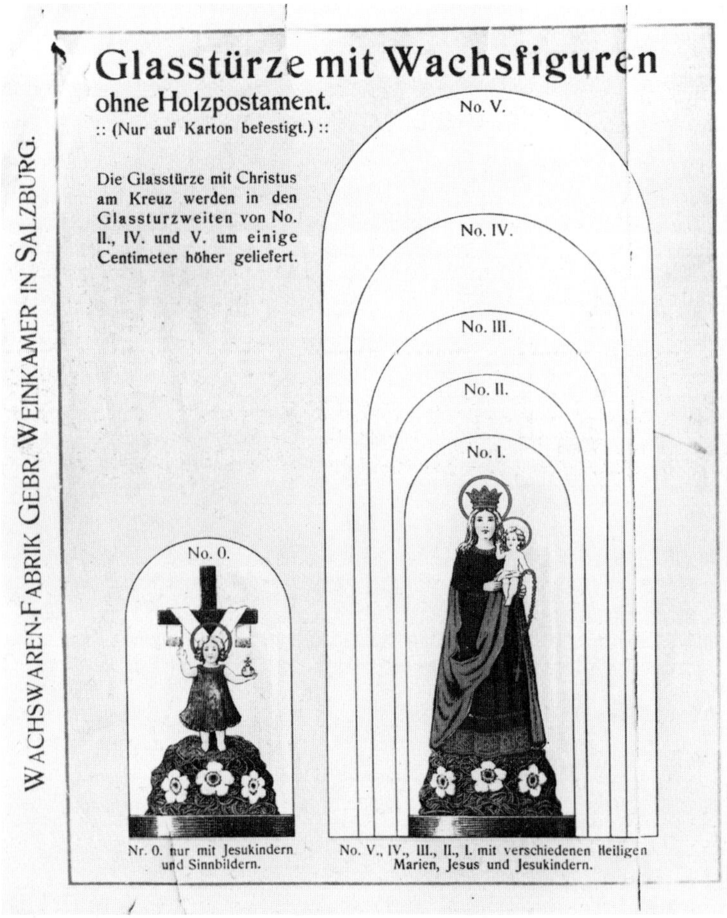

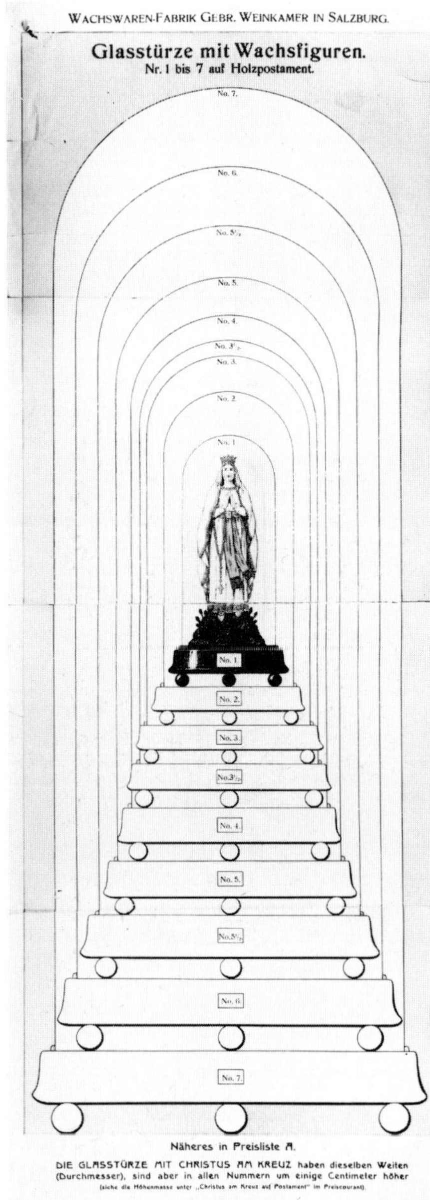

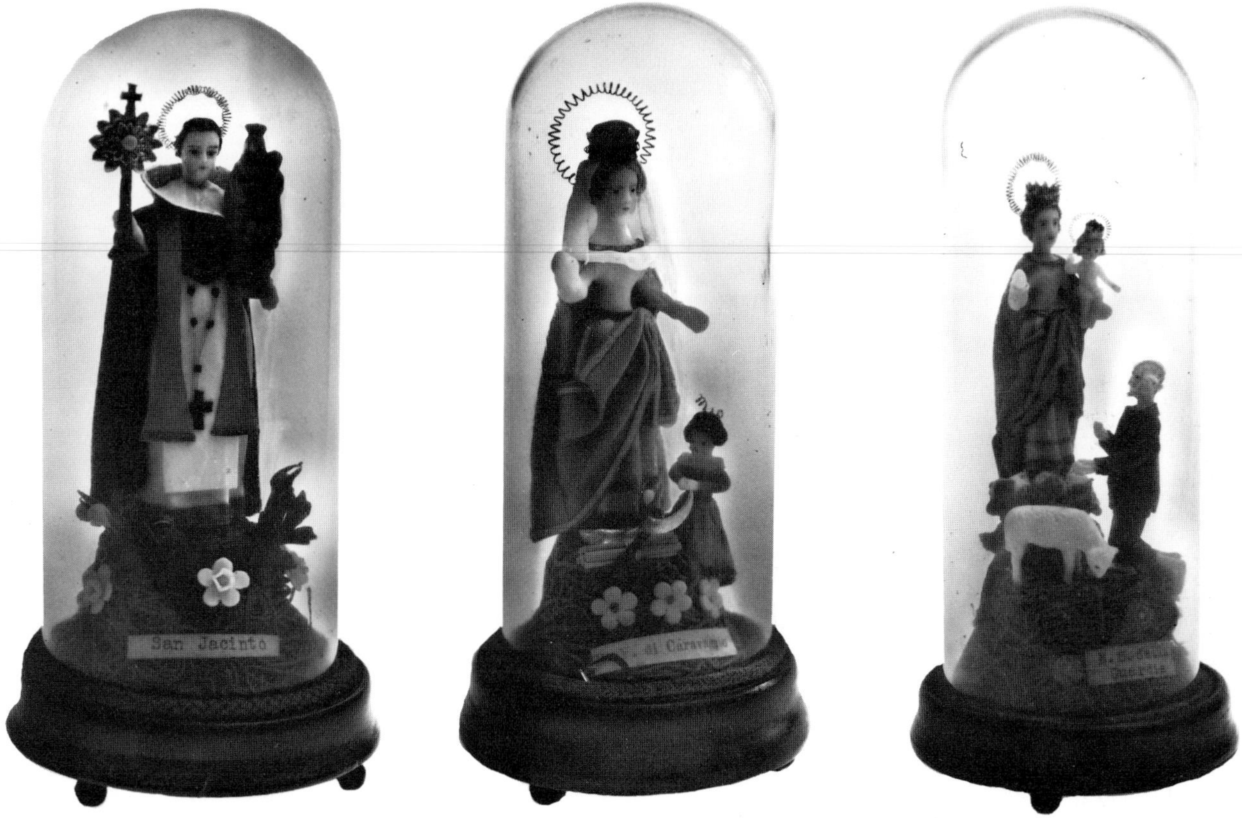

Λ 3 Glasstürze der Fa. Gebr. Weinkamer, Salzburg, um 1900
links: San Jacinto
Mitte: B.v. di Caravaggio
rechts: N.S. della Guardia

< Bildbeilagen zur Preisliste A der Fa. Gebr. Weinkamer, Salzburg, 1901

S. 162 »Hl. Maria Skapulier«, Glassturz der Fa. Ignaz Weinkamer, Salzburg, um 1880/90

verpackt, von der Glashütte Stimpfle-Abele in Freudental bei Frankenmarkt/OÖ. gleich waggonweise angeliefert.[212] Die Kraxenträger, voran die Gottscheer, die seit 1492 gewisse Sonderrechte im Hausierhandel der Donaumonarchie hatten, bringen die Weinkamerschen Glasstürze, die es nun in Größen zwischen 8 und 66 cm Höhe gibt, bis ins letzte Dorf. Man baut das Sortiment ständig aus, erzeugt ab 1900 auch Glasstürze mit Musikwerk-Untersatz und verschickt Preislisten nicht nur in deutscher, sondern auch in italienischer, polnischer, spanischer, tschechischer und ungarischer Sprache. Im Juni 1901 umfaßt die Preisliste über *Glasstürze mit heiligen Wachs-Figuren* vier großformatige Seiten und ist zum erstenmal auch sorgfältig bebildert.

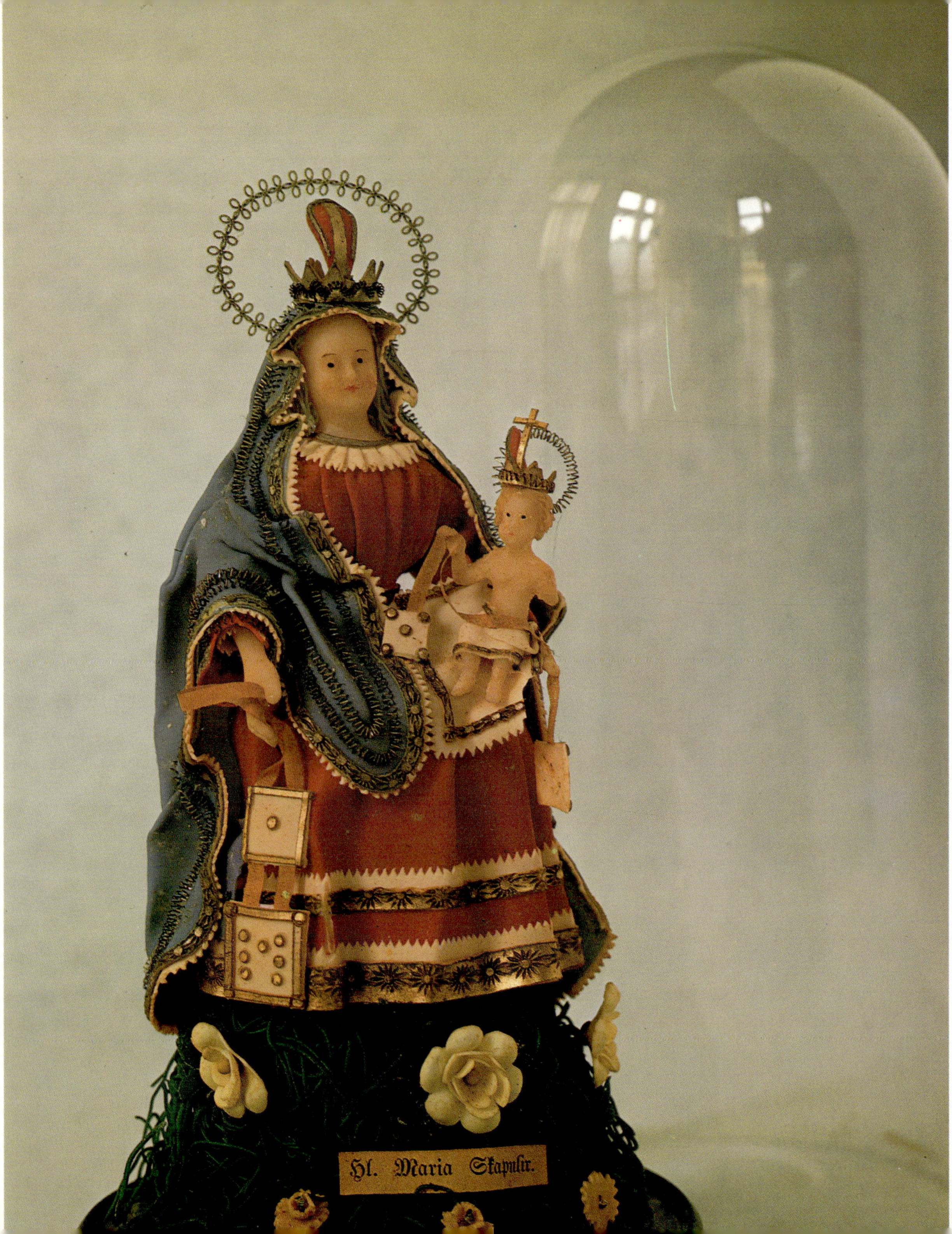
Hl. Maria Skapulir.

A.

Juni 1901

Glasstürze

mit

heiligen Wachs-Figuren.

Glasstürze **ohne** Holz-Postament

auf Carton befestigt.

	Nr.	Weite c/m	Höhe c/m	100 Stück fl.	Beschreibung der heiligen Figuren, die als Inhalt erzeugt werden
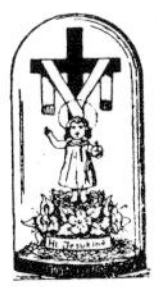	0	$4\frac{1}{2}$	8	**8**	In dieser Grösse zu 8 kr. werden nur bestimmte Vorstellungen, wie Sinnbilder (Glaube, Hoffnung und Liebe), Jesukinder in verschiedener Darstellung und speciell übereingekommene Figurationen gefertigt.
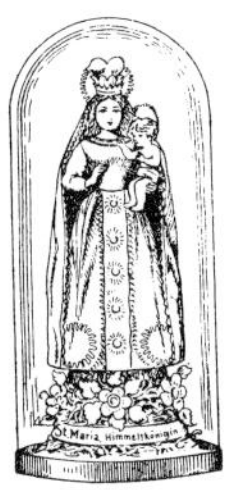	I	$4\frac{1}{2}$	10	**12**	**Marien und Heilige** In nachstehenden Grössen von **12** bis **36** kr. werden alle Marien, Heiligen und Jesukinder, welche aus **einer** Statue mit höchstens einem Jesukind, Christus oder sonstiger Beigabe bestehen, erzeugt. Am Lager sind stets: Die allgemein verbreiteten **Marien,** wie Himmelskönigin, Lourdes, Skapulier, Rosenkranz, Schmerzhafte, Krönung, Lichtmess, Mutter Maria, Unbefleckte, Verkündigung, Hilf, Herz Maria; alle gangbaren **Namenspatrone,** wie Anna, Josef, Theresia, Elisabeth, Katharina etc. Schutzengel, Auferstehung, Dreifaltigkeit, Ecce Homo, Herz Jesu; **Jesukinder** in verschiedener Ausführung, Prager Jesukinder etc.
	II	5	12	**14**	
	III	$6\frac{1}{4}$	14	**22**	
	IV	7	16	**26**	
	V	$8\frac{1}{2}$	20	**36**	
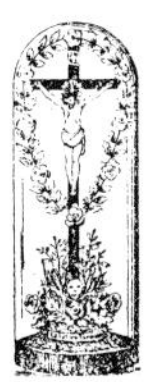	I	5	14	**14**	**Christus am Kreuz** (höhere Stürze) **Fein colorirter Christus,** zu beiden Seiten Blumensträusse oder um den Christus Blumenkranz.
	II	7	19	**26**	
	III	$8\frac{1}{2}$	22	**36**	

Nur die in **Wallfahrtskirchen** verehrten Gnadenbilder sind **nicht lagernd.** Wir brauchen zur Erzeugung solcher Wallfahrts-Marien bei grösseren Aufträgen wenigstens 14 Tage und ersuchen daher um frühzeitige Bestellung.

Die Nummern dieser Sorten **ohne** Holz-Postament müssen stets in **römischen** Zahlen Nr. I—V bestellt werden; ausserdem wollen Sie auch den Stückpreis beisetzen.

Glasstürze mit Holz-Postamenten, polirt.

Marien, Heilige und Jesukinder.

Export nach

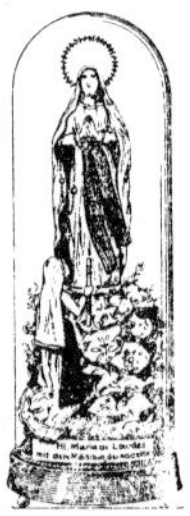

allen Welttheilen

Nr.	Weite m/m	Höhe m/m	100 Stück fl.
1	5	$13\frac{1}{2}$	**18**
2	7	18	**32**
3	9	23	**50**
$3\frac{1}{2}$	$9\frac{1}{2}$	25	**65**
4	$10\frac{3}{4}$	30	**86**
*5	$12\frac{3}{4}$	36	**110**
*$5\frac{1}{2}$	$14\frac{1}{2}$	42	**170**
*6	17	49	**224**
*7	19	56	**300**
*$7\frac{1}{2}$	23	66	**420**

Beschreibung der heiligen Figuren, die als Inhalt erzeugt werden

Mit einer Statue:

Alle auf der ersten Seite angegebenen Marien, Heiligen und Jesukinder.

Ausser diesen halten wir noch lagernd: Maria Maienkönigin, Immerwährende Hilfe, als auch

mit zwei Statuen:

z. B. Maria de Lourdes mit dem Mädchen Bernadette, die um 10% theurer sind, also kosten in

Nr.	1	2	3	$3\frac{1}{2}$	4
per Stück fl.	**—.20**	**—.35**	**—.55**	**—.70**	**—.94**
Nr.	5	$5\frac{1}{2}$	6	7	$7\frac{1}{2}$
per Stück fl.	***1.20**	***1.85**	***2.50**	***3.30**	***4.60**

In **Sammt und Atlas** gekleidete Figuren in den gleichen Glassturzgrössen von Nr. 5, 36 m/m hoch, an aufwärts um circa 20% theurer und empfehlen als solche das „Pragerkind" mit Weltkugel, „Gnadenreiche Jesukind" mit Kreuzstab laut auf nächster Seite 3 ersichtlicher Zeichnung in Stürze

Nr.	5	$5\frac{1}{2}$	6	7	$7\frac{1}{2}$
per Stück fl.	***1.50**	***2.10**	***2.70**	***3.60**	***5.—**

* Diese mit dem Sternchen versehenen Grössen können mit einem **Musikwerk-Untersatz** bei fl. 4.— Aufzahlung versehen werden, siehe nächste Seite.

Diejenigen Marien und Namenspatrone, welche selten verlangt werden, sind **nicht lagernd** und benöthigen wir zu solchen Extra-Herstellungen mindestens 14 Tage, daher frühzeitige Bestellung nothwendig ist.

Für alle Wallfahrtsorte erzeugen wir die heiligen Gnadenstatuen nach uns eingesandten Papierbildern und ist es hiebei gut, die gewünschten Farben von Mantel und Kleid anzugeben.

Bei Aufträgen ohne besonders bezeichnetes Figuren-Sortiment wird die Commission aus dem Lager in Wachsfiguren nach unserem eigenen Gutachten zusammengestellt.

Die Figuren sind nur mit deutschen Namensunterschriften lagernd.

Die Nummern dieser Grössen **mit Holz-Postament** müssen mit arabischen Ziffern Nr. 1, 5, $7\frac{1}{2}$ geschrieben und der Stückpreis beigesetzt werden.

Diese Glasstürze sind in den kleineren Sorten nicht nur ein **beliebter Wallfahrts-Artikel**, wozu wir selbe mit „Andenken an St. Maria Zell"-Widmungs-Inschriften versehen, sondern auch in den mittleren Grössen als **Firmungsgeschenk** beliebt.

In den grösseren Sorten dienen sie als christliches Andenken zum Namensfest (der Namenspatron), Braut-**Hochzeitsgeschenk,** Weiset- und sonstigen Gelegenheits-Präsenten, wobei die nebenstehenden **Musik-Glasstürze** etwas besonders Werthvolles sind.

Es werden auch gerne der Brautkranz und Hochzeitsbüschl, Brautstock oder das Sterbkreuz, Haarblumen, Photographien des Verstorbenen etc. um die gewünschte Heiligenstatue gruppiert, wodurch diese Andenken auch durch Glasstürze gesicherte, bleibende Aufbewahrung bekommen und ein hübscher Zimmerschmuck aus dem Vermählungs- oder Sterbe-Andenken entsteht.

Sollten uns diese Andenken zum hierortigen Gruppieren nicht eingesendet werden, so liefern wir auch den Kranzelbindern unsere Wachsfiguren **flach für Tafeln** etc. ohne Glassturz in allen Höhenmaßen.

Weinkamersche Glasstürze mit verschiedenen Wallfahrtsmadonnen, nach 1890/95

S. 166 Weinkamersche Glasstürze, um 1900
links: »Gnadenreiches Jesukind«, ganz aus Wachs
rechts: »Heiligstes Prager Jesukind« in Atlaskleid und Samtmantel

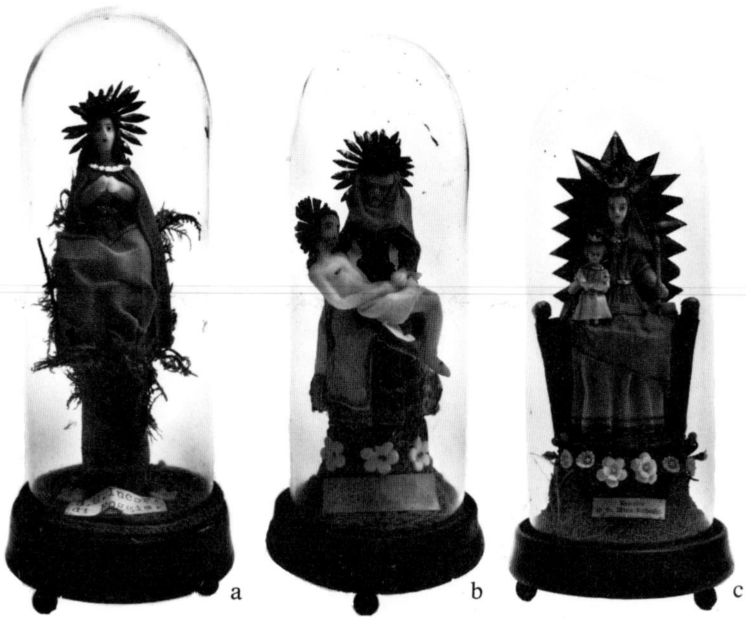

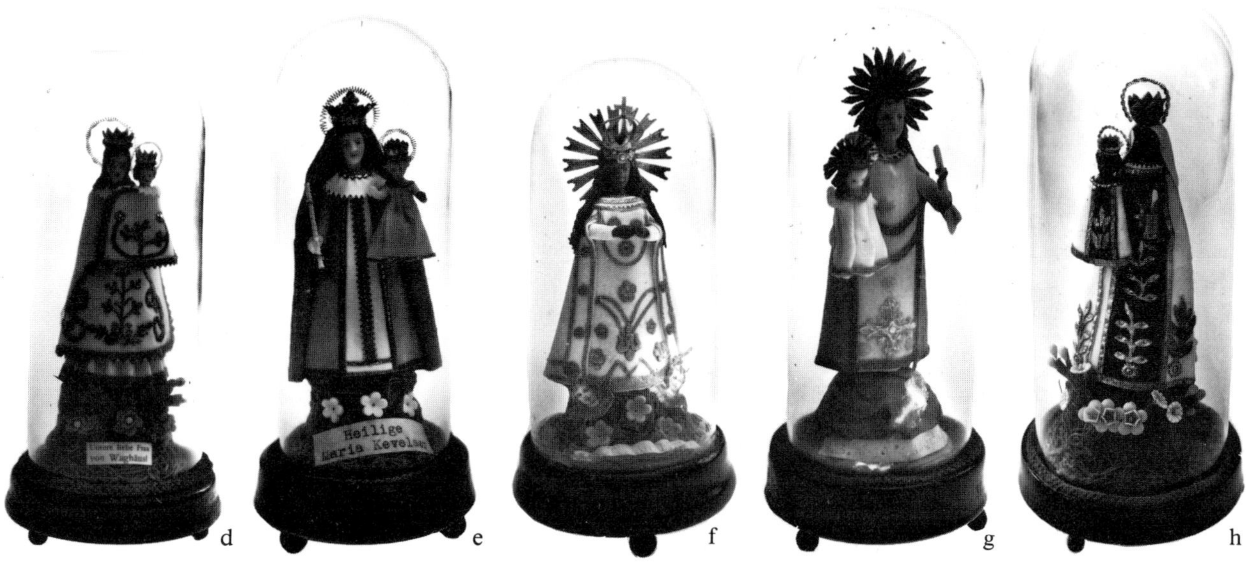

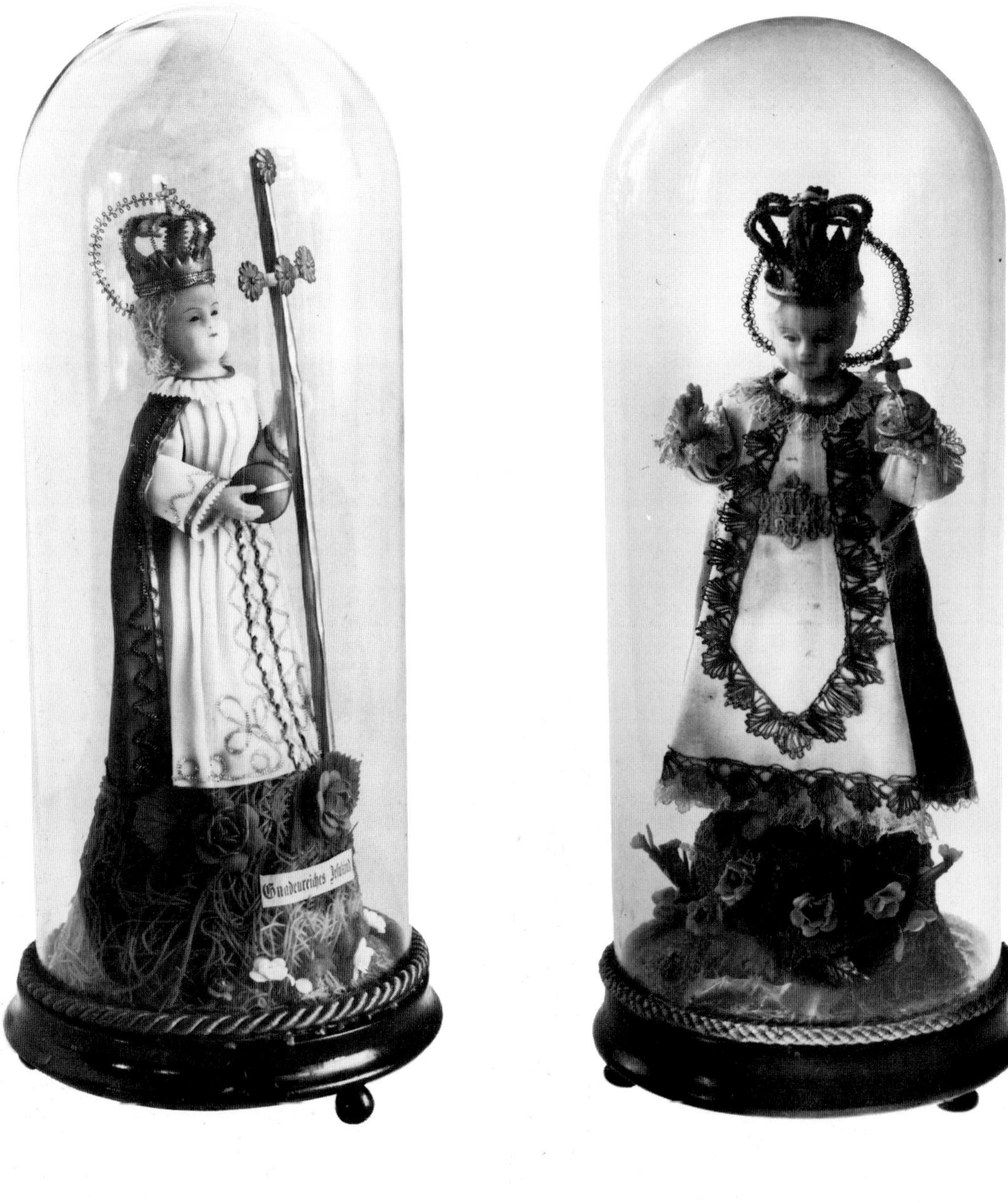
Gnadenreiches Jesukind

Höhere Glasstürze mit Christus am Kreuz.

Mit feinpolirtem Holz-Postament.

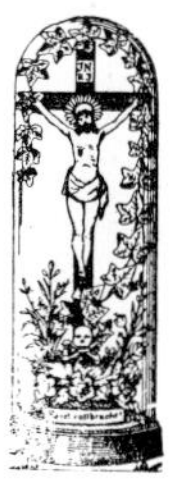

Nr.	Weite cm	Höhe cm	100 Stück fl.	Art der Ausführung des Christus am Kreuz
1	5	15	**18**	Zu **18** und **32** kr. Mit färbigen Christussen, Blumensträussen oder Blumenkränzen um das Kreuz. Mit weissen Christussen und weiss gegossenen Figuren (Maria und Johannes).
2	7	21	**32**	
3	9	28	**60**	Von **60** kr. bis zu fl. **3.**— Auf goldenen oder schwarzen Kreuzen hängende naturfärbige Christusse. Mit Epheuguirlanden und Blumensträussen, oder mit grossen Blumenkränzen.
4	$10^3/_4$	33	**86**	Um 5% theurer zu **63** kr. bis fl. **3.15** mit Magdalena oder vergoldetem Christus.
*5	$12^3/_4$	39	**110**	Um 10% theurer mit zwei Figuren, Johannes und Maria, nebst Blumenkranz etc. zu **66** kr., **94** kr., fl. **1.20**, fl. **1.85,** fl. **2.50,** fl. **3.30.**
*$5^1/_2$	$14^1/_2$	48	**170**	
*6	17	52	**224**	Für **Wallfahrtsorte** erzeugen wir alle Grössen mit der entsprechenden Wallfahrts-Maria am Fusse des Kreuzes um 10% höher, somit zu **20** kr., **35** kr., **66** kr. etc.
*7	19	60	**300**	Für **Missionen**: mit den Widmungs-Inschriften: „Zum Andenken an die hl. Mission“

Alle grösseren Sorten Stürze, deren Nummer mit einem * (Sternchen) bezeichnet sind, können mit dem 8 cm hohen

Musikwerk-Untersätzen

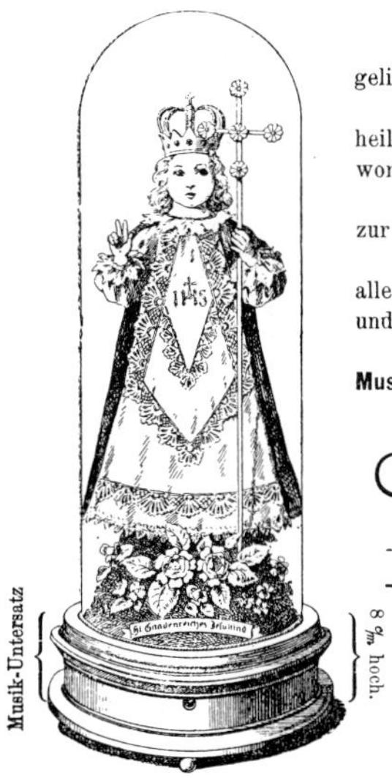

geliefert werden, wie dies aus nebiger Zeichnung ersichtlich ist.

Das sind selbstspielende **Musikwerke** mit zwei schönen religiösen Liedern z. B. „Stille Nacht, heilige Nacht“, „Grosser Gott, wir loben dich“, welche sie durch vier Minuten automatisch spielen, worauf das Werk wieder aufgezogen wird.

Auf Wunsch und frühzeitige Bestellung stehen auch schöne Marien- und andere Kirchenlieder zur Verfügung.

Es können somit alle Grössen von **fl. 1.10 aufwärts** (Heilige, Marien, Jesukinder, Christusse, alle Gruppendarstellungen, in Atlas gekleidete Pragerkinder) mit dem Musikwerkuntersatze bestellt und geliefert werden.

Die Preise der mit einem * (Sternchen) bezeichneten Stürze erhöhen sich bei Montirung mit dem Musikwerkuntersatz per Stück um 4 Gulden.

Es entstehen somit für die fertig montirten Stürze mit Musik nachfolgende Preise:

Glasstürze mit Musikwerk-Untersätzen

in den vorgesagten Sturzgrössen Nr.	5	$5^1/_2$	6	7	$7^1/_2$
Gesammthöhe mit dem 8 cm Musikwerk-Untersatz	44	50	57	64 und	74 cm
Mit den in **Wachs** gekleideten Heiligen, Marien und Christus am Kreuz ohne Figuren per Stück fl.	5.10	5.70	6.24	7.—	8.20
Mit Lourdes mit Bernadette oder Christus mit 2 Figuren . . . . „ „ „	5.20	5.85	6.50	7.30	8.60
Mit in Sammt und Atlas gekleidetem Pragerkinde . . . . „ „ „	5.50	6.10	6.70	7.60	9.—

Mit den Gruppendarstellungen „hl. Familie“, „Geburt“, „hl. Grab“ etc. fl. **5.30** und fl. **6.30.**

Die am Figuren-Postamente festgeschraubten Musikwerk-Postamente können von den Stücken leicht abgeschraubt, daher **auch ohne Musik verkauft werden**; ebenso auch der lose Musikwerk-Untersatz an irgend einer anderen Figur angebracht werden.

Glasstürze mit Blumensträussen in Vasen

mit fein polirtem Holz-Postament.

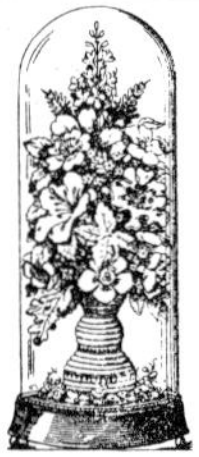

Nr.	Weite %m	Höhe %m	100 Stück fl.	Beschreibung der Ausführung des Inhaltes
1	$6\frac{1}{4}$	15	**25**	In diesen Grössen halten wir in Rosen- und Alpenblumen-Bouquets Lager. Auf grössere Bestellungen werden innerhalb 14 Tagen Blumensträusse in jeder gewünschten Glassturzgrösse, auch nach eingesandten Vorlagen erzeugt.
2	7	18	**35**	Als Seitenstücke zu einem grösseren Glassturze mit Christus oder sonstiger Statue beliebt, wenn nicht durch die Namenspatrone der Eheleute das Altar-Gruppenbild gebildet wird.
3	9	23	**50**	
4	$10\frac{3}{4}$	30	**86**	

und grösser.*

Weitere Glasstürze mit Gruppen-Darstellungen.

Nur mit Holz-Postament.

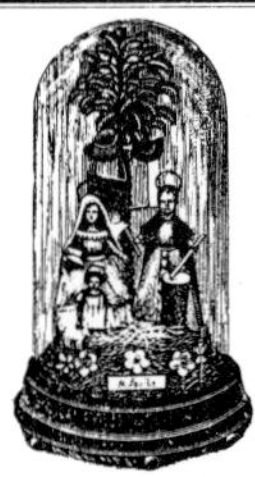

Nr.	Weite %m	Höhe %m	100 Stück fl.	Beschreibung der lagernden Gruppenbilder
8	9	19	**50**	Schlafendes Jesukind, Geburt Christus, heilige Familie, Flucht nach Aegypten, Christus im Grab, Christus am Oelberg, Jesukind in der Krippe sitzend, heiligstes Kindlein Maria auf goldenem Bette, Kindstaufe, Trauung, Firmungen und sonstige Darstellungen mit 2 und mehr Figuren, auch genau nach eingesandten Abbildungen gearbeitete. Auch sind Namenspatrone der Eheleute paarweise in einem Sturz beliebt.
9	12	25	**80**	
*10	$15\frac{1}{2}$	32	**130**	
*11	18	42	**230**	

Runde Glasbilder zum Aufhängen gerichtet

mit **Heiligen-Figuren** als Inhalt.

(Stockuhrgläser auf glitzernde Cartons befestigt.)

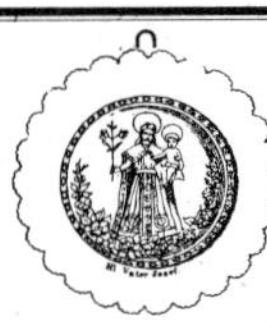

Nr.	Durchmesser der Rahme	Durchmesser des Glases	Höhe %m	100 Stück fl.
1	16	10	$2\frac{1}{4}$	**22**
2	21	12	4	**35**

Der figurelle Inhalt ist wie bei den Glasstürzen ein reich sortierter, und kann auch in dieselben jede Statue gearbeitet werden. Ausser den auf der ersten Seite genannten Heiligen und Marien sind „Herzen Jesu", „Herzen Maria" als ganze Figur oder Herz mit Strahlen Nimbus stets lagernd

Solche Glassturz-Preislisten stehen in czechischer, magyarischer, polnischer und italienischer Sprache auf Wunsch zu Diensten.

Conditionen:

Jene Herren, welche mit uns noch in keiner Verbindung gestanden, belieben uns bei Geschäftsanknüpfung Referenzen (Auskunftspersonen) aufzugeben, ansonsten die Ausführung von Bestellungen nur gegen $^1/_3$ Anzahlung und Rest-Nachnahme erfolgt.

Odešlu jen proti $^1/_3$ závdavku a dobirce zbytku.
Přesylki uskuteczniamy tylko na $^1/_3$ zadatek i pobraniem docztowem resty kwoty.

Árukat csak utánvét és $^1/_3$ elöleg mellett küldünk.
Spedizione solo per un terzo di a conto e per rivalsa del resto.

Die Preise verstehen sich ab unserer Fabrik in Salzburg netto Cassa ohne Sconto.

Die Verpackung in Stroh und Holzkisten wird zu Selbstkosten billigst berechnet.

Die Ware wird sorgfältigst verpackt; für Bruch während des Transportes können wir keine Vergütung leisten.

Gebrüder Weinkamer, Salzburg (Oesterreich).

Für den Inhalt verantwortlich, Eigenthum und Verlag der handelsgerichtlich protokollirten k. k. priv. Wachswarenfabrik Gebrüder Weinkamer in Salzburg. — Druck von Wierer & Müller in Salzburg

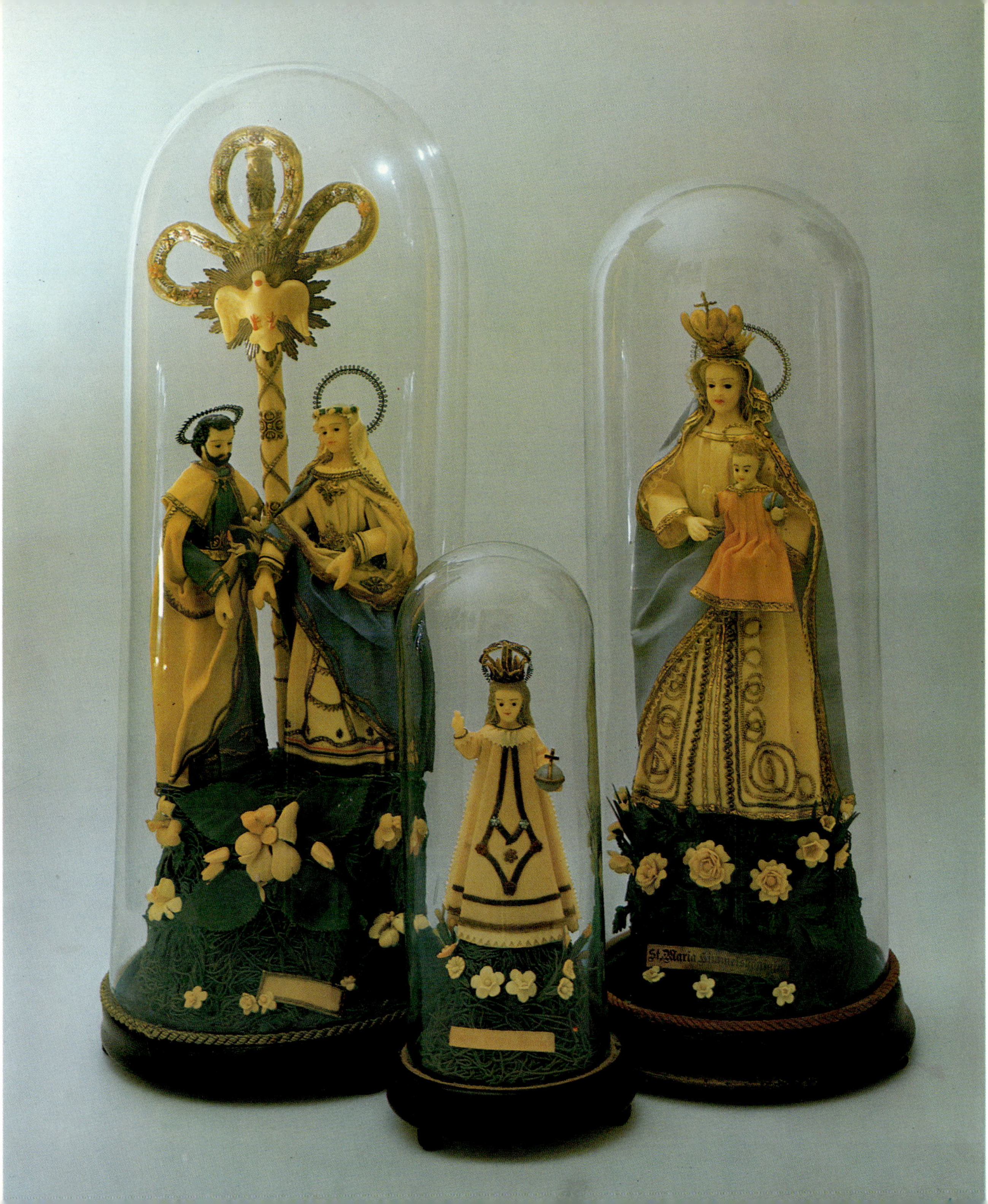
St. Maria

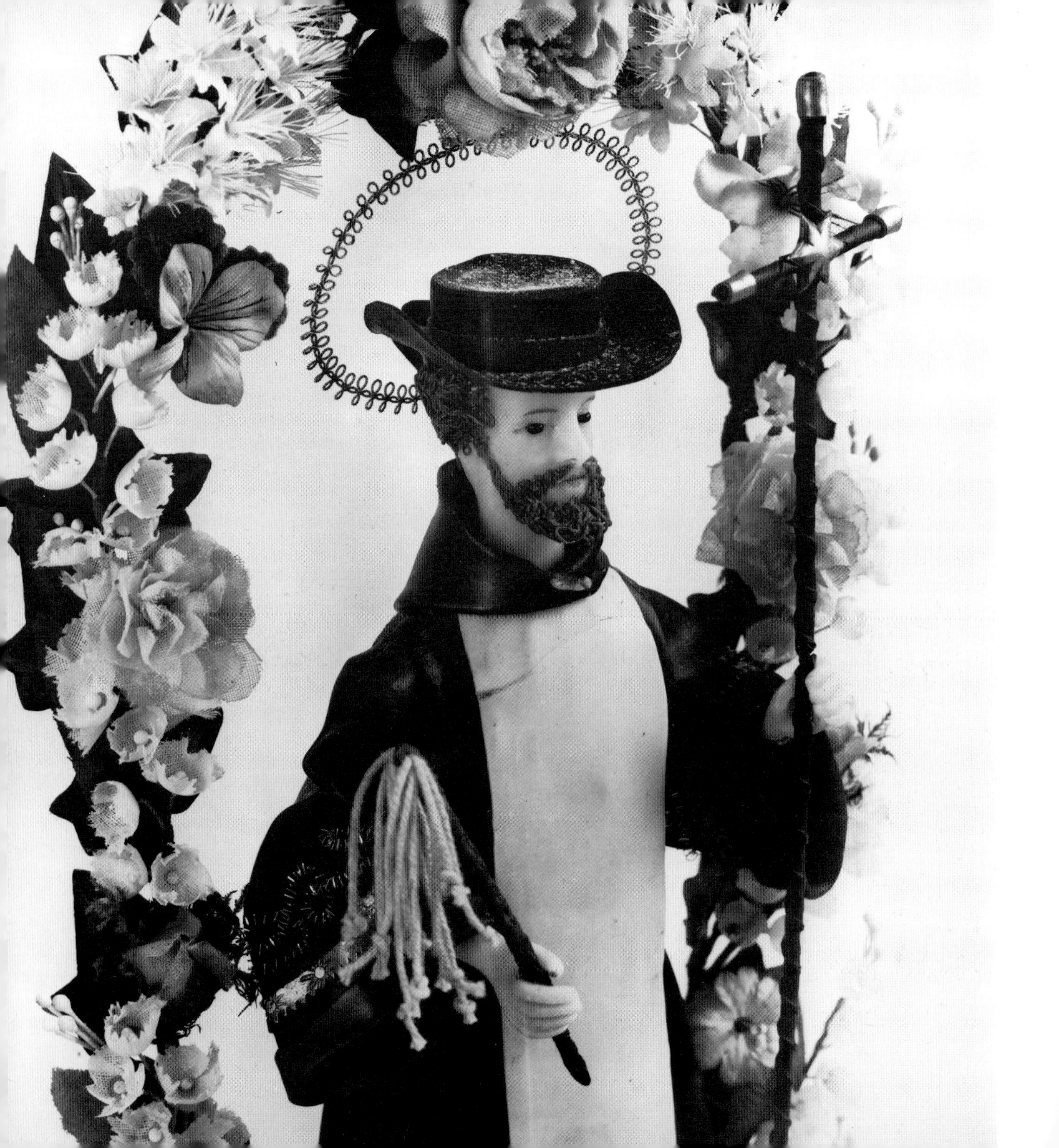

S. 169: 3 Weinkamersche Glasstürze, nach 1890: »Vermählung Mariens«, »Heiligstes Prager Jesukind« und »St. Maria Himmelskönigin«

< Glassturz »St. Johann von Kreuz« (Detail), Weinkamersche Figur mit Montierung von Stoffblüten u. -blättern, nach 1893

> Weinkamersche Wachsfigur »S. S. V. di Pompei«, Glassturz, um 1900

V Schriftproben aus einem Klebeband mit Druckunterlagen, Fa. Gebr. Weinkamer, Salzburg

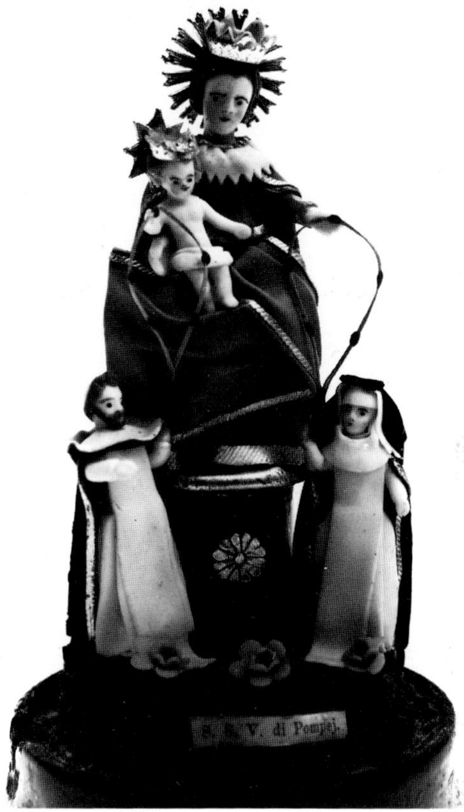

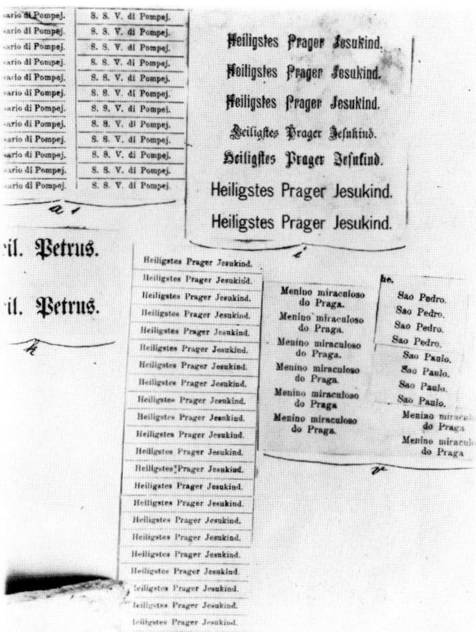

Man verweist darauf, daß Glasstürze als Firmungs- und Hochzeitsgeschenk sehr beliebt sind und daß man auf Wunsch auch den Brautkranz, Haarblumen, Photographien u. ä. mit einarbeitet, um so dem bestellten Stück einen besonders persönlichen Charakter zu geben. Schaut man allerdings den abgegriffenen Band durch, in dem man über Jahrzehnte hinweg bei Weinkamer die Andrucke jener Schriftzeilen einklebte, die für Glasstürze, Wachsstöcke und Kerzen benutzt wurden, so wird deutlich, daß die Wallfahrtsorte trotz allem die Hauptabnehmer dieser liebenswürdigen, farbenfrohen kleinen Kunstwerke aus Wachs gewesen sein müssen. Von den 291 verschiedenen Schriftzeilen, unter denen sich auch die Aufschriften für die Kommunionkerzen in 10 verschiedenen Versionen und in 3 Sprachen finden, dazu die Namen von 89 verschiedenen Namenspatronen von der Hl. Agnes bis zur Hl. Walburga, verweisen 114 auf bestimmte Wallfahrten oder sind so allgemein gehalten, daß sie an jedem Wallfahrtsort verkauft werden konnten:

Weil ich Dich so gerne hab'
Bring' ich Dir diese Wallfahrtsgab'.

oder

Dieses kleine fromme Angedenken
Soll Dein Herz mit Trost beschenken.

auch

Im Gnadenorte hab' ich an Dich gedacht
Und Dir dieses Andenken mitgebracht.

und

Wenig aber vom Herzen.

Nicht vergessen darf man, daß es bei Weinkamer üblich war, die Namenszeile auch mit der Schreibmaschine zu schreiben, wenn z. B. von einem Wallfahrtsort eine zu geringe Menge von Sonderanfertigungen bestellt wurde.

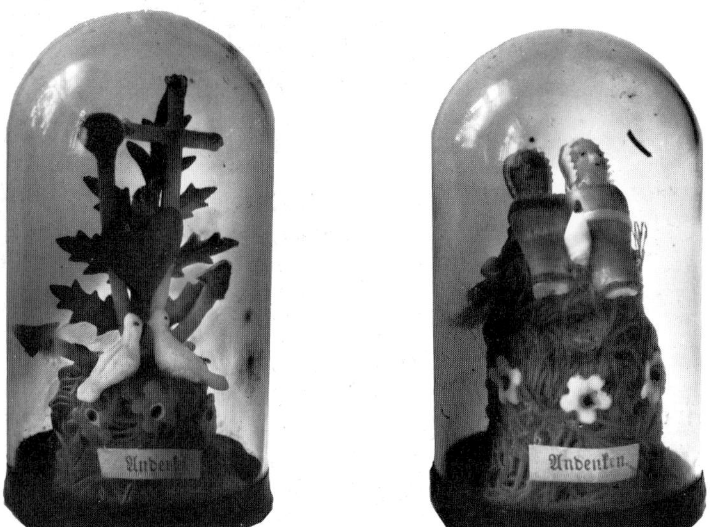

> Glassturz »San Pancrazio Martire«, Fa. Gebr. Weinkamer, Salzburg, um 1900

< 2 kleine Weinkamersche Glasstürze mit Kartonboden, gedacht als Andenken, nach 1890

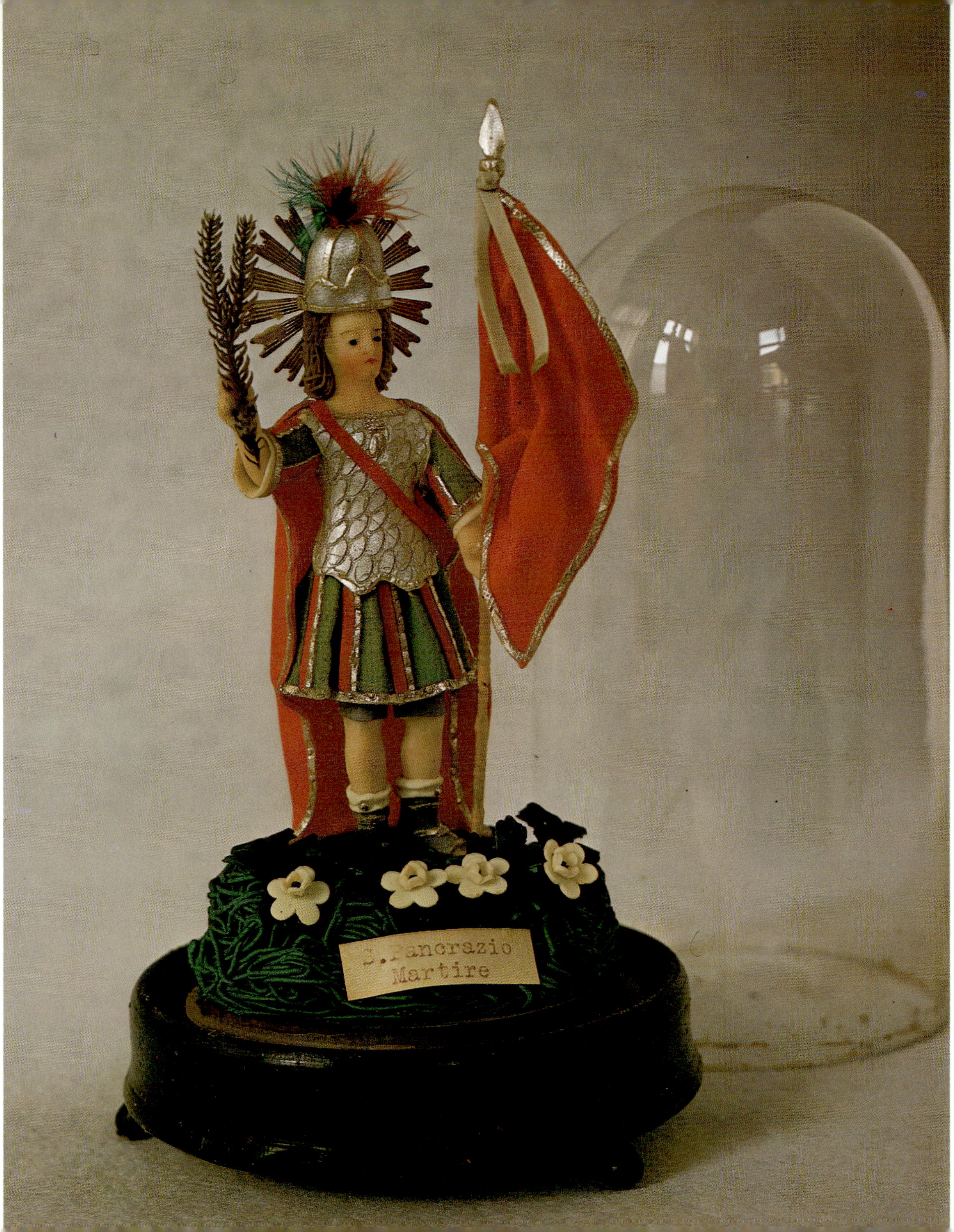
S.Pancrazio
Martire

Die Weinkamerschen Glasstürze wurden in großem Stil bis zum 1. Weltkrieg hergestellt, in geringerem Umfang auch noch in den Jahren bis zum 2. Weltkrieg. Danach gingen einzelne Stücke noch bis in die 50er Jahre nach den USA.[213]

In verschwindend geringem Umfang fertigte man demgegenüber jene Glasstürze und »Eingerichte«, die meist in Heimarbeit entstanden und bei denen das Wachs nur eines und nicht einmal das auffallendste unter den verwendeten Materialien ist. Viel wichtiger als Wachs, das man nur für die meist kleinen Figuren oder Köpfe benutzte, sind Flitter und Goldpapier, Stoff- und Papierblumen, Buntpapier und Holz.

> sog. Eingerichte mit »Einsiedler Messe«; Wachsköpfe, Papierkleider, viel Silber- und Goldflitter, 19. Jh.

V a-c Glasstürze mit Verwendung von Stoff- und Papierblumen, Rauschgold und echtem Moos, kleinen Wachsfiguren, 2. H. 19. Jh.
a, b Pietà
c Christkind
d sog. Eingericht, Flasche mit Kreuz und Leidenswerkzeugen aus Holz, Wachskruzifix, 2. H. 19. Jh.

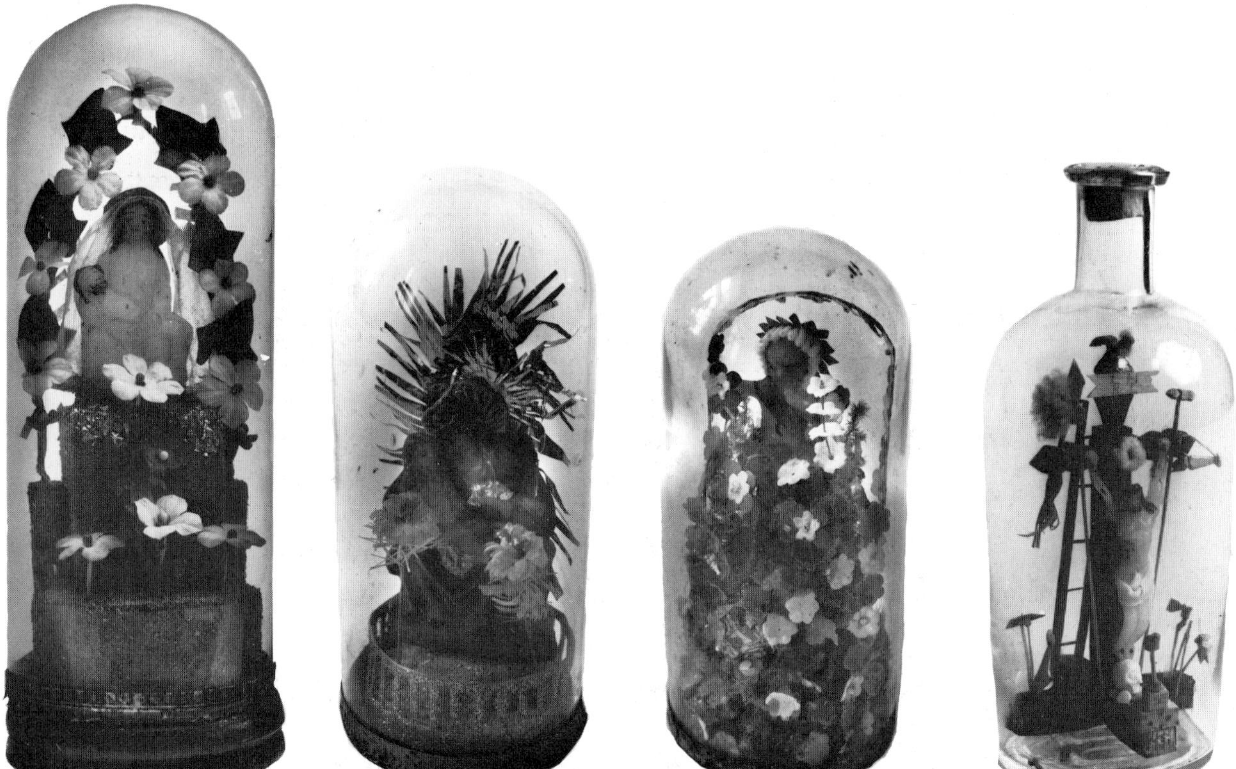

a b c d

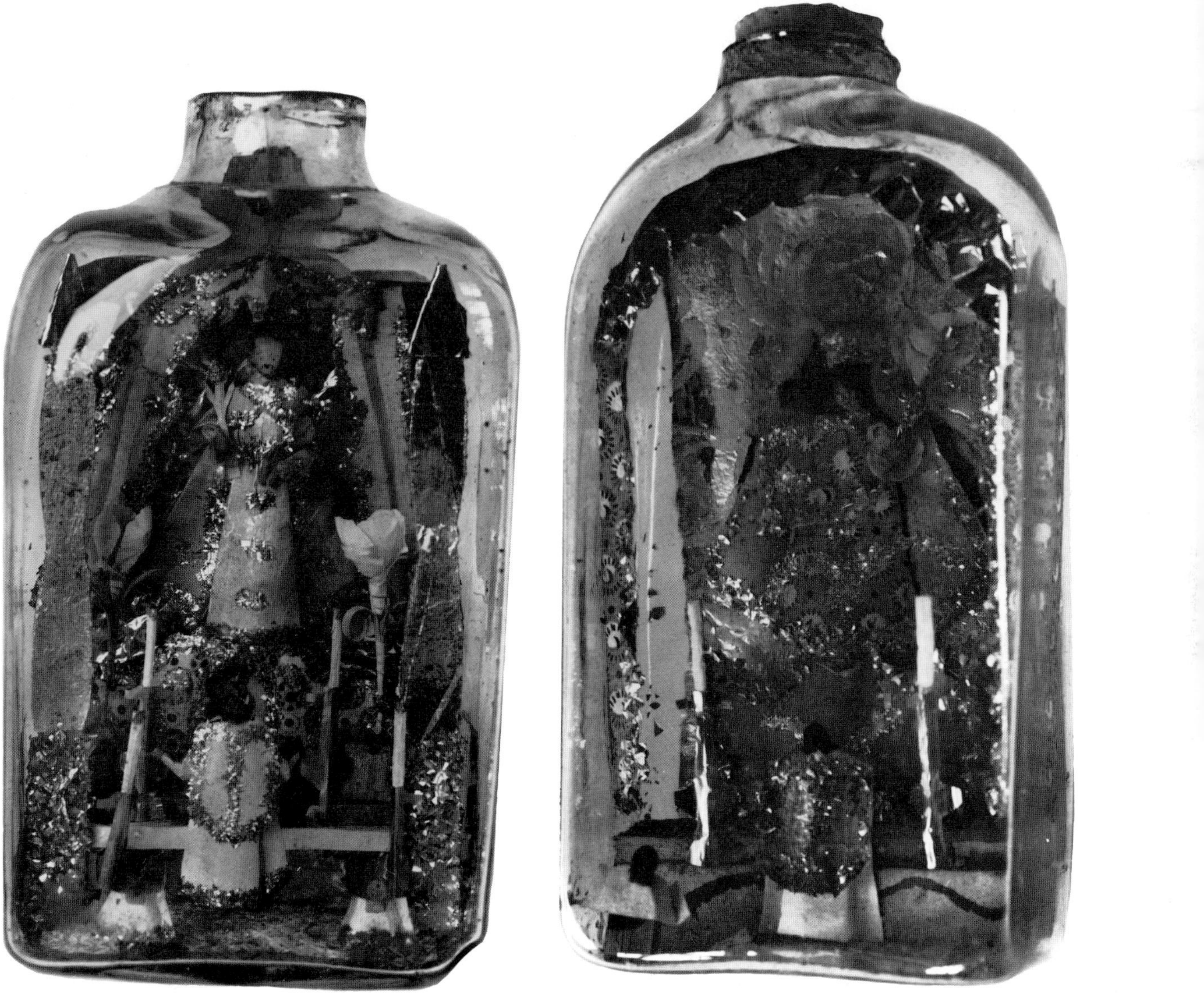

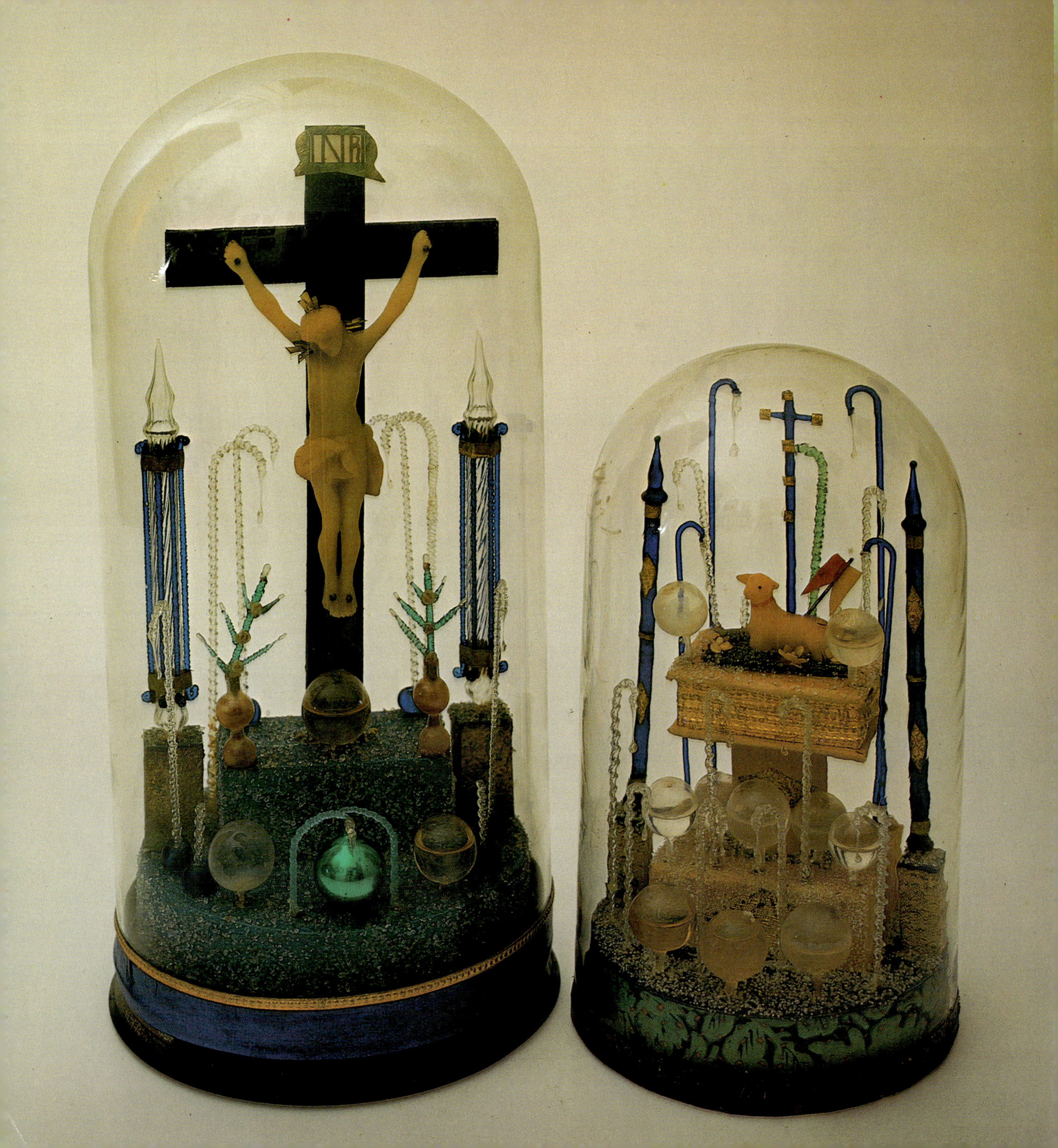
INRI

Größere Serien von Glasstürzen kamen in den Jahrzehnten vor 1900 auch aus den Stuben einiger Glasbläserfamilien des Bayerischen Waldes. Die Stücke, die alle eine mittlere Größe zwischen 20 und 30 cm Höhe haben, sind mit den Glasstürzen der Wachszieher nicht zu verwechseln. Die wächsernen Figuren sind nicht sehr anspruchsvoll in der Ausführung, voll gegossen und einfach bemalt. Sie entstammen in aller Regel dem religiösen Bereich. Besonders häufig sind Kruzifixe und der beliebte »Heilige Wandel«, Maria, Josef und das Jesuskind. Charakteristisch sind der mit Glimmer bestreute, treppchenartige Sockel und vor allem die sorgsam angeordneten Glaszutaten: gerade und gebogene, zum Teil farbige (blau ist verhältnismäßig häufig) mehr oder weniger starke Stäbchen und Röhrchen, sowie kleine, etwa zur Hälfte mit Wasser gefüllte Kugeln.

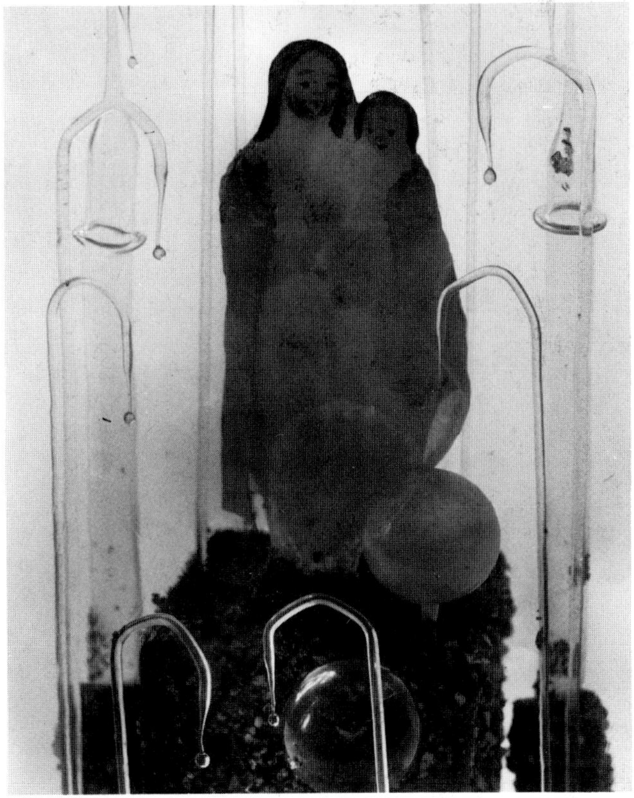

< 2 Glasstürze aus dem Bayer. Wald und

> Wachsfigur (hl. Josef) aus einem derartigen Glassturz, alle 1880/90

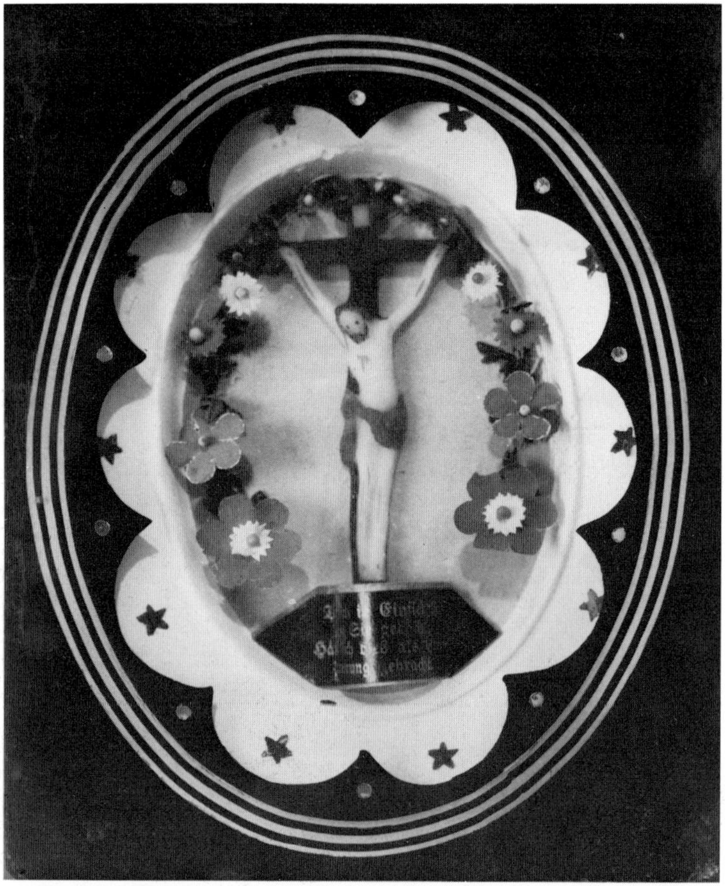

Eine blühende Wallfahrtsandenkenindustrie gab es auch im schweizerischen Einsiedeln. Kopien der Wallfahrtsmadonna in Wachs fertigte schon das Kloster, und im 18./19. Jahrhundert besaß der Ort nicht nur in der Familie Curiger außerordentlich fähige, vielfach auch als Porträtisten tätige Wachsbossierer.[214] Nach 1850 waren in den dortigen Betrieben ganzjährig bis zu 20 Personen tätig, man verarbeitete pro Jahr zwischen 160 und 180 Zentner Wachs.[215] Besonderen Einfluß gewann in der 2. Hälfte des 19. Jahrhunderts die Fa. Lienhardt, aus deren Werkstätten jene kleinen, flachen bilderartig wirkenden Käst-

Wallfahrtsandenken der Fa. Lienhardt, Einsiedeln/Schweiz, um 1880/90

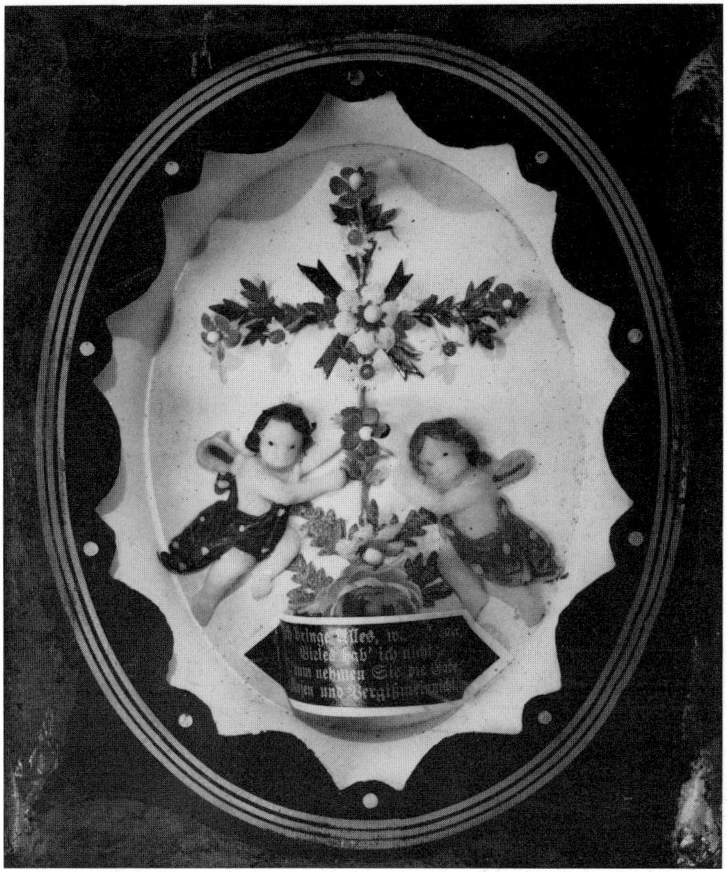

chen kamen, die 1883 auf der 1. Schweizerischen Landesausstellung so viel Anerkennung fanden.[216] Die Maße dieser in großen Serien gefertigten »Bilder« sind recht ähnlich, bewegen sich zwischen 8x10 und 10x13 cm. Auch quadratische Stücke kommen vor. Die Tiefe schwankt in etwa zwischen 1,5 und 2,0 cm. Mittelpunkt des kräftigen, rückwärts abgeschrägten und geschwärzten Rahmens aus Gips ist eine ovale oder runde Nische, in der bemalte Blumenbouquets, Engel, Kruzifixe, Christus-, Marien- und Heiligenreliefs aus Wachs zusammen mit Blüten und Blättchen aus Stoff und Wachspapier angeordnet sind.

Charakteristisch ist die rückseitig schwarz bemalte gläserne Deckplatte mit den drei parallel laufenden schmalen Goldlinien, die mit glattem oder gebogtem innerem Rand nur die eingerichtete Nische sehen läßt. Charakteristisch ist auch der kaum einmal fehlende Spruch — gold auf schwarzem Papierband —, von dem es schon 1883 hieß *durch nette Gedichtchen in wenigen Zeilen illustrirt:*[217]

Aus gutem Herzen bringe
ich Dir
Das kleine Angedenken
hier.

Ich bringe alles was ich habe,
Vieles hab' ich nicht;
D'rum nehmen Sie die Gabe:
Rosen und Vergißmeinnicht.

Bei allem was Du liebst
bedenke
daß Dein Lieben Dich
nicht kränke.

Als ich in Einsiedeln
an Sie gedacht,
hab' ich dies als Erin-
nerung gebracht.

Die Fa. Lienhardt stellte derartige »Bilder« zum Teil auch in einfacherer Form nur mit dem bemalten Relief des Wallfahrtsbildes und dem Schriftzug *Andenken an* . . . in einer Größe von 7,5 x 9,5 cm her, auch für andere Wallfahrtsorte wie Mariazell und Altötting.

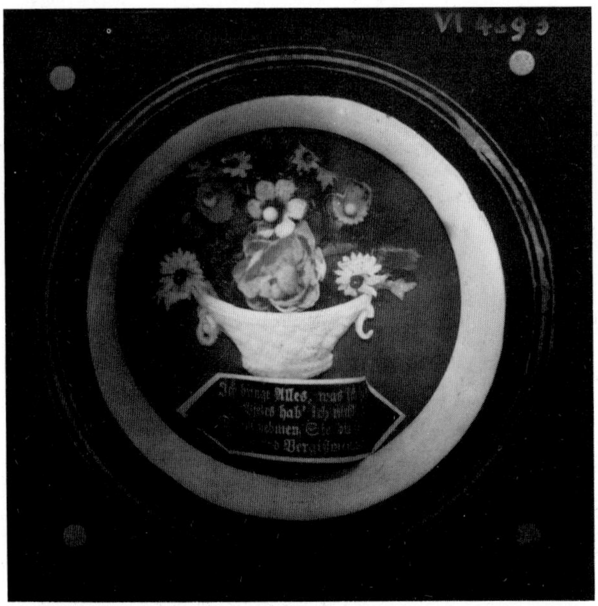

< Einsiedler Wallfahrtsandenken der Fa. Lienhardt, Einsiedeln/Schweiz 1880/90

> Wallfahrtsandenken, oben aus Einsiedeln, unten links aus Altötting, rechts aus Mariazell

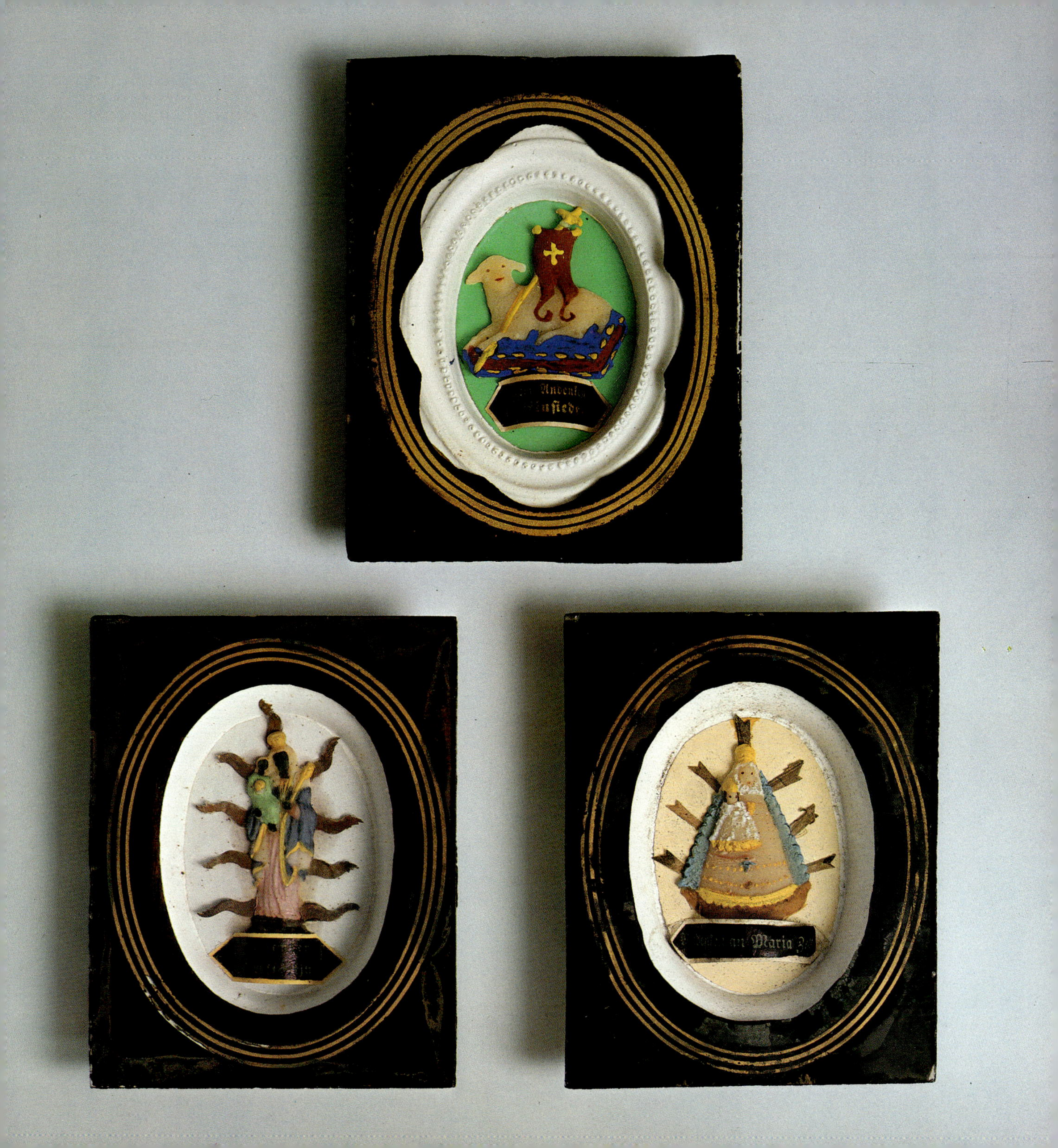
Maria

> Wachsladen, Puppenstube um 1950, Objekte zum Teil 19. Jh.

< Einsiedler »Schneckehüsli«, vor 1914

V Zeichnung aus einer Preisliste der Fa. Gebrüder Weinkamer, Salzburg, über Wachsgalanteriewaren, nach 1900

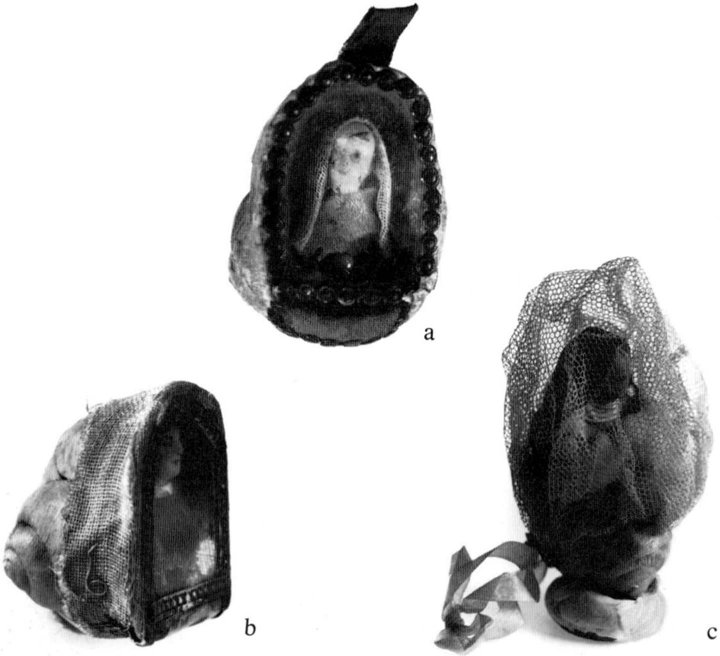

Eine Einsiedler Spezialität sind auch die »Schneckehüsli«, die Wachsnönnchen im Haus einer Weinbergschnecke. Sie wurden ursprünglich von den Benediktinerinnen des Klosters Au bei Einsiedeln angefertigt und vom Einsiedler Devotionalienhandel nur vertrieben. Später und bis zum ersten Weltkrieg übernahmen Einsiedler Gewerbebetriebe die Herstellung dieser kleinen Mitbringsel. Sie waren vor allem bei den Kindern sehr beliebt, die in den Kantonen Basel, Thurgau und Zürich sangen:

D'Klosterfrau im Schneckehus
het gmeint, sie sig verborge.
Do chunnt der Pater Guardian
und seit ere guete Morge.[218]

Auch die sog. Galanteriewaren, wie sie bei Weinkamer in Salzburg genannt wurden und wie sie von Gautsch in München schon nach 1850 in großen Mengen angeboten werden, scheinen vielfach an den Wallfahrtsorten verkauft worden zu sein. Die Äpfel, Birnen und Zitronen zum Öffnen gab es z. B. nicht nur mit weltlichem Inhalt, sondern auch

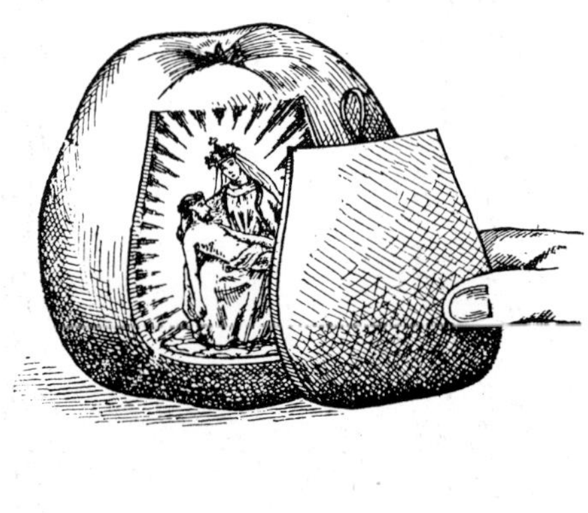

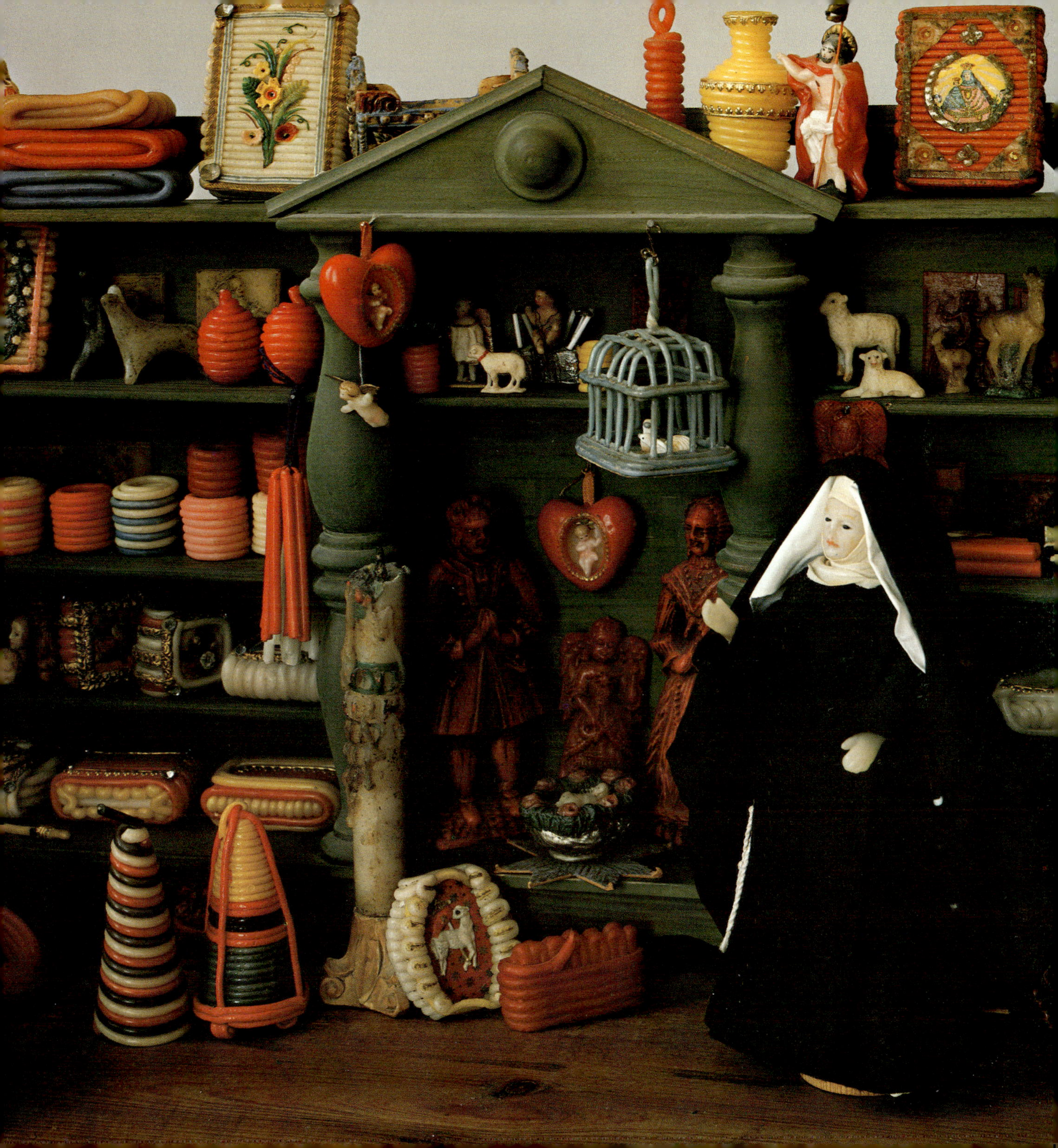

mit Jesukindern, der Geburt Christi, der Heiligen Familie und — darauf wird ausdrücklich verwiesen — mit Wallfahrtsmadonnen aller Art, später, nach 1934, in Altötting mit dem hl. Bruder Konrad.

Joseph Gautsch führt in seinem nach 1850 erschienenen *Preis-Courant,* in dem er auch Honig, Met, Lebkuchen aller Art, Conditoreiwaren, Kerzen und Wachsstöcke anbietet, unter der Überschrift *Attrapen* 26 verschiedene Objekte auf, darunter *Eier mit Thierchen, Huhn im Korb, Haasen sitzend, Katze groß, Rettig, Torte groß, Fingerhüte mit Nähwachs* und *ganz große Abhebfrüchte.* Er bietet 12 verschiedene Engel (fliegend, ruhend, groß, klein, betend, in den verschiedenen Stellungen) und 22 *Kinderchen* an (liegend, schlafend, sitzend, mit Tauben, als Wickel- und Christkinder etc.), dazu 23 unterschiedliche Tiere (auch Eidechsen, Fische, Katze spielend mit einer Taube, Vögel auf Draht, Papagei auf Reif und Hühnersteige), 9 verschiedene Früchte und 53 so unterschiedliche Gegenstände wie Früchtevasen und Gitarren, Füllhörner, Tabakspfeifen, Garten- und Schweizerhäuschen, Rosen mit Blättern, Spinnrädchen, leere Körbchen aller Art, und *Pantoffel mit und ohne Frau.*

Auch Ignaz Weinkamer hatte schon 1887 ein umfangreiches Herstellungsprogramm auf diesem Gebiet. In seinem im Oktober dieses Jahres erschienenen 16seitigen Katalog ist die Hälfte des Platzes den Galanteriewaren gewidmet, zu denen er auch Weihnachts- und Osterartikel zählt, davon 3 Seiten mit Dingen, die auch wir in diese Rubrik einordnen würden.

Als die Gebrüder Weinkamer 1895 ihre erste bebilderte Preisliste B über *Wachs-Galanterie-Waaren* verschickten, hatte sich am Programm des Vaters nur sehr wenig geändert. Bei den zum Abheben gemachten Figuren fehlt die Flasche mit dem Bacchus, der Schinken und der Gansbraten auf dem Teller. Hinzugekommen sind die Köchin mit dem Knödel essenden Soldaten und das Aborthäuschen mit dem Dukatenmacher. Bei den nicht abhebbaren Gegenständen sind neben der *Katzen-Treue* die Nummern 12 bis 19 neu, bei den Früchten die Kartoffel mit den 7 Kindern und die »Sparbüchsen.« Neu sind auch die Büsten von Mozart und Beethoven, die Amor-Statuetten und das nackte Kind mit dem umgeworfenen Topf.

S. 187 sog. Wachsgalanteriewaren der Fa. Gebr. Weinkamer, Salzburg, nach 1895

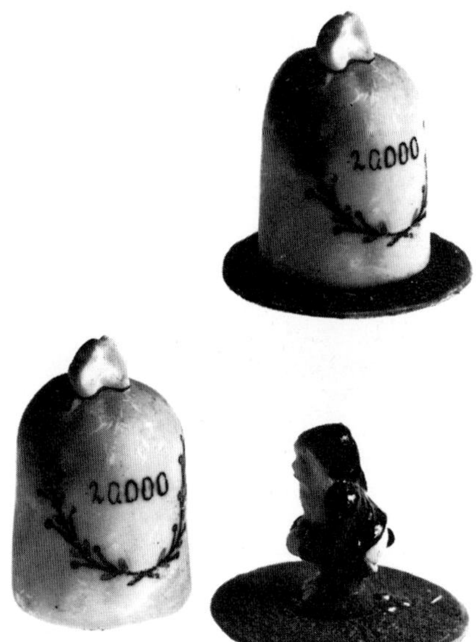

Geldsack zum Öffnen mit Dukatenscheißer, Fa. Weinkamer, nach 1887

Gebrüder Weinkamer, Salzburg.

B. 15. October 1895.

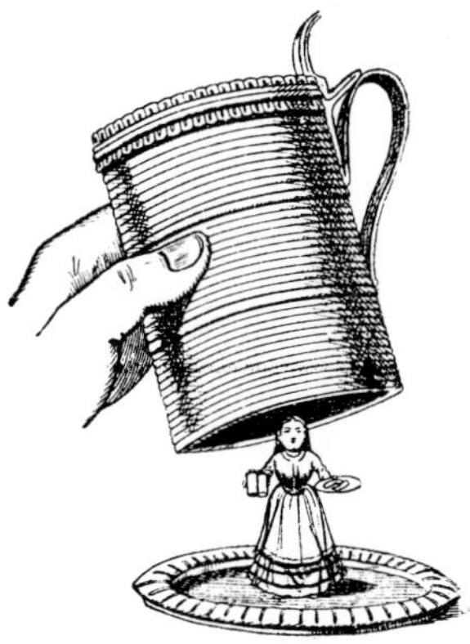

Wachs-Galanterie-Waaren.

Zum Abheben gerichtet,

worunter sich **spasshafte, weltliche** oder **religiöse Vorstellungen** befinden.

Wir machen besonders auf die stark reducirten Preise aufmerksam.

Nr.	Gegenstand	Inhalt	Kreuzer
1	**Bierkrügel**	Biersäufer, Kellnerin etc. . . .	20
2	**Henne im Korb**	mit Junge und Bäuerin	18
3	**Hase** „ „	junge Hasen etc. etc.	16
4	**Rosen** kleine } in allen Farben .	reich sortirt { auch gewisse Wallfahrts-Marien, wie Maria Zell etc. } . . .	15
5	„ grosse }		20
6	**Guglhupf auf Pozellanteller** . . .	mit schlafendem Jesukind . . .	12
7	**Storch im Korb**	„ Fatschenkindl	12
8	**Katze**, gross, milchtrinkend . .	„ sitzendem Mädchen	35
9	**Geldsack**	„ Dukatenmann	14
10	**Franziskaner**	„ Klosterfrau	16
11	**Zuckerhut**	„ Amor in einer Rose stehend od. Täubchen	12
12	**Kleine Löwen**	„ Jäger etc.	14
13	**Grosse Löwen** oder . . . . . }	Jagdidyllen (schlafender Jäger }	35
14	„ **Hunde** . . . . }	mit Mädchen etc.) . . . . }	
15	**Schwan auf Teich**	mit Herzl — Fischer etc. . . .	20
16	**Maus**, naturgetreu . . . . } in natürl. Grösse	mit schlafendem Ehepaar etc. .	30
17	**Ei im Becher**, naturgetreu . }	worunter sich eine bewegl. Figur befindet . .	28
18	**Semmel** zum Oeffnen . . . }	mit Kaffeeschwester etc.	25
19	dto. auf Porzellanteller . }	mit kleinen Kindern in Fatsche oder Hemdel .	28
20	**Käse** (Schweizer) . . . . . }	mit verschiedenen häuslichen Scenen . . .	40
21	**Wasserkübel** mit Deckel	kleine Kinder nebst Zubehör am Faden . . .	18
22	**Köchin**	mit Knödel essendem Soldaten .	26
23	**Aborthäuschen**	mit Dukatenmacher	35

Wir machen besonders auf die stark reducirten Preise aufmerksam.

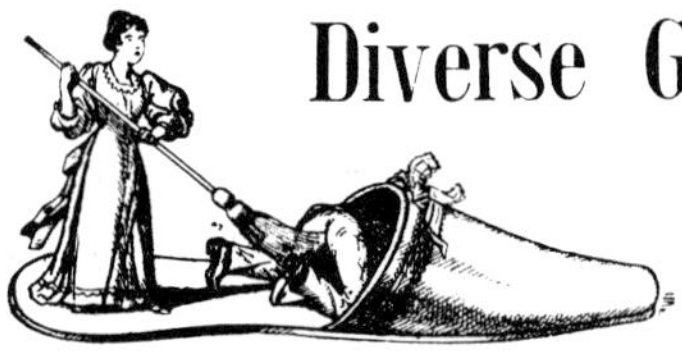

Diverse Galanterie-Waaren.

Nicht abhebbar.

Als Marktwaare und Christbaumschmuck geeignet.

Nr.	Gegenstand	Kreuzer
1	**Hundshäuschen** mit Hund an der Kette liegend	5
2	**Hahn** im Korbe (Wachskörbchen mit aufsitzendem Hahn)	5
3	**Herzen** (weisse, rosa oder rothe) mit Jesukind	7
4	**Vogel im Nest** auf Eier sitzend (zum Aufhängen gerichtet) . . .	8
5	**Wiegerl** mit Fatschenkinder in versch. Farben, Nr. I 6 kr., Nr. II 10 kr., Nr. III	30
6	**Schneemann** zum Aufhängen gerichtet, für Christbäume	5
7	**„Katzen-Treue“**, Katze trägt ein Herz mit „3“ im Maul	6
8	**Kanarienvogel** (Naturgrösse) im Ring, zum Aufhängen	10
9	**Pantoffel** mit Frau, den Mann hineinkehrend, mit Sprüche . . .	18
10	„ ohne Frau, nur Mann hineinschliefend	10
11	**Kind** im Sesserl, 7 %m hoch	10
12	**„Der Letzte bläst das Licht aus“** (Ins Bett steigende Eheleute) . .	48
13	**Stehender Storch** mit Kinder am Rücken und im Schnabel Versl .	10
14	**Liegender Storch** mit Kinder in der Fatsche	8
15	**Aufwartender Affe** mit Mütze, Jacke und Gewehr	6
16	**Figuren-Eier**, als: Wirth, Köchin, alte Hexe, Kinder herausschlüpfend	22
17	**Kuh** mit Melkerin oder Treiber } kleine	14
18	**Esel** mit Dame im Sattel oder Treiber } grosse	24
19	**Radlbockfahrer** oder **Schubkarrenfahrerin** 12 %m lang	30
20	**Nippsachen** für Kinder, sortirte, kleine } per Dutzend	30
	„ „ „ „ grosse } per Dutzend	50
21	**Polsterl** mit Fatschenkinder und Spruch } per Dutzend	60
22	**Körbchen** mit Blumen oder Fatschenkinder } per Dutzend	60

Über Körbchen mit Jesukinder, fliegende Vögerl und sonstigen Chritbaumschmuck siehe Weihnachtsliste.

Als sehr beliebte Marktwaare empfehlen:

Schachterl:

Fexir-Zündholzschachterl (Schwedische Zündholzschachterl) mit Zwillingen etc. als Inhalt, per Dutzend . . . . 40 kr.

Bunt gemalene Holzschachterl mit Zwillingen und Kindl am Faden als Inhalt, per Dutzend . . . . 50 kr.

Ovale Papierschachterl mit diversen Wachsgegenständen, per Dutzend . . . . . 66 kr.

Spiegelbücherl (mit Spiegel am Deckel) mit diversen Wachsgegenständen, per Dutzend . . . . 96 kr.

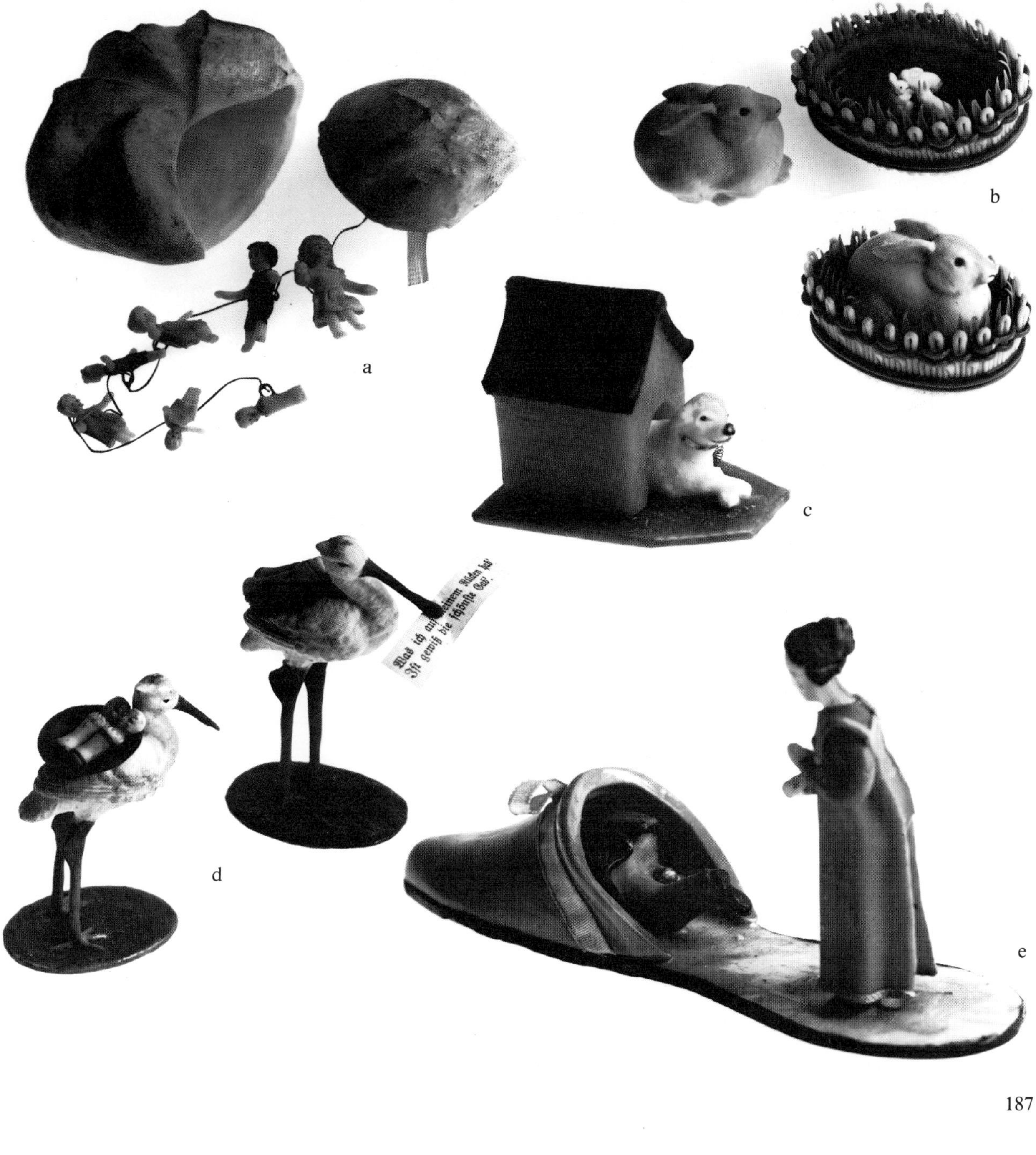
a
b
c
Was ich au… einem Rücken hab'
Ist gewiß die schönste Gab'.
d
e

Statuetten der Fa. Gebr. Weinkamer, Salzburg
links: »Salzburger Glockenspielkindl«, um 1910
rechts: Kind mit umgeworfenem Topf, nach 1895

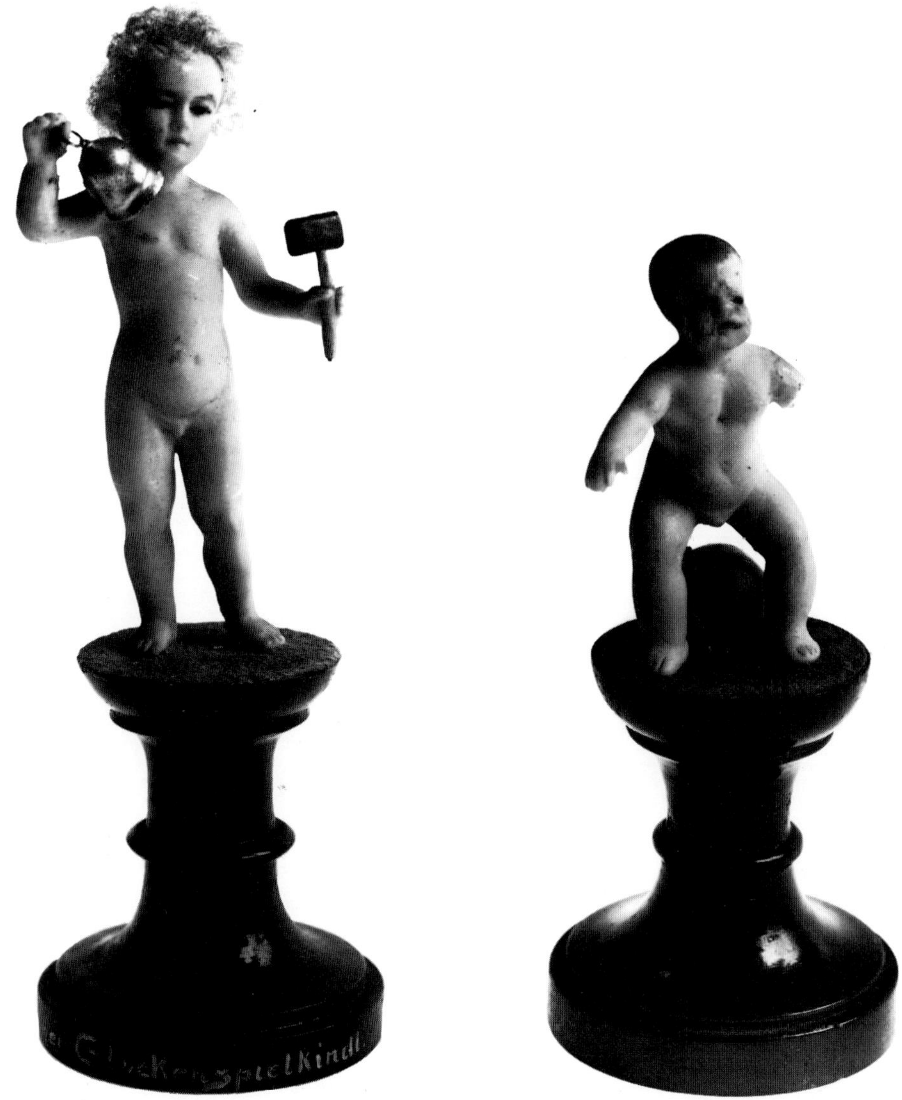

Weltliche Wachsbüsten und Statuetten

auf schwarz polirtem Holzsockel stehend, als Schau- und Auslagestücke und als Zimmerschmuck etc. passend.

Nr.	Gegenstand	Höhe mit Sockel c/m	fl.	kr.
1	**Weinender Kindskopf**, dem der Zuzel entfallen ist (Gesichtslänge 7 c/m)	21	—	65
2	**Lachender Kindskopf** als Gegenstück zu Nr. 1	21	—	65
	Bei paarweiser Abnahme von Nr. 1 und 2 das Paar .		1	20
3	**Grosse lachende und weinende Kindsköpfe** in natürl. Kindskopfgrösse, Gesichtslänge 10 c/m, das Stück	31	2	—
	das Paar		3	60
	Die Kindskopfbüsten Nr. 1, 2 u. 3 werden auf Wunsch auch in brauner oder schwarzer Hautfarbe als Neger- oder Zulukaffernkinder erzeugt.			
4	**Mozartbüste**, fein colorirt	26	—	75
5	**Beethoven** „ „	26	—	75
	Bei paarweiser Abnahme von Nr. 4 u. 5		1	40
6	**Amor-Statuetten**			
	a) den Liebespfeil abschiessend	12	—	30
	b) mit Herzen beladen	12	—	30
	c) Herzen flickend	$10^1/_2$	—	30
7	**Nacktes Kind**, schreiend über den umgeworfenen Topfe stehend	$11^1/_2$	—	30

Religiöse Statuen.

Maria de Lourdes gegossen und fein colorirt.

Nr.	0	1	2
kr.	40	70	fl. 1.—
Höhe c/m	12	15	20

Felsgrotten aus Bims-Tufsteinen.

Mit **Lourdes**-Figur allein

Nr.	1	2	3	$3^1/_2$	4	5 und grösser.
kr.	25	35	50	70	90	fl. 1.20
Höhe d. Grotten	14	17	21	25	29	36 c/m

Mit **Lourdes und Bernadetto**, zwei Figuren,

Nr.	1	2	3
kr.	55	80	fl. 1.30
Höhe in c/m	18	24	30

Zu allen besagten Statuen werden die entsprechenden Glasstürze mit Holzpostamente billigst beigestellt.

Früchte mit Inhalt,

weltliche oder religiöse Darstellungen enthaltend.
Grösse, Farbe etc. wie die natürlichen.

Zum Öffnen: (mit ausgeschnittenem Deckel.)

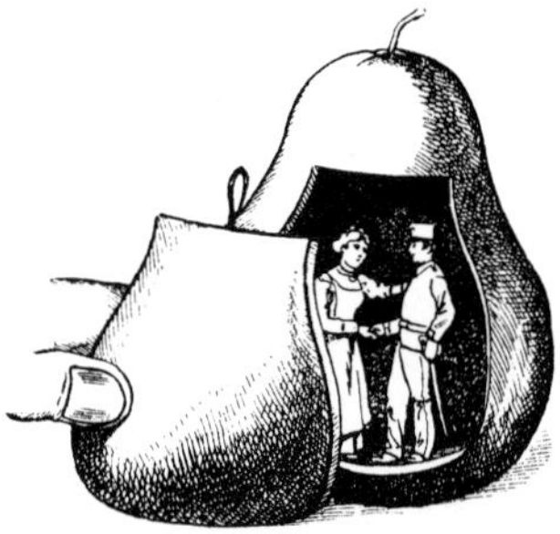

Birnen oder **Äpfel.**

Nr. 1 mit einer Figur . . . . à 12 kr.
Nr. 2 mit einer grossen oder zwei Figuren . à 22 kr.
Nr. 3 mit zwei und mehr Figuren . . . . . à 40 kr.
Citrone mit heiligem oder weltlichem Inhalt . . à 24 kr.
Nuss " " " " " . . à 10 kr.
Gurke oder **Kartoffel** mit 7 Kinder . . . . à 25 kr.

Auf Porzellanteller:

(mit offenem Boden.)

Apfel, Birne, Aprikose, Citrone, Orange oder Bienenkörbe zum Abheben gerichtet, mit einer grösseren oder zwei kleinen Figuren . . . . 15 kr.

Grosser Apfel, Birne oder Orange, als Inhalt Trauungen, Taufen, Geburt, heilige Familie, Flucht nach Egypten und sonstigen Darstellungen mit drei Figuren 50 kr.

Bei grösseren Bestellungen kann der Inhalt nach eingesandten Bildern erzeugt werden, so z. B. für Wallfahrtsorte mit den Gnadenbildern, für Saisonorte die juxhaften Darstellungen in den ortsüblichen Trachten und Nationalcostümen etc.

Früchte ohne Inhalt,

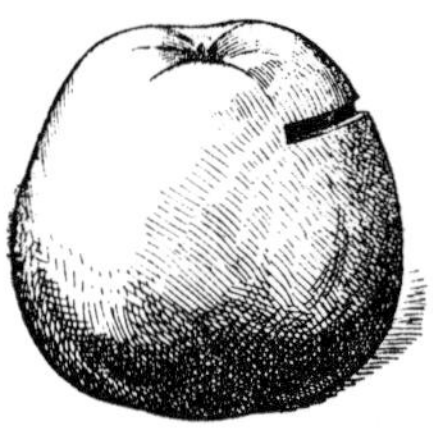

als **„Sparbüchsen“**, mit Einwurf.

	Apfel	Birne	Gurke	Kartoffel	
Nr. 1	Höhe $6^{1}/_{2}$ c/m	7 c/m	Länge 11 c/m	$9^{1}/_{2}$ c/m	. . . 10 kr.

Nr. 2 grosser Apfel $8^{1}/_{2}$ c/m, grosse Birne $9^{1}/_{2}$ c/m . . . . 18 kr.

Geflochtene Körbchen mit Früchten.

	Nr. I	II	III	und grösser.
Früchtenkörbchen	12 kr.	18 kr.	30 kr.	

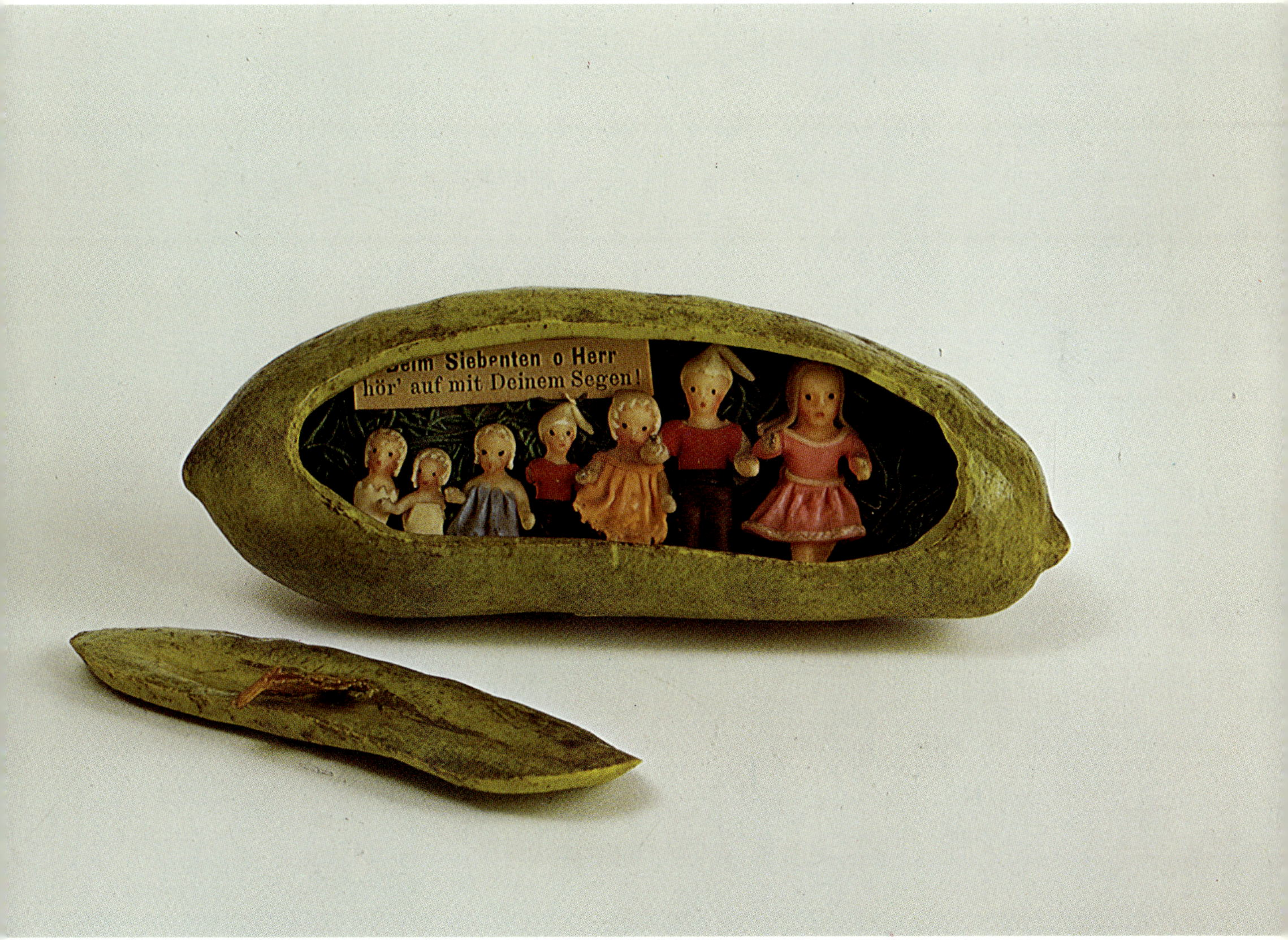
Siebenten o Herr
hör' auf mit Deinem Segen!

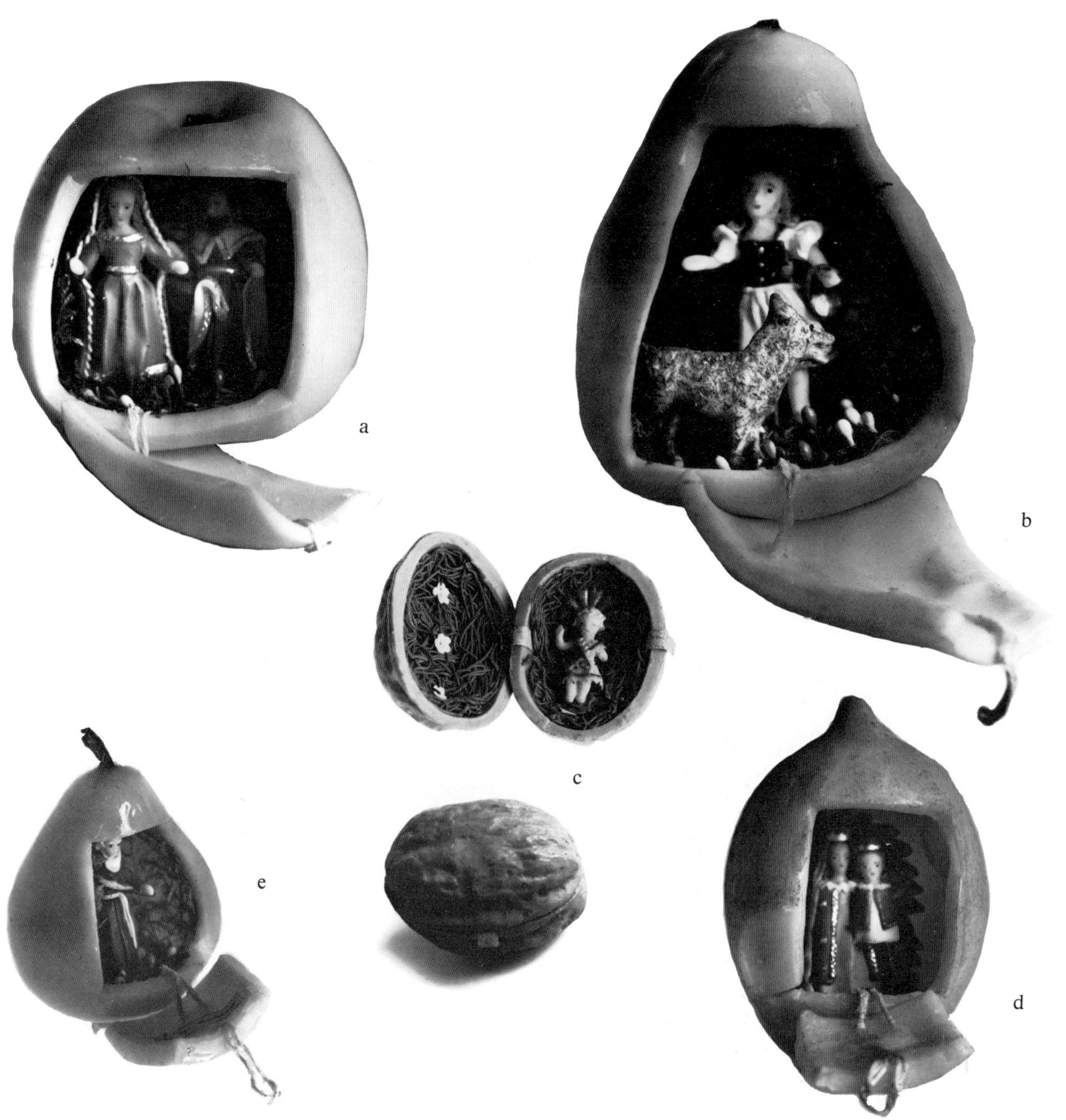
a
b
c
e
d

S. 191 und 192 Wachsfrüchte zum Öffnen mit figürlichem Inhalt, Fa. Gebr. Weinkamer, Salzburg, 1895 bis etwa 1950

Ausdrücklich verweist man darauf: *Bei grösseren Bestellungen kann der Inhalt nach Ihren Vorschriften extra erzeugt werden. So für Wallfahrtsorte mit den Darstellungen des Gnadenbildes. Für Saisonorte mit den passenden Aufschriften <Andenken von . . .> <Gruss aus . . .> etc. Diese Nippes werden nicht nur von den Wallfahrern und reisenden Fremden im Sommer (siehe auch Früchte), sondern besonders die Nr. 16, 21 auf Hochzeitstafeln oder zu Schützenfesten im Winter gekauft.*

Weihnachts- und Osterartikel werden nun in gesonderten Preislisten vorgestellt, das Angebot ist gegenüber der Liste von 1887 stark erweitert: Jesukinder gibt es nun nicht nur in 20 statt 17 Größen, sondern von einer Länge von 9 ½ cm an auch mit gekräuseltem Seidenhaar und vergoldetem Glorienschein, mit Stoffhemdchen, mit Seide- und Atlaskleidchen und auf Atlaspolster liegend. Hinzugekommen sind auch die Wachskörbchen mit dem Jesukind, die stehenden Jesukinder und die Prager-, Karmeliter- und Lorettokindl in ihren farbigen Atlaskleidchen und Samtmäntelchen.

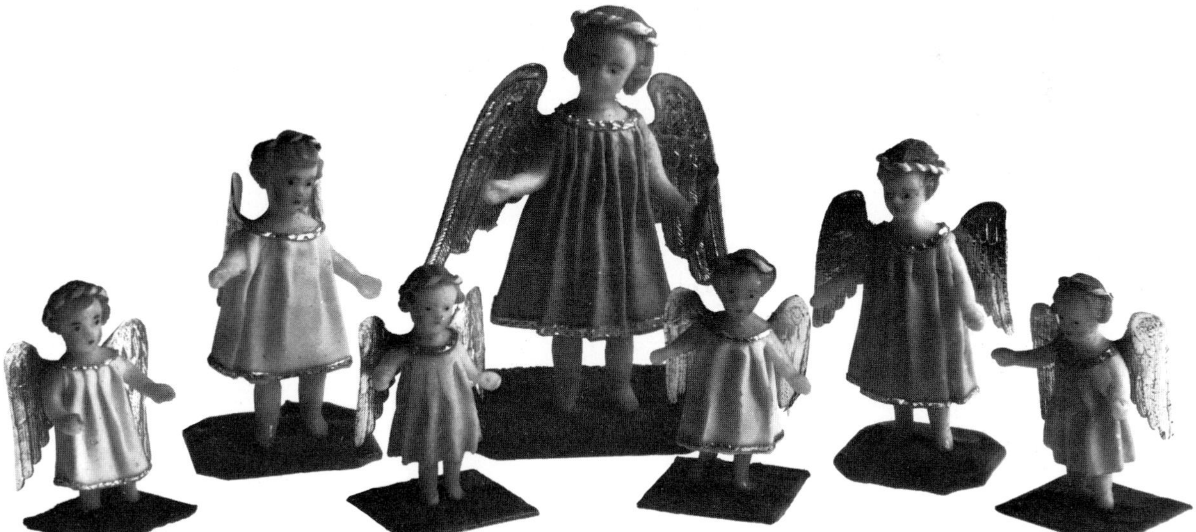

V kleine Wachsengel in weißen, rosa und hellblauen Kleidchen und mit goldenen Pappflügeln, Fa. Gebr. Weinkamer, nach 1900

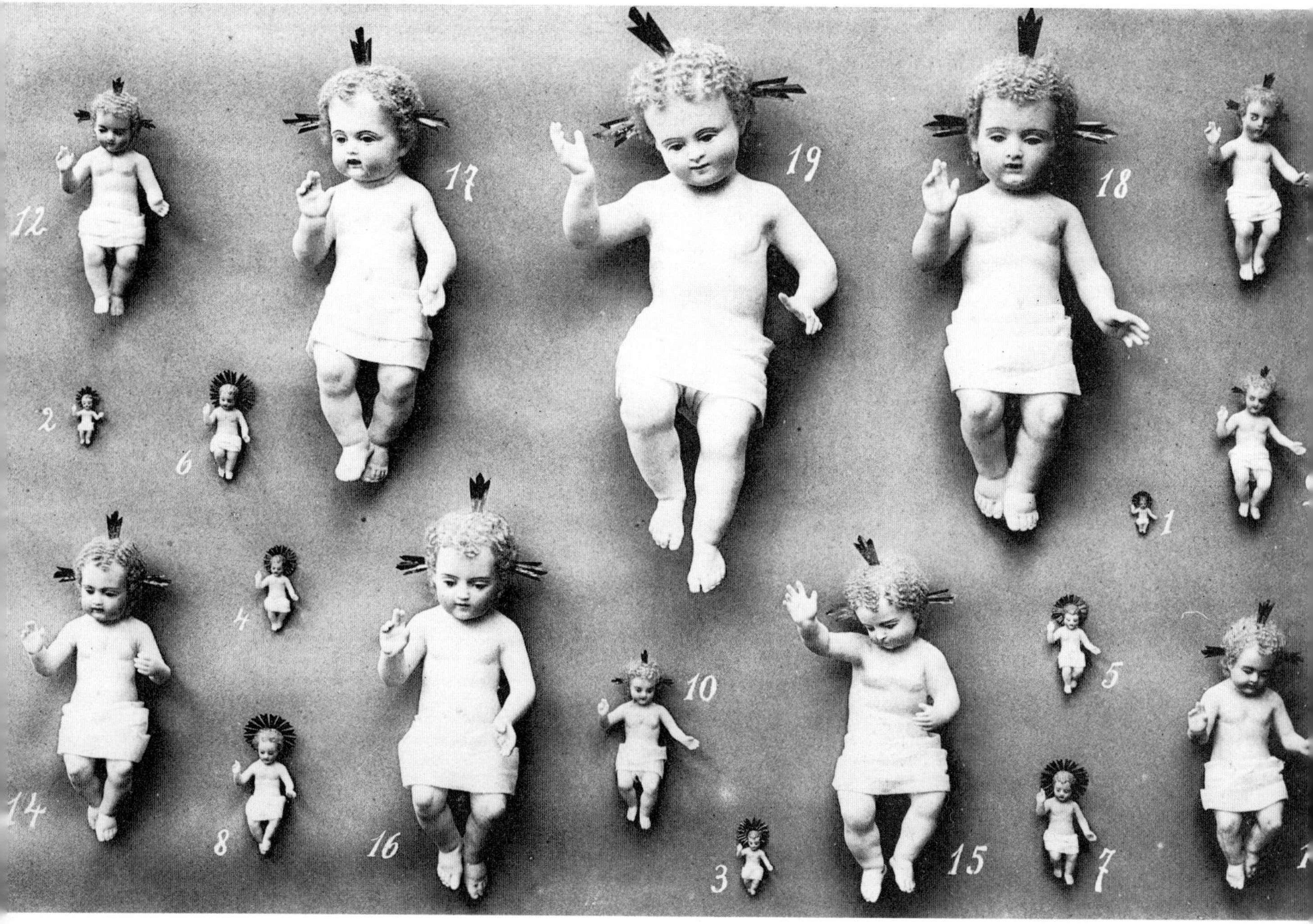

Bildbeilage zu Preislisten der Fa. Gebr. Weinkamer, Salzburg, um 1910

S. 197 Christbaumschmuck gefertigt aus Wachs, Drahtspiralen, Glasperlen, Watte etc., um 1880 bis etwa 1900

Weihnachts-Artikel

der

k. k. priv. Wachswaren-Fabrik

GEBRÜDER WEINKAMER,

SALZBURG.

Telegramm-Adresse
Weinkamer.

Salzburg, am 1. November 1894.

Von Nr. 8 an echt vergoldete Glorienstrahlen.

Von Nr. 8 an mit gekräuselten Seidenhaaren.

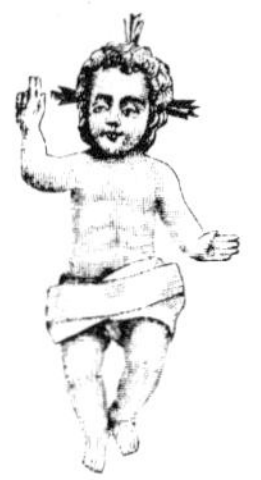

Jesukinder, liegend.

feinst bossirt, nackt, nur Schamtuch (Lendentuch).

Nr.	0	1	2	3	4	5	6	7
Preis: per St. kr.	**4**	**5**	**7**	**10**	**14**	**18**	**22**	**28**
Länge in cm.	$2^1/_2$	3	4	5	6	$6^3/_4$	$7^1/_2$	$8^3/_4$

Nr.	8	9	10	11	12	13	14
Preis: per St. kr.	**35**	**50**	**65**	**90**	**1.20**	**1.70**	**2.60**
Länge in cm.	$9^1/_2$	$11^1/_2$	$12^3/_4$	$14^1/_2$	$17^1/_2$	20	23

Nr.	15	16	17	18	19	20
Preis: per St. kr.	**3.60**	**4.60**	**6.00**	**8.00**	**11.00**	**15.00**
Länge in cm.	26	29	32	36	40	47

Dieselben Jesukinder von Nr. 9 an:

Jesukind Nr.	9	10	11	12	13	14	15	16	17	18	19	20
mit Stoffhemdchen bekleidet:	62	80	1.10	1.45	2.—	3.—	4.10	5.20	6.70	8.80	12.—	16.—
mit Seide- u. Atlaskleidchen:	70	90	1.22	1.60	2.20	3.30	4.50	5.70	7.30	9.50	12.80	17.—
auf Atlaspolster liegend:	74	96	1.30	1.72	2.34	3.46	4.70	6.—	7.70	10.—	13.50	18.—

Von Nr. 1—5b in Moos gebettet.

Von Nr. 6 an in Strohähren liegend.

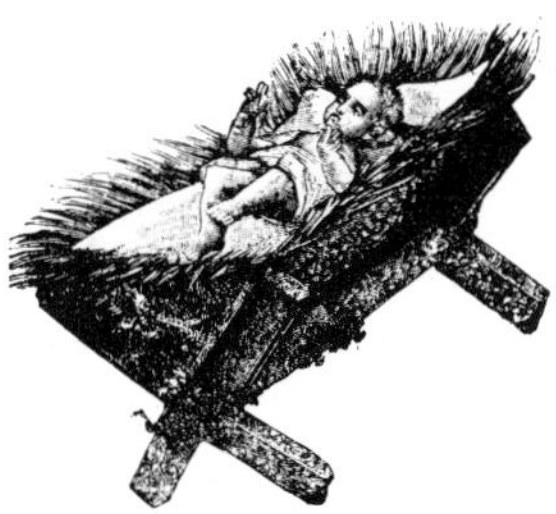

Kripperl mit inliegendem Jesukind.

Nr. des Kripperl's	1	2	3	4	5	5a	5b	6
Preis: per St. kr.	**7**	**10**	**14**	**20**	**26**	**32**	**40**	**55**
mit Jesukind Nr.	1	2	3	4	5	6	7	8

Nr. des Kripperl's	7	8	$8^1/_2$	9	10	11	12
Preis: per St. kr.	**70**	**95**	**1.20**	**1.60**	**2.20**	**3.30**	**4.50**
mit Jesukind Nr.	9	10	11	12	13	14	15

Nr. des Kripperl's	13	14	15	16	17
Preis: per St. kr.	**5.70**	**7.30**	**10.—**	**14 —**	**18.50**
mit Jesukind Nr.	16	17	18	19	20

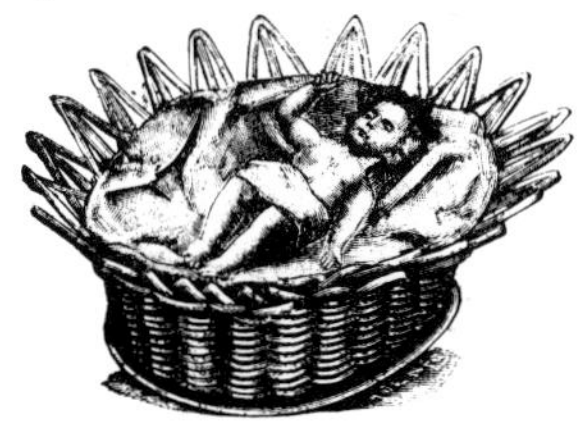

Wachskörbchen

mit inliegendem Jesukind.

Nr. des Jesukind	1	2	3	4	5	6
Preis: per St. kr.	**8**	**15**	**20**	**26**	**40**	**56**
	auf grünen Wachsfäden	aut blauem, rothem od. rosa Atlas liegend				

Nr. des Jesukind	7	8	9	10 bis 20
Preis: per St. fl.	**—.60**	**—.75**	**1.—**	**1.40 bis 26.—**

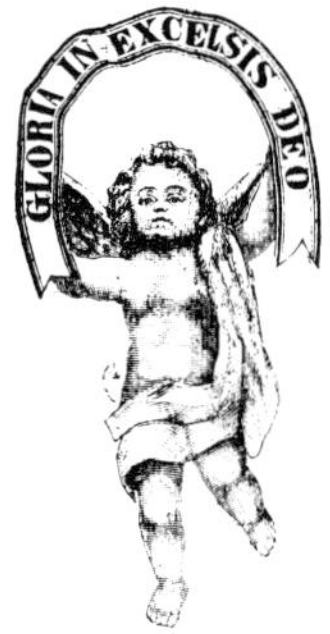

Gloria-Engel,

schwebend, mit Goldflügel und Atlasschärpe; das „Gloria in excelsis Deo“ haltend.

Auf Verlangen mit Strahlenschein um 10% theurer.

Nr.	1	$1\frac{1}{2}$	2	3	4	5
Preis: per St. kr.	**6**	**9**	**15**	**25**	**35**	**55**
Länge in cm.	3	4	$5\frac{1}{2}$	$7\frac{1}{2}$	9	11

Nr.	6	$6\frac{1}{2}$	7	8	9
Preis: per St. fl.	**—.80**	**1.10**	**1.60**	**2.40**	**4.50**
Länge in cm.	13	$14\frac{1}{2}$	$16\frac{3}{4}$	21	26

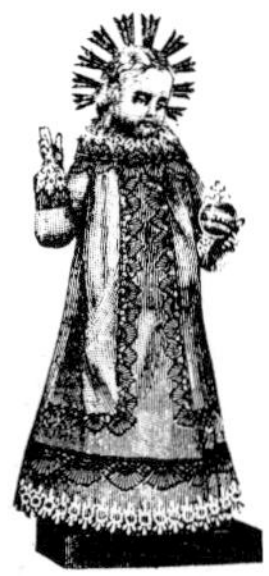

Stehende Jesukinder,

feinst bossiert, **nackt,** nur Lendentuch, auf Carton oder Brettchen.

Nr.	1	2	3	4	5	6 bis 13
Preis: per St. kr.	**12**	**20**	**40**	**70**	**1.40**	**2.80** bis fl. **20** pr. St.
Höhe in cm.	5	7	9	12	18	23 bis 59

Prager-, Karmeliter- und Loretto-Jesukinder

in weissem Atlaskleide und rothem Sammtmantel, rosa, roth oder blauem Atlaskleide, mit Krone oder Strahlenschein, mit Weltkugel, Goldkreuz oder Christbäumchen in der linken Hand, rechte Hand Segen gebend.

Höhe in cm.	16	21	25	29	33	38	44	50 u. grösser
Preis: per St. fl.	**1.20**	**1.80**	**2.30**	**2.80**	**3.30**	**3.80**	**4.40**	**5.40**

Original Prager Jesukinder,

ganz in Wachs gegossen,

49 cm. hoch, ohne Stoffkleidung und Krone.

per Stück fl. **7.50**, 10 Stück fl. **70.–**

Schlafendes Jesukind, auf Kreuz und Felsberg liegend, mit der Dornenkrone in der Hand, per Stück **50** kr.

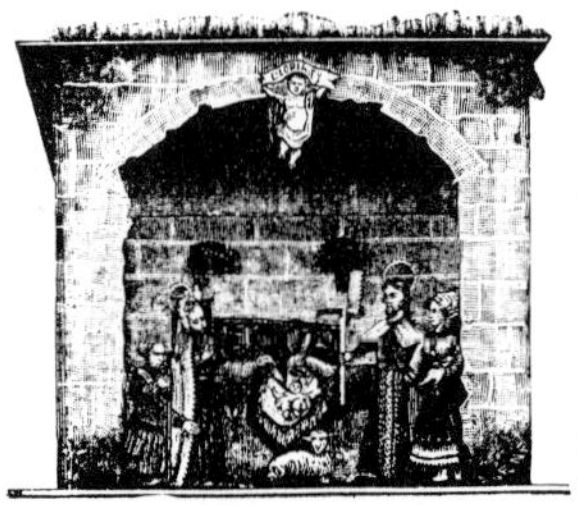

Krippenställe

mit **Maria, Josef, Engel** und **Kripperl** mit **Jesukind.**

Nr. 0 mit 9 Relief-Figuren, von Nr. 3 an mit Hirten etc. etc.

Nr.	0	1	2	3	4	5
kr.	**36**	**46**	**52**	**80**	fl. **1.—**	**1.50**
Höhe und Tiefe d. Stalles in cm.	7/5	10/6	12/8	14/10	18/13	20/14 mit Thurm

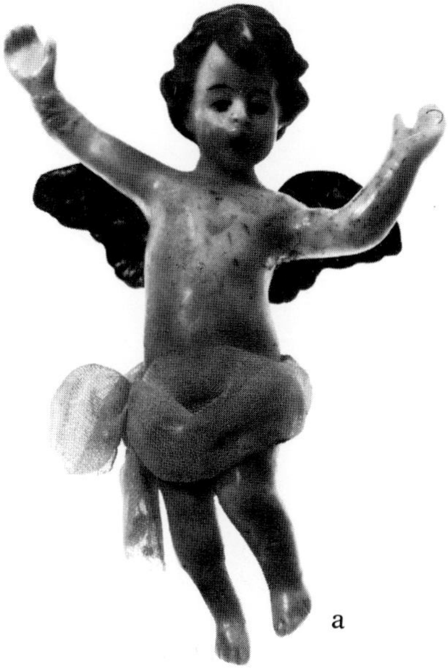

a

Wachs wurde vereinzelt auch bei der Herstellung von Christbaumschmuck verwendet. Besonders beliebt waren die Engel, zum Teil aus Papiermaché oder »Masse« und nur mit Wachs überzogen und mit Flügeln aus Seidengespinst, zum Teil aber auch ganz aus Wachs gegossen, wie sie z. B. Weinkamer in allen Größen und Ausführungen herstellte. Daneben gab es kleine, aus Wachs gegossene vollplastische Dinge, wie Nüsse, Herzen, fliegende Vögel und immer wieder Jesulein, stehend oder liegend, in Herzen, in Nußschalen, von Rosen umgeben. Kleine und nicht besonders sorgfältig gearbeitete Wachsfigürchen wurden als Christbaumschmuck zusammen mit anderem Material verarbeitet, mit Papier und Stoff, mit Watte, Glasperlen, Draht und Bouillongespinsten. Sie waren vor allem um die Jahrhundertwende und bis zum 1. Weltkrieg besonders beliebt.

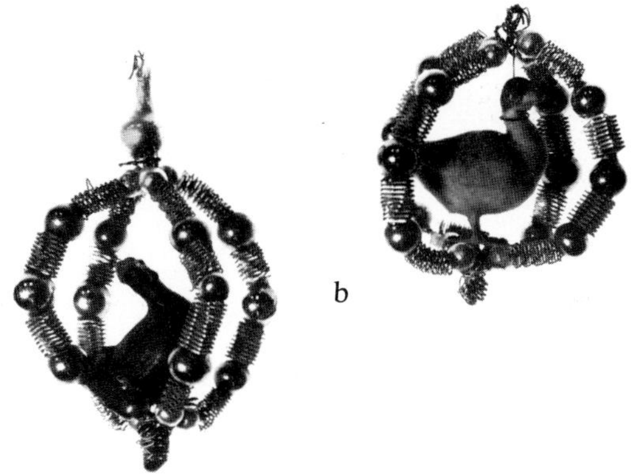

b

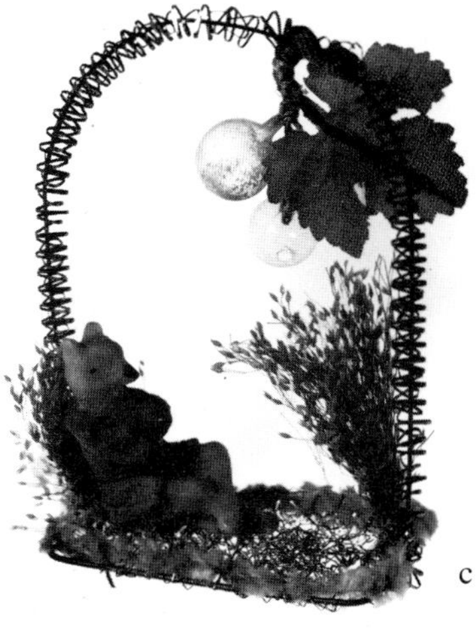

c

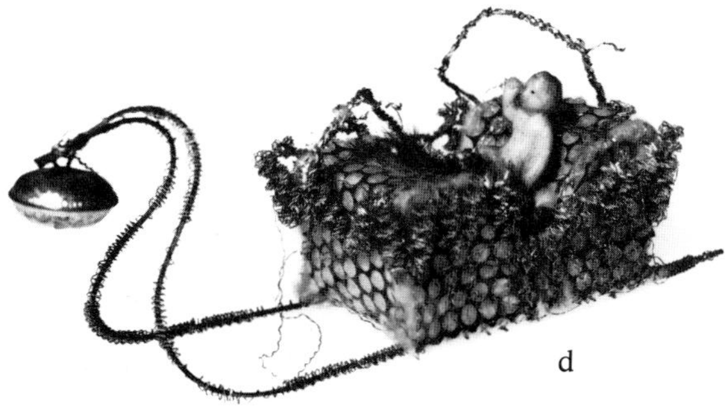

d

Bei Weinkamer wurden für die Weihnachtszeit auch Zutaten für Wachsfiguren-Krippen, Lametta, Christbaum-Kerzl und Kerzenhalter angeboten, vor allem aber die kleinen aus verschiedenfarbigem Wachsdraht geflochtenen Dinge, die schon Ignaz Weinkamer als besonders geeignet für Kinder und für Weihnachten erschienen:

> aus Wachsdraht geflochtene Körbchen, Werkzeuge, Geschirr etc. der Firmen Weinkamer, Salzburg und Ebenböck, München, überwiegend 19. Jh.

Geschenke für Kinder.

Glasstürzchen, $4^1/_2$ %m weit, 8 %m hohe Hl. Jesukinder in verschiedenen Stellungen enthaltend, zu **11** kr. und grössere zu **15, 20, 25** kr.

Wachsstöckchen in allen Formen und Farben zum Brennen, von **2** kr. aufwärts.

Fein geflochtene Waren,

wie **Körbchen** in allen Grössen und Formen (Trag-, Henkel-, Papier-, Ess- und Marktkörbe). Hühnersteigen und Vogelhäuschen gross und klein, Tische, Sessel und Bank als Garnitur zusammengestellt. Leuchterl, Zögerl, Spinnradel und Haspel, Kaffeeschalen etc. per Kilogramm fl. 7.—

Vögerl, fliegend, in verschiedenen Farben, zum Aufhängen gerichtet, das Dutzend **60 kr.**

Nippsachen für Kinder, sortierte **kleine,** das Dutzend **50** kr.

Dieselben in reicher Sortierung **grosse,** das Dutzend **70** kr.

Derartig fein Geflochtenes wurde auch von anderen Wachsziehern hergestellt. Bei Ebenböck in München waren es vor allem Mathias und seine 1860 geborene Tochter Therese, die im 19. Jahrhundert mit großem Geschick Körbchen, Miniaturmöbel, Spinnrädchen, Vogelkäfige u.ä. aus Wachsdraht flochten.[219]

Nach 1900 erfährt das Weinkamersche Weihnachtsangebot eine neue Erweiterung. Die Jesukinder gibt es nun auch mit Metall-Strahlen-Nimbus, die Kripperl mit selbstspielendem Musikwerk und die auf Strohähren liegenden Jesulein mit einer Unterlage von Jerusalemer Dornenkrone.

Jericho-Rosen und Jerusalemer Dornenkronen tauchen in einer illustrierten Osterpreisliste vom März 1895 bei Weinkamer zum ersten Mal auf und wurden auch 1930 noch angeboten. Schon 1895 ist das Osterprogramm gegenüber 1887 (Ostereier in 6 verschiedenen Größen in weiß und gold, mit religiösem und spaßigem Inhalt; stehende und liegende Osterlämmer, Auferstehungs-Statuen und grabliegender Christus in jeweils 9 bzw. 7 Größen) kräftig erweitert.

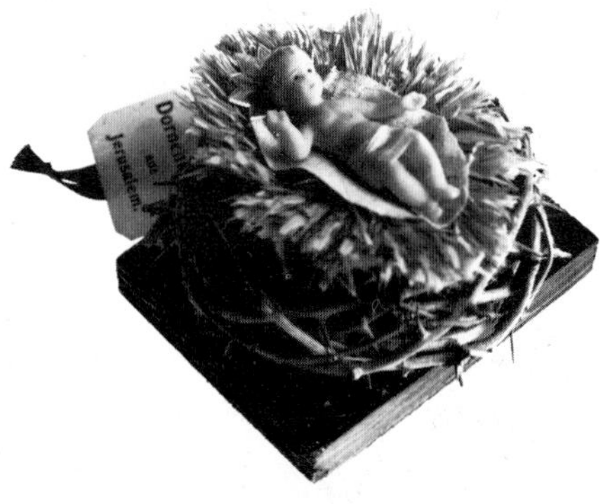

Jesukind auf Jerusalemer Dornenkrone, Fa. Gebr. Weinkamer, Salzburg, nach 1895

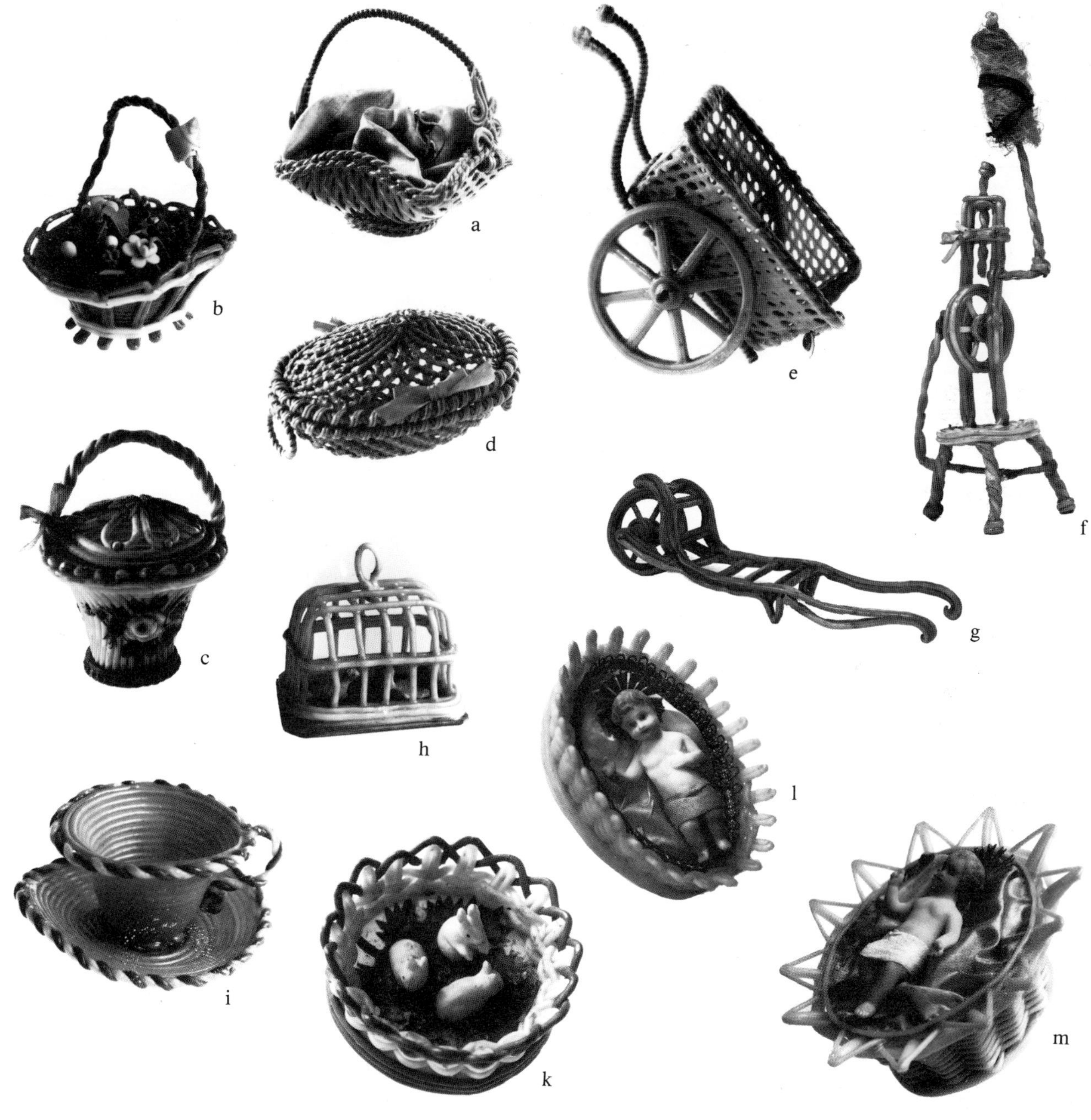
a
b
d
e
f
c
g
h
l
i
k
m

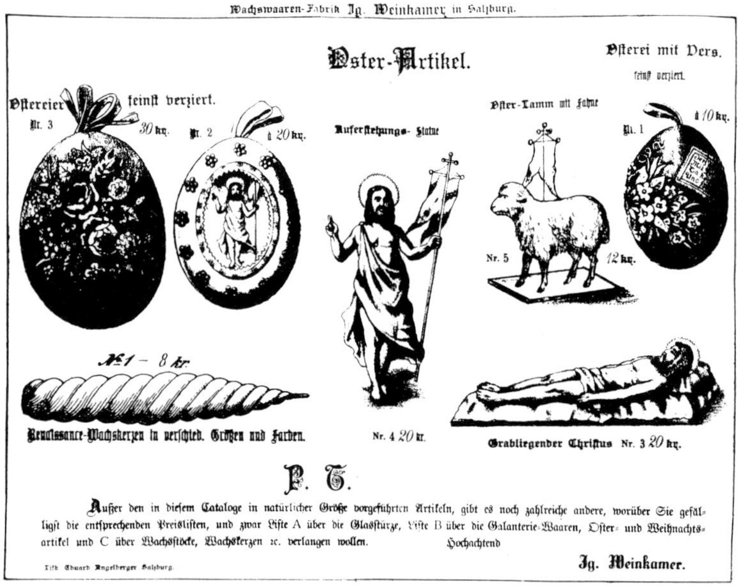

< Bildbeilage zu Preislisten der Fa. Weinkamer, Salzburg, 1885-95

V Ostereier aus Wachs mit planer Glasscheibe und Wachsfiguren im Inneren, 2. H. 19. Jh. bis nach 1945

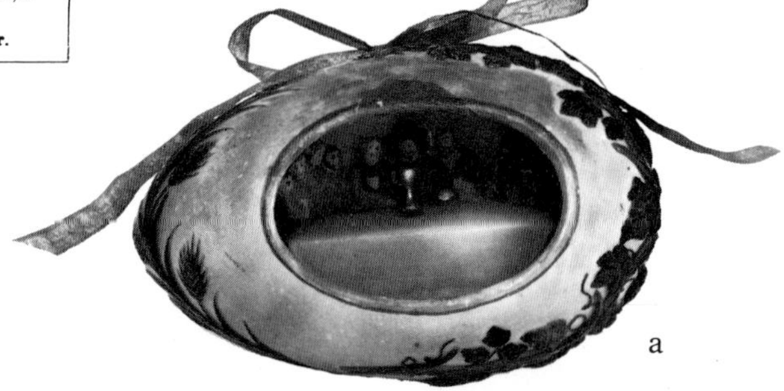

a

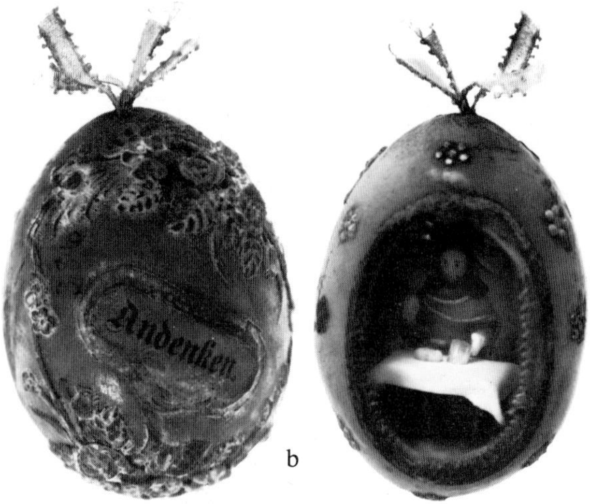

b

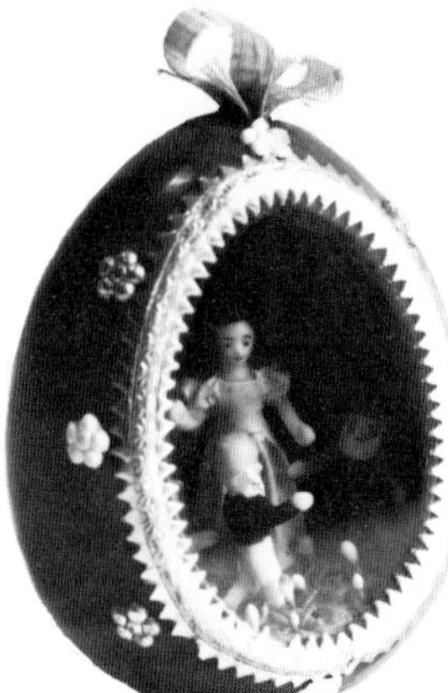

c

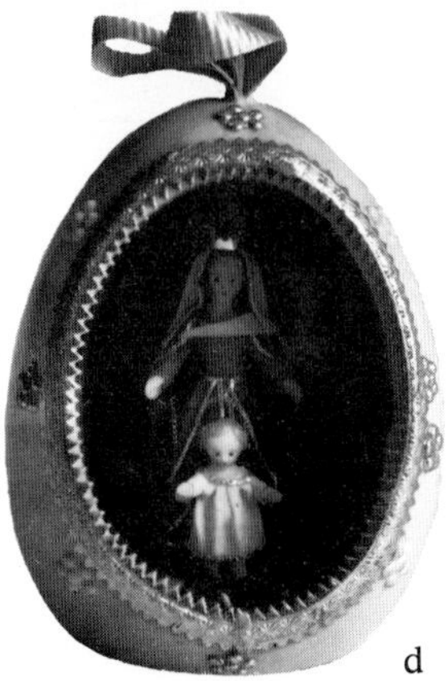

d

Anfangs März 1895.

Euer Hochehrwürden!

Zur beifolgenden Osterwaaren-Preisliste bringen Ihnen einige Illustrationen und machen Sie auf folgende Neuheiten aufmerksam:

Osterwaaren in Verbindung mit echten Jerichorosen und Dornenkronen aus dem gelobten Lande:

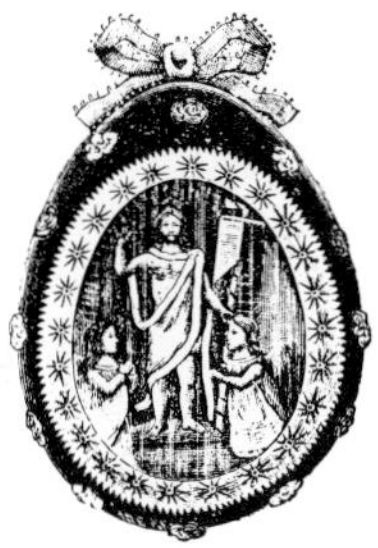

Unsere **Oster-Eier,** rothe, fein in Gold aussen verziert, mit figurellem religiösen Inhalte hinter Glasverschluss in den Grössen

Nr.	2	3	4	5	6
Stückpreis fl.	—.30	—.45	—.70	1.—	1.40

in eine Jerichorose gesteckt, welche auf einem verzierten Holzpiedestal befestiget sind:

Eigrösse Nr.	2	3	4	5	6
Stückpreis fl.	—.42	—.62	—.95	1.35	1.90

Die in das Wasser gestellte Jerichorose öffnet sich, — das Ei wird frei und kann weggenommen werden.

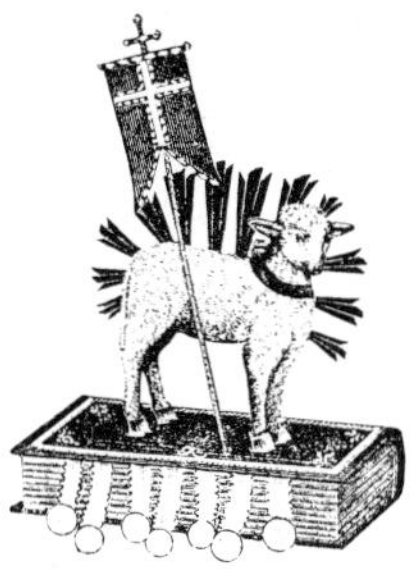

Osterlamm auf Messbuch
stehend mit echt vergoldetem Strahlen-Nimbus:

Lamm Nr.	4	6
Stückpreis	50	90 kr.
Höhe	9	12 cm

Dieselben auf **Dornenkronen**
fl. —.80 und 1.30

Eine schön natürliche Dornenkrone liegt auf dem Messbuche und darauf steht das gezeichnete Osterlamm.

Auferstehungs-Statuen „Alleluja"

in den Grössen Nr.	4	5	6	7
die Statue fl.	-.30	-.40	-.50	-.70

Nr.	8	9	10	11
fl.	1.—	1.50	2.—	2.80

Dieselben auf **Dornenkronen**
fl. -.60 -.75 -.90 1.20 1.60 2.20 2.80 3.70

Die Auferstehung steht auf einem schwarzen Holzsockel, welcher von einer natürlichen Dornenkrone umrankt ist.

„Ecce-Homo"-Statuen
in denselben Grössen und Preisen ohne und mit Dornenkronen-Untersatz.
Der gegeisselte Heiland das Spottrohr in der Hand.

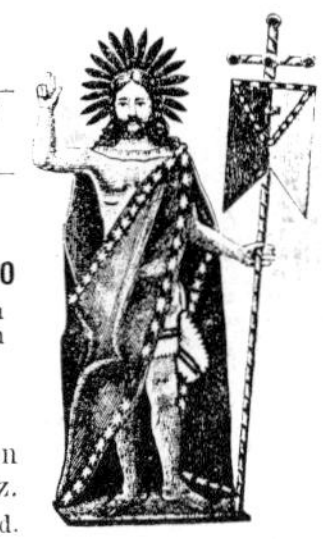

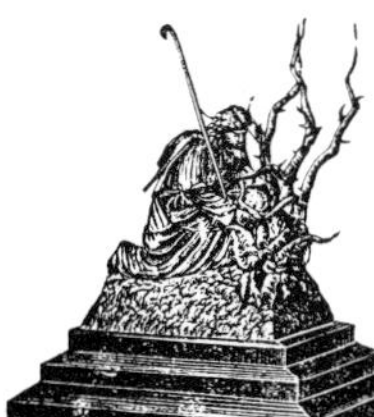

Neuheiten in Vorbereitung:

„Osterlamm im Dornengebüsch", — „Guter Hirt das Lamm aus den Dornen rettend", — „Herzen Jesu mit der Dornenkrone" etc.

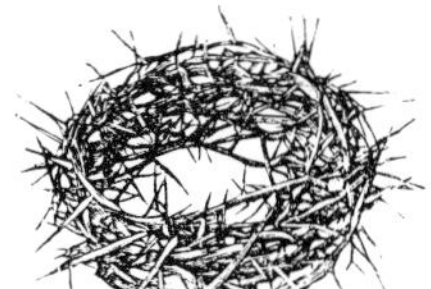

Jerichorosen und Dornenkronen

bekommen wir directe aus dem heiligen Lande. — Die Dornenkronen sind mit dem sigelum sanctum von Jerusalem versehen, sehr schön und naturgetreu gearbeitet.

Dieselben werden auch lose ohne Figuren und Sockel abgegeben und zwar **Jerichorosen** zu 8, 14, 20, 30 und 40 Kreuzer.

Dornenkronen im inneren Durchmesser von	4,	5 1/2,	7 1/2,	10	und 12 cm
das Stück zu	30	40	60	80	kr. u. fl. 1.20

österliche Wachsfiguren der Firmen Ebenböck, München und Weinkamer, Salzburg, 2. H. 19. Jh. bis etwa 1920

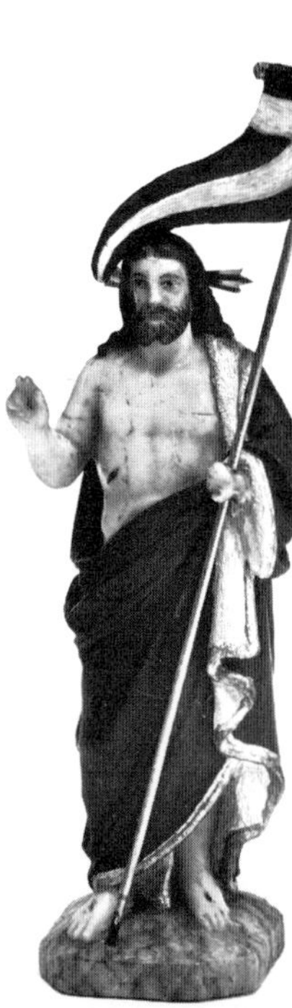

a

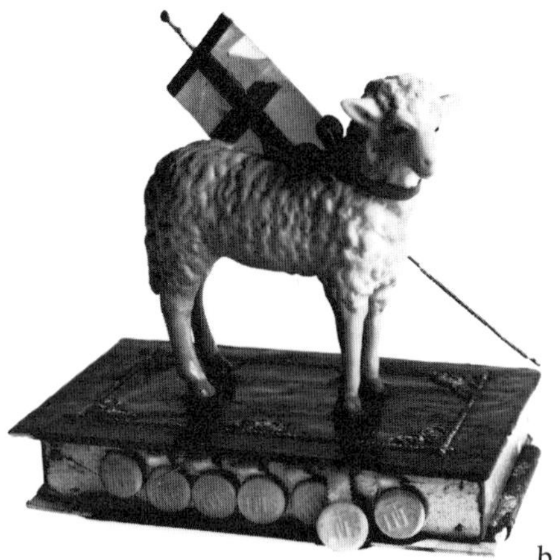

b

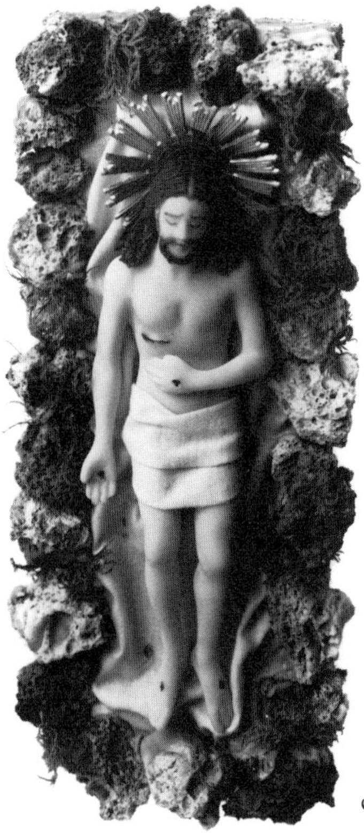

c

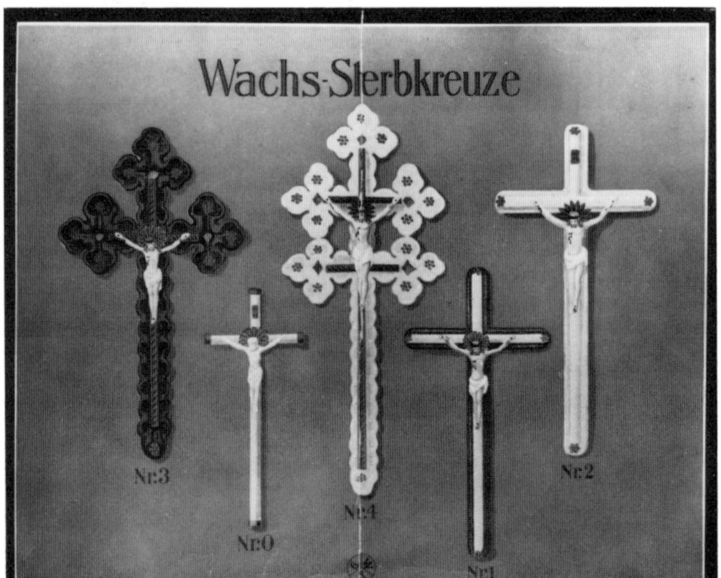

< kol. Bildbeilage zu den Preislisten der Fa. Gebr. Weinkamer, Salzburg, um 1900

Nach 1900 hat sich das Weinkamersche Programm auf diesem Gebiet nur mehr geringfügig geändert. Die wächsernen Ostereier, die Ignaz Weinkamer in weiß und gold anbot, gibt es nun in rosa und rot und es heißt *andere Farben nicht lagernd, werden jedoch bei Bestellung 14 Tage vor Bedarf erzeugt.* Die Eier werden *feinst und reich in Gold verziert, mit oder ohne Verse und Aufschriften* angeboten, von Nr. 2 (7 cm lang) bis Nr. 6 (13 cm lang) auch mit figürlichem Inhalt und Glasscheibe, wobei es 1902 heißt: *Der figurelle Inhalt kann religiös und spasshaft sein, und wollen Sie uns sagen, welchen Sie wünschen.* Man führt auch weiterhin Sterbekreuze für Erwachsene und Kinder in weiß, rot und schwarz mit *fein-colorirtem Christus-Corpus,* wie sie schon Ignaz Weinkamer — allerdings nur in weiß und rot — ab 1887 in seinen Preislisten hatte. Hinzukamen:

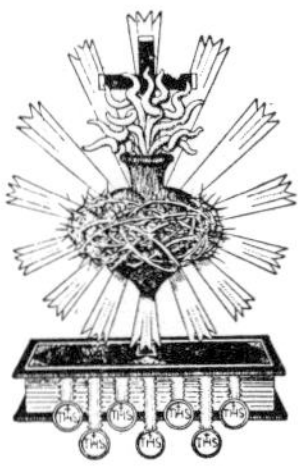

Herzen Jesu mit Dornenkrone.

Ein natürliches Herz aus Wachs, von echter Jerusalemer Dornenkrone umrankt, mit echt vergoldetem Strahlen-Nimbus, auf einem Messbuch-Untersatz stehend, 22 cm hoch fl. **2.30**; 30 cm hoch fl. **3.80** bis fl. **15.**—

Ebenso ausgeführt **„Herzen Maria"** mit Myrthenkranz und Schwert als Gegenstück, ohne Dornenkrone. Diese „Herzen" sind als Altarschmuck, sowie auch als christliche Symbole bei Processionen beliebt.

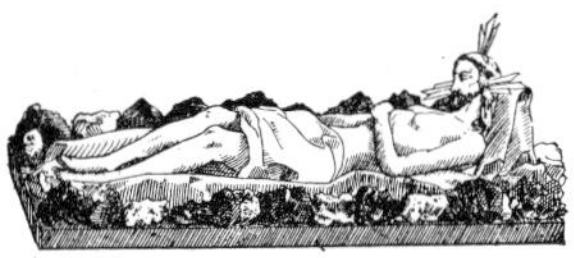

Grabliegende Christus-Corpusse

ruhend auf Leichentuch und Carton, von Nr. 3 an auf einem mit Steinchen beränderten Holzbrettchen abhebbar befestiget.

Nr.	1	2	3	4	5	6	7	8	9	10	11	12
per Stück kr.	**11**	**18**	**30**	**45**	**60**	**90**	fl. **1.20**	**1.80**	**2.50**	**3.60**	**4.80**	**7.20**
Körperlänge in cm	5	6½	8½	10½	12	14½	17	19½	23½	27½	33½	40

Diese Leichnam-Christi-Corpusse ohne Leichentuch und Carton, der Corpus allein, um 10% billiger.

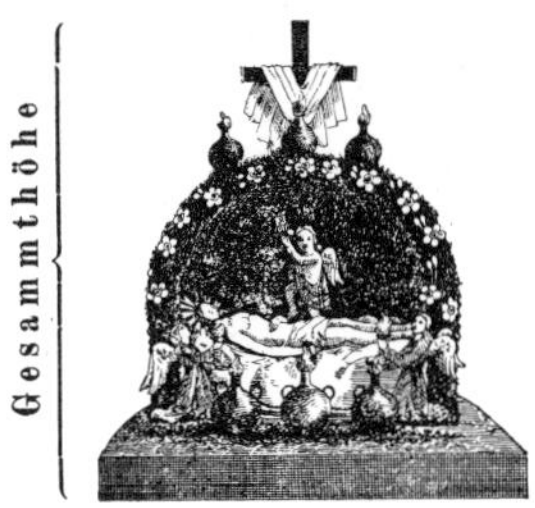

„Heilige Gräber"

Christus im steinernen Grabe liegend.

In aus Bims-Tufstein gearbeiteten Gräbern liegen obige Leichen-Corpusse, zu beiden Seiten Engeln, unterhalb Grabkugeln, oben das Kreuz. Das ganze ruht auf Holzbrettchen.

Nr.	1	2	3	4
per Stück kr.	**28**	**45**	**60**	fl. **1.20**
Höhe der Grabeshöhle allein in cm ohne Kreuz	6	9	12	15
Gesammthöhe: Sockel und Kreuz mitgemessen:	11	15	19	26 cm hoch (wie Zeichnung).

Grössere Gräber, oder solche mit Wächter, erzeugen wir innerhalb 14 Tagen.

Vieles, was in diesen Weinkamerschen Preislisten zwischen 1880 und 1905 aufgeführt ist, hat man in Salzburg bis zum 2. Weltkrieg, wenn auch zum Teil in wesentlich geringerem Umfang, erzeugt. Im Kriegsjahr 1915 empfahl man den *P. T. Devotionalien-Handlungen, Wallfahrtswaren-Geschäften, Wachswaren- und Kunsthandlungen* als Kriegs-Andenken:

Kriegs-Andenken:

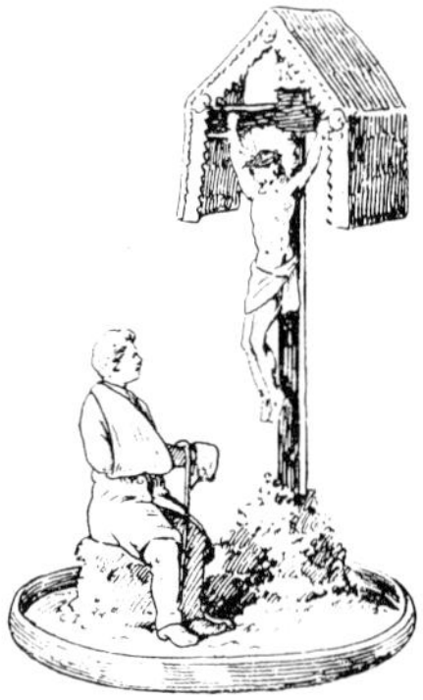

„Marterl“, 12 Zentimeter hoch, in Karton verpackt, per Stück . . . . . K —.55

Vor dem Feldkreuz sitzt oder steht ein Verwundeter in andächtiger Dankbarkeit der verflossenen Zeiten.

An Stelle des Soldaten kann auch eine Frau oder für den Vater betende Kinder nebst Betschemel dargestellt werden.

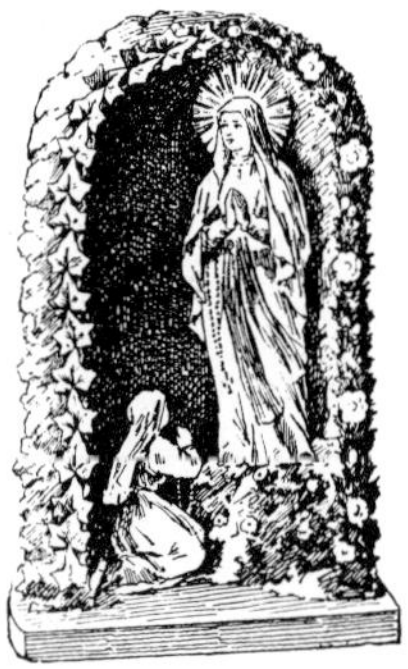

„Felsgrotte“, 17 Zentimeter hoch, in Karton verpackt, per Stück . . . . K —.92

An Stelle der im nebenseitigen Bilde dargestellten Bäuerin ruht ein Krieger in feldgrauer Montur mit Rüstung, wobei ihm die Lourdesmutter erscheint.

Mit Inschrift: „Andenken an den Weltkrieg 1914/5“

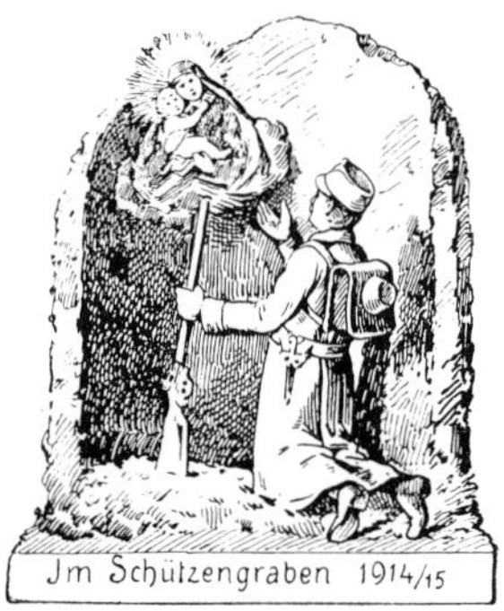

„Im Schützengraben 1914/5“, 12 Zentimeter hoch, mit Karton per Stück . . . . K —.95

Im Schützengraben kniet ein Krieger, welcher vom heimatlichen Gnadenbilde (gemaltes Wachsbild der Maria Hilf) beschützt blieb.

Die Gnadenbilder im Innern des Schützengrabens und der Felsgrotte können auch dem bei Ihnen üblichsten Wallfahrts-Gnadenbilde angepasst werden.

Für Deutschland werden die Krieger mit reichsdeutschen Uniformen und Pickelhauben angefertigt; auf Verlangen werden auch an Stelle der Madonnenbilder „Kaiser Wilhelm“ oder Kriegs-Embleme in die Grotten gegeben. Dieselben Preise gelten in Pfennige, verzollt und bei wenigstens 20 Mark-Aufträgen auch portofrei.

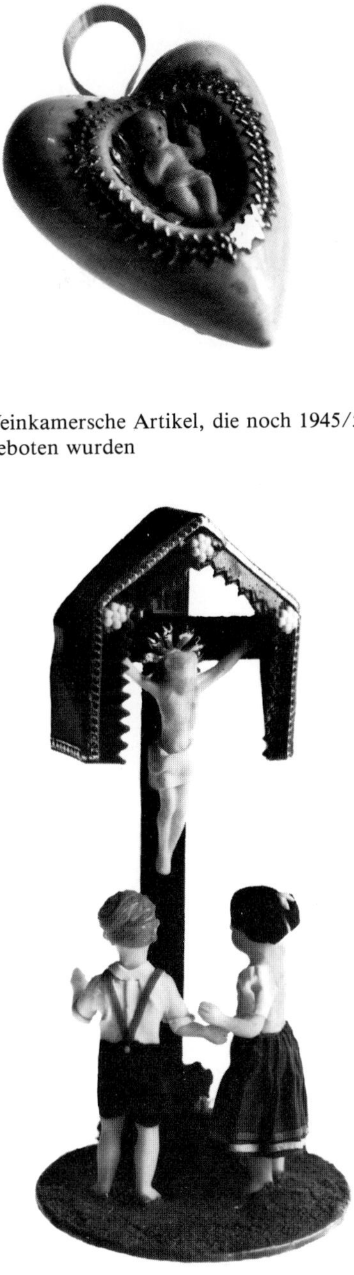

2 Weinkamersche Artikel, die noch 1945/50 angeboten wurden

Wachs-Äpfel oder -Birnen mit verschiedenen Wachsfiguren als Inhalt, Feldkreuz-Marterl mit Bub und Mädel, Wachs-Eier mit Figuren-Darstellungen weltlichen oder heiligen Inhalts unter Glasverschluß, Blumenkörbchen, Wachsherzen mit Jesukind, Hundshäuschen wurden noch 1950 als *hübsche Wachs-Fremden-Artikel* angeboten.

Erfreulicherweise werden noch heute bei Weinkamer weihnachtliche Jesukinder, stehend und liegend, wächserne Köpfe, Hände und Füße für Krippenfiguren und Köpfe für Fatschenkinder nach den alten Mustern produziert. Für die *Ährenkripperl,* die schon 1894 angeboten werden, mußte jetzt eigens ein Bauer gesucht werden, der sich bereit erklärte, Getreide mit der Hand zu schneiden und nicht mit der Maschine zu dreschen, damit man die nötigen Ähren zur Verfügung hat.[220]

An die Stelle der alten, zierlichen und häufig liebenswürdigen Galanteriewaren, wie sie die Wachszieher — voran die Fa. Gebrüder Weinkamer — in individueller Handarbeit hergestellt haben, sind heute die in Italien und Honkong als Massenware gefertigten Scherzartikel aus Wachs getreten, die wie Kerzen einen Docht besitzen und täuschend ähnlich den unterschiedlichsten Eßwaren nachgemacht sind: Obst und Gemüse, frisch oder in Konservenbüchsen, Brot, Käsestücke und Salami, Eier in Holzbechern, Torten und Pralinen, Speiseeis in jeder Art und Ausführung.

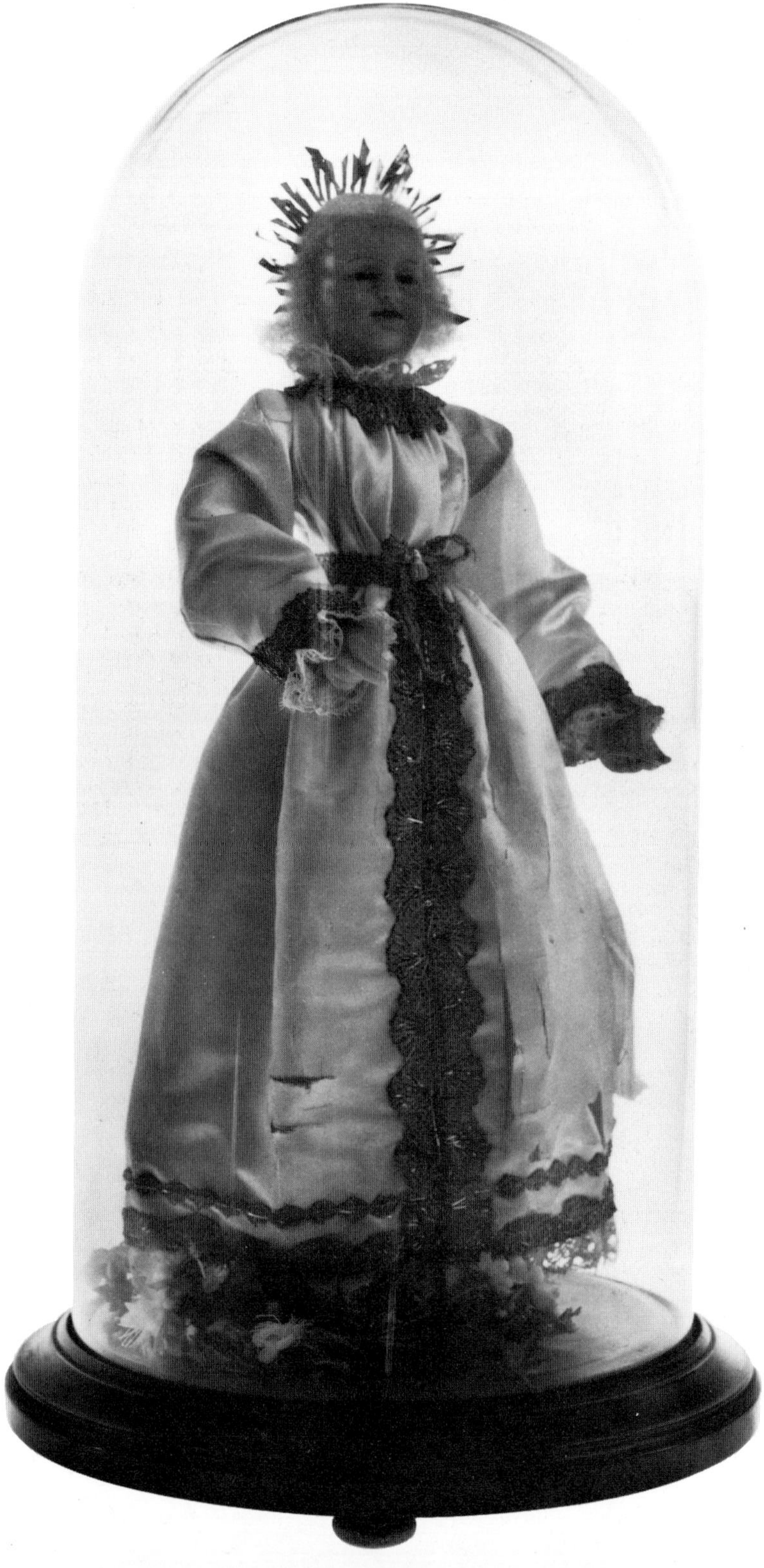

Jesukind in Glassturz, gefertigt von Wachszieher Josef Hipp, Pfaffenhofen/Ilm, um 1900; das beige Seidenkleid wurde aus dem Hochzeitskleid seiner Frau gefertigt, an den Füßen liegen Blumen des Brautkranzes; H 45,5, ∅ 23 cm (Wachszieherei-Lebzelterei Hipp, Pfaffenhofen)

Anmerkungen

1 M. G. Ryff, 1602: S. 542
2 R. Büll, 1978: Bd. I, S. 218
3 R. Büll, 1978: Bd. I, S. 55
4 M. G. Ryff, 1602: S. 542
5 Papyrus Salt Nr. 325, Brit. Museum Nr. 10051; mitgeteilt bei R. Büll, 1978: Bd. II, S. 899
6 R. Büll, 1978: Bd. I, S. 145, S. 146
7 F. H. Weißbach, zitiert nach Bächtold-Stäubli, 1932/33: S. 292, Honig
8 E. Herold, 1960: S. 239
9 zitiert nach M. Sooder, 1952: S. 184
10 B. Schier, 1939: S. 17
11 B. Schier, 1939: S. 17
12 B. Schier, 1939: S. 19
13 R. Büll, 1978: Bd. I, Anmerkung 296, S. 147
14 Brockhaus Enzyklopädie, Bd. 2, 1967, Biene
15 M. Sooder, 1952: S. 188
16 M. Sooder, 1952: S. 242
17 W. Beck, 1930: S. 58
18 R. Büll, 1978: Bd. I, S. 220
19 K. v. Leoprechting (1855), Reprint 1977: S. 86
20 A. Wuttke, 1925: S. 114
21 M. Sooder, 1952: S. 188
22 M. Sooder, 1952: S. 201
23 M. Sooder, 1952: S. 189
24 M. Sooder, 1952: S. 187
25 M. Sooder, 1952: S. 205
26 R. Kriss, 1947: S. 33
27 U. Pfistermeister, 1979: S. 22
28 A. Wuttke, 1925: S. 459
29 A. Wuttke, 1925: S. 459
30 M. Sooder, 1952: S. 197
31 M. Sooder, 1952: S. 197
32 M. Sooder, 1952: S. 196
33 Abraham a Sancta Clara, 1699: S. 611
34 M. G. Ryff, 1602: S. 543
35 H. Bock (Tragus), 1555: Kapitel VI
36 M. G. Ryff, 1602: S. 543
37 N. Flueler, 1980: S. 8
38 M. Grant und J. Hazel, 1976: S. 297 S. 105f.
39 Ch. Angeletti, 1980: S. 22
40 Wolfram v. Eschenbach, Parzifal in: Dt. Klassiker des Mittelaters begründet v. Fr. Pfeiffer, hsg. von K. Bartsch, 1870: S. 241
41 Konrad v. Würzburg, Der Trojanische Krieg, hsg. von A. v. Keller, 1858: S. 209
42 R. Büll, 1978: Bd. II, S. 650
43 E. Rebske, 1962: S. 22
44 R. Büll, 1978: Bd. II, S. 650
45 H. und G. Aurenhammer, 1971: S. 21f.
46 E. Rebske, 1962: S. 107
47 R. Büll, 1978: Bd. II, S. 650
48 C. Lausberg, 1928: S. 6
49 H. und Th. Finkenstaedt, 1968: S. 30
50 Brockhaus Enzyklopädie Bd. 19, 1974, Wachs
51 M. Sooder, 1952: S. 270
52 E. Wohlhaupter, 1940: S. 86
53 E. Wohlhaupter, 1940: S. 86
54 E. Wohlhaupter, 1940: S. 90
55 E. Wohlhaupter, 1940: S. 91
56 G. Brachmann, 1952: S. 338
57 G. Brachmann, 1952, S. 339
58 J. Neuhardt, 1977: S. 10
59 M. Sooder, 1952: S. 271
60 M. Sooder, 1952: S. 272
61 H. und Th. Finkenstaedt, 1968: S. 30
62 J. G. Krünitz, Bd. 37, 1786: S. 61
63 R. Andree, 1904: S. 79
64 R. Andree, 1904: S. 79
65 C. Lausberg, 1928: S. 36
66 C. Lausberg, 1928: S. 41
67 C. Lausberg, 1928: S. 42
68 J. Neuhardt, 1977: S. 8
69 G. Brachmann, 1952: S. 355
70 Mitteilung Frau Tusar (Fa. Lorenz Werner Witwe, Mainz) 1981
71 G. Sallinger, 1970: S. 19
72 C. Lausberg, 1928: S. 34
73 St. Schuler, 1442, mitgeteilt bei J. Metzner, 1869: S. 51
74 C. Lausberg, 1928: S. 57
75 C. Lausberg, 1928: S. 33
76 K. Ludikowsky, 1924: S. 7
77 K. Ludikowsky, 1924: S. 7
78 C. Lausberg, 1928: S. 45
79 M. Habersohn, 1978: S. 31
80 Stadtarchiv München, Beiblatt der Ausstellung »Wachszieher und Lebzelter im alten München — Sammlung Ebenböck« des Stadtmuseums München 1981/82
81 H. J. Hansen, 1968: S. 132
82 M. Ebert, 1963-64: S. 496
83 M. Ebert, 1963-64: S. 496
84 H. J. Hansen, 1968: S. 132
85 H. J. Hansen, 1968: S. 132 Ch. Angeletti, 1980: S. 14
86 U. Pfistermeister, 1975: S. 182
87 H. J. Hansen, 1968: S. 132
88 C. Lausberg, 1928: S. 50
89 H. Hofer, 1960: 4,1
90 P. Weiner, 1964: S. 14
91 H. Hofer, 1960: 4,1
92 P. Weiner, 1964: S. 14
93 H. Hofer, 1960: 4,1
94 C. Lausberg, 1928: S. 50
95 A. Schlichthörle, 1844: S. 376
96 W. Zils, o. J.: S. 76
97 zitiert nach Schrittenloher, J. 1981: S. 38
98 zitiert nach H. Kronberger-Fretzen, 1959: S. 47
99 M. Ebenböck, 1896/97: S. 23
100 M. Habersohn, 1978: S. 10
101 Mitteilung der Wachszieher-Innung, 1982
102 G. Brachmann, 1952: S. 353
103 R. Wünnenberg, 1966: o. S.
104 F. Steffan, 1982: S. 21f.
105 B. Brückner, 1957: S. 22f.
106 W. Hailer, 1980: S. 102
107 J. Hofbauer, 1980: S. 23

108 L. Morenz, 1981: S. 12
109 P. Assion, 1968: S. 79, S. 68
110 B. Heller, 1968: S. 85
111 H. Dünninger, 1979: S. 109
112 H. Dünninger, 1979: S. 107
113 Bavaria, 1860-68: Bd. I, S. 1054
114 K. Ludikowsky, 1924: S. 29
115 K. Ludikowsky, 1924: S. 30
116 K. Ludikowsky, 1924: S. 26
117 L. Morenz, 1981: S. 15
118 Mitteilung Dr. K. Weinkamer, Salzburg, 1981
119 Katalog Nr. 764 der Fa. Joseph Gautsch, München, um 1905, Vorwort
120 ohne Autor: Meister Stohl ist nicht mehr . . . in: Der österreichische Zuckerbäcker, Wien 1957, 12. Jg. Heft 7
121 J. G. Krünitz, 1856: 232. Theil, S. 77
122 C. Ph. Funke, 1802: S. 880
123 Cl. Pütter, 1880: S. 7
124 R. Büll, 1978: Bd. I, S. 165
125 R. Büll, 1978: Bd. I, S. 175
126 R. Büll, 1978: Bd. I, S. 174
127 Cl. Pütter, 1880: S. 73
128 P. N. Sprengel und O. L. Hartwig, 1770: S. 425
129 G. P. F. Thon, 1828: S. 130
130 Du Hamel de Monceau, 1763: S. 90f.
131 Mitteilung der Wachszieher-Innung 1982
132 Mitteilung Franz Wimmer, Waldhausen, Jan. 1982
133 Ausstellung des Schweizerischen Museums f. Volkskunde in Basel 1980/81: Geformtes Wachs
134 L. Kriss-Rettenbeck, 1971: S. 30
135 zitiert nach F. Markmiller, 1981: S. 20
136 R. Kriss, 1947: S. 15
137 R. Kriss, 1947: S. 61
138 M. Peinkofer, 1961, zitiert nach F. Markmiller, 1981: S. 21
139 J. Schlicht (1875), Reprint 1928: S. 222
140 Bavaria 1860-68: Bd. I, S. 991
141 R. Haller, 1980: S. 48
142 G. Graber, 1934: S. 408
143 G. Sallinger, 1970: S. 40
144 H. Matscher, 1960: S. 85
145 G. Brachmann, 1952: S. 346
146 K. v. Leoprechting (1855), Reprint 1977: S. 150
147 H. Bächtold-Stäubli (Hsg.), 1932/33: Spalte 1085
148 K. v. Leoprechting (1855), Reprint 1977: S. 150
149 A. Wuttke, 1925: S. 142
150 K. v. Leoprechting (1855), Reprint 1977: S. 37
151 K. v. Leoprechting (1855), Reprint 1977: S. 39
152 K. v. Leoprechting (1855), Reprint 1977: S. 39
153 J. Schlicht (1875), Reprint 1928: S. 90
154 R. Büll, 1978: Bd. II, S. 909
155 R. Büll, 1978: Bd. II, S. 910
156 R. Büll, 1979: Bd. II, S. 642
157 Kux, 1923: S. 119f.
158 M. A. König, 1939/40: Bd. I, S. 48
159 R. Kriss, 1931: S. 137, S. 142
160 I. Gierl, 1960: S. 127
161 R. Kriss, 1931: S. 143
162 R. Böck, 1963: S. 40
163 eigene Feststellung Sept. 1981
164 F. Zell, 1906: S. 43
165 K. v. Leoprechting (1855), Reprint 1977: S. 150
166 J. Schlicht (1875), Reprint 1928: S. 53
167 J. G. Kohl, 1842: V. Theil, S. 309
168 J. G. Kohl, 1842: V. Theil, S. 309
169 F. Zell, 1906: S. 94
170 L. Sedna, 1919: S. 122
171 Cl. Pütter, 1880: S. 87
172 Bayr. Wachszieher-Innung (Hsg.), 1976: S. 202f.
173 Mitteilung K. Wiedemann, Deggendorf, 1981
174 Mitteilung Dr. K. Weinkamer, Salzburg, 1981
175 Mitteilung Dr. K. Weinkamer, Salzburg 1981
176 L. Schmidt, 1966: S. 54
177 K. Schramm, 1976: S. 187
178 eigene Feststellung 1982
179 Mitteilung V. Goldschmidt, Zürich, März 1982
180 L. Sedna, 1919: S. 135, S. 137
181 W. Hailer, 1980: S. 102
182 Mitteilung K. Wiedemann, Deggendorf 1981
183 J. H. Zedler, XVII. Bd. 1747, S. 253f.
184 L. Sedna, 1919: S. 158
185 Cl. Pütter, 1880: S. 83
186 L. Sedna, 1919: S. 158
187 Du Hamel de Monceau, 1763: S. 100
188 Mitteilung K. Wiedemann, Deggendorf, 1981
189 Cl. Pütter, 1880: S. 83
190 Mitteilung Dr. K. Weinkamer, Salzburg, 1981
191 L. Sedna, 1919: S. 155
192 G. Hegi, 1935, Bd. 1 und P. Ascherson und P. Graebner, 1898-1902
193 Mitteilung Eva Stille, Frankfurt, 1982
194 Mitteilung Dr. K. Weinkamer, Salzburg, 1981
195 Mitteilung Dr. K. Weinkamer, Salzburg, 1981
196 Mitteilung K. Wiedemann, Deggendorf, 1981
197 Katalog Nr. 764 der Fa. Joseph Gautsch, München, um 1905
198 Illustrierte Preisliste der Fa. C. J. Luckner, Landshut, nach 1903
199 Katalog Nr. 764 der Fa. Joseph Gautsch, München, um 1905
200 U. Zischka, 1981: S. 51
201 Cl. Pütter, 1880: S. 78
202 Bavaria, Bd. II., Oberpfalz u. Regensburg, 1863: S. 313
203 H. Moser, 1960: S. 26
204 B. Heller, 1968: S. 85 und G. M. Ritz, 1968: S. 103
205 O. Ringholz, 1918/19: S. 176
206 L. Kriss-Rettenbeck, 1971: S. 123, S. 316
207 O. Ringholz, 1918/19: S. 176
208 K. Gröber (1930), Neuausgabe 1980: S. 52
209 Th. Gantner, 1980: S. 7
210 U. Zischka, 1981: S. 52

211 »Preis-Courant von Joseph Gautsch, vormals Alois Karl, Wachs-Bleich-& Wachs-Waaren-Fabrik in München« nach 1850
212 Mitteilung Dr. K. Weinkamer, Salzburg, 1981
213 Mitteilung Dr. K. Weinkamer, Salzburg, 1981
214 R. Henggeler, 1952: S. 1, S. 10f.
215 W. K. Jaggi, 1969: S. 25
216 Th. Gantner, 1981: S. 77
217 Th. Gantner, 1981: S. 77
218 W. K. Jaggi, 1969: S. 24
219 U. Zischka, 1981: S. 52
220 Mitteilung Dr. K. Weinkamer, Salzburg, 1981

Seite 210:
Wachsstock in Glaskasten mit poliertem Rahmen, 40 x 33,5 x 13,8 cm, auf der Rückseite gemalte Rosengirlande um den Spruch:

»Das Glück möge
Ihren Weg mit Rosen der
Freude bestreu'n,
Ja gewiß, dieß würde
niemand mehr als
mich erfreu'n.«

Anf. 19. Jh. (Heimatmuseum Rosenheim)

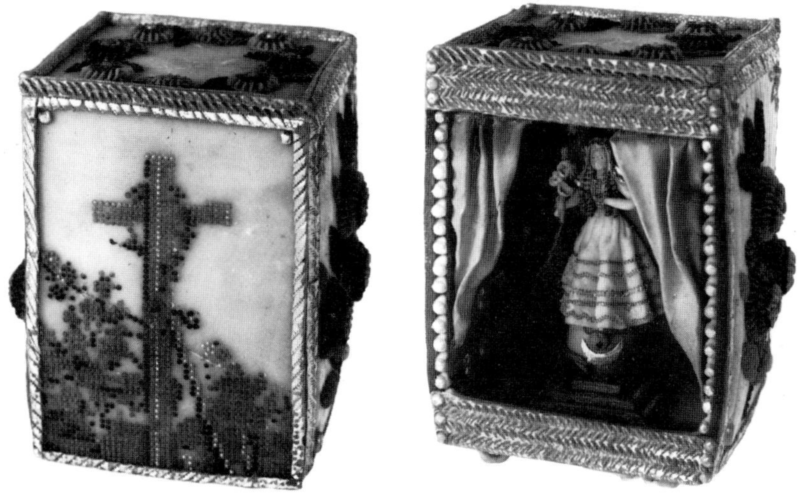

Wachskästchen aufgewahrt in Glaskasten mit Bleifassungen: ausgezwickte Ränder, Rückseite Kreuz und Blumen aus kl. farbigen Wachspunkten; Seitenwände mit gezwickten Blüten; Innen mit blauer, gestirnter Wachsfolie ausgeschlagen, hinter rotem Wachsvorhang Immaculata auf der Weltkugel; um 1860/70
15 x 10,6 x 9,5 cm (Tittmoning, Privatbesitz)

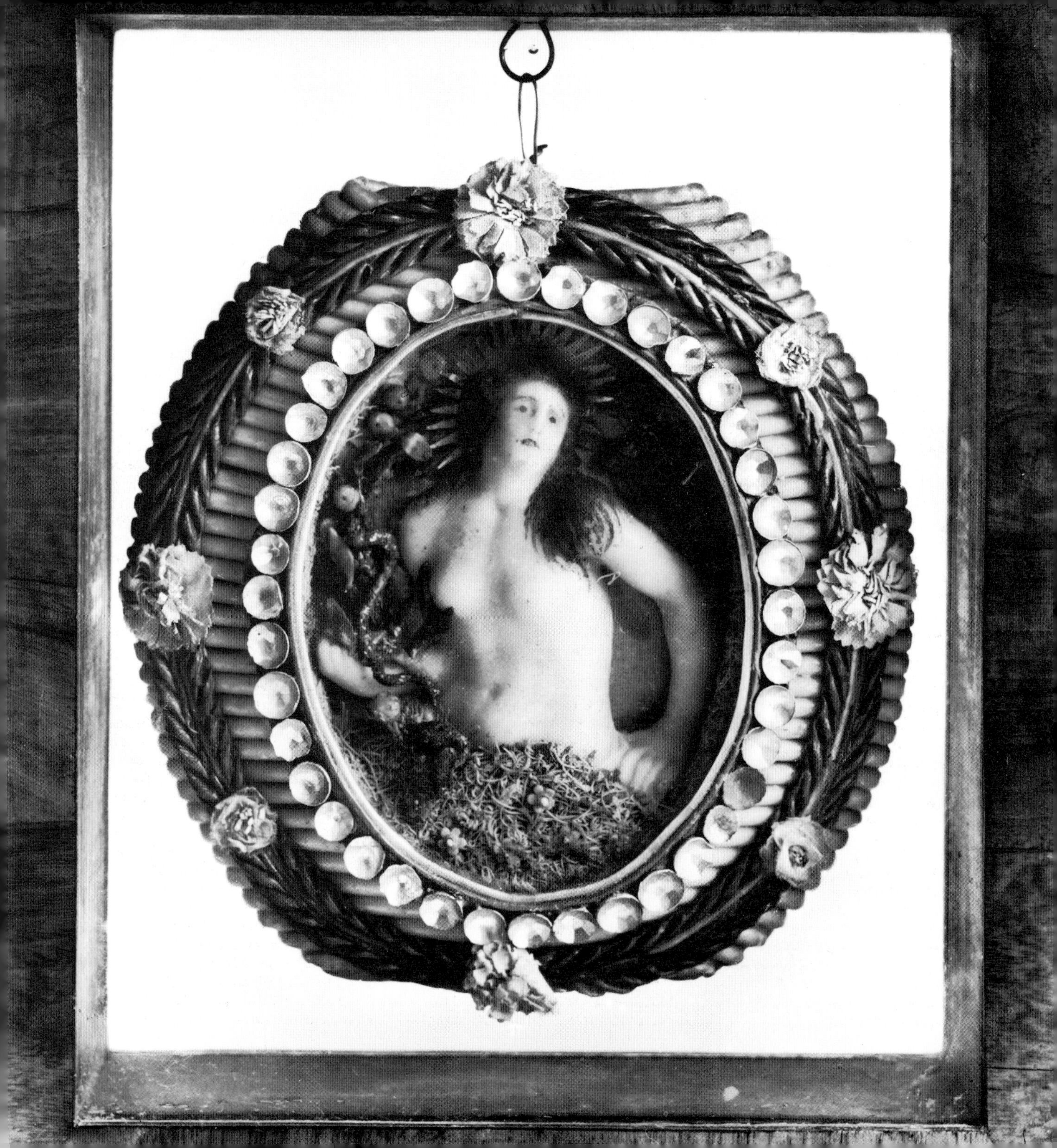

Zu den Abbildungen

Angaben erfolgen nur, wenn sie aus den Bildunterschriften nicht ohnehin ersichtlich sind. Objekte ohne Angaben des Standortes befinden sich in der Sammlung Pfistermeister-Kreutz, Fürnried.
Die voranstehenden Zahlen beziehen sich auf die Seiten. Maße werden in der Reihenfolge Höhe x Breite x Tiefe angegeben.

10 aus Herbert Kühn: Die Felsbilder Europas
18 aus Karl Haiding: Die alten Bienenwohnungen im Bezirk Liezen
13-17 Stadtbibliothek Nürnberg
22-24 Stadtbibliothek Nürnberg
32 rechts, kolorierter Neuguß, Wachskunst Emmerz, Rosenheim (Wallfahrtsmuseum Altötting)
34 Heimatmuseum Wasserburg/Obb.
35 Stadtbibliothek Nürnberg
36 oben: Honigtirggeli-Fabrik W. Suter, Wädenswil/Zürich, 1978
unten: Konditorei V. Hollard, Dinant, 1979
37 aus J. Siebmacher's grosses und allgemeines Wappenbuch, Nürnberg 1898 (Stadtbibliothek Nürnberg)
38 Sammlung Ebenböck im Stadtmuseum München
39 aus J. Siebmacher's grosses und allgemeines Wappenbuch, Nürnberg 1898 (Stadtbibliothek Nürnberg)
40, 41 Stadtarchiv München
42 ∅ 13,2 cm, Wachszieherei — Lebzelterei Hipp, Pfaffenhofen/Ilm
43 Sammlung Ebenböck im Stadtmuseum München
46, 47 Dr. Kurt Weinkamer, Salzburg
49 Sammlung Ebenböck im Stadtmuseum München
50, 51 Heimatmuseum Wasserburg/Obb.
53, 54 Slg. Wiedemann, Deggendorf
55 Herz, 15x11,5 cm, Heimatmuseum Wasserburg
Fatschenkind, 27x10 cm, Heimatmuseum Rosenheim
56 oben: Ausschnitt aus einem Bilderbogen im Verlag Joh. Trautner, Nürnberg (Germ. Nationalmuseum Nürnberg, Kupferstichkabinett)
56 unten und S. 57: Sammlung Ebenböck im Stadtmuseum München
58, 59 Dr. Kurt Weinkamer, Salzburg
60 oben: Heimatmuseum Prien/Obb.
unten: Slg. Wiedemann, Deggendorf
61 oben: Slg. Wiedemann, Deggendorf
unten: Slg. Ebenböck im Stadtmuseum München
66, 67 Stadtbibliothek Nürnberg
68 oben: Slg. Ebenböck im Stadtmuseum München
unten und S. 69: Fa. Wesely, Wachszieher am Alten Peter, München
79 Slg. Ebenböck im Stadtmuseum München
81 a weißer Wachszug, bunte Blumen, Goldrand, Papierschrift, 9x13x3,5cm
b weißer Wachszug, rote Herzen, silberne Blüten und Goldranken, 14,3x6,7x2,2cm
c weißer Wachszug, goldene Schrift, rosa und hellgelbe Blüten auf beiger Wachsplatte, 14,3x9,2x2,3cm
d weißer Wachszug, Relief Maria mit Kind, Vergißmeinnicht-Ranken und rosa Blüten, 19,5x12x2,7cm, Slg. Wiedemann, Deggendorf
83 a Tasche mit ornamentalen Verzierungen, Farbstellung gold — grün — rot, um 1910, 16,5x9,3x3cm, Slg. Ullmann, München
b Tasche aus weißem Wachsdraht, Bild in weißer Rahmung, Goldranken, Zinnrosetten und rote Steine in Zinnfassung, um 1910, 12,5x6,8x2cm, Stadtmuseum Burghausen
c Tasche, weißer Wachszug, gezwickt, farbige Blätter u. Knospen, Goldranken, Oblate »Maria Lourdes«, um 1900, 13x6,7x2,5cm, Slg. Ullmann, München
d Tasche, weißer, verhältnismäßig starker Wachsdraht, Kruzifix in Nische auf zartlila Wachsplatte, violetter Vorhang und Blüten, silberne Krone und Engelsköpfe, um 1920; 14,5x7x 2,4cm; Stadtmuseum Burghausen
e Buch, roter Wachsdraht, Innenwicklung weiß, goldene Verzierungen, Rückseite (= Abb.) Öldruckbild, 1870/80; 10x7,5x4,1cm; Innviertler Volkskundehaus Ried/OÖ.
f Buch, stark plastisch gearbeitet, Papierschriftzug »Andenken«, Blumenstrauß mit weißen, roten und rosafarbenen Blüten; Rückseite Öldruck Jesusknabe mit Lamm, ca. 1880; 13,7x10x3,5cm; Stadtmuseum Burghausen
g Hufeisen mit Raffael-Engel (Oblate) unter gewölbtem Glas, farbige Zinnrosetten, Goldranken, um 1920; 15,5x 9,5x4cm; Slg. Ullmann, München
h Buch aus weißem Wachsdraht mit roter Innenwicklung, Vorderseite mit Madonnenrelief und farbigem Blumenstrauß Rückseite (= Abb.) Öldruck in Silberrahmen, Zinnrosetten, um 1870/80; 16,5x12,5x 5,3cm; Stadtmuseum Burghausen

i großer Feigenwachsstock der Fa. Wiedemann, Deggendorf, weißer Wachsdraht, Blumenstrauß, Herz Mariens und zahlreiche Zinnrosetten, um 1870; 19x11x7cm; Slg. Wiedemann Deggendorf

k Buch zum Öffnen, Fa. Gebr. Weinkamer, Salzburg, rosa Wachszug mit weißen Blumen und goldenem Kreuz, Papierschriftzug »Erinnerung«, im Inneren Lourdes-Madonna und Bernadette auf echten Steinen knieend, 1885/90; 14,5x10,5x4cm; Slg. Ullmann, München

84 oben: weißer Wachszug, aufgelegte Blumen udn Abziehbild des Mariazeller Gnadenbildes; 15,5x12,3x3,5cm

86 unten: weißer, bzw. dunkelrot überfangener Wachsdraht, silberne Brillantranken, Oblate Kinderkopf mit Veilchen, Zinnrosetten; 12,5x6x 2,8cm; Stadtmuseum Burghausen

89 Privatbesitz, München

90 21x12,5x4,5cm; Stadtmuseum Burghausen

91 a Zapfentasche aus weißem Wachsdraht, Öldruck »Hl. Josef mit Jesusknaben«, Goldrand, Zinnrosetten, sichtbare Zapfen mit goldenen Blüten verziert, um 1880; 15,5x 8,5x3,5cm; Slg. Ullmann, München

b Feigenstock aus weißem Wachsdraht, mit Nische, dort flammendes Herz, Verzierungen in gold, silber und bordeauxrot, wohl Niederbayern, um 1900; 13x9x3,8cm

c ovale Tasche aus weißem Wachsdraht, sorgfältige Bemalung mit kleinen Blütenzweigen und Ornamenten, Farbstellung grün — weiß — hell- und dunkelgrün — hellrosa, 2. H. 18. Jh.; 12,7x12,5x2,7 cm; Slg. v. Spiegel im OÖ. Landesmuseum Linz

d Hufeisenwachsstock, weißer Wachszug, Goldrahmen, Oblate »Herz Jesu« in Gold- und Silberbordüren, um 1930; 15x9,8x4cm

93 a flach gelegter rechteckiger Wachsstock mit seitlich aufgelegten Ranken, gemalte Rosenranken, 18. Jh.; 9,3x7,2cm; Heimathaus Traunstein

b Hausstock, bemalt, Vorderseite hl. Leonhard, seitlich rote und grüne Blüten, 18. Jh.; 13,8x14,8x8,5cm; Privatbesitz München

c »Schepperl« der Fa. Gebr. Weinkamer, Salzburg, Wachszüge weiß, rosa und hellblau, Farblithographie Maria Plain, um 1920; 3,9x3,8x2cm

d Kastenstock, auf gelber Wachsplatte silberne und goldene Blätter um auf Pergament gemaltes Kruzifix, Mitte 18. Jh.; 11,8x7,5x5,5cm; OÖ. Landesmuseum Linz

e Kastenstock (Brautstock) der Fa. Gebr. Weinkamer, Salzburg, 2 verschlungene Hände und Schriftzug »Gott segne Euren Bund« umrahmt von weißen Blüten und goldenen Blättern, Goldverzierungen, um 1900; 11,7x9x4cm

f Buch, Vorderseite zu Abb. S. 83 h

94 a Ringstock mit aufgelegten bunten Blüten und rotem Rand, um 1870; H 5,7, ∅ 10,8 cm; Slg. v. Spiegel im OÖ. Landesmuseum Linz

b Olive aus weißem Wachsdraht mit umlaufendem Blütenband, um 1880; H 14,5, ∅ 12,5 cm; Heimatmuseum Kaufbeuren

c Bandolive aus elfenbeinfarbigem Wachsdraht, blaue Bänder und bunte Blumensträuße, um 1900; H 12, ∅ 10,5 cm; Stadtmuseum Schongau

d Bandolive aus weißem Wachsdraht, in den Feldern Oblate »Lourdes Madonna« umgeben von Ranken oder bunte Blumensträuße, Zinnrosetten, um 1890; H 10, ∅ 7,5 cm

e Tempel oder Kapelle mit drei unterschiedlich verzierten Feldern: Kelch auf Wolken mit Blüten, Blumenstrauß, Ornamente in altrosa und gold, 2. H. 19. Jh.; H 14,3, ∅ 6,5 cm, Stadtmuseum Burghausen

f Bienenkorb aus rosafarbenem Wachsdraht, Vorderseite mit Marienmonogramm, Zinnrosetten, 2. H. 19. Jh.; H 15,5, ∅ 12 cm; Diözesanmuseum Freising

g Kegel, weißer Wachsdraht, verziert mit goldenen Blüten, 2. H. 19. Jh.; Diösesanmuseum Freising

h Turm aus weißem Wachsdraht, durch Bänder in vier Felder unterteilt: »Andenken« von Blüten umgeben, »Gott schütze Euren Bund«, Relief Maria mit Kind und Blumen, um 1880/90; H 20, ∅ 1o,5 cm; Slg. Wiedemann, Deggendorf

95 verschiedene Türme und Pyramiden, nach 1880; z. T. originalgetreue Kopien von Karl Wiedemann, Deggendorf, um 1960; Slg. Wiedemann, Deggendorf

99 a Becher aus elfenbeinfarbigem Wachsdraht und besonders reicher Ausgestaltung, aufgelegte Blumen, zahlreiche Zinnrosetten, um 1880; H 10, ∅ 8,3 cm; Privatbesitz München

b Becher aus rotem Wachsdraht, gezwickte Verzierungen in Gold und Weiß, Kruzifix mit Zinnrosetten, um 1890; 10,3x8,2x4,7cm; Privatbesitz München

c Becher aus gelbem Wachsdraht, nach 1950 (Muster der Fa. Wiedemann, Deggendorf); H 11,8, ∅ 12,8 cm

d Ampel aus weißem Wachsdraht, Goldverzierungen, Vorderseite Aquarell: Lamm vor Baum, Rückseite sehr plastische Rose, um 1850; H 17,5, ∅ 11,8 cm; OÖ. Landesmuseum Linz

e Ampel mit gezwickten Verzierungen in stumpfen Farben (rot, lila, blau), um 1850; H 13,5, ∅ 10,8 cm; Slg. v. Spiegel im OÖ. Landesmuseum Linz

f Ampel aus weißem Wachsdraht mit sehr plastischen Blüten, Rückseite Ölbild und 2 kleine Oblaten »Treue Liebe« und »Treu ergeben«, um 1890; H 17,5, ∅ 10,5 cm; Slg. Wiedemann, Deggendorf

100 a Schnecke, gezwickter Rand, bemalt mit blauen, roten u. gelben Blumen, 2. H. 18. Jh.; H 5,7,

∅ 10,5 cm; Slg. Ullmann, München
b Schnecke aus rosa Wachsdraht, aufgesetzte bunte Blüten, Fa. Gebr. Weinkamer, um 1910; H 2,5, ∅ 4,3 cm; Dr. Kurt Weinkamer
c Schnecke aus weißem Wachsdraht, Vorderseite unter planem Glas und in gelbem, gezwicktem Rahmen Engel (Aquatinta), sonst aufgelegte Blumen, Zinnrosetten, 18. Jh.; 10, ∅ 11 cm; Slg. Wachszieherei Hipp, Pfaffenhofen, eigene Werkstatt
d Schnecke, Vorderseite Madonna (Papierbild) und aufgelegte Blumen, Rückseite 2 Hände und Schriftzug »Gott segne Euren Bund«, Fa. Gebr. Weinkamer, um 1910/20; H 9,5, ∅15,5 cm; Dr. Kurt Weinkamer, Salzburg

101 a Bischofsmütze, aufgelegte Blumen und goldene Ränder, um 1850; H 11, ∅ 10 cm; Heimathaus Traunstein
b Krone aus elfenbeinfarbigem Wachsdraht, Ränder gelb, gezwickt, in den Feldern aufgelegte Blumensträuße, um 1850/60; H 10,5, ∅ 11 cm; Heimatmuseum Kaufbeuren
c Krone, auf der Vorderseite Wachsrelief Herz Mariä, umrahmt von roten Wachsblumen und Papierblättern, sonst stark plastische Wachsblumen zwischen in Wachs getauchten Papierblättern, Wachszieherei Hofer, Irdning, 2. H. 19. Jh.; H 10, ∅16 cm; Landschaftsmuseum Schloß Trautenfels/Steiermark

102 oben: Sammlung Ebenböck im Stadtmuseum München
unten: Sammlung Wiedemann, Deggendorf

103 unten: Sammlung Ebenböck im Stadtmuseum München

104 bemalter Wachsstock mit »Schnecken«, Rückseite, 2. H. 18. Jh.; 17x13,7x6,2; OÖ. Landesmuseum Linz

105 a Vorderseite des Wachsstockes auf S. 104
b Schnecke aus weißem Wachsdraht, mit roten, gelben und grünen Blüten bemalt, 2 H. 18 Jh.; H 6,7, ∅ 9,3 cm; Heimathaus Traunstein
c Schnecke, in gelbem Wachsrahmen Madonna (Aquatinta), Bemalung mit roten, gelben und blauen Blüten, 2. H. 18. Jh.; H 6, ∅ 10,5 cm;
d Hausstock aus elfenbeinfarbigem Wachsdraht, bemalt, Vorderseite rotes Herz mit Blüten und goldener Aureole, Rückseite (= Abb.) ornamental, Farbstellung grün — rosa — lindgrün, 2. H. 18. Jh.; 10,7x11,7x5,5 cm; OÖ. Landesmuseum Linz
e Kastenstock aus hellem Wachsdraht, bemalt, Rückseite Blumenstrauß mit roten und blauen Blüten, 2. H. 18. Jh.; 12,5x12,5x8,2 cm; Heimatmuseum Rosenheim
f Kastenstock, bemalt und gezwickt, vorne gemalter Blumenstrauß in gezwickter Vase, hinten flammendes Herz, seitl. blau bemalt, gezwickt, vergoldet, oben Madonna (kol. Aquatinta) hinter planer Glasscheibe mit Goldrahmen, 2. H. 18. Jh.; 15x15x15 cm; Steirisches Volkskundemuseum Graz

106 flache Tasche aus elfenbeinfarbigem Wachsdraht, kostbar gestaltete Vorderseite mit planer Glasscheibe, rückwärts gemalter Blumenstrauß in Körbchen, etwa 1780-1830; 17,7x21,2x2,5cm; Diözesanmuseum Freising

107 a flache Tasche mit kostbar gestalteter Vorderseite, Relief Mutter Anna unter planer Glasscheibe, rückwärts gemalt, etwa 1780-1803; 12,7x11,1x2,2cm; Oberhausmuseum Passau
b flache Tasche mit kostbar gestalteter Vorderseite, Relief Christusbüste mit goldenem Kelch unter planer Glasscheibe, Rückseite gemalter Blumenkranz, etwa 1780-1830; 15,5x13,5x2,2cm; Diözesanmuseum Freising
c flache Tasche aus elfenbeinfarbigem Wachsdraht, kostbar gestaltete Vorderseite mit Wachsrelief unter planer Glasscheibe, Rückseite gemalt, blaugrüne Blumenranken, etwa 1780-1830; 14x12,7x2,5cm; Heimatmuseum Rosenheim
d Rückseite der Tasche a
e bemalte Rückseite einer flachen Tasche mit planer Glasscheibe, etwa 1780-1830; 10,5x9,3x2cm; Heimatmuseum Kaufbeuren
f bemalte Rückseite (Blüten rosa und gelb) einer flachen Tasche mit planer Glasscheibe, etwa 1780-1830; 10,6x9,4x1,9cm; Heimatmuseum Rosenheim

108 Vorderseite Mutter Anna vor gelbem Vorhang in olivfarbenem Baldachin; 18x9x6cm (ohne Sturz); Stadtmuseum Burghausen

109 Tasche, Ölbild Maria mit Kind in Goldrahmen; 14,4x8,3x3 cm; Innviertler Volkskundehaus, Ried/OÖ.

110 Rückseite »Andenken« mit kleinen Blumensträußen in weiß und gold; 10,6x7,5x4,1cm; Innviertler Volkskundehaus Ried/OÖ.

112 Preisliste C von 1894, Gebrüder Weinkamer, Salzburg, Detail

113 Rückseite Öldruck »Muttergottes zu Taferl«, reich verziert und gezwickt; 10,9x8,1x4,6 cm; Dr. Kurt Weinkamer, Salzburg

114 Slg. Ebenböck im Stadtmuseum München

115 oben: Slg. Wiedemann, Deggendorf

116 a Tasche, Goldranken, rosa Blüten, Goldschrift »Zur Erinnerung« auf bordeauxroter Seide, 4 grüne Glassteine, um 1900; 11,5x5,8x2,7cm; Slg. Ullman München
b Tasche aus gelblichem Wachs, Öldruck Herz Jesu in stark plastischem vergoldetem Rahmen, lila Stoffschleifen, 1910/20; 17,4x8x2,8cm;

c Buch aus weißem Wachsdraht, Öldruck in gezwicktem Rahmen, Zinnblüten mit grünen Glassteinen, um 1890; 12,2x9,3x2,7cm
d Tasche, weißes Wachsrelief auf altrosa Wachsplatte, Seitenzüge gezwickt und versilbert, um 1910; 13,5x7x2,2cm
117 15,5x11,5x1,7cm; Slg. Ullmann München
118 a Aufstelltafel mit farbig gezwicktem Rand, in Nische Aquatinta »St. Josef«; 22x13,8x6,3cm; Landschaftsmuseum Schloß Trautenfels/Steiermark
b hl. Theresia in gezwicktem Rahmen, Slg. Ebenböck im Stadtmuseum München
c Tasche, Spitzenbild hl. Josef umgeben von Goldranken und weißen Blüten; 16,4x8,8x3cm; Slg. Wiedemann Deggendorf
d ungewöhnliche Hufeisenform, gezwickter und bemalter gelbl. Wachsdraht, Aquarell eines Preisschießens, Rückseite handschriftliche Widmung als 2. Preis 25. August 1835, I. Volksfest in Krumbach; 15,5x12x5cm; Heimatmuseum Krumbach/B.Schw.
e Buch, Ölbild Maria mit Kind in Goldrahmen, Blumenstrauß; 17,3x11,3x3,8cm; Stadtmuseum Burghausen
f spitzovale Form mit aufgelegten Bändern, Oblate »Guter Hirte« umgeben von roas und hellblauen Blüten; 15,8x8,4x2,5 cm
g Tasche, weißer Wachsdraht, Abziehbild Lourdes-Madonna auf weißer Wachsplatte in Goldrahmen, weiße Blüten, Goldblätter; 15,5x7,4x2,5cm
h Tasche der Fa. J. Gautsch, München, Goldranken und Blütenrahmen um Foto des amtierenden Bischofs (Firmungsgeschenk) 15x8,2x2,4 cm
119 16,8x9,2x3 cm
120 oben links: Wachsplättchen mit Gedichten, Fa. Ebenböck, 19. Jh.; Breite 6-7 cm; Slg. Ebenböck im Stadtmuseum München
a Buch, »feinst verziert, No. 6 à 50 Pfennig« aus dem Musterkoffer der Fa. Gebr. Weinkamer, Salzburg, um 1908; 12,5x9,5x4,2 cm; Dr. Kurt Weinkamer, Salzburg
b Herz aus weißem Wachsdraht, kol. Wachsbüste »Herz Mariens« unter Uhrglas, silberne Blüten, goldene Blätter, rotes Stoffband, um 1910; 12,5x11,2x3 cm;
c Tasche, in Nische Relief Kreuzigungsszene vor rotem Brokat, um 1930; 17,7x9,8x2,5 cm; Slg. Wiedemann Deggendorf
d Tasche, in Nische Relief Anbetung der Könige, um 1930; 14,4x9x3,2cm; Wallfahrtsmuseum Altötting
121 15x8x2,7cm; Slg. Ullmann München
122 a, b gearbeitet von Wachszieher Guido Breu für Slg. Wiedemann, Deggendorf; a H 11, ∅ 12 cm;
b mit Metallscharnieren und ausgeschlagen mit rotem Stoff 10,5x16,8x12 cm
c auf dem Deckel Oblate »Gedenke mein«, hellblaue Wachsblüten, Aria capillaris, Zinnrosetten; 10x8,2x4cm; Slg. Ullmann, München
d Deckel mit Goldranken und blauen Brillantspitz-Blüten, Schachtelunterteil mit blauer Wachsfolie ausgeschlagen; 8,8x6,8x3,8cm; Dr. Kurt Weinkamer, Salzburg
123 a Hufeisen mit Türchen (bordeauxrot und gold), umgeben von Goldranken, im Inneren Stoffoblate Jesusknabe vor roter Wachsplatte, um 1890; 12,5x7,5x3 cm; Slg. Ullmann München
b Buch zum Öffnen, rosa Wachsdraht, Schriftzug »Wenig aber vom Herzen«, umgeben von weiß-goldenen Blüten und Ranken, innen Wachsfigur Maria mit Kind, Fa. Gebr. Weinkamer, Salzburg, 1885/90; 13x9,3x4,2cm; Slg. Ullmann München
c Buch zum Öffnen, rosa Wachsdraht, außen Schriftzug »Erinnerung«, gold. Kreuz, weiße Blumen, innen Wachsfiguren: Lourdes-Madonna und Bernadette auf echten Steinen knieend, Fa. Gebr. Weinkamer, Salzburg, 1885/90; 14,5x10,5x 4 cm; Slg. Ullmann München
d Buch zum Öffnen, rosa Wachsdraht, vorne Kreuz mit bunten Blumen, innen Wachsjesulein unter Papierbaum, »Aufmachbuch No. O à 55 Pfennig« aus dem Musterkoffer der Fa. Gebr. Weinkamer, Salzburg, um 1908; 7,5x6x3cm; Dr. Kurt Weinkamer Salzburg
e Buch zum Öffnen, rosa Wachsdraht, Vorderseite »Andenken«, goldene und weiße Blüten, innen Jesuskind auf rosa Wachs und Stoffspitzen, umgeben von grünem Wachsgras, gelben und blauen Blüten, 2 H. 19. Jh.; 13,5x9,5x 4,5 cm, Stadtmuseum Burghausen
f Buch zum Öffnen, rosa Wachsdraht, außen »Wenig aber vom Herzen« in Goldrahmen, weiße Blüten, goldene Blätter, innen Lourdes-Madonna in Blumenwiese (Wachsfigur), Fa. Gebr. Weinkamer, Salzburg, um 1900; 8x6x3 cm
124 a 2 Schnapsgläser mit weißem Wachsdraht umwickelt, aufgelegte Blumenranken, 19. Jh.; 10 bzw. 10,5 cm hoch, ∅ 5,2 cm; Heimatmuseum Kaufbeuren
b Glaskelch mit weißem Wachsdraht umwickelt, Goldornamente, Schriftzug »Andenken« und weiße, gelbe Blüten mit grünen Blättern aufgelegt, um 1900; H 19, ∅ 11,8 cm; Slg. Ullmann München
c Glasbecher mit weißem Wachsdraht umwickelt, rote und grünblaue Blüten um braunes Kreuz und kol. Bild »Mariazell«, um 1850; H 15,5, ∅ 8,7 cm; Innviertler Volkskundehaus Ried/OÖ.

d Glasbecher mit weißem Wachsdraht umwickelt, Namenszug »Anna« von schwungvollen Blumengirlanden umgeben, um 1860/70; H 17,7, ∅ 9 cm; OÖ. Landesmuseum Linz

125 e Kelch aus weißem Wachsdraht, Goldrand, aufgelegte weiße Blätter und grüne Steine, 19. Jh.; H 22,8, ∅ 11,6 cm; Slg. Wiedemann, Deggendorf

f Glasbecher mit Wachsdraht umwickelt, Öldruck in gezwicktem Rahmen und Blütenranken, 1860/70; H 16,3, ∅ 8,9 cm; Oberhausmuseum Passau

g Kelch aus gelbem Wachsdraht mit Goldauflagen, 19. Jh.; H 26,7, ∅ 12 cm; Slg. Wiedemann, Deggendorf

126 a Ei mit Wachsdraht umwickelt, aufgelegte und gemalte Verzierungen, 1840/50; Slg. Ebenböck im Münchner Stadtmuseum

b Ei mit Wachsdraht umwickelt, aufgelegte braune Ornamente und rosa Blümchen, 1840/50; Privatbesitz München

c Herz aus elfenbeinfarbigem Wachsdraht, Vorderseite Relief hl. Josef in Goldrand, aufgelegte Blätter und Blüten, Rückseite gemalt; 1830/40; 8,8 x 9,5 x 0,8 cm; Heimatmuseum Miesbach/Obb.

d Kästchen aus feinem Wachsdraht, Jesusknabe zwischen Stoffblumen vor Spiegeln, Rand Zinnrosetten, Rückseite und Seiten mit Blumen bemalt, 1780-1820; 9 x 9,7 x 4 cm; Wallfahrtsmuseum Altötting

e Kästchen aus Wachsdraht mit Bruder Konrad auf rosa Seide, Fa. Gebr. Weinkamer, Salzburg, um 1920; 11 x 12,5 x 5,2 cm; Dr. Kurt Weinkamer, Salzburg

f Wachsstock zum Aufstellen, Vorderseite Öldruck Auferstandener, gezwickte Goldborten, Rückseite Goldkreuz in Blumenkranz, um 1860; 14 x 7,5 x 4,8 cm; Stadtmuseum Burghausen

g Aufstellkästchen aus weißem Wachsdraht, Madonna mit Kind vor blauer Wachsfolie, Rückseite »Wenig aber vom Herzen« in goldenem Rahmen, Fa. Gebr. Weinkamer, Salzburg, um 1900; 15 x 7,3 x 6 cm; Sammlung Wiedemann, Deggendorf

h Aufstellkästchen, Jesuskind vor rosa Stoff, Wachsblumen, Rückseite aufgelegte bunte Blüten, Fa. Gebr. Weinkamer, Salzburg, um 1900; 7,7 x 4,8 x 3 cm; Slg. Wiedemann Deggendorf

127 a Aufstelltafel mit Wachsrelief einer Heiligen in Rahmen von Zinnrosetten, Rückseite Schriftzug »Zum Namensfeste 1803«; 21 x 12 x 6,5 cm; Heimatmuseum Kaufbeuren

b Aufstelltafel, kol. Stich (Maria mit Kind) in Goldrahmung, Rückseite bunte Blumen in goldener Schale, 1840/50; 22,7 x 12,5 x 4,8 cm; Landschaftsmuseum Schloß Trautenfels/Steiermark

c flache Aufstelltafel, in Nische Öldruck Schmerzhafte Muttergottes, Rückseite »Wenig aber vom Herzen«, Fa. Gebr. Weinkamer, Salzburg, etwa 1880; 13,7 x 8,9 x 2,2 cm; Dr. Kurt Weinkamer, Salzburg

d Aufstelltafel mit Wachsrelief Mutter Anna in Zinnrosetten-Rahmung, Rückseite (= Abb.) Kelch und »Zum Andenken« in Blütenkranz, Mitte 19. Jh.; 18,7 x 11,7 x 5,4 cm; Heimatmuseum Kaufbeuren

e Rückseite von b

f Wachsstock zum Aufstellen, Jesuskind vor naturfarbener Seide, Goldverzierungen, Fa. Gebrüder Weinkamer, um 1900, 14 x 8,3 x 4 cm

g Wachsstock zum Aufstellen, Rückseite (= Abb.) goldner Anker mit Blumenstrauß, Vorderseite Öldruck »Lasset die Kindlein zu mir kommen«, 2. H. 19. Jh.; 25 x 12,5 x 7,3 cm; Heimatmuseum Kaufbeuren

h Rückseite des Wachsstocks S. 118a

128 19 x 11,2 x 7,3 cm

129 oben; Slg. Ullmann München
unten; Altärchen aus weißem Wachsdraht, Kind in rosa Kleid, Jesusknabe vor Goldhintergrund, aufgelegte goldene Schrift am Sockel: »Mein Jesus bist tu da«, 1880/90; 20,5 x 14,9 x 9,5 cm; Heimatmuseum Prien/Obb.

130 H 17, ∅ 9,5 cm; Dr. Kurt Weinkamer Salzburg

131 a Wachsstock zum Öffnen aus rotem Wachsdraht, goldene Krone mit bunten Glassteinen, Holzfüße, goldene Schrift »sct. Maria« auf grünem Wachsband, innen mit blauem Rips ausgeschlagen, Original der Fa. J. Gautsch München, um 1905 (Kopie Karl Wiedemann Deggendorf, um 1960); H 23,5, ∅ 8,5 cm; Slg. Wiedemann, Deggendorf

b Dose aus rotem Wachsdraht, Deckelkreuz und Füße aus Holz gedrechselt, umlaufender Ring gold mit bunten Glassteinen, Original der Fa. J. Gautsch, nach 1900 (Kopie Karl Wiedemann, Deggendorf, um 1960); H. 26,5, ∅ 12 cm; Slg. Wiedemann Deggendorf

c sog. Mitrastock, weißer Wachsdraht mit zarter Verzierung in gold und rotem Brillantspitz, innen mit hellblauer Seide ausgeschlagen, liegendes Jesukind, nach 1904; H 22,5, ∅ 12 cm; Slg. Wiedemann Deggendorf

132 a Blumenstrauß aus lila Blüten und Schleiergras (Aira capillaris) aus weißer Wachsplatte; 15,5 x 11,4 x 1,5 cm; Slg. Wiedemann Deggendorf

b Schriftzug »Erinnerung« unter gewölbtem Glas umgeben von Blütenranken in hellem Blau und Weiß; 15,9 x 12,2 x 1,9 cm; Stadtmuseum Burghausen

c Jesuskind (Oblate) unter Uhrglas, bunte Blüten, blauer gezwickter Rand; 16,1 x 9,8 x 1,8 cm; Slg. Wiedemann Deggendorf

d Schriftzug »Erinnerung« umgeben von grünen Ranken mit weißen Blü-

ten, kleine Zinnrosetten; 14,5 x 10 x 1,7 cm; Slg. Wiedemann Deggendorf
e Relief Jesusknabe, grüne Ranken mit weißen Blüten, Goldrand; 15 x 11,3 x 2,1 cm; Stadtmuseum Burghausen
f rotes Herz auf goldenem Grund umgeben von silbernem Rahmen, Goldranken, farbige Glassteine in Zinnfassung; 17 x 11,5 x 3,8 cm; Stadtmuseum Burghausen
g Oblate Mutter Anna umgeben von roten, weißen und grünen Blüten, rosa Rand; 16 x 12,5 x 2,5 cm; Stadtmuseum Burghausen
h Relief Herz Maria umgeben von bunten Blüten; ∅ 13,5, Tiefe 2,1 cm; Slg. Wiedemann Deggendorf
i schwarzes Kreuz mit grünem Korpus umgeben von rosa Blüten, Goldrand; 16 x 9,8 x 2,3 cm; Stadtmuseum Burghausen

134 a,b Tasche aus weißem Wachsdraht, Rückseite (a) »Andenken« gold auf dunkelrot, Fruchtkorb, goldene Ranken, Vorderseite (b) Bildstock Herz-Jesu in Goldlaube umgeben von violetten Trauben; 14,5 x 7,3 x 3 cm; Stadtmuseum Burghausen
c »Kastlstock« aus rosa Wachsdraht, Lourdes-Madonna in Nische vor roter Wachsfolie, Goldranken, weiße Blüten; 14,5 x 8 x 2,5 cm
d Tasche aus weißen und rosa Zügen, kol. Relief Herz-Jesu, Nimbus aus Blech, blaue Glassteine; 13,5 x 7,2 x 2,3 cm
e,f Slg. Ebenböck im Stadtmuseum München, angefertigt zur Deutsch-Nationalen Kunstgewerbeausstellung München 1888
f gelber Wachszug, seitlich Silberbordüre, »Frühling«, einer der vier Jahreszeiten betitelten Stücke von Marie Ebenböck

135 links: Heimatmuseum Prien/Obb.

136 a Tasche, weiß, Relief Herz Mariens mit gold. Nimbus, Blütenkranz, graue Vase, gelbes Stoffbändchen, um 1900; 19 x 7,8 x 3 cm
b Tasche, weiß, Relief Maria mit Kind vor goldenem Hintergrund, zartblauer Blütenkranz, um 1900; 16,3 x 7,8 x 2,5 cm
c spitzovale Form mit aufgelegten Bändern, Oblate Maria mit Kind zwischen Blumenranken, gelber Rand, 1880/90; 15,5 x 8,5 x 2,4 cm; Stadtmuseum Burghausen
d Tasche, weiß, Maria mit Kind vor schwarzer Wachsfolie, goldene Rahmung, silberne Blüten, um 1890; 18 x 9 x 3 cm; Wallfahrtsmuseum Altötting
e Tasche, altrosa, Stoffoblate Jesusknabe als Guter Hirte umgeben von hellblauen Blüten und goldenen Blättern, um 1910; 13 x 6,8 x 2,3 cm
f Buch, weißer Wachsdraht, Jesuskind auf rosa Seide unter Uhrglas, Blütenranken und Inschrift »Andenken an die heil. Firmung«, Rückseite Öldruck Firmungsszene, Zinnrosetten, Fa. Gebr. Weinkamer, Salzburg, um 1890; 12,5 x 9,4 x 3,5 cm
g Tasche, weiß, kleines Wachschristkind auf blauer Wachsfolie, gerahmt von Goldrand mit roten und rosa Röschen, um 1920; 13,8 x 7 x 1,9 cm
h Tasche, bordeauxrot, Stoffoblate Jesusknabe als Guter Hirte umgeben von altgoldenen Ranken und weißen Blüten, um 1910; 13 x 6,3 x 2,3 cm

137 a Tasche, weiß, Stoffoblate Christkind in der Krippe vor dunkelroter Wachsfolie, Tannenzweige, weiß-blaue Stoffschleifchen, goldener Schriftzug »Friede«, 1914/18; 13 x 7 x 2,3 cm
b Tasche, weiß, Oblate Jesusknabe umgeben von 3 Engeln, Schriftzug »Gloria in Excelsis Deo«, gezwickter Rand, um 1900; 15 x 7,5 x 2,3 cm
c Tasche, weiß, kol. Relief Kind in der Krippe mit Ochs und Esel, altgoldene Rahmung, Fa. J. Gautsch München, um 1905; 16,5 x 7,5 x 3,0 cm
d Tasche, weiß, Lamm auf rotem Buch, silberne Palmkätzchen, um 1920; 13,4 x 7 x 2,2 cm; Stadtmuseum Burghausen
e Tasche, weiß, Lamm mit roter Fahne unter Uhrglas, goldene Bänder, grüne Ranken, Blüten rosa und weiß, Schriftzug »Erinnerung« in gold, um 1910; 13,5 x 6,5 x 2,3 cm; Slg. Ullmann München
f Tasche, weiß, weißes Lamm auf zartgelbem Blütenkorb, Blüten violett und weiß, goldene Ranken, violette Stoffschleifchen, um 1900; 14 x 7 x 2,3 cm

138 a Buch, weißer Wachszug, Vorderseite kol. Stahlstich Maria mit Kind, Blumenstrauß, Zinnrosetten; Rückseite (= Abb.) goldene Monstranz auf weißen Wolken, Goldranken, weiße und rote Blüten, Zinnrosetten, 1850/60; 14,5 x 10 x 4,2 cm; Stadtmuseum Burghausen
b Tasche, altrosa, goldener Kelch in schmaler Goldrahmung, hellrosa Blüten, um 1910; 14 x 7,3 x 2,3 cm
c runde Form aus elfenbeinfarbigem Wachszug, rotes, brennendes Herz, Goldranken, Zinnrosetten, um 1890; 11 x 11,7 x 2,4 cm; Stadtmuseum Burghausen
d Buch, elfenbeinfarbiger Wachsdraht, Innenwicklung rot, Rückseite (= Abb.) stark farbig Symbole für Glaube, Hoffnung und Liebe (Kreuz, Anker, Herz) mit Blumenrahmung, Fa. Gebr. Weinkamer, Salzburg, um 1895; 18,5 x 13,5 x 4,7 cm; Stadtmuseum Burghausen
e Tasche, weiß, IHS unter Uhrglas, gold auf schwarzer Wachsfolie, Verzierungen in Gold, weiße Blüten, um 1920; 17 x 9,4 x 2,4 cm; Stadtmuseum Burghausen
f Hufeisen, weiß, Marienmonogramm in Altgold vor hellem Grundgold, rote Blüten; um 1930; 13,5 x 8,5 x 3,6 cm
g Tasche, weiß, Marienmonogramm in gold vor rosa Papier, altgoldene Strahlenrahmung auf gelber Wachsfolie, um 1920; 14,3 x 7,3 x 2,2 cm

139 18 x 11,6 x 3,8 cm

140 a Buch, aus weißem Wachsdraht, bunter Blumenstrauß, Rand mit gold betont, 14,5 x 10,5 x 4,5 cm; Slg. Ullmann München
b Buch, elfenbeinfarbiger Wachszug, bunte Blumenranken um schwungvolles L; 17,3 x 11,3 x 4,8 cm; Stadtmuseum Burghausen
c Hufeisen, weiß, zwei weiße Tauben, Schriftzug »Andenken« rosa Blumenstrauß mit violettem Stoffschleifchen gebunden; 9,5 x 6,5 x 2,8 cm
d Hufeisen, weiß, zwei weiße Tauben, rote Herzen, Schriftzug »Andenken«, rosa Blumenstrauß mit grünem Stoffbändchen gebunden; 11,3 x 7 x 3 cm
141 Aufstelltafel in Holzrahmen, Montierung von zwei Weinkamerschen Wachsstöcken (Brautstock und Wachsstock mit Öldruck hl. Katharina) mit Blüten und Ranken aus Haar, Stoffdraperie und Spiegeleinsätzen; 42 x 31,5 x 9,3 cm
142 a ovale Tasche, Vorderseite unter planer Glasscheibe Abendmahl (ähnl. Abb. S. 106), Rückseite (= Abb.) farbige Bemalung, 2. H. 18. Jh.; 24 x 18,5 x 3,5 cm; Heimatmuseum Wasserburg/Obb.
b Schnecke, bemalt mit farbigen Blumensträußen, 1. H. 19. Jh.; H 6,5, ∅ 11 cm
c Körbchenform aus weißem Wachsdraht, Blumenschale gold, Wachsblüten und Schleiergras (Aira capillaris), nach 1905; 12,5 x 11,5 x 2,5 cm
d Buch, elfenbeinfarbiger Wachszug, kräftige vergoldete Rahmung, Blütenranke und goldener Vogel auf rosa Wachsfolie; um 1880/90; 15,5 x 10,5 x 4 cm; Stadtmuseum Burghausen
e Buch, elfenbeinfarbiger Wachsdraht, Blumenvase mit großen Blüten (rot, gelb, blau), völlig ausgezwickt, 2. H. 19. Jh. 16 x 10,5 x 3,2 cm; Innviertler Volkskundehaus Ried/OÖ.
143 großes Buch mit stark plastischer Verzierung, goldenes Füllhorn, rote und gelbe Rosen, auf dem Rücken Kreuz und Kelch, 1922 zum 25jährigen Priesterjubiläum für Hofrat Franz Berger gefertigt, 41 x 30 x 10 cm; Innviertler Volkskundehaus Ried/OÖ.
144 a Tasche, weiß, Zahl 50 und Ornamente in Gold, 2 rosa Blüten, nach 1945; 9 x 4,3 x 2,2 cm
b Tasche, weiß, kol. Wachsrelief Pietà vor Goldnimbus, weiße Blüten, Eisernes Kreuz, 1914/18; 13 x 7 x 2 cm
c Tasche, weiß, brauner Altar aus kräftiger Wachsfolie, weißes Kruzifix, rote und weiße Blüten, um 1940; 14 x 7 x 2,3 cm
d Tasche, weiß, Farbdruck »Madonna« auf hellbrauner Wachsfolie, Rahmung grün-gold, M. aus kleinen roten Blüten, nach 1945; 10,3 x 5,7 x 2,1 cm
e Tasche weiß, mit Nische, gezwickter und vergoldeter Rahmen, einzelne rosa Blüten, Foto Bischof Graber, Regensburg, Firmungsandenken, Fa. Wiedemann, Deggendorf, um 1970; 10,2 x 6 x 3 cm
147 Bildersammlung des Hist. Vereins im Stadtarchiv München
148 links: 22,5 x 15,2 x 6,2 cm; Stadtmuseum Burghausen/Obb.
rechts: 22,3 x 15,2 x 5,2 cm; Stadtmuseum Schongau/Obb.
149 a 19 x 13 x 4,7 cm
b 19,5 x 10,5 x 7,2 cm; beide Heimatmuseum Wasserburg
c 14,7 x 6,5 x 3 cm
d 15,3 x 7,9 x 4,4 cm; beide Steir. Volkskundemuseum Graz
150 links: Madonna, 16,5 x 6,7 x 5,8 cm; Heimatmuseum Rosenheim
Mitte: hl. Florian, 22,4 x 11 x 5 cm; Slg. Wiedemann, Deggendorf
rechts: hl. Florian, 33,8 x 15 x 6 cm; Slg. Wiedemann, Deggendorf
151 links: hl. Sebastian, 23,5 x 9,5 x 6,5 cm; Model Wachszieherei und Lebzelterei Hipp, Pfaffenhofen/Ilm, kol. Abguß Hipp
Mitte: hl. Sebastian, 33,5 x 13 x 7 cm; Model der ehem. Fa. Ebenböck, München, Abguß Hipp, Pfaffenhofen/Ilm
rechts: hl. Wolfgang, 22,2 x 8,2 x 6,9 cm; Model der Wachszieherei P. Wallner, St. Wolfgang/Salzkammergut, OÖ Landesmuseum Linz
152 a 2 Wachseier mit eingedrückten Glasperlen und Abziehbildern, Nonnenkloster Savanthianón/Kreta
b Wachsstock, Buchform, Vorderseite »Maria Plain« in Goldrahmen, Rückseite (= Abb.) Farblithographie »Andenken an Maria Plain«, Zinnrosetten, Fa. Gebr. Weinkamer, Salzburg; 6,8 x 5,2 x 1,5 cm
c Wachsstock, kl. Tasche aus weißem und blauem Wachszug, Foto »Maria Taferl« in Silberrahmung; 6,8 x 3,7 x 1,4 cm
d Glasbecher mit Wachsdraht umwickelt, kol. Graphik Mariazeller Gnadenbild in Goldrahmen von Blumenranken umgeben; im Glasboden durchscheinende Kirche Mariazell; H 16,2, ∅ 10 cm; OÖ Landesmuseum Linz
e Kastenstock, reich verziert und gezwickt, Rückseite Öldruck »Muttergottes zu Taferl«, Vorderseite »Andenken« mit farbigem Blumenstrauß, Fa. Gebrüder Weinkamer, Salzburg
153 a Kerze mit Abziehbild Gnadenbild Mariazell, Blütenranke und gezwickten Bändern in gold und rotem Brillantspitz, Fa. Gebr. Weinkamer, Salzburg, um 1908; Länge 40,5 cm; Dr. Kurt Weinkamer, Salzburg
b gemalte Kerze, Blumen und Mariazeller Gnadenbild, 19. Jh.; Länge 23,5 cm; OÖ Landesmuseum Linz
c, f Kerzen mit aufgelegten roten Wachsstreifen, in der Mitte Gnadenbild (c Mariahilf, f Mariazell), Fa. Gebr. Weinkamer, Salzburg, um 1908; Länge 25,5 bzw. 36,5 cm; Dr. Kurt Weinkamer, Salzburg
d gegossene Kerze, Model der ehem. Wachszieherei W. Hofer in Rotten-

mann/Steiermark, mit Blüten, hl. Geist und St. Blasius, Mitte 18. Jh.; Länge 50,5 cm; Landschaftsmuseum Schloß Trautenfels/Steiermark
e gemalte Kerze, Ringe gelb, rot und silber, flammendes Herz, Gnadenbild und Schriftzug M. Zell, 19. Jh.; Länge 57 cm; Steir. Volkskundemuseum Graz
g reich ausgezwickte weiße Kerze mit zarter Goldverzierung und Medaillon »Montserrat«, Spanien, 1960/70; Länge 29 cm; Schweiz. Museum f. Volkskunde, Basel
h, i 2 rote Kerzen mit geprägtem Gnadenbild, Fa. Gebr. Weinkamer, Salzburg, um 1908; Länge 24,5 bzw. 20,5 cm; Dr. Kurt Weinkamer, Salzburg
k gegossene Kerze mit hl. Benediktus, Model Mitte 18. Jh.; Länge 41,7 cm; OÖ. Landesmuseum Linz
154 Dr. Kurt Weinkamer, Salzburg
155 H 42,5, ∅ 25 cm; Slg. Ebenböck im Stadtmuseum München
156 H 19,5, ∅ 11 cm; München, Privatbesitz
157 links: am Sockel Schriftzug »Aus Achtung« auf Wachsband, H. 26, ∅ 16 cm; Heimatmuseum Kaufbeuren
Mitte: lt. Preisliste von 1915 sog. Jesukind im Postamentsturz, H 15, ∅ 12,6 cm; Dr. Kurt Weinkamer, Salzburg
rechts: H 32, ∅ 21,5 cm; Dr. Kurt Weinkamer, Salzburg
158 a H 31,5, ∅ 13,5 cm; Slg. Ullmann München
b H 32, ∅ 13 cm; Slg. Ullmann München
c H 19, ∅ 10 cm; Dr. Kurt Weinkamer, Salzburg
d H 29, ∅ 11,5 cm
159 von links: H 35, ∅ 15,5 cm; H 23, ∅ 11,5 cm; H 53, ∅ 23,5 cm; Slg. Ullmann, München
160 Dr. Kurt Weinkamer, Salzburg
161 links: H 17,5, ∅ 9 cm;
Mitte: H 19,5, ∅ 9 cm;
rechts: H 20, ∅ 9 cm; alle Dr. Kurt Weinkamer, Salzburg
162 H 29, ∅ 12,5 cm; Dr. Kurt Weinkamer, Salzburg
163, 164, 167, 168 Preisliste A über Glasstürze der Fa. Gebrüder Weinkamer, Salzburg vom Juni 1901 Dr. Kurt Weinkamer, Salzburg
165 a S.M. Incor. di Foggia, H 15, ∅ 6,8 cm
b Madonna della Carona, H 15, ∅ 6,8 cm
c Andenken an St. Maria Kirchenthal, H 25,5, ∅ 11 cm
d Unsre Liebe Frau von Waghäusl, H 19,5, ∅ 9 cm
e Heilige Maria Kevelaer, H 15, ∅ 6,8 cm
f ? (schwarze Madonna), H 15, ∅ 7,5 cm
g N.S. Aquasanta, H 25,5, ∅ 11 cm alle Dr. Kurt Weinkammer, Salzburg
h St. Maria Altötting, H 24, ∅ 10,5 cm; Slg. Ullmann München
166 links: H 26, ∅ 15 cm
rechts: H 38,5, ∅ 15,5 cm; Slg. Ullmann München
169 von links: H 50, ∅ 19 cm; H 26, ∅ 11 cm; H 42,5, ∅ 17,5 cm; alle Slg. Ullmann München
170 Gesamtgröße H 54, ∅ 21,7 cm; Slg. Ullmann München
171 Glassturz H 18,5, ∅ 9 cm; und Schriftproben Dr. Kurt Weinkamer, Salzburg
172 links: mit 2 Tauben und den Symbolen für Glaube, Hoffnung und Liebe; H 8,5, ∅ 4,4 cm
rechts: mit 2 Fatschenkindern; H 8, ∅ 4,4 cm
beide Slg. Ullmann München
173 H 20,5, ∅ 11 cm; Dr. Kurt Weinkamer, Salzburg
174 a H 23, ∅ 8,5 cm; Diözesanmuseum Freising
b H 15,5, ∅ 6,7 cm; Podest mit blau-weißem Glasflimmer bestreut, Strahlenkranz aus Rauschgold, Slg. Ullmann München
c Wachskind auf Stoff und Papierblumen, echtes Moos, Goldflitter; H 15, ∅ 6,7 cm; Slg. Ullmann München
d H 13,5, ∅ 5,5 cm
175 links: mit stehendem Heiligen, 20 x 11,2 x 7,8 cm
rechts: mit Altöttinger Madonna, 15 x 7,5 x 4,5 cm
beide Heimathaus des Rupertiwinkels, Tittmoning
176 Sturz mit Kruzifix H 26,5, ∅ 12,5 cm; mit Osterlamm H 19, ∅ 10 cm; beide Slg. Ullmann München
177 Gesamtgröße des Glassturzes H 22,5, ∅ 10,5 cm; Slg. Ullmann München
178, 179 beide 12 x 10 x 1,8 cm; Schweiz. Museum f. Volkskunde Basel
180 oben: 9,5 x 7,3 x 1,7 cm; Slg. Marcelle Geiger-Vifian, Flims-Waldhaus/Schweiz
unten: je 9,5 x 7,3 x 1,7 cm
181 9,5 x 8,5 x 1,7 cm; Schweiz. Museum f. Volkskunde Basel
182 Slg. Ullmann, München
183 a Heimathaus des Rupertiwinkels, Tittmoning
b Wallfahrtsmuseum Altötting
c Diözesanmuseum Freising
184 H 5,2, ∅ 4,5 cm; Dr. Kurt Weinkamer, Salzburg
185, 186, 189, 190 Preisliste B über Wachs-Galanterie-Waaren der Fa. Gebrüder Weinkamer, Salzburg vom 15. Oktober 1895; Dr. Kurt Weinkamer Salzburg
187 a Semmel zum Öffnen mit 7 Kindern, H 6,8, ∅ 5,8 cm
b Hase im Nest, Körbchen aus rosa und blauem Wachsdraht, unter weißem Hasen drei kleine Häschen; 7,4 x 5,2 x 4,4 cm
c Hund vor seiner Hütte, Standplatte Karton mit grünem Wachsüberzug; 4,6 x 3,2 x 3,7 cm
d 2 Störche, je 7,1 x 3,2 x 5,3 cm; links mit 2 Babies auf dem Rücken, rechts mit Zettel: »Was ich auf meinem Rücken hab' ist gewiß die schönste Gab'«
e »Pantoffelheld«, Frau mit Besen

(fehlt) kehrt ihren Mann in den Schuh, 11 x 5,5 x 3,1 cm sämtlich Dr. Kurt Weinkamer, Salzburg

188 Wachsfiguren auf schwarzen gedrechselten Holzsockeln, beide Dr. Kurt Weinkamer Salzburg

a H 15,8, ∅ 5,3 cm

b H 12, ∅ 5,2 cm

191 Gurke zum Öffnen mit 7 Kindern im Inneren, auf Papier der Spruch »Beim Siebenten o Herr hör' auf mit Deinem Segen!«; Slg. Ebenböck im Stadtmuseum München

192 a Apfel mit Maria und Joseph, H 5,5, ∅ 5,9 cm; um 1950

b Birne mit Rotkäppchen, H 6,8, ∅ 5,8 cm; um 1950

c Nuß mit Jesukind, H 5, ∅ 4,3 cm; nach 1895

d Zitrone mit Maria und Kind, H 6,8, ∅ 4,8; nach 1895 sämtlich Dr. Kurt Weinkamer, Salzburg

e Birne mit Bruder Konrad, umgeben von echtem Moos, H 6, ∅ 4,3 cm

193 Höhe zwischen 3,2 und 5,9 cm; Dr. Kurt Weinkamer, Salzburg

195, 196 2 Seiten der Weihnachtspreisliste vom 1. November 1894, Fa. Gebr. Weinkamer Salzburg; Dr. Kurt Weinkamer

197 a Engel mit Stofflendentuch, um 1900

b Wachstiere in Gehäusen aus Drahtspiralen und Glasperlen, um 1880

c Fuchs in Laube aus leonischem Draht mit Glastraube und Schleiergras (Aira capillaris)

d Jesukind in Schlitten aus leonischen Drähten und Watte sämtlich Sammlung Eva Stille, Frankfurt

198 8 x 6 x 5 cm; Dr. Kurt Weinkamer Salzburg

199 a braunes Körbchen, gefüttert mit blauer Seide; 7 x 6,6 cm; OÖ. Landesmuseum Linz

b Körbchen mit bunten Wachsblüten in echtem Moos; 7 x 7 x 5,2 cm; Fa. Gebr. Weinkamer, Salzburg

c gelbliches Körbchen mit aufgesetzten Blumen, 9,7 x 6,8 x 5 cm; nach 1880; OÖ. Landesmuseum Linz

d grünes Deckelkörbchen, 9,7 x 6,8 x 5 cm; OÖ. Landesmuseum Linz

e gelber Karren, 10,7 x 5,6 x 6 cm; OÖ. Landesmuseum Linz

f, g Spinnrad und Schubkarren, Fa. Ebenböck, München, Slg. Ebenböck im Stadtmuseum München

h Vogelkäfig mit 2 kleinen Vögeln, Fa. Weinkamer, Salzburg; 5 x 5,3 x 3,8 cm;

i Teller mit Tasse, rot mit grüngelbem Rand, Fa. Weinkamer Salzburg; H 3,8 cm

k rot-weißes Wachskörbchen mit 3 kl. Hasen, Fa. Gebr. Weinkamer, Salzburg, nach 1880; Slg. Ullmann München

l weißes Körbchen, Jesukind auf rosa Seide, Fa. Gebr. Weinkamer, Salzburg, um 1890; Slg. Ullmann München

m weißes Körbchen, Jesukind auf hellblauer Seide mit Lendentuch aus Papier, Fa. Gebr. Weinkamer, um 1900

b, h, i und m Dr. Kurt Weinkamer, Salzburg

200 a Wachsei mit Letztem Abendmahl, verziert mit aufgelegtem Weinlaub, Trauben und Kornähren, 2. H. 19. Jh.; Sammlung Ebenböck im Stadtmuseum München

b rosa Wachsei, verziert mit weißen Blüten und Schriftzug »Andenken«, im Inneren Christus an Tisch sitzend, Fa. Gebr. Weinkamer, Salzburg, um 1905; H 7, ∅ 4,7 cm; Heimathaus des Rupertiwinkels, Tittmoning

c grünes Wachsei, Inneres mit echtem Moos ausgekleidet, Schneewittchen mit 3 Zwergen, Fa. Gebr. Weinkamer, Salzburg, nach 1945; H 8 cm, ∅ 5,5 cm; Dr. Kurt Weinkamer, Salzburg

d rosa Wachsei mit Goldrand, Inneres mit echtem Moos ausgekleidet, Wachsfigur Maria mit Kind, Fa. Gebr. Weinkamer, Salzburg, nach 1945; H 10,5, ∅ 7 cm; Dr. Kurt Weinkamer, Salzburg

201 Osterwerbeblatt der Fa. Weinkamer, Salzburg, März 1895, Dr. Kurt Weinkamer, Salzburg

202 links: Auferstandener der Fa. Math. Ebenböck, München, 2. H. 19. Jh., Slg. Ebenböck im Stadtmuseum München
Mitte: Lamm Gottes auf schwarzem Gebetbuch, Papierfahne, Stoffschleife, Fa. Gebr. Weinkamer, um 1900; 13,2 x 11,9 x 8,2 cm
Dr. Kurt Weinkamer, Salzburg
rechts: Hl. Grab, Christus mit Lendentuch aus Stoff auf Untergrund von Tuffstein und Moos, Fa. Gebr. Weinkamer, Salzburg, um 1910/20; 16 x 6,8 x 3,4 cm;
Dr. Kurt Weinkamer, Salzburg

204 Seite aus einem Werbebrief der Fa. Gebr. Weinkamer, 1915, Dr. Kurt Weinkamer, Salzburg

205 oben: rosa Herz mit Jesukind; 7,9 x 4,8 x 2,4 cm
unten: sog. Feldkreuz-Marterl; 13 x 6,2
beide Fa. Gebr. Weinkamer, Salzburg, um 1945/50; Dr. Kurt Weinkamer, Salzburg

Dank

Durch die liebenswürdige Aufgeschlossenheit meines Verlegers Herrn Raimund Schmitt vom Verlag Hans Carl, Nürnberg, war es möglich, das umfangreiche Material auf zwei wohlausgestattete Bände zu verteilen. So möchte ich hier vor allem jenen besonders danken, deren Hilfe mir für den 1. Band unentbehrlich war:
Zu allererst Frau Maria Kreutz, die mich überall begleitete, die einen Teil der aufwendigen Bibliotheksarbeit übernahm, die umfangreiche Korrespondenz führte, Korrekturen las und mir mit Rat und Tat immer zur Seite stand; dann
Frau Gisela Lovis-Sallinger, Krumbach, die mir ihre Zulassungsarbeit und Herrn Dr. Kurt Hofer, Weyer/Enns, OÖ., der mir seine Dissertation zur Verfügung stellte;
Mater Donatilla v. Eckhardt I.N.M.V. und Herrn Prof. Dr. Karl Mägdefrau, beide München, die wertvolle Hinweise gaben.

Danken möchte ich daneben folgenden Archiven, Bibliotheken und Museen:
Altötting, Wallfahrtsmuseum
Basel, Schweizerisches Museum für Volkskunde
Burghausen, Stadtmuseum
Freising, Diözesanmuseum
Graz, Steirisches Volkskundemuseum
Hersbruck, Hirtenmuseum
Kaufbeuren, Heimatmuseum
Krumbach, Heimatmuseum
Linz, Oberösterreichisches Landesmuseum
Miesbach, Heimatmuseum
München, Stadtarchiv
München, Stadtmuseum
Nürnberg, Germanisches Nationalmuseum
Nürnberg, Stadtbibliothek
Passau, Oberhausmuseum
Prien, Heimatmuseum
Radovljica/Slowenien, Bienenzuchtmuseum
Ried/OÖ., Innviertler Volkskundehaus
Rosenheim, Heimatmuseum

Rožnov p.R./Mähren, Walachisches Freilichtmuseum
Schongau, Stadtmuseum
Spittal/Kärnten, Bezirksheimatmuseum
Tittmoning, Heimathaus des Rupertiwinkels Burg Tittmoning
Traunstein, Heimathaus
Trautenfels/Steiermark, Landschaftsmuseum Schloß Trautenfels
Wasserburg, Heimatmuseum
Železnice/Böhmen, Museum Železnice

Danken möchte ich folgenden Privatsammlern, sowie unter ihnen all jenen, die ungenannt bleiben möchten:
Frau Marcelle Geiger-Vifian, Flims-Waldhaus/Schweiz
Herrn Robert Hiltprand, Basel
Herrn Hans Hipp, Pfaffenhofen/Ilm
Frau Eva Stille, Frankfurt und vor allem
Frau Gertrud Ullmann, München;
sowie zahlreichen Wachsziehern der bayerischen Wachszieher-Innung, insbesondere Frau Brunner von der Fa. Wesely in München, Frau Tusar in Mainz und dem »Unterlehner« Herrn Franz Wimmer und seiner Frau in Waldhausen/OÖ.

Mein ganz besonderer Dank aber gilt Herrn Karl Wiedemann und seiner Frau Franziska von der Wachswarenfabrik Wiedemann in Deggendorf, die ihr umfangreiches »Privatmuseum« für uns öffneten und zahlreiche nützliche Hinweise gaben, und Herrn Dr. Kurt Weinkamer in Salzburg, der sämtliche alten Unterlagen und Objekte der Fa. Gebr. Weinkamer zur Verfügung stellte, ohne dessen großzügige und selbstlose Hilfsbereitschaft dieser Band in seiner jetzigen Form nicht möglich gewesen wäre.

Quellen- und Literaturverzeichnis

Neben der angegebenen Literatur wurden für die vorliegende Arbeit Aufzeichnungen, bebilderte Kataloge und Preislisten sowie Wanderbücher bayerischer und österreichischer Wachszieher ausgewertet. Einbezogen wurden ferner Aussagen von ehemaligen und noch tätigen Wachsziehern und Lebzeltern aus Bayern, Österreich und Jugoslawien, außerdem Hinweise von Klosterfrauen, Pfarrherren, Mesnern und Museumsleuten, auch von zahlreichen Sammlern religiöser Volkskunst in Bayern, Österreich und der Schweiz.

Allgemeine Literatur

Angeletti, Charlotte: Geformtes Wachs. München 1980

Bächtold-Stäubli, H. (Hrsg.): Handwörterbuch des deutschen Aberglaubens. Berlin-Leipzig 1932/33

Brockhaus Enzyklopädie, 20 Bde. Wiesbaden 1966-1974

Büll, Reinhard: Das große Buch vom Wachs. Geschichte, Kultur, Technik, 2 Bde. München 1977

Gantner, Theo: Geformtes Wachs. Katalog der Ausstellung des Schweizerischen Museums für Volkskunde Basel 1980/81. Basel 1980

Neuhardt, Joh. (Hrsg.): Köstlich altes Wachsgebild. Katalog der 2. Sonderschau des Dommuseums zu Salzburg. Salzburg 1977

Wörterbuch der Deutschen Volkskunde. Begründet von Oswald A. Erich und Richard Beitl. Stuttgart 1936. Kröners Taschenausgabe, Bd. 127, 2. Aufl. 1955, 3. Aufl. 1974

Wuttke, A.: Der deutsche Volksaberglaube der Gegenwart. Leipzig 1925

Von Bienen und Imkern

Bauer, Herbert F.: Die Bienenzucht in Bayern als geographisches Problem. Erlangen 1958

Beck, W.: Über Waldbienenzucht in den Fürstentümern Ansbach und Bayreuth sowie im Hochstift Bamberg. In: 66. Jahresbericht des Hist. Vereins f. Mittelfranken, 1930

Bischoff, Joh.: Die Zeidelhuben und Bienenpflege im Sebalder Reichswald. In: Jahrbuch für fränk. Landesforschung 16/1956

Brant, Sebastian (Hrsg.): Virgilius, Georgicorum Liber Quartus (4. Buch der Georgica). Straßburg (Grüninger) 1502

Büll, Reinhard: Das große Buch vom Wachs. Geschichte, Kultur, Technik, 2 Bde. München 1977

Cevc, E., Mihelič, St. und Polenec, A.: Das Bienenzuchtmuseum in Radovljica/ Slowenien. Katalog der Ausstellung. Radovljica 1973

Doering, H. und Hornsmann, E.: Die Welt der Biene. München 1956

Florinus, Franz Ph.: Oeconomus Prudens et Legalis oder Allgemeiner Klug- und Rechtsverständiger Hausvater, bestehend in Neun Büchern. Nürnberg 1705

Flueler, Nikolaus: Vertracktes, vielseitiges, magisches Wachs. In: Tagesanzeiger Magazin Nr. 51/52, Dezember 1980

Haiding, Karl: Die alten Bienenwohnungen im Bezirk Liezen. In: Zeitschrift des Hist. Vereins für Steiermark, Jg. 50, Graz 1959

Hasalová, Vera und Vajdiš, Jaroslav: Die Volkskunst in der Tschechoslowakei. Prag 1974

Herold, E.: Biene und Bienenzucht. München 1960

Kriss, Rudolf: Sitte und Brauch im Berchtesgadener Land. München 1947

Krünitz, Johann Georg: Oeconomische Encyclopädie oder allgemeines System ...

Vierter Theil: Von Baum bis Biene. Berlin 1774

Kühn, Herbert: Die Felsbilder Europas. Stuttgart 1952

Leoprechting, K.v.: Aus dem Lechrain. München 1855. Reprint als: Bauernbrauch und Volksglaube in Oberbayern. München 1977

Ministère de la culture (Hrsg.): L'abeille, l'homme, le miel et la cire. Katalog der Ausstellung im Musée national des arts et traditions populaires, Paris 1981/82. Paris 1981

Neuhardt, Joh.: Das Wachs im Kult und volksfrommen Brauchtum der römischen Kirche. In: Köstlich altes Wachsgebild. Katalog der 2. Sonderschau des Dommuseums zu Salzburg. Salzburg 1977

Pfistermeister, Ursula: Oberpfalz. Regensburg 1979

Prasch, Helmut: Honig und Wachs. In: Carinthia I, Bd. 160. Klagenfurt 1970

Ryff, M.G.: Newe Außgerüste Deutsche Apoteck ... Straßburg 1602

Schier, Bruno: Die historische Bienenkunde im Dienste der Volksforschung. In: Zeitschrift für Volkskunde, 54. Jg. Stuttgart 1958

Schier, Bruno: Der Bienenstand in Mitteleuropa. In: Volksforschung Bd. III. Leipzig 1939

Sooder, Melchior: Bienen und Bienenhalten in der Schweiz. In: Schriften der Schweizerischen Gesellschaft für Volkskunde, Bd. 34. Basel 1952

Wuttke, A.: Der deutsche Volksaberglaube der Gegenwart. Leipzig 1925

Vom Wachs, von Wachsziehern und Lebzeltern

Abraham a Sancta Clara: Etwas für alle. Nürnberg 1699

Andree, Richard: Votive und Weihegaben des katholischen Volks in Süddeutschland. Braunschweig 1904

Angeletti, Charlotte: Geformtes Wachs. München 1980

Assion, Peter: Das Krötenvotiv in Franken. Ein Beitrag zur Phänomenologie des fränkischen Votivbrauchtums. In: Bayer. Jahrbuch für Volkskunde, 1968

Aurenhammer, Hans und Gertrude: Das Belvedere in Wien. Wien 1971

Bartsch, Karl (Hrsg.): Wolfram's von Eschenbach Parzival und Titurel, 1. Teil. In: Deutsche Klassiker des Mittelalters, begründet von Franz Pfeiffer, 9. Bd. Leipzig 1870

Bavaria. Landes- und Volkskunde des Königreiches Bayern. München 1860-68

Berger, Fr.: Von Biene, Honig und Wachs und ihrer kulturhistorischen und medizinischen Bedeutung. Sonderdruck aus: Schweizerische Apotheker-Zeitung 1916. Zürich 1916

Bock (Tragus), Hieronymus: Teutsche Speiszkammer. Straßburg 1555

Brachmann, G.: Der letzte bäuerliche Wachszieher in Oberösterreich. In: Oberösterr. Heimatblätter, Jg. 6. Linz 1952

Brückner, B.: Kostüm- und trachtenkundliche Aufschlüsse bei ostbayerischen Wachsziehern. In: Bayer. Jahrbuch für Volkskunde, 1957

Büll, Reinhard: Das große Buch vom Wachs. Geschichte, Kultur, Technik, 2 Bde. München 1977

Diderot et d'Alembert: Encyclopédie ou Dictionnaire raisonné ... Bd. III, Tafeln. Paris 1763

Dünninger, Hans: Maria siegt in Franken. Die Wallfahrt nach Dettelbach als Bekenntnis. Würzburg 1979

Ebenböck, Mathias: Das Lebzeltergewerbe. In: Zeitschrift des Münchener Alterthums Vereins, NF, VIII. Jg. München 1896/97

Ebert, Marianne: Geschichte des Nürnberger Lebkuchens. Vom Handwerk zur Industrie. In: Mitteilungen des Vereins für Geschichte der Stadt Nürnberg. Nürnberg 1963/64

Finkenstaedt, H. und Th.: Stanglsitzerheilige und Große Kerzen. Weißenhorn 1968

Flueler, Nikolaus: Vertracktes, vielseitiges, magisches Wachs. In: Tagesanzeiger Magazin Nr. 51/52, Dez. 1980

Grant, Michael und Hazel, John: Lexikon der antiken Mythen und Gestalten. München 1976

Habersohn, Monika: Wachswaren, Bedeutung und Wandel. Diss. Masch., Wien 1978

Hailer, Willy: Eine alte Wachszieherei in Pfaffenhofen. In: Volkskunst, Jg. 3, Heft 2. München 1980

Hansen, Hans Jürgen (Hrsg.): Kunstgeschichte des Backwerks. Oldenburg-Hamburg 1968

Heller, Barbara: Händler auf der Sebastiani- und der Osterdult zu Ebersberg 1691-92 und 1724-31. In: Bayer. Jahrbuch für Volkskunde. München 1968

Hofbauer, Josef: Ostbayern. Vom Leben und Brauchtum. Regensburg 1980

Hofer, Herbert: Die österreichische Kerzenerzeugung und deren geschichtliche Entwicklung. Diss. Masch., Graz 1960

Hofer, Eduard und Herbert: Aus den Erinnerungen einer alten Wachszieherei. o.O.u.J.

Konrad von Würzburg: Der Trojanische Krieg. Herausgeg. von A.v. Keller. Stuttgart 1858

Korn, W.: Wundersame Wachsgebilde. In: Unser Bayern, Jg. 9, Nr. 12, 1960

Kronenberger-Frentzen, H.: Die alte Kunst der süßen Sachen. Hamburg 1959

Krünitz, Johann Georg: Oeconomische Encyclopädie oder allgemeines System ... 37. Band. Berlin 1786

Lausberg, C.: Beiträge zur Geschichte des Kerzenmachergewerbes im Mittelalter. Duisburg 1928

Ludikowsky, Karl: Die Lebzelter- und Wachszieherei. Wiener Neustadt 1924

Metzner, J.: Stephan Schuler's Saalbuch der Frauenkirche in Nürnberg. In: 32. Bericht des hist. Vereins Bamberg 1869

Morenz, Ludwig: Die Ebenböck. In: Wachszieher und Lebzelter im alten München, Sammlung Ebenböck. Katalog der Ausstellung im Stadtmuseum München 1981/82. München 1981

Neuhardt, Joh.: Das Wachs im Kult und volksfrommen Brauchtum der römischen Kirche. In: Köstlich altes Wachsgebild. Katalog der 2. Sonderschau des Dommuseums zu Salzburg. Salzburg 1977

Pfistermeister, Ursula: Nürnberg. Zauber einer unvergänglichen Stadt. Nürnberg 1975

Rebske, E.: Lampen, Laternen, Leuchten. Stuttgart 1962

Rennefahrt, H.: Die Kerze im Recht. In: Zeitschrift f. Schweizerische Geschichte, 24. Jg., 1944

Ryff, M.G.: Newe Außgerüste Deutsche Apoteck ... Straßburg 1602

Sallinger, Gisela: Wachszieherei und ihre volkstümliche Bedeutung. Zulassungsarbeit der Pädagog. Hochschule München 1970

Schlichthörle, A.: Die Gewerbebefugnisse der Haupt- und Residenzstadt München, Bd. 1 und 2. Erlangen 1844

Schmidt, Leopold: Lebzeltenmodel aus Österreich. Katalog der Ausstellung. Österreichisches Museum für Volkskunde. Wien 1972

Schrittenloher, Joseph: Lebzelter, Metsieder und Wachszieher in München. In: Wachszieher und Lebzelter im alten München, Sammlung Ebenböck. Katalog der Ausstellung im Stadtmuseum München 1981/82. München 1981

Siebmacher, J.: Großes und allgemeines Wappenbuch, Bd. 1,7. Nürnberg 1898

Sooder, Melchior: Bienen und Bienenhalten in der Schweiz. Schriften der Schweizerischen Gesellschaft für Volkskunde, Bd. 34. Basel 1952

Steffan, Ferdinand: Den Auerhahn im Wappen. Die Familie Surauer. In: Charivari, 8. Jg., Nr. 3, 1982

Walzer, Albert: Liebeskutsche, Reitersmann, Nikolaus und Kinderbringer. Volkstümlicher Bilderschatz auf Gebäckmodeln, in der Graphik und Keramik. Konstanz-Stuttgart 1963

Weigel, Christoff: Abbildung der Gemein-Nützlichen Haupt-Stände. Regensburg 1698

Weiner, Piroška: Geschnitzte Lebkuchenformen in Ungarn. Budapest 1964

Wohlhaupter, Eugen: Die Kerze im Recht. In: Forschungen zum deutschen Recht, Bd. 4, Heft 1. Weimar 1940

Wünnenberg, Rolf: Andechser Votiv-Kerzen. Augsburg 1966

Zils, W.: Bayerisches Handwerk in seinen alten Zunftordnungen. München o. J. (ca. 1927)

Zischka, Ulrike: Lebzelten und Modeln. In: Wachszieher und Lebzelter im alten München, Sammlung Ebenböck. Katalog der Ausstellung im Stadtmuseum München 1981/82. München 1981

Wachsstöcke

Aschersohn, Paul und Graebner, Paul: Synopsis der mitteleuropäischen Flora. Leipzig 1898-1902

Bächtold-Stäubli, H. (Hrsg.): Handwörterbuch des deutschen Aberglaubens. Berlin-Leipzig 1932/33

Bayerische Wachszieher-Innung (Hrsg.): Fachbuch für den Wachszieher — Wachsbildner. Augsburg 1976

Bavaria. Landes- und Volkskunde des Königreiches Bayern. München 1860-68

Böck, Robert: Die Marienwallfahrt Kößlarn und ihre Mirakelbücher. In: Bayer. Jahrbuch für Volkskunde, 1963

Brachmann, G.: Der letzte bäuerliche Wachszieher in Oberösterreich. In: Oberösterr. Heimatblätter, Jg. 6, Linz 1952

Büll, Reinhard: Das große Buch vom Wachs. Geschichte, Kultur, Technik, 2 Bde. München 1977

Diderot et d'Alembert: Encyclopédie ou Dictionnaire raisonné ... Bd. III, Tafeln, Paris 1763

Funke, C. Ph.: Naturgeschichte und Technologie für Lehrer in Schulen und für Liebhaber dieser Wissenschaften. Braunschweig 1802

Gierl, I.: Bauernleben und Bauernwallfahrt in Altbayern. Eine kulturkundl. Studie aufgrund der Tuntenhausener Mirakelbücher, München 1960 (= Beiträge z. altbayer. Kirchengeschichte 21/2)

Graber, Georg: Volksleben in Kärnten. Graz 1934

Hailer, Willy: Eine alte Wachszieherei in Pfaffenhofen. In: Volkskunst, Jg. 3, Heft 2. München 1980

Haller, R.: Aus alten Kästen und Truhen. München 1980

Du Hamel de Monceau: Die Kunst des Wachsziehens. Berlin-Stettin-Leipzig 1763

Hegi, Gustav: Illustrierte Flora von Mittel-Europa, Bd. 1. München 1935

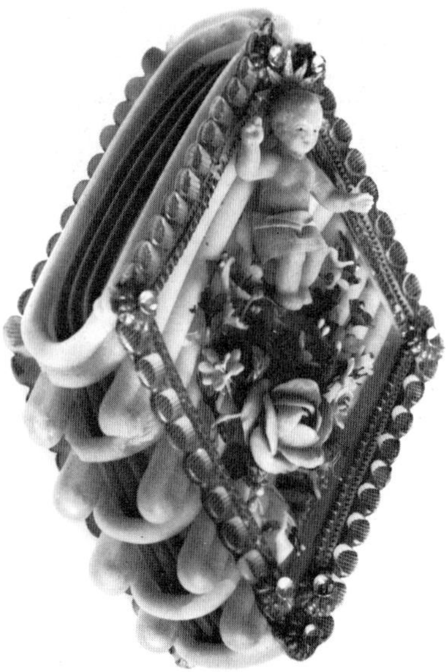

Hofer, Eduard und Herbert: Aus den Erinnerungen einer alten Wachszieherei. o.O.u.J.

Kohl, J.G.: 100 Tage auf Reisen in den österreichischen Staaten. V. Theil. Reise in Steiermark und im baierischen Hochlande. Dresden u. Leipzig 1842

König, M.A.: Weihegaben an U.L. Frau von Altötting. Vom Beginn der Wallfahrt bis zum Abschluß der Säkularisation. München 1939/40

Kriss, Rudolf: Sitte und Brauch im Berchtesgadener Land. München 1947

Kriss, Rudolf: Volkskundliches aus den Mirakelbüchern von Maria Eck, Traunwalchen, Kößlarn und Halbmeile. In: Oberdeutsche Zeitschrift für Volkskunde, Jg. 5, 1931

Kriss-Rettenbeck, Lenz: Bilder und Zeichen religiösen Volksglaubens. München 1971

Krünitz, Joh. Georg: Oeconomische Encyclopädie oder allgemeines System ... 232. Theil, Berlin 1856

Kux, D.: Das Wachsstockfest in Mährisch-Neustadt. In: Zeitschrift des deutschen Vereins für die Geschichte Mährens und Schlesiens, Jg. 25, 1923

Leoprechting, K.v.: Aus dem Lechrain. München 1855. Reprint als: Bauernbrauch und Volksglaube in Oberbayern. München 1977

Markmiller, Fritz: Der Tag der ist so freudenreich. Advent und Weihnachten. Regensburg 1981

Matscher, Hans: Die Kerze im Brauchtum. In: Der Schlern 34. Jg. 3/4, 1960

Peinkofer, Max: Der Brunnkorb. Passau 1961

Pütter, Clemens: Die Wachs-Industrie auf der jetzigen Stufe des Fortschritts. Weimar 1880

Sallinger, Gisela: Wachszieherei und ihre volkstümliche Bedeutung. Zulassungsarbeit der Pädagog. Hochschule München 1970

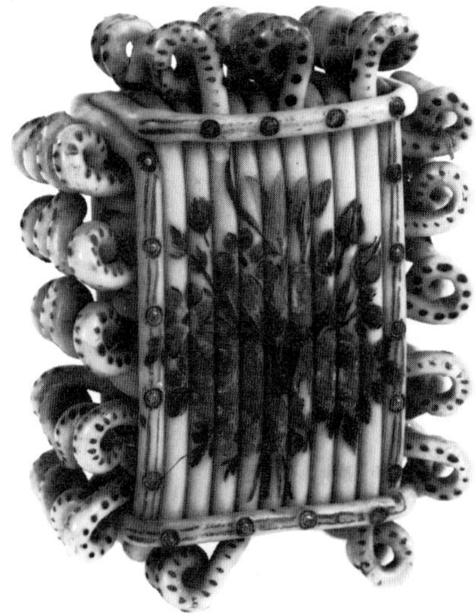

Λ bemalter Kastenstock mit »Schnecken«, 2.H.18.Jh.; 17,7 x 13,5 x 6,8 cm (OÖ Landesmuseum Linz)

< Feigenwachsstock aus weißem Wachszug mit roter Innenwicklung und sehr plastischer Dekoration: Jesukind und farbige Blumen, gezwickter Rand, Zinnrosetten; Fa. Wiedemann, Deggendorf, um 1887 18,5 x 13 x 6,1 cm (Slg. Wiedemann, Deggendorf)

> Wachsstock in Form eines Spiegels mit Goldverzierungen und kol. Stahlstich, 19.Jh.; 17 x 9,7 x 4,3 cm (Heimatmuseum Prien)

Schlicht, Joseph: Bayerisch Land und Bayerisch Volk. Straubing 1875. Reprint München o.J. (ca. 1928)

Schmidt, Leopold: Volksglaube und Volksbrauch. Berlin 1966

Schramm, Karl: Mainzer Wörterbuch. Mainz 1976

Sedna, Ludwig: Das Wachs und seine technische Verwendung. Wien, Leipzig 1919 (= Chemisch-technische Bibliothek, Bd. 132)

Sprengel, P.N. und Hartwig, O.L.: Handwerke und Künste in Tabellen. Berlin 1770

Thon, G.P.F.: Der wohlunterrichtete Wachsfabrikant und Wachszieher. In: Neuer Schauplatz der Künste und Handwerke, 35. Bd. Ilmenau 1828

Wuttke, A.: Der deutsche Volksaberglaube der Gegenwart. Leipzig 1925

Zedler, Joh. Heinrich: Universallexikon aller Wissenschaften und Künste, XVII. Bd. Leipzig und Halle 1738

Zell, Franz: Wachsstöckc. In: Volkskunst und Volkskunde 4. Jg. 1906

Zischka, Ulrike: Wachszieherei in alter und neuer Zeit. In: Wachszieher und Lebzelter im alten München, Sammlung Ebenböck. Katalog der Ausstellung im Stadtmuseum München 1981/82. München 1981

Wallfahrtsandenken und Galanteriewaren

Bavaria. Landes- und Volkskunde des Königreiches Bayern. München 1860-68

Brauneck, Manfred: Religiöse Volkskunst. Köln 1979

Finkenstaedt, Th. und H.: Die Wieswallfahrt. Regensburg 1981

Gantner, Theo: Geformtes Wachs. Katalog der Ausstellung des Schweizerischen Museums für Volkskunde Basel, 1980/81. Basel 1980

Gottlieb, Hubert: Beiträge zur Kulturgeschichte des Wachses. In: Die Heimat. Heimatkundliche Beilage der Rieder Volkszeitung. Folge 187/188, Juli, August 1975

Gröber, K.: Alte Oberammergauer Hauskunst. Augsburg 1930. 2. Auflage 1980

Gugitz, Gustav: Österreichs Gnadenstätten in Kult und Brauch. Ein topographisches Handbuch zur religiösen Volkskunde in fünf Bänden. Wien 1955-58

Hansmann, Claus und Liselotte: Viel köstlich Wachsgebild. München 1959

Heller, Barbara: Händler auf der Sebastiani- und Osterdult zu Ebersberg 1691-92 und 1724-31. In: Bayer. Jahrbuch für Volkskunde, München 1968

Henggeler, Rudolf: Die Einsiedler Wachsbossierer und Kleinplastiker. In: »Schwyzerland-Schwyzerlüüt«. 3. Jg., Nr. 6/7. Einsiedeln 1952

Jaggi, Werner Konrad: Klösterliche Wachsarbeiten aus der Schweiz. In: Robert Wildhaber (Hrsg.), Schweizerische Volkskunst. Zürich 1969

Kriss-Rettenbeck, Lenz: Bilder und Zeichen religiösen Volksglaubens. München 1971

Moser, H.: Die St. Ottilia-Wallfahrt und die Hellringer Dult bei Paring. In: Bayer. Jahrbuch für Volkskunde, 1960

Ringholz, Odilo: Die Einsiedler Wallfahrtsandenken einst und jetzt. In: Schweiz. Archiv für Volkskunde, Jg. 22, 1918-19

Ritz, Gislind M.: Die volkskundliche und kulturhistorische Aussage der Ebersberger Händlerlisten. In: Bayer. Jahrbuch für Volkskunde, München 1968

Schreiber, G.: Deutsche Mirakelbücher. Zur Quellenkunde und Sinngebung. Düsseldorf 1938 (= Forschungen zur Volkskunde 31/32)

Steffan, Ferdinand: Den Auerhahn im Wappen. Die Familie Surauer. In: Charivari, 8. Jg., Nr. 3, 1982

Stille, Eva und Pfistermeister, Ursula: Christbaumschmuck. Nürnberg 1979

Zischka, Ulrike: Wachszieherei in alter und neuer Zeit. In: Wachszieher und Lebzelter im alten München, Sammlung Ebenböck. Katalog der Ausstellung im Stadtmuseum München 1981/82. München 1981

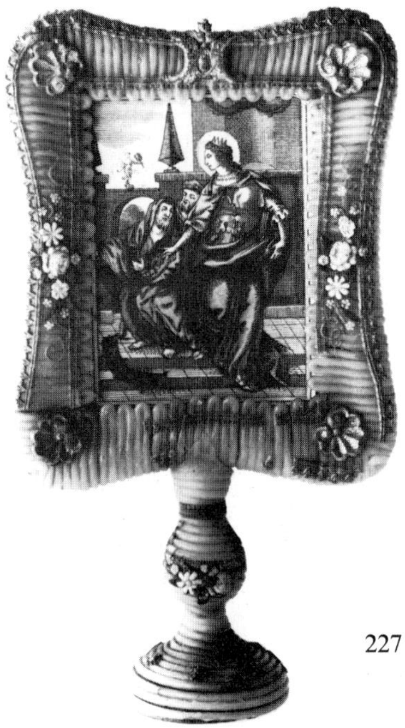

Register

Die einfachen Zahlen zeigen, wo der Text zu finden ist, die fett gedruckten geben die Seitenzahlen der Abbildungen an.

Bildnachweis

Foto Marburg S. 75
Städel, Frankfurt/M. (Foto Ursula Edelmann) S. 65
Stadtmuseum München (Foto Dorothee Jordens) S. 43, 49, 102, 118b, 126a, 191, 199f und g, 200a, 202 links
alle übrigen Ursula Pfistermeister

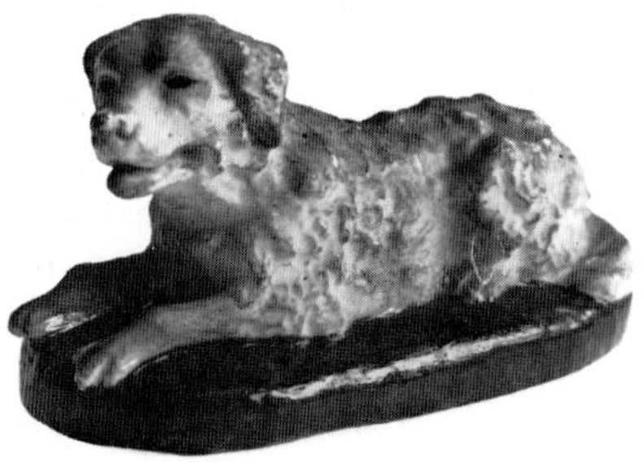

hohl gegossener, bemalter, weißer Hund auf grünem Sockel; Länge 11,5 cm; Fa. Gebrüder Weinkamer, Salzburg, um 1900 (Dr. Kurt Weinkamer Salzburg)

Inhalt Band 2